hänssler

PATRICK JOHNSTONE

Viel größer als man denkt

Auftrag und Wachsen der Gemeinde Jesu

© Copyright der englischen Ausgabe 1998 by Christian Focus Publications, Geanies House,
Fearn, Ross-shire, IV 20 1 TW, Great Britain and WEC, Bulstrode, Gerrards Cross, Bucks, Great Britain, SL9 8SZ
Originaltitel: The Church is BIGGER than you think
Übersetzt von Dr. Christine Schirrmacher, Institut für Weltmission und Gemeindebau, Bonn

hänssler-Taschenbuch
Bestell-Nr. 393.275
ISBN 3-7751-3275-9

© Copyright der deutschen Ausgabe 1999 by Hänssler-Verlag
D-71087 Holzgerlingen
Umschlagfoto: Dialog Werbeagentur, Waldbronn
Umschlaggestaltung: Daniel Kocherscheidt
Satz: AbSatz Ewert-Mohr, Klein Nordende
Druck und Bindung: Ebner Ulm
Printed in Germany

Inhalt

Abkürzungen 9
Vorwort 11
Einleitung 13

Teil 1: Die Ewigkeit – Das vorgegebene Ziel 17
Kapitel 1: Gottes Plan – Von Ewigkeit zu Ewigkeit   20
Kapitel 2: Die Ausrichtung der Gemeinde auf die
    ganze Welt 36

**Teil 2: Die Vergangenheit – Die Verdrängung des
    Missionsgedankens** 53
Kapitel 3: Wie die Mission in der Gemeinde Jesu
    hintangestellt wurde 56
Kapitel 4: Die Vernachlässigung des Missions-
    gedankens bei der Auslegung der Schrift 62
Kapitel 5: Die Umgehung des Missionsgedankens
    in der Terminologie und Theologie 75
Kapitel 6: Wie die Mission in der Kirchen-
    geschichte auf ein Abstellgleis geriet 102

**Teil 3: Die Gegenwart – Die Ernte wird
    eingebracht** 131
Kapitel 7: Das Wiederaufgreifen des Missions-
    anliegens 132
Kapitel 8: Die Ernte der vergangenen 200 Jahre
    seit 1792 149
Kapitel 9: Das Wachstum der Evangelikalen
    seit 1960 171
Kapitel 10: Wachstum durch das Eingreifen Gottes   183

Kapitel 11: Die Truppe Gottes setzt sich in Bewegung 203
Kapitel 12: Die Welt mit dem Evangelium erreichen – in unserer Generation 221

Teil 4: Die Zukunft – Strukturprobleme in der Mission 235
Kapitel 13: Biblische Strukturen für den Leib Christi 238
Kapitel 14: Das Zelt des Jesaja – Eine Struktur, um die Ernte einzufahren 245
Kapitel 15: Gemeindestrukturen zwischen der Zeit der neutestamentlichen Gemeinde und der Reformation 264
Kapitel 16: Wer sendet den Missionar aus? 293
Kapitel 17: Wie kann eine örtliche Gemeinde eine missionsorientierte Gemeinde werden? 305
Kapitel 18: Wie kann eine Bibelschule oder ein theologisches Seminar eine missions- und gemeindeorientierte Ausbildungsstätte werden? 318
Kapitel 19: Wie kann eine Missionsgesellschaft eine gemeindeorientierte Organisation werden? 330

Teil 5: Die Vollendung – Die Verwirklichung des Zieles 343
Kapitel 20: Die geographische Herausforderung ... 345
Kapitel 21: Menschen als Herausforderung 363
Kapitel 22: Die Herausforderung der Städte 388
Kapitel 23: Die Herausforderung der Gesellschaft .. 401
Kapitel 24: Die ideologische Herausforderung 420
Kapitel 25: Die geistliche Herausforderung 436

Teil 6: Wunderbare Verheißungen für die Arbeiter in der Ernte 450

Kapitel 26: Die sechsfache Verheißung Gottes für
  die Arbeiter der Ernte 452

Bibliographie 469

Diagramme, Schaubilder und Karten

In der Bibel verwendete griechische Begriffe zum
  Missionsbefehl 77
Die zahlenmäßige Zu- und Abnahme der Christen-
  heit 100–2100 n. Chr. 100
Die Ausbreitung des Christentums 109
Missionsbewegungen über einen Zeitraum von
  2000 Jahren 114
Mitgliederzahlen Römisch-Katholischer Missions-
  orden 123
Bekehrungen zum Katholizismus vor 1800 125
Weltbevölkerung und Religionen 1887 144
Veränderungen bei den Religionen der Erde 151
Die Ausbreitung des Protestantismus 1600 bis 1792 . 152
Römisch-Katholische
  Missionsbemühungen 1500–1800 154
Die Ausbreitung des Protestantismus 1792 bis 1865 . 155
Die Ausbreitung des Protestantismus 1865 bis 1910 . 158
Die Ausbreitung des
  Protestantismus 1910 bis 1966 161
Zwei Jahrtausende der Völkermission 167
Die Völker der Erde und ihre Evangelisation 168
Zunahme der Evangelikalen in der westlichen und
  nicht-westlichen Welt 1960 bis 2000 173
Vergleich zwischen dem Wachstum der Christen
  und Muslime 1960 bis 2000 175

Überblick über das Wachstum bei Christen und
    Muslimen 1960 bis 2000 176
Vergleich zwischen dem Wachstum der
    Evangelikalen und Pfingstler 1960 bis 2000 177
Die drei Strukturen der Gemeinde Jesu 251
Die drei Strukturen in der neutestamentlichen
    Gemeinde 257
Die drei Strukturen in der Römisch-Katholischen
    Kirche des Mittelalters 266
Die drei Strukturen in der Zeit nach der Reformation   270
Die drei Strukturen im Protestantismus im Jahr 1980   274
Die drei Strukturen innerhalb und außerhalb der
    Gemeinde Jesu 279
Vergleich mehrerer Länder und der Zahl ihrer
    Missionare 289
Die drei Strukturen in der Gemeinde Jesu der
    Zukunft 340
Das 10/40-Fenster 347
Weltmission und das 10/40-Fenster 349
Der Anteil der Christen in verschiedenen Ländern   352
Missionsmöglichkeiten in 29 der am wenigsten
    evangelisierten Ländern der Erde 354
Karte zu den 11 großen Gruppen verwandter
    Völker und das 10/40-Fenster 368
Sprachen mit Bibelteilen 1600 bis 2000 372
Die Verstädterung der Erde 1800 bis 2000 390
Zahlenmäßige Zunahme der Weltstädte 392

Alle Diagramme und Schaubilder in diesem Buch sind als Overhead-Folien farbig oder schwarz-weiß erhältlich bei: WEC International Research Office, Bulstrode, Gerrards Cross, Bucks SL9 8SZ, GB

Abkürzungsverzeichnis

AD2000 Movement: Die Bewegung AD2000 and Beyond
AIDS: Auto-Immune Deficiency Syndrome
CIM: China Inland Mission (heute: Überseeische Missions-Gemeinschaft, ÜMG)
DAWN: Discipling a Whole Nation
GCOWE: The Global Consultation on World Evangelization, 1997
HIV: Human Immuno-deficiency Virus
LCWE: Das Lausanner Komitee für Weltevangelisation
MARC: Missions Advanced Research and Communications, ein Arbeitszweig von World Vision
NTM: New Tribes Mission
OM: Operation Mobilisation
SIM: SIM International (früher: Sudan Interior Mission)
WEC: Worldwide Evangelization for Christ (in Deutschland: Weltweiter Einsatz für Christus)
WEF: Weltweite Evangelische Allianz
YWAM: Youth With A Mission (in Deutschland: Jugend mit einer Mission)

Vorwort

Die Grundthese dieses Buches lautet: *Das Wachstum der Gemeinde Jesu bewegt sich heute in einer Größenordnung, die in der Weltgeschichte einmalig ist.* Dieses Buch vermittelt einen umfassenden, aktuellen Überblick über das weltweite Wachstum der Gemeinde Jesu, sowie Erkenntnisse aus dem Bereich der Missiologie.

Die Aussagen dieses Buches sind in grundlegende biblische Wahrheiten eingebettet. Es führt den Leser durch die Geschichte der christlichen Weltmission und mündet ein in eine praktische Erörterung der erforderlichen Strukturen und Strategien, um die Weltmission zu Ende zu führen. Viele praktische Vorschläge werden gemacht, wie Schranken zwischen den einzelnen Gemeinden vor Ort, den vielen verschiedenen Ausbildungsstätten und den Missionsgesellschaften abgebaut werden können. Schaubilder, Tabellen und Diagramme erleichtern das Verständnis. Die Beispiele, die der Autor selbst erlebt und in diesem Buch zur Illustration verwendet hat, machen das Buch lebendig und anschaulich.

Patrick Johnstones Buch ist ermutigend, aber es nennt auch die Fakten beim Namen, sowie die Herausforderungen, die noch zu bewältigen sind – Johnstone benennt die geographischen Gebiete, die Städte, die Herausforderungen bestimmter Kulturen und die Probleme innerhalb der Gesellschaft, die Ideologien und die geistlichen Herausforderungen, die bewältigt werden wollen, damit das Ziel erreicht wird und *unter jedem Volk der Erde eine Gemeinde entsteht und jeder Mensch das Evangelium hört.* Zwar enthält dieses Buch auch eine Fülle neuester Statistiken, gleichzeitig ist es aber auch ein Buch, das zur Anbetung Gottes hinführt. Patrick Johnstone entfaltet aus Jesaja 52, 13 – 53, 12 und Epheser 1, 3 – 10 Stück für Stück Gottes Sehnsucht nach den Völkern, unterstreicht die zentrale Bedeutung des Kreuzes und der Auferstehung Jesu und schließt das Buch mit der Erläuterung der Segnungen ab, die Gott für die Arbeiter der Ernte bereithält.

Dieses Buch ist einzigartig. Es ist eine unentbehrliche Ergänzung zu Patrick Johnstones Missionsgebetsbuch »Operation World« (deutsch: »Gebet für die Welt«),[1] denn es liefert den Hintergrund zum Verständnis dessen, was Gott heute auf der Erde tut, warum er so handelt und wie wir an Gottes Handeln Anteil nehmen können.

Dr. Kenneth B. Mulholland

Präsident der Bewegung »AD2000 and Beyond« und nordamerikanischer Koordinator der Dachorganisation zur theologischen Fortbildung der Schulleiter und Akademischen Dekane (PAD), Akademischer Dekan am Columbia Biblical Seminary und der Graduate School of Missions, eine Abteilung der Columbia International University, P.O. Box 3122, Columbia, SC 29230, USA

Einleitung

Der englische Originaltitel des Buches lautet »The Church is bigger than you think« (»Die Gemeinde Jesu ist größer als man denkt«). Warum dieser Buchtitel? Ich habe den Titel aus drei Gründen gewählt, und diese drei Gründe haben mich auch zur Abfassung dieses Buches bewogen:

Erstens möchte ich darlegen, dass die Gemeinde Jesu weltweit in Bezug auf die ZEIT schon viel länger existiert, als man es gemeinhin für möglich hält. Dass es eine Gemeinde geben sollte, war Gottes Plan, den er in der Ewigkeit vor Anbeginn der Zeit gefasst hatte. Die Gemeinde wird einmal mit Gott in alle Ewigkeit vereint sein, wenn es keine Zeit mehr geben wird. Wir sind Teil dieses Leibes Christi, der an der Ewigkeit Anteil hat. Sogar schon jetzt haben wir Anteil an der Ewigkeit. Mit unserer Fürbitte, die bis in die Ewigkeit hineinreicht, können wir schon jetzt auf die Ewigkeit Einfluss nehmen.

Zweitens möchte ich darlegen, dass die Gemeinde Jesu weltweit in Bezug auf ihre GRÖSSE viel umfangreicher ist, als man annehmen könnte. Nur wenige Menschen sind sich des ungeheuren Wachstums und der immensen Ausbreitung der Gemeinde Jesu in ihrer ganzen Vielfalt und ihren vielen Arbeitszweigen im 20. Jahrhundert bewusst. Auch wir sind Teil dieses Wachstums. Ich möchte mit meiner Erläuterung dessen, was bereits geschehen ist und was gerade geschieht, dazu beitragen, dass Menschen ermutigt werden und fest darauf vertrauen, dass Gott nichts unmöglich ist. Damit befinde ich mich im Gegensatz zu den Negativ-Schlagzeilen der Medien, die sich meist zu stark auf die schlechten Nachrichten konzentrieren. Ich bin mir sehr wohl darüber bewusst, dass ich mich in Europa befinde, einem Kontinent, auf dem die Menschen in Bezug auf die Gegenwart skeptisch sind und in Bezug auf die Zukunft pessimistisch. Beides ist heute symptomatisch für die europäische Weltsicht, so dass scheinbar immer das Schlimmste erwartet wird. Solche Leser werden mich wahrscheinlich für einen Optimisten halten – ich glaube jedoch, dass ich Gründe für diesen Optimismus habe! Ich stelle die These auf, dass die Weltmission noch im 21. Jahrhundert zum Abschluss zu bringen wäre. Zwar ist die Aufgabe noch nicht erfüllt, es ist aber möglich und zwar sehr bald – wenn wir uns in Bewegung setzen. Es ist mein größter Wunsch, dass sich die Gemeinden noch viel stärker als bisher daran beteiligen, dass alle Welt das Evangelium von Jesus Christus hört.

Drittens möchte ich erläutern, dass die Gemeinde Jesu weltweit auch von ihrer STRUKTUR her über mehr Möglichkeiten verfügt, als gemeinhin angenommen wird. Wir leben in einer Zeit, in der unser Verständnis von Gemeindestrukturen durch falsche Theologie und von unseren Vorvätern übernommenen Auffassungen negativ beeinflusst wurde. Die Folge davon ist, dass die Gemeinde Jesu heute kaum noch das konkrete Ziel verfolgt oder über Strategien verfügt, um die Missionierung der ganzen Erde voranzutreiben. Der Einfluss dieser falschen Lehre in der Gemeinde, in den Ausbildungsstätten und den Missionsgesellschaften wird kaum noch erkannt. Ich wünsche mir, dass wir über unser Versagen in der Vergangenheit Buße tun, dem, was wir aus dem Gemeindeleben verdrängt haben, wieder auf allen Ebenen seinen rechtmäßigen Platz einräumen und uns vermehrt an der Missionsarbeit beteiligen.

Dieses Buch ist das Ergebnis einiger Jahre der Zusammenarbeit mit christlichen Mitarbeitern und Leitern auf

Konferenzen und Seminaren. Viele Menschen haben mich darum gebeten, das niederzuschreiben, was ich dort weitergegeben habe. Dieses Buch ist der Versuch.

Ich bin vielen Menschen sehr dankbar, die an der Entstehung dieses Buches mitgewirkt haben, kann aber an dieser Stelle nur wenige Namen nennen:

* Edson Qeiroz, ein Baptistenpastor aus Brasilien, der mir für die drei grundlegenden Strukturen der Gemeinde Jesu erstmals die Augen geöffnet hat.

* Meine liebe Frau Robyn, die mich zu dieser Aufgabe ermutigt und mich dabei unterstützt hat, obwohl unser Leben auch so schon recht betriebsam war. Sie hat mir beim Abfassen und bei der Fertigstellung des Buches enorm geholfen.

* Meine Kollegen im Internationalen Hauptquartier des WEC, die in der Zeit große Geduld mit mir hatten, in der ich viel Zeit in die Abfassung dieses Buches gesteckt habe und dann noch einmal, als ich es in etlichen Stunden korrigieren musste.

* Die vielen Menschen, die mir mit ihren Anregungen, Verbesserungsvorschlägen oder Belegen für die Sachinformationen geholfen haben, die dieses Buch enthält. Insbesondere muss ich hier Leslie und Jill Brierley erwähnen, sowie David Phillips, Evan Davies, Dieter Kuhl, Alastair Kennedy vom WEC, Steve Gaukroger der Gold Hill Baptist Church in England, Ken Mulholland und Phil Steyne von der Columbia International University in den USA.

* Meinen geschätzten Kollegen von Christian Focus Publications, insbesondere William Mackenzie und Ian Thompson, die mir mit so großer Geduld zur Seite standen und mich bei der manchmal schwierigen Aufgabe unterstützt haben, solch ein Buch zu veröffentlichen.

Teil 1

Die Ewigkeit
Das vorgegebene Ziel

Jesaja 52,13–53,12

»Gepriesen sei der Gott und Vater unseres Herrn Jesus Christus!
Er hat uns gesegnet mit jeder geistlichen Segnung in der Himmelswelt in Christus,
wie er uns in ihm auserwählt hat *vor Grundlegung der Welt*,
daß wir heilig und tadellos vor ihm seien in Liebe
und uns vorherbestimmt hat zur Sohnschaft durch Jesus Christus für sich selbst nach dem Wohlgefallen seines Willens,
zum Preise der Herrlichkeit seiner Gnade,
mit der er uns begnadigt hat in dem Geliebten.
In ihm haben wir die Erlösung durch sein Blut,
die Vergebung der Vergehungen,
nach dem Reichtum seiner Gnade, die er auf uns hat überströmen lassen in aller Weisheit und Einsicht.
Er hat uns ja das Geheimnis seines Willens kundgetan nach seinem Wohlgefallen, das er sich vorgenommen hat in sich selbst für die Verwaltung [bei] der *Erfüllung der Zeiten:*
alles zusammenzufassen in dem Christus, das, was in den Himmeln, und das, was auf der Erde ist – in ihm.«
Epheser 1,3–10

Diese wunderbaren Worte aus dem Epheserbrief veranschaulichen, was Gottes Plan von Ewigkeit her für die Ewigkeit mit seinem Volk ist. Mit dieser Perspektive von Ewigkeit zu Ewigkeit wollen wir dieses Buch beginnen. Die oben zitierten Worte aus dem Epheserbrief ähneln dem Abschnitt in Jesaja 52,10–54, der Grundlage dieses Buches ist. Gott möchte, dass wir, seine Gemeinde, seine auf die Ewigkeit ausgerichtete Sicht teilen. Die Mission ist zentraler Bestandteil dieser Sichtweise, und Mission ist Gottes Herzensanliegen. Und das sollte auch bei uns der Fall sein.

Definitionen

Ich möchte zunächst einige Grundbegriffe erläutern, die ich in diesem Buch häufiger verwenden werde.

Gemeinde Jesu: Der Begriff »Gemeinde« oder »Gemeinde Jesu« hat in diesem Buch drei Bedeutungen:
1. Er meint alle Gläubigen aller Zeiten von der Erschaffung der Welt bis zur Vollendung, und zwar sowohl die Gemeinde auf Erden, die sich noch im Kampf befindet als auch die triumphierende Gemeinde im Himmmel.[2]
2. Alle gläubigen Christen, die die Erlösung Jesu Christi für sich angenommen haben und derzeit auf der Erde leben. Dazu gehört auch die Gemeinde des Erstgeborenen, die im Buch des Lebens des Lammes Gottes verzeichnet ist. Das sind sehr viele Menschen und ihre genaue Zahl kennen wir nicht. Keine der Statistiken in diesem Buch kann darüber Auskunft geben.[3]
3. Die sichtbare Gemeinde Jesu auf der Erde, die aus all denjenigen besteht, die sich selbst als Christen bezeich-

nen. Dazu gehören also auch die Menschen, von denen man nicht genau weiß, ob sie wirklich gläubig sind oder deren Lehrauffassungen mit einem evangelikalen Schriftverständnis wohl kaum in Einklang zu bringen sind. Man kann die Zahl dieser Christen errechnen oder schätzen. Die Statistiken in diesem Buch beziehen sich auf diese Zahlen.[4]

Gemeinde: Wenn aus dem Zusammenhang nicht deutlich wird, dass es um die überörtliche Gesamtgemeinde Jesu weltweit geht, ist mit diesem Begriff eine Gemeinde oder Kirche als Versammlung der Gläubigen an einem bestimmten Ort gemeint.

Mission:[5] Mission ist das Werk der Liebe Gottes, um die Menschen als seine Gemeinde zu ihm zu versammeln. Die Gemeinde Jesu weltweit hat den Auftrag der Mission erhalten, damit alle Welt Gottes Wort hört.

Missionsarbeit: Alle Aktivitäten, an denen Christen im Dienst der Weltmission beteiligt sind.

Kapitel 1

Gottes Plan – Von Ewigkeit zu Ewigkeit

Gottes Plan für die Ewigkeit

Gott hat schon existiert, bevor es die Zeit gab. Er ruht in sich selbst, und er genügt sich selbst. Der vollkommen Gemeinschaft und Liebe zwischen dem Vater, dem Sohn und dem Heiligen Geist fehlt nichts zur Vollkommenheit. Aus unerfindlichen Gründen möchte Gott jedoch seine verschwenderische Liebe weitergeben an seine Schöpfung, die er geschaffen hat und uns in diese vollkommene Beziehung mit hineinnehmen.[6]

Gott schuf die Zeit und das Universum. Er schuf einen Ort in diesem Universum als etwas ganz besonderes – die Erde. Die Erde ist ein kleiner Planet und nur einer unter 200 Millionen Himmelskörpern innerhalb einer Galaxie unter 200 Millionen Galaxien. Aber diese Galaxien hatten nicht die Möglichkeit, auf Gottes Liebe zu antworten. Gott ging noch einen Schritt weiter und schuf das Leben in einer ungeheuren Vielfalt. Unter den Millionen von Arten schuf er eine einzige Art in seinem Bild – den Menschen. Nur der Mensch ist in der Lage, mit Gott Gemeinschaft zu haben. Das bedeutet auch, dass der Mensch die Wahl hat, eine Wahl, die auch beinhaltet, dass er die Liebe seines Schöpfers zurückweisen kann. Es war Gottes Plan, dass diejenigen, die an ihn glauben, auf ewig mit seinem Sohn als Braut vermählt werden und mit ihm Anteil haben werden an seinem

Thron und seiner Herrschaft. Das ist der Sinn der Schöpfung, der Existenz des Universums und der Weltgeschichte.[7] Wie hätte sonst Paulus im Römerbrief schreiben können:

> »... Die Schöpfung ist ja unterworfen der Vergänglichkeit – ohne ihren Willen, sondern durch den, der sie unterworfen hat –, doch **auf Hoffnung**; denn auch die Schöpfung wird frei werden von der Knechtschaft der Vergänglichkeit zu der herrlichen Freiheit **der Kinder Gottes**. Denn wir wissen, dass die ganze Schöpfung bis zu diesem Augenblick mit uns seufzt und sich ängstet« *(Römer 8, 20 – 22).*

Die Existenz des Bösen in der Welt bleibt ein Geheimnis, aber schon vor Beginn der Zeit hatte Gott einen Plan zur Überwindung des Bösen gefasst. Der Weg, das Böse zu überwinden, war viel zu schwer, als dass ihn jemand hätte gehen können, Gott ausgenommen. Gott selbst musste den Ausweg schaffen. Gottes Sohn musste für die Sünder sterben, er, der Sieger über Sünde und die Trennung von Gott, die den Tod über alle Menschen gebracht hat. Dieses Erlösungswerk ist das Zentrum des Weltgeschehens, der Geschichte, der Zeit und der Ewigkeit. Die Erlösten geben Gott für ihre Erlösung die Ehre, nicht nur auf der Erde, sondern auch im ganzen Universum und im Himmel und in allen Zeitaltern, die wir noch erwarten.[8]

Der Sieg unseres Herrn Jesus Christus am Kreuz war ein endgültiger, vollständiger Sieg, der all die schrecklichen Folgen des Sündenfalls des Satans und der Menschheit wieder gut macht. Dass das Böse und der Satan aber noch existieren, geschieht aus Gottes Gnade und Nachsicht, damit noch mehr Menschen zu seiner Gemeinde hinzukommen und damit Anteil haben am Sieg Jesu am Ende der Zeiten. Die Gemeinde Jesu wird stark durch den Lobpreis Gottes, durch Fürbitte und geistlichen Kampf und sie wird auf ihre Rolle als Braut für ihren himmlischen Bräutigam in allen kommenden Zeitaltern vorbereitet. Diese Braut, die Gemeinde, soll sich aus Menschen aller Völker zusammensetzen, um mit ihrem Erlöser für alle Ewigkeiten vereint zu werden. Die Erlösten des Herrn werden vor ihm niederfallen und mit Gott regieren, wenn die Herrlichkeit erfüllt wird.[9]

Paul Billheimer hat ein ausgezeichnetes Buch mit dem Titel *»Destined for the Throne«* (Für den Thron bestimmt) geschrieben. In der Einführung finden wir die folgenden bewegenden Worte:

»Vor allem möchte der Autor betonen, dass der EIGENTLICHE Sinn und Zweck des Universums von Ewigkeit her war, ein ewiges Gegenüber für den Sohn zu schaffen und vorzubereiten. Dieses Gegenüber ist die Braut, die sich mit dem Lamm vermählt. Weil die Braut Anteil haben wird an der Herrschaft über das Universum und mit ihrem Geliebten und Herrn in juristischer Hinsicht gleichgestellt wird, muss sie angesichts der vielen Erscheinungsformen des Bösen auf ihre königliche Rolle vorbereitet, dazu erzogen und zubereitet werden. Weil die Krone allein dem Sieger vorbehalten ist, muss die Gemeinde Jesu zum geistlichen Kampf in der Lage sein... damit auch sie das Überwinden lernt... So erzieht Gott seine Gemeinde, während sie gewissermaßen ›in Aktion‹ ist, damit auch sie darauf vorbereitet wird, die Gott feindlich gesonnenen Mächte zu besiegen...«[10]

Gottes Plan für diese Zeit

In der Bibel wird uns Gottes Plan von Ewigkeit und für die Ewigkeit geoffenbart. Dieses Buch basiert auf nur zwei der großartigsten Kapitel der Bibel. Ich glaube, dass uns Jesaja 52, 10–54, 17 mehr als irgendein anderer Teil der Bibel über den Plan Gottes offenbart. Es war Gottes Plan, aus Liebe die Menschen zu retten und die Kosten dafür waren sehr hoch.

Gott hat uns auch offenbart, dass sein Plan von den Erlösten erfüllt werden muss. Das wird in Jesaja 54 ganz deutlich. Gott vereint die Erlösten mit ihm in ganz enger Gemeinschaft, damit sie hinausgehen und die Frohe Botschaft verkünden können und mehr Menschen bei ihm die Ewigkeit verbringen werden.

Von Anfang bis Ende berichtet die Bibel, wie Gott den Gläubigen mehr und mehr von diesem Plan offenbart. Der ganze Plan wurde vollständig geoffenbart,[11] als Gott seinen geliebten Sohn, unseren Herrn Jesus Christus, sandte, um zu leben, zu sterben und aufzuerstehen, in den Himmel aufzufahren und seinen Heiligen Geist auszugießen. Missionsarbeit ist Gottes Sendung und Auftrag, oder um den lateinischen Begriff zu gebrauchen, Mission ist *Missio Dei*. Mission ist göttliches Handeln.[12] Gott verfolgt mit dem Gedanken der Mission gleichermaßen seine Absichten für sich selbst wie auch für uns. Zu seinen Absichten zählt unter anderem auch, dass er all das wiederherstellt, was durch den Hochmut Satans entstellt ist. Zu den wichtigeren Aspekten gehört sicherlich, dass mit der Mission das Reich Gottes auf der Erde sich auszubreiten begann. Gott wird den König erneut auf die Erde zurückführen, wenn die Weltmission abgeschlossen ist. Unser Glaube macht nur Sinn, wenn wir uns mit diesem Plan Gottes auseinander setzen. Dann erwarten wir ungeduldig die Wiederkunft Jesu, während wir gleichzeitig alles daransetzen, um ihm den Weg zu bereiten.

Der Herr Jesus Christus war der erste Missionar, der das Evangelium verkündigte; er ist DER Missionar schlechthin, und an seinem Vorbild muss sich alle Missionsarbeit orientieren, denn er hat gesagt: »So wie mich der Vater gesandt hat, so sende ich euch.«[13] Das war, wie wir noch sehen werden, kein nur an die elf Apostel gerichtetes Wort, sondern richtete sich an alle Gläubigen aller Zeiten.

Was für ein gewaltiges Vorrecht, welche Herausforderung, was für eine wichtige Aufgabe, welche Zukunft, auf die wir hinleben und welch freudige Hoffnung für uns! Wir sind Menschen, deren Schicksal untrennbar mit der Person Jesu verbunden ist. Im Alten und im Neuen Testament lesen wir, dass Gott uns beruft, damit wir uns an seiner Mission beteiligen. Wir sind Gott niemals näher als dann, wenn wir uns in der Missionsarbeit engagieren. Seine Verheißung in Matthäus 28, 20, dass er bei uns ist alle Tage bis an der Welt Ende, richtete sich ursprünglich an Menschen, die später Missionare wurden.

Ich werde diese Gedanken auf den folgenden Seiten weiter ausführen. Ich möchte erläutern, dass Gottes Sehnen auf die verlorene Welt ausgerichtet ist, dass es dem Herrn Jesus Christus ein Herzensanliegen ist, dass Sünder gerettet werden, und ich möchte zeigen, wie sehr uns der Heilige Geist drängt, dass wir jedem Volk, jedem Stamm, jeder Volksgruppe und jeder Sprachgruppe Christus verkünden.

Das Vaterherz Gottes

Jesaja 52, 10–53, 12 gehört zu den schönsten, ergreifendsten Bibelstellen überhaupt. Der Abschnitt lässt uns einen Blick in das Vaterherz Gottes im Himmel tun, der uns, seine Schöpfung, von Herzen lieb hat. Die Verse aus Jesaja sprechen auch von dem Knecht Gottes, der auf die Erde kam und für uns litt, damit wir eine neue Schöpfung werden und Gott sich daran erfreuen kann. Kein anderer Abschnitt in der Bibel spricht deutlicher vom Messias, der auf die Erde kommt, um zu leiden und zu dienen. Gottes Plan wird offenbart: sein Knecht nimmt unsere Sünde fort, indem er ein Opferlamm wird und stellvertretend für uns am Kreuz stirbt:

> »Wir alle irrten umher wie Schafe, ein jeder sah auf seinen Weg; aber der Herr warf unser aller Sünden auf ihn« *(Jesaja 53, 6)*.

Jesus überwand die Sünde und den Tod, als er vom Tod auferstand. Mit Sicherheit hat Jesus diese Worte 700 Jahre später den Jüngern auf dem Weg nach Emmaus[14] zitiert. Achten Sie besonders auf die Hervorhebungen im Text, die zwar in poetischer Sprache, aber doch ganz deutlich von der Auferstehung Jesu sprechen:

> »Wenn er sein Leben als Schuldopfer eingesetzt hat, **wird** er Nachkommen **sehen**, er **wird** seine Tage **verlängern**. Und was dem Herrn gefällt, **wird** durch seine Hand gelingen. Um der Mühsal seiner Seele willen

wird er Frucht sehen, er wird sich sättigen« *(Jesaja 53, 10 – 11)*,

um uns Sünder zu erretten:

»... durch seine Erkenntnis wird der Gerechte, mein Knecht, den Vielen zur Gerechtigkeit verhelfen, und ihre Sünden wird er sich selbst aufladen« *(Jesaja 53, 11)*.

Es war also sehr passend, dass die erste große protestantische Missionsbewegung der Herrnhuter Brüdergemeine im Jahr 1732 die folgenden Worte als ihr Motto wählte: »Für das Lamm die Frucht seiner Leiden einbringen.« Ebenso passend war es, dass William Carey seinen Predigttext aus Jesaja 54 wählte, in Gottes Hand zum Katalysator wurde und die moderne Mission in Gang gesetzt wurde. Dieser Abschnitt der Bibel hat auf die Weltgeschichte schon großen Einfluss genommen.

Wer kann die Tiefe der Worte erfassen, die beschreiben, wie Gott, der Vater, Anteil nimmt am Leiden seines Sohnes? Ich begreife nur teilweise, was es für Jesus bedeutet haben muss, für meine Sünde zu sterben. Ich bin mit schuld am Tod Jesu, ich habe ihn mit ans Kreuz genagelt. Kann ich jemals begreifen, dass es noch eine tiefer gehende Ursache für Jesu Tod gab? Es war der Vater selbst, der Jesus in diese Situation geführt hat, der dieses Geschehen am Kreuz von Ewigkeit her geplant und vorgesehen hatte – für mich? Wir können die erschütternden Worte in diesem Kapitel niemals erfassen, wir können nur darüber staunen und Gott anbeten:

»... wir aber, wir hielten ihn für bestraft, von Gott geschlagen und niedergebeugt ... aber der Herr warf unser aller Sünden auf ihn ... Doch dem Herrn gefiel es, ihn zu zerschlagen. Er hat ihn leiden lassen ...« (Jesaja 53, 4, 6+10)

Dass Gott seinen einzigen Sohn in dem vollen Bewusstsein zu uns sandte, dass er sich von ihm wegen unserer Sünde abwenden musste, bleibt ein Geheimnis, ein Wunder und eine unbegreifliche Gnade. Wir werden wohl die ganze Ewigkeit brauchen, um darüber nachzudenken. Es ist aber auch eine Botschaft, die von den Dächern gerufen werden und jedem Menschen auf der Welt verkündigt werden sollte. Als ich ein Buch über den Herrnhuter Missionar Johannes Beck las, der im 18. Jahrhundert unter den Inuit (Eskimos) arbeitete, wurde ich durch diesen Bericht tief berührt. Johannes Beck und seine Mitmissionare arbeiteten fünf Jahre unter den Inuit, ohne Ergebnis. Beck übersetzte das Matthäusevangelium und hatte gerade die Kreuzigungsgeschichte fertig, als einige Inuit ihn besuchten und ihn bei der Übersetzungsarbeit antrafen. Die Inuit lauschten erstaunt Becks Worten, als er ihnen von der Kreuzigung erzählte und ein junger Mann sagte: »Erzähl mir das noch einmal, erzähl es noch einmal.« Kajarnak wurde der erste Konvertit aus dieser Arbeit.[15] Die Vorstellung, dass Jesus für ihn am Kreuz gestorben war, ergriff Kajarnak tief und zerstörte alle Bindungen an den bei den Inuit praktizierten Spiritismus und Schamanismus.

Die Bürde unseres Herrn Jesus Christus

Es ist nicht verwunderlich, dass der auferstandene Jesus seinen Jüngern so nachdrücklich befahl, das Evangelium auf der ganzen Erde zu verkündigen. Das war auch schon die Botschaft Jesu vor seiner Kreuzigung gewesen, aber er konnte sie zum damaligen Zeitpunkt nur in Gleichnisse hüllen, vereinzelte Hinweise darauf geben und Beispiele dafür nennen. Er konnte vor seiner Auferstehung nicht offen darüber sprechen, denn die Jünger hätten ihn nicht verstanden. Nur an zwei Stellen in der Bibel spricht Jesus noch vor seiner Auferstehung von der Weltmission. Ich zitiere hier die offensichtlichere Stelle; die andere steht in Markus 14, 9. In Matthäus 24, 14 spricht Jesus davon, dass die Missionierung der ganzen Erde ganz gewiss einmal Wirklichkeit werden wird:

>»Und dieses Evangelium des Reiches wird gepredigt werden auf dem ganzen Erdkreis, allen Nationen zu einem Zeugnis, und dann wird das Ende kommen« *(Matthäus 24, 14).*

Das beherrschende Thema während der 40 Tage, die Jesus nach seiner Auferstehung mit seinen Jüngern verbrachte, war die Weltmission. Am Ende jedes Evangeliums und dann noch einmal kurz vor seiner Himmelfahrt[16] befahl Jesus seinen Jüngern nachdrücklich, dass sie allen Menschen das Evangelium verkünden und aus jedem Volk Menschen zu Jüngern machen sollten. Diese Abschiedsworte werden oft als »Missionsbefehl« bezeichnet. In jedem Evangelium und auch im ersten Kapitel der Apostelgeschichte steht der Missionsbefehl. Diese verschiedenen Missionsbefehle haben jeweils einen etwas anderen Wortlaut, sind in den Evangelien zu unterschiedlichen Zeitpunkten zu finden und betonen jeweils andere Aspekte. Man kann mit gutem Grund annehmen, dass diese fünf nach Jesu Auferstehung überlieferten Missionsbefehle nur deutlich machen sollen, dass Jesus seinen Jüngern in den 40 Tagen nach seiner Auferstehung nicht nur den eigentlichen Missionsbefehl erteilt hat, sondern über das Thema der Weltmission mit ihnen noch eingehender gesprochen hat.

Der Missionsbefehl ist viel inhaltsreicher als vielen bewusst ist. Achten Sie auf die unterschiedliche Betonung in den folgenden Schlüsselstellen; allerdings schließen sich die verschiedenen Aspekte, die hier angeführt werden, gegenseitig nicht aus, sondern ergänzen und überschneiden sich.

1. Der Befehl zur Missionsarbeit in Markus 16

Markus betont besonders, dass das Evangelium jedem Menschen auf der Erde verkündet werden muss, sowie den theologischen Aspekt, dass Glauben nötig ist, um errettet zu werden:

> »Geht hin in die ganze Welt und predigt das Evangelium der ganzen Schöpfung. Wer gläubig geworden und getauft worden ist, wird errettet werden; wer aber nicht gläubig geworden ist, wird verdammt werden« *(Markus 16, 15 – 16)*.

Alle Menschen sollen die Gelegenheit haben, durch die Errettung, die Jesus mit seinem Kommen anbietet, zum Glauben zu kommen und neues Leben geschenkt zu bekommen; das ist der Inhalt dieser Bibelstelle. Gott verheißt den Glaubenden, dass durch die Kraft des Heiligen Geistes Zeichen und Wunder geschehen sollen. Der Text geht also von einer Pioniersituation in der Missionsarbeit aus.

2. Der Befehl zur Gemeindegründung in Matthäus 28

Die letzten drei Verse des Matthäusevangeliums werden oft als der Missionsbefehl schlechthin aufgefasst. Er ist sicher eine der komprimiertesten Verlautbarungen in Sachen Weltmission, die wir aus dem Mund Jesu kennen.

> »Und Jesus trat zu ihnen und redete mit ihnen und sprach: Mir ist alle Macht gegeben im Himmel und auf Erden. Geht nun hin und macht alle Nationen zu Jüngern, indem ihr diese tauft auf den Namen des Vaters und des Sohnes und des Heiligen Geistes, und sie lehrt alles zu bewahren, was ich euch geboten habe! Und siehe, ich bin bei euch alle Tage bis zur Vollendung des Zeitalters« *(Matthäus 28, 18 – 20).*

Jesus betont in diesem Missionsbefehl besonders, dass Menschen zu Jüngern gemacht werden sollen. Das bedeutet nicht nur, sie zu missionieren, obwohl die Mission unbedingt dazugehört. Die Arbeit geht nach der Evangelisation aber weiter: Die Taufe und die Lehre werden im Zusammenhang mit dem Zu-Jüngern-Machen genannt. Die Taufe ist normalerweise ein öffentlicher Akt des Gehorsams und der Hingabe an Christus. Gelehrt werden kann ein Jünger auch unter vier Augen; üblicherweise werden sich jedoch mehrere Menschen regelmäßig treffen, um systematisch im Wort Gottes unterrichtet zu werden. Das schließt auch eine Reihe von anderen Aktivitäten ein, an denen auch andere Gläubige beteiligt sein können, die sich miteinander treffen. Diese Menschen innerhalb einer Gemeinde bauen vertrauensvolle Beziehungen zueinander auf. Heute würden wir für die Art der Mission, von der Matthäus 28, 18 – 20 spricht, den Begriff »Gemeindebau« verwenden.

3. Der Befehl zur Unterweisung in Lukas 24

Lukas' Betonung am Ende seines Evangeliums liegt auf der Unterweisung der Menschen in der ganzen Heiligen Schrift. Unter den etlichen Malen, die der Herr Jesus Christus nach seiner Auferstehung in Erscheinung trat, wählt Lukas alleine die Begegnung zwischen Jesus und den beiden Jüngern auf dem Weg nach Emmaus aus. Im Laufe dieser Unterhaltung mit den Emmausjüngern sagt Jesus:

> »O ihr Unverständigen und trägen Herzens, zu glauben an **alles, was die Propheten geredet haben!** Mußte nicht der Christus dies leiden und in seine Herrlichkeit eingehen? Und **von Mose und von allen Propheten anfangend**, erklärte er ihnen in allen Schriften das, was ihn betraf« *(Lukas 24, 25 – 27)*.

Dort, wo Jesus auf das Alte Testament Bezug nimmt, habe ich den Text fett gedruckt. Wie aufschlussreich muss doch diese Bibelarbeit für die Jünger gewesen sein! Allerdings staunt man darüber, auf welche Stellen des Alten Testamentes Jesus hier Bezug nimmt.[17]

Im Laufe desselben Kapitels wählt Lukas noch einmal Worte, die im Zusammenhang mit dem Missionsbefehl besonders die Bedeutung der Bibel und der Unterweisung betonen:

»Er sprach aber zu ihnen: Dies sind meine Worte, die ich zu euch redete, als ich noch bei euch war, **dass alles erfüllt werden muß, was über mich geschrieben steht in dem Gesetz Moses und den Propheten und Psalmen.** Dann öffnete er ihnen das Verständnis, **damit sie die Schriften verständen,** und sprach zu ihnen: **So steht geschrieben,** und so mußte der Christus leiden und am dritten Tag auferstehen aus den Toten und in seinem Namen Buße und Vergebung der Sünden gepredigt werden allen Nationen ...« *(Lukas 24, 44 – 47).*

Sechsmal nimmt Jesus hier inhaltlich Bezug auf das Alte Testament. Lukas betont, dass im Alten Testament nicht nur die Versöhnung durch Jesus angekündigt wird, sondern auch schon der Inhalt des Evangeliums, das verkündigt werden soll. Der Kern des Evangeliums war das, was der ganzen Welt verkündigt werden musste. Es ist durchaus berechtigt, diesen Missionsbefehl den »Lehrbefehl« zu nennen. Die Unterweisung der Menschen ist auch Bestandteil des Missionsbefehls im Matthäusevangelium, die Hauptstoßrichtung liegt hier aber auf der Evangelisation an sich.

4. Der Befehl zur Aussendung in Johannes 20

Während der Abwesenheit des Thomas erschien Jesus seinen Jüngern und gab ihnen ihren Marschbefehl:

»Jesus sprach nun wieder zu ihnen: Friede euch! Wie der Vater mich ausgesandt hat, sende ich auch euch« *(Johannes 20, 21).*

Jesus war für diese Worte das Beispiel schlechthin, gleichzeitig aber sagte er den Jüngern, dass auch sie Gesandte werden sollten. Und sie wurden Gesandte, nachdem Jesus in Vers 22 ihnen die Kraft des Heiligen Geistes verlieh. In Vers 23 übergab Jesus seinen Jüngern sogar seine göttliche Autorität. Schon zu Beginn seines Dienstes hatte Jesus darauf verwiesen, dass dem Sohn des Menschen die Macht gegeben ist, Sünden zu vergeben,[18] und hier nun verleiht er seinen Jüngern dieselbe Autorität. Mag sein, dass die Gründe dafür schwer zu verstehen sind. Jedenfalls ist in der Kirchengeschichte damit viel Missbrauch getrieben worden.

5. Der Missionsbefehl für die ganze Erde in Apostelgeschichte 1

Seine allerletzten Worte richtete Jesus kurz vor seiner Himmelfahrt auf dem Ölberg an seine Jünger. Der Missionsbefehl enthält hier noch einen weiteren, neuen Aspekt:

»Aber ihr werdet Kraft empfangen, wenn der Heilige Geist auf euch gekommen ist; und ihr werdet meine Zeugen sein, sowohl in Jerusalem als auch in ganz Judäa und Samaria und bis an das Ende der Erde« *(Apostelgeschichte 1, 8).*

Mit wenigen Worten rückte Jesus die ganze Welt ins Blickfeld der Apostel. Er wollte damit Folgendes bewirken: Er erklärte keine Aufgabe für wichtiger als die andere. Jesu Jünger sollten als Apostel vor Ort in Jerusalem wirken, im ganzen Land Judäa, unter den Minderheiten in ihrem Land wie z. B. den verachteten Samaritern, und sie sollten auch außerhalb ihres Landes das Evangelium verkünden, auf allen Kontinenten bis an die Enden der Erde. Auch wir müssen diese verschiedenen Dimensionen gleichermaßen im Blick behalten. Der Missionsbefehl gilt nicht nur für die glorreichen ›fernen Länder‹, sondern auch für die vielleicht eintönige Arbeit zu Hause, wo auf den Straßen und Plätzen das Evangelium verkündigt werden soll, wo die Gläubigen wohnen, sodann für die Randbereiche unserer Gesellschaft, mit deren Mitgliedern wir den Umgang normalerweise scheuen. Jesus hat uns im Missionsbefehl nicht eine Reihe von Möglichkeiten angeboten, unter denen wir uns die passende aussuchen können. Jesus sagt vielmehr, dass jedem Christen die ganze Welt am Herzen liegen sollte, auch wenn er an einen bestimmten Ort berufen ist, sei es nun in der Nähe oder in der Ferne.

Jesus umschrieb im Missionsbefehl die vielen verschiedenen Arbeitsfelder, die es gibt: Die Pionierarbeit bis zur Gründung einer Gemeinde, die Lehre und die Schulung und die Arbeit in jedem Teil der Erde. In einer Gemeinde in Kanada, in der ich einmal zu einem Missionswochenende als Redner eingeladen war, sah ich ein Spruchband über dem Ausgang im Foyer hängen. Darauf stand: »Sie betreten gerade Ihr Missionsgebiet.« Das hat mir sehr gut gefallen!

Gott möchte, dass das Erlösungswerk seines Sohnes allen Menschen der Erde verkündet wird. So lautet unsere Aufgabe als seine Gemeinde.

Das Wirken des Heiligen Geistes

Der Heilige Geist hat ein tiefes Verlangen danach, dass die Völker dieser Welt errettet werden. Er ist der Herr der Ernte. Daher ist es nicht verwunderlich, dass Lukas im Zusammenhang mit dem Missionsbefehl vom Mitwirken des Heiligen Geistes spricht:

> »... nachdem er den Aposteln, die er sich auserwählt, durch den Heiligen Geist Befehl gegeben hatte« *(Apostelgeschichte 1, 2).*

Wir sollten an dieser Stelle im Auge behalten, dass unmittelbar nach diesem Ereignis Jesus seinen Jüngern befahl, in Jerusalem auf die Taufe mit dem Heiligen Geist zu warten. Wenn sie den Heiligen Geist empfangen hatten, sollten sie Jesu Zeugen werden bis an die Enden der Erde.[19] Die Gemeinde Jesu und ihre Ausbreitung in der Apostelgeschichte könnte man als Apostel-Geschichte, aber ebenso auch als Geschichte des Heiligen Geistes betrachten.

Der Heilige Geist wirkt beständig an den Gläubigen, damit sie sich in Bewegung setzen. Er leitet sie immer, insbesondere jedoch, wenn es um die Mission geht. Er verleiht Gaben, die für diese Aufgabe erforderlich sind, und er wirkt Zeichen, wenn Menschen zum Glauben kommen.[20] Wie kann ein einzelner Christ oder eine Gemeinde von sich behaupten, den Heiligen Geist zu »haben«, wenn er oder sie nicht den Geist der Mission besitzt?

Kapitel 2

Die Ausrichtung der Gemeinde auf die ganze Welt

Nicht allein in dem herrlichen Kapitel Jesaja 53 wird geoffenbart, dass Gott sich nach seinem Volk sehnt, ihm zum Eigentum. In der gesamten Bibel erkennen wir, dass Gottes Vaterherz von Liebe erfüllt ist, denn Gott möchte nicht, dass irgendjemand verloren geht.[21] Dass sein Retterwille sich nicht allein auf die Juden erstreckt, sondern auf jedes Volk der Erde, liegt bereits dem Alten Testament zugrunde. Im Neuen Testament wird dieser Gedanke ausführlich erläutert. Gleichzeitig ist es Gottes Wille, dass sein Volk seine Sicht teilt.

Gottes Volk teilt Gottes Schau

Die Heilige Schrift, die Theologie, die Gemeinde und sogar die Christen würden ohne die Mission nicht existieren. Deshalb ist eine Theologie ohne Mission keine biblische Theologie, eine Gemeinde ohne Mission keine Gemeinde im eigentlichen Sinne mehr und ein Christ ohne Mission ist kein echter Jünger Jesu. Für uns Christen ist Mission nicht ein Anhängsel für die wenigen ›Fanatiker‹ im Glauben oder die besonders mit dem Heiligen Geist Gesalbten noch etwas, wofür man sich entscheiden oder es auch links liegen lassen kann. Mission ist ein grundlegendes Muss für uns

Christen, durch die Mission wird bestimmt, wer wir in Christus sind und aus welchem Grund wir in Christus sind. David Bosch zitiert in seiner ausgezeichneten Missionstheologie mit dem Titel »Transforming Mission«[22] Aargaard folgendermaßen:

> »Die Mission ... wird als von Gott in die Welt hineinwirkendes Handeln aufgefasst und die Gemeinde als ausführendes Organ der Mission. Es gibt aber die Gemeinde nur deshalb, weil es die Mission gibt, nicht umgekehrt.«[23]

Erstaunlicherweise hat das Volk Gottes diese Sicht im Großen und Ganzen nicht geteilt. Die Gemeinde Jesu hat sich diese Sicht der Dinge als Zentrum ihres Daseins und Denkens nicht zu Eigen gemacht. Hier hat das Volk Gottes eindeutig versagt, Gottes Plan nicht verstanden und sich damit auch die enge Gemeinschaft mit ihm und seine Segnungen entgehen lassen. Wer für die Erfüllung dieses Planes Gottes lebt, der Missionierung der ganzen Erde, lebt ein wirklich lebenswertes Leben, das ihn selbst am meisten bereichert und zugleich den größtmöglichen Sinn macht.

Wie kann ein Kind Gottes behaupten, Jesus nachzufolgen, wenn es für die Verlorenheit und die Nöte der Menschen dieser Welt keinen Blick hat? Wie kann ein Kind Gottes die Verheißung in Anspruch nehmen: »Ich bin mit dir in allem, was du tun wirst«, wenn es gleichzeitig nicht dazu bereit ist, dem Befehl Jesu zu gehorchen: »... und machet zu Jüngern alle Völker ...«,[24] der doch die Bedingung für diese Verheißung ist?

Wie kann eine Gemeinde oder Denomination eine biblische oder auch nur eine christliche Ausrichtung für sich in

Anspruch nehmen, wenn sie Gottes Wunsch nach Errettung der Menschen auf der ganzen Erde nicht ins Zentrum ihrer Bemühungen rückt? Das sollte an der Budgetplanung der Gemeinde, der Beteiligung an der Mission durch Gebet und am Einsatz der Gemeindemitarbeiter sichtbar werden. Die Gemeinde Jesu Christi steht und fällt mit ihrem Engagement in der Mission – denn die Gemeinde Jesu besteht aus Menschen, die durch Mission Errettung erfuhren. Nun obliegt ihnen die große Verantwortung, andere hinzuzugewinnen und so die Mission weiterzuführen. Wenn die Gemeinde Jesu in ihrer Theologie, ihrem Alltag und ihrer Finanzplanung nicht missionarisch ausgerichtet ist, dann hat sie nicht länger das Recht, sich Gemeinde Jesu zu nennen. Weil wir Gottes Kinder sind, kann die Frage, wie lebendig und gesund wir und die Gemeinde im Glauben sind, nicht von der Weltmission getrennt werden.

In denjenigen Denominationen, die in den vergangenen 40 Jahren theologisch liberal geworden sind, haben sich hinsichtlich der Ziele und der Mitgliederzahlen gewaltige Umwälzungen ergeben. In diesen Denominationen ist das biblische Konzept der Mission humanistisch umgedeutet worden. Statt der Evangelisation werden Dialog, Toleranz und sozio-politisches Handeln groß geschrieben und damit ist man vom Weg Jesu Christi weit abgeirrt.[25] Leider spielen die Evangelikalen beim Engagement in der Mission oft keine sehr viel rühmlichere Rolle.

Im Denken und in der Theologie zahlreicher christlicher Leiter und Lehrer ist leider häufig zwischen der Soteriologie (der Lehre von der Errettung) und der Missiologie (der Lehre von der Mission) eine beträchtliche Kluft entstanden. Und um noch einen Schritt weiterzugehen: Soteriologie ohne Missiologie entspricht nicht mehr der ursprünglichen Botschaft von der Errettung durch Jesus Christus. Lassen Sie uns noch einmal die Worte unseres Herrn Jesus in Lukas 24, 45 – 47 betrachten:

»Dann öffnete er (Jesus) ihnen das Verständnis, damit sie die Schriften verständen, und sprach zu ihnen: So steht geschrieben, und so mußte der Christus leiden und am dritten Tag auferstehen aus den Toten und in seinem Namen Buße und Vergebung der Sünden gepredigt werden allen Nationen, anfangend von Jerusalem.«

Jesus sagt hier nur einen einzigen Satz: Das Werk, zu dem Jesus gesandt war, war sein Leiden und Auferstehen und die Verkündigung des Evangeliums. Die Aufgabe der Evangeliumsverkündigung – die Mission – ist also zusammen mit dem Leiden und Auferstehen in diesen einen Satz eingeschlossen. Einen Teil des Satzes herauszugreifen, ohne den anderen hinzuzufügen, gäbe seinen Sinn nur unvollständig wider. Interessanterweise bedeutet Mission hier die Evangelisation vor Ort in Jerusalem, die Mission im ganzen Land Judäa, die Arbeit unter den Minderheiten des Landes Samaria und die weltweite Mission bis an die Enden der Erde.

Die Frage lautet also nicht, ob Mission für mich in Frage kommt oder ob Mission für mich eine Rolle spielt, sondern nur, welche Aufgabe ich in der Mission erfüllen kann, denn ich bin ja ein Christ. Um sich in der Mission zu engagieren, braucht niemand einen besonderen Ruf, denn der Ruf ist bereits ergangen. Es ist vielmehr unsere Aufgabe, Gott heute um seine Führung in die Mission zu bitten. Es gibt für jeden einen Arbeitsplatz im Reich Gottes. Es kommt nur darauf an, diesen Platz zu finden und einzunehmen!

Der Missionsbefehl ist ein Befehl, der sich an die Gemeinde Jesu richtet. Diesem Befehl soll sie aus Liebe zu Gott mit Eifer Folge leisten, denn Gott hat bereits die Gemeinde mit seiner Liebe überschüttet. Jeder Christ hat zu allen Zeiten und an jedem Ort und aus jeder Kultur sowohl das Vorrecht als auch die Verpflichtung, ein Christ zu sein, der dem Missionsbefehl Folge leistet. Später werden wir uns mit den Gründen beschäftigen, die zu der beschriebenen Kluft zwischen Anspruch und Wirklichkeit geführt haben. Ich möchte hier nur William Carey als Beispiel für jemand anführen, der diesen Wunsch Gottes nach der Missionierung der ganzen Welt zu seinem eigenen Herzensanliegen gemacht hat. Durch sein Vorbild sind in den folgenden zwei Jahrhunderten nach Carey ungezählte Menschen zum selben Engagement in der Weltmission ermutigt worden.

William Carey als Visionär

Der 31. Mai 1792 war ein entscheidender Tag im Leben von William Carey. Er wurde auch für die ganze Weltgeschichte zum entscheidenden Tag. Dass ein armer Pastor im ländlichen England die Geschichte so beeinflussen sollte, klingt fast unglaubwürdig, aber so war es. Er war nicht der erste, der die Gemeinde Jesu zur Mission aufforderte, aber er war der, der unter Gottes Führung den gordischen Knoten durchtrennen konnte, der die Gemeinde bisher daran gehindert hatte, der ganzen Welt das Evangelium zu verkünden.

Große puritanische Prediger und Theologen waren Carey im 17. Jahrhundert vorangegangen und hatten ihn beeinflusst,[26] später war es auch Jonathan Edwards.[27] Die Berichte der großen Missionare John Eliot und David

Brainerd in Nordamerika sowie von Bartholomäus Ziegenbalg und Heinrich Plütschau in Indien hatten ebenfalls Auswirkungen auf Carey. Jonathan Edwards übte jedoch mit seinen Schriften den größten Einfluss auf Andrew Fuller und auf Carey aus.[28] Carey las Berichte über die Gebetskonzerte, die im Jahr 1744 begonnen wurden und mit der schottischen Erweckung von Cambuslang im Jahr 1742 in Zusammenhang standen, und er gab das Tagebuch von David Brainerd heraus. All das formte ihn und machte ihn zu einem leidenschaftlichen Vertreter der Mission. Dann veröffentlichte er seine Schrift *A Humble Attempt to Promote an Explicit Agreement and Visible Union of God's People through the World, in Extraordinary Prayer, for the Revival of Religion and the Advancement of Christ's Kingdom on Earth, Pursuant to Scripture Promises and Prophecies, Concerning the Last Time* (Ein demütiger Versuch, wirkliche Einmütigkeit und sichtbare Einheit unter Gottes Volk auf Erden zu befördern, unter ernsthaftem Gebet für die Wiederbelebung der Religion und die Ausbreitung des Reiches Christi auf Erden, gemäß den Verheißungen und Prophezeiungen der Schrift in Bezug auf das Ende der Zeiten) – was für ein Titel! Der ursprüngliche Titel umfasste 187 Worte! In seinen letzten Lebensjahren wurde Edwards selbst Missionar und arbeitete unter den Indianern Amerikas. Wenn Carey der Vater der modernen Mission ist, dann ist Jonathan Edwards ihr Großvater.[29]

Es gab auch schon Missionsbewegungen, bevor die Baptist Missionary Society gegründet wurde, so z. B. die SPCK (Society for Promoting Christian Knowledge, gegründet im Jahr 1699)[30] und die Herrnhuter Brüdergemeine, die nach einer Erweckung im Jahr 1727 im Jahr 1732 begann, Missionare auszusenden.[31] All das waren Vorboten der modernen Missionsbewegung, aber der Zeitpunkt Gottes, der ›Kairos‹, war noch nicht gekommen.

Jahrelang hatte Carey versucht, seinen Mitchristen seine Sicht der Dinge zu vermitteln. Er hatte dafür gebetet, sich dafür mit allen Mitteln eingesetzt, aber alles war vergeblich. Am Tag vor dem 31. Mai hatte Carey auf einer Versammlung in Nottingham, England, vor seinen Pastorenkollegen eine leidenschaftliche, gut ausgearbeitete Predigt gehalten. Er sprach darüber, dass die ganze Erde das Evangelium hören müsse. Diese »unsterbliche Predigt«, wie sie später genannt wurde, hatte eine elektrisierende Wirkung. John Ryland, der Carey neun Jahre zuvor getauft hatte, schrieb später darüber:

> »Wenn alle Versammelten ihre Stimme erhoben und in Weinen ausgebrochen wären, so wie die Kinder Israels in Bochim, hätte mich das nicht verwundert, so klar bewies er uns, wie verwerflich es war, in der Sache Gottes untätig zu bleiben.«[32]

Zwar hatte diese Predigt tief greifende Auswirkungen auf diese Männer, aber sie hatten weder den Glauben noch den Mut, nun auch zu handeln. Sie gingen nach der Versammlung auseinander, ohne eine Entscheidung gefällt zu haben, denn die Aufgabe der Weltmission schien ihnen viel zu groß zu sein. Carey wandte sich an seinen Freund, Andrew Fuller, ebenfalls ein Pastor, packte seinen Arm und rief laut: »Wird denn jetzt gar nichts geschehen, Sir?« Dieser emotionelle Ausbruch seines Freundes, der ganz außer sich war, räumte Fullers Zweifel aus und machte seinem Zögern ein Ende. Er warf sein ganzes Gewicht in die Waagschale, als es darum ging, die Herren davon zu überzeugen, dass ihre indifferente Haltung noch einmal überdacht werden müsse. Diese Gespräche dauerten den ganzen Tag. Eine Resolution wurde schließlich verabschiedet, die besagte, dass ›für die nächste Zusammenkunft der Pastoren ein Plan ausgearbeitet werden sollte zur Gründung einer baptistischen Missionsgesellschaft zur Verkündigung des Evangeliums unter den Heiden‹ (der ›Baptist Society for Propagating the Gospel among the Heathens‹).

Vier Monate später fand das Treffen in Kettering statt. Zwölf Männer wurden die ersten Mitglieder der neugegründeten Missionsgesellschaft. Sie legten die damals gewaltige Summe von etwas über 13 englischen Pfund zusammen, die sie in einer Schnupftabaksdose gesammelt hatten!

So wurde die moderne Missionsbewegung geboren. Es war eine Bewegung, die zwar viele Schwächen aufwies, aber in den folgenden 200 Jahren auf wahrhaft erstaunliche Weise zur Ausbreitung des Reiches Gottes beitrug. In diesem Zeitraum verwandelte sich die in großen Teilen auf sich selbst ausgerichtete und von den Weltereignissen isolierte protestantische Kirche in Nordwest-Europa zu einer in weltweiten Zusammenhängen denkenden, multikulturellen Familie verschiedenartiger Gemeinden, unter denen die Gemeinden mit europäischen Wurzeln nur noch eine ausgesprochene Minderheit darstellten. Ich möchte hier nur einmal eine Zahl nennen: Im Jahr 1792 waren von je 1000 Protestanten nur sieben afrikanischer oder asiatischer Herkunft. Im Jahr 1992 kamen auf 1000 Protestanten schon 580 Afrikaner und Asiaten. In der Staatskirche Englands wurden von einigen Zeitgenossen William Careys Streitschriften zur Widerlegung von Careys Thesen verfasst. Aber diese Pamphlete offenbarten nur den geistlich beklagenswerten Zustand und die Trägheit dieser Leute und ihrer Gemeinden, die sich weigerten, die anstehende Aufgabe zu erfüllen und Carey obendrein beschimpften.

William Carey war nicht das erste Kind der Reformation, das Mission predigte, er war auch nicht der erste Missionar, der nach Übersee ging. Dennoch ist es berechtigt, ihn den ›Vater der modernen Mission‹ zu nennen, und zwar aus folgenden Gründen:

1. Careys Studien und sein Verständnis von der modernen Welt

William Carey lebte in einer Zeit, in der der Bevölkerung Europas die Existenz der übrigen Welt erstmals wirklich ins Bewusstsein drang. Forscher kehrten mit detaillierten Karten neuer Erdteile und Beschreibungen fremder Völker und Kulturen nach Europa zurück. Die Berichte von den Entdeckungen Kapitän Cooks, die veröffentlicht worden waren, trugen zu Careys Missionsverständnis Wesentliches bei.[33] Die verschiedenen Handelsgesellschaften sandten ihre Vertreter in jeden Winkel der Erde, um Geschäfte zu machen. Die industrielle Revolution war in Gang gekommen. Dennoch ist es erstaunlich, dass ein armer Pastor auf dem Land in einer entlegenen Ecke von England Zugang zu diesen Berichten, Büchern und Informationen hatte. Auf Careys mit Sorgfalt selbst hergestellter, farbig markierter Landkarte und auf seinem handgenähten Ledergloubus waren die neuesten Entdeckungen seiner Zeit verzeichnet. Es war diese Landkarte, wie Andrew Fuller bemerkte, die Carey dazu anspornte, seine aufrüttelnde Predigt über Haggai 1, 2 zu halten, die die Überschrift trug: The Pernicious Influence of Delay (Warum es schädlich ist, Dinge zu verschleppen). Die Predigt lieferte eine leidenschaftliche Begründung für die dringende Notwendigkeit, den Heiden das Evangelium zu bringen. Gleichzeitig übte diese Predigt auf Carey selbst großen Einfluss aus, denn er fühlte sich nun auch klarer auf das Missionsfeld berufen.

Der Überblick über die Situation in den verschiedenen Teilen der Erde, wie sie Carey in seinem berühmten, nur 87 Seiten starken Buch An Enquiry into the Obligations of Christians to use Means for the Conversion of the Heathens (Eine Untersuchung über die Verpflichtung der Christen, Mittel einzusetzen für die Bekehrung der Heiden)[34] beschrieben hat, ist ein Meisterwerk, denn es ist äußerst genau in Bezug auf die Fakten, ausgewogen in der Beurteilung und berücksichtigt die weltweite Situation. Wir haben heute den Vorteil, dass wir aus unserem erweiterten Blickwinkel der Gegenwart erkennen können, wie zutreffend diese Statistiken waren.

2. Careys Verständnis der Mission als Herzensanliegen Gottes und zentrale Botschaft der Schrift

Carey stellte in seinen Predigten und Schriften auf leidenschaftliche, überzeugende Weise dar, dass der Missionsbefehl auch heute gültig ist und zwar ebenso für die Christen der Moderne wie für die Apostel, an die der Missionsbefehl ursprünglich ergangen war. Carey wurde aber auch oftmals entmutigt. Einmal entgegnete ihm bei einer Zusammenkunft mehrerer Pastoren, bei der er über den Missionsbefehl gesprochen hatte, sein alter Pastor John Ryland: »Junger Mann, setzen Sie sich. Wenn es Gott gefällt, die

Heiden zu bekehren, wird er es ohne Ihre und meine Hilfe tun.«[35] In den vorausgegangenen drei Jahrhunderten hatte die allgemeine Überzeugung immer gelautet, dass der Missionsbefehl ausschließlich den Aposteln gegolten hatte, an die Jesus die Worte ursprünglich gerichtet hatte.

3. Carey als Pastor und Gemeindegründer im ländlichen England

Careys Jahre des Dienstes in der Gemeindearbeit, verbunden mit seinem emsigen Sammeln von Informationen über die ganze damals bekannte Welt verlieh ihm eine bis dahin unbekannte Ganzheitlichkeit in seinem Missionsverständnis. Er betrachtete die Mission als ein Werk, an dem der gesamte Leib Christi beteiligt sein sollte, damit die ganze Erde missioniert werden konnte.

4. Carey verbreitet sein Anliegen in Wort und Schrift

Careys Bemühungen – sowohl seine schriftlichen Arbeiten wie das Buch Enquiry, auf das ich schon oben verwiesen habe, wie auch seine Predigten – hatten wellenartige Auswirkungen auf die Christenheit. Das wird z. B. in den folgenden Kommentaren deutlich:

> »Manche hielten Careys Enquiry für den überzeugendsten Missionsaufruf, der jemals verfasst worden war. Auf jeden Fall stellte das Buch einen Wendepunkt in der Geschichte der Christenheit dar und ihm sollte,

was seinen Einfluss auf die Kirchengeschichte angeht, derselbe Rang eingeräumt werden wie den 95 Thesen Luthers.«[36]

»Careys Enquiry markiert einen Wendepunkt in der Geschichte der Christenheit. Das Buch legt die Grundlage für die Mission, und zwar durch seine exakten Informationen, seine sorgsamen Erwägungen, die klugen Überlegungen zu den notwendigen Mitteln sowie auch durch die Erörterung der Tatsache, dass Mission eine christliche Pflicht ist.«[37]

»Ich fand die Predigt Careys großartig. Möglicherweise hat sonst keine andere Predigt der Moderne so klar nachvollziehbare Auswirkungen auf die protestantische Christenheit der ganzen Erde gehabt.«[38]

5. Careys Vorschläge zu Aufnahme und Durchführung der Missionsarbeit

Carey orientierte sich in seinem Entwurf stärker an Vorbildern aus seiner Zeit als an den Aposteln. Dadurch, dass er den Gedanken der Mission überhaupt aufgriff, befasste er sich automatisch mit biblischen Strukturen zur erfolgreichen Evangelisation der ganzen Erde. Schon der Titel seines Buches Enquiry impliziert diesen Gedanken. Carey hatte sein Buch *An Enquiry into the Obligations of Christians to use Means for the Conversion of the Heathens*[39] (Eine Untersuchung über die Verpflichtung der Christen, Mittel einzusetzen für die Bekehrung der Heiden) genannt und meinte mit den »Mitteln« die Strukturen, die erforderlich waren, um diese Aufgabe anzugehen. Mit den Vorschlägen, die Carey für die Arbeit auf dem Missionsfeld machte, war er seiner Zeit weit voraus. Viele Missionsgesellschaften in der Zeit nach Carey versäumten es, seine wertvollen Ratschläge zu befolgen. Carey machte in seinem Buch den Vorschlag, eine Missionsgesellschaft zu gründen. Mit diesem Gedanken erwies sich Carey als Kind seiner Zeit, denn im 17. und 18. Jahrhundert waren in Großbritannien etliche religiöse Gesellschaften entstanden, die an der Reform der Gesellschaft und der Beförderung der großen methodistischen Erweckung im 18. Jahrhundert großen Anteil gehabt hatten.[40] In Bezug auf die Dynamik und das Risiko, die in der Struktur lagen, bestand eher eine Parallele zu den großen internationalen Handelsgesellschaften der damaligen Zeit, die über die Ozeane hinweg mächtige Handelsreiche aufgebaut hatten. Die Form der Struktur entsprach der damaligen Kultur, aber das Prinzip der separaten Struktur ist kulturübergreifend und ein ureigenstes biblisches Prinzip.

6. Careys Gottvertrauen

Carey ließ sich weder durch die Entmutigungen seiner Gegner von seinem Ziel ablenken noch von den sich vor ihm auftürmenden Hindernissen. Er selbst verkörperte in seiner Person seine eigenen Worte, mit denen er sich in seiner Epoche machenden Predigt an seine Zuhörer gewandt hatte: »Erwarte große Dinge [von Gott]; dann wage große Dinge [für Gott].«[41]

7. Careys Vorbild: Seine eigene Missionsarbeit

Carey hielt an dem, was er sich einmal vorgenommen hatte, unerschütterlich fest, trotz zahlreicher Hindernisse, die sich ihm in den Weg stellten: die problematische finanzielle Lage, Kritik seitens seiner eigenen Landsleute in Indien, mehrere Krankheiten, Rückschläge bei seiner Arbeit, ja sogar die vorläufige Weigerung seiner ersten Frau, mit nach Indien zu gehen – wäre Carey wohl vom Vorstand einer heutigen Missionsgesellschaft akzeptiert worden? Dennoch wurde Carey schließlich zu einem der größten Missionare, Bibelübersetzer und Gemeindegründer aller Zeiten.

Carey war in einer Person Visionär, Forscher, Theologe, Linguist, Autor, Prediger und ein Meister der Kommunikation – eine wahrhaft seltene Kombination. Er hielt sich keineswegs für ein Genie, sondern bloß für einen Arbeiter im Reich Gottes – aber was war das nur für ein Arbeiter! Es ist nicht erstaunlich, dass er unter Gottes Führung und Leitung zu dem Werkzeug wurde, das mit dazu beitrug, dass sich die Christen immer stärker in der Missionsarbeit engagierten – zuerst die Christen aus Europa, dann auch aus Nordamerika und in den letzten 20 Jahren aus fast jeder Nation der Erde, wo Gemeinden gegründet wurden. Wir haben das Vorrecht, in der heutigen Zeit zu leben. Was den Zeitgenossen Careys noch als unrealistischer Traum erscheinen musste, rückt heute in greifbare Nähe. Wir stehen an der Schwelle zur Verwirklichung von Careys Traum – dem Abschluss der Weltmission. Möglicherweise wird dieses Ziel noch zu unseren Lebzeiten erreicht werden.

William Carey ist für mich seit der Zeit, als ich während meines Studiums an der Universität Christ geworden war, immer ein Vorbild gewesen. Ich habe zuerst gar nicht erkannt, dass ich mit meiner Berufung zum Missionar auch gleichzeitig Forscher und Missionsstratege werden würde und hoffentlich viele für dieselbe Aufgabe motivieren kann. Mein Buch *Gebet für die Welt* [42] ist eine Fortsetzung von Careys *Enquiry*. Im weiteren Verlauf möchte ich die Statistiken aus beiden Büchern miteinander vergleichen und daran deutlich machen, was in den 200 Jahren zwischen dem Erscheinen der beiden Bücher geschehen ist.

Ich betrachtete es als großes Vorrecht, als ich 1991 von meinem Freund Harry Godden, dem damaligen Superintendenten der East Midlands Baptist Association eingeladen wurde, um bei deren jährlichen Zusammenkunft in Nottingham einen Vortrag zu halten. Erst als ich diese Einladung angenommen hatte, wurde mir klar, dass diese Leiter die direkten Nachfolger der Northampton Baptist Association sind, vor denen William Carey vor genau 199 Jahren seine berühmte Predigt aus Jesaja 54 gehalten hatte. Deshalb benutzte ich für meinen Vortrag Careys Predigttext. Wir hatten eine gute Zeit miteinander, aber ich kann nicht behaupten, dass bei dieser Zusammenkunft dieselbe Dramatik in der Luft lag wie damals oder die Predigt dieselben erstaunlichen Resultate zeigte, die sich damals aus Careys Predigt ergeben hatten! Dieser Bibelabschnitt in Jesaja 54 ist mit seinen missiologischen Aussagen mittlerweile unabdingbarer Bestandteil meines Glaubens und Denkens geworden.

Schlussfolgerungen aus Teil 1

Die Grundaussage dieses Buches lautet: Der Gemeinde Jesu muss die Weltmission einfach am Herzen liegen. Die wichtigste Begründung dafür lautet: Es war von Ewigkeit her Gottes Herzensanliegen, seinem Sohn eine Braut zuzuführen. Diese Braut, die Gemeinde, muss vor der Erfüllung aller Dinge zubereitet werden und ihre Vollzahl erreichen. Die Gemeinde Jesu hier auf der Erde muss diese Schau Gottes teilen, hat sie aber mittlerweile zum großen Teil aufgegeben.

William Carey erschien als eine Schlüsselperson im Rampenlicht der Kirchengeschichte, um der Gemeinde Jesu diese Sicht der Weltmission erneut zu vermitteln. Diese Aufgabe ist noch nicht ganz erfüllt, und um diesem Ziel näher zu kommen, wurde dieses Buch geschrieben.

Teil 2

Die Vergangenheit
Die Verdrängung des Missionsgedankens

Jesaja 53,12 – Der Bruch im Übergang zu Jesaja 54,1

»Darum werde ich ihm Anteil geben unter den Großen,
und mit Gewaltigen wird er die Beute teilen:
dafür, daß er seine Seele ausgeschüttet hat in den Tod
und sich zu den Verbrechern zählen ließ.
Er aber hat die Sünde vieler getragen
und für die Verbrecher Fürbitte getan«
(Jesaja 53,12).

... DER BRUCH ...

Jesaja 54,1
»Juble, du Unfruchtbare, die nicht geboren,
brich in Jubel aus und jauchze,
die keine Wehen gehabt hat!
Denn die Söhne der Einsamen sind zahlreicher
als die Söhne der Verheirateten, spricht der Herr.«

Einleitung

In Teil 2 dieses Buches möchte ich meinen Lesern einige meiner persönlichen Einsichten vermitteln, die ich über die Jahre hinweg gewonnen habe. Warum ist das Interesse an der Weltmission in der Vergangenheit immer derart gering gewesen? Diejenigen von uns, die sich für die Ausbreitung des Evangeliums bis an die Enden der Erde einsetzen, kennen dieses geringe Interesse. Wie ist es jedoch dazu gekommen? Es liegt nicht allein daran, dass andere Dinge größere Prioritäten erhalten haben oder dass uns die Verlorenen gleichgültig sind. Wir scheinen an diesem Punkt regelrecht mit Blindheit geschlagen zu sein.

Wenn man Gemeinden mit dem Missionsgedanken konfrontiert oder versucht, Christen in öffentlichen Versammlungen ein schlechtes Gewissen zu machen, so hat das nur wenig Effekt. Auch Bücher, die ausführlich die biblische Grundlage für die Mission und das Versagen der Gemeinde auf diesem Gebiet erläutern, haben keinen durchschlagenden Erfolg, denn diejenigen, denen die Dringlichkeit der Mission eigentlich gepredigt werden müsste, beschäftigen sich erst gar nicht mit diesem Thema. Die Wurzeln dieses Problems liegen viel tiefer, und hier muss man ansetzen, wenn man etwas verändern möchte.

In den folgenden Kapiteln möchte ich versuchen, aus meiner Sicht eine Erklärung dafür zu liefern, warum die Gemeinde Jesu die Herausforderung der Mission in großen Teilen nicht angenommen hat. Diese Gründe reichen oft weit zurück in die Vergangenheit. Möglicherweise werden Sie einige meiner Schlussfolgerungen überraschen oder Sie sind anderer Meinung. Ich möchte jedoch bestimmte Auffassungen in Frage stellen – auch wenn es altbewährte

Gedanken zu sein scheinen – die unsere Einstellung zur Mission prägen. Es ist mein Gebet, dass sowohl unsere Theologie als auch unsere Missionspraxis in vielen Gemeinden und theologischen Ausbildungsstätten eine grundlegende Umorientierung erfahren.

Kapitel 3

Wie die Mission in der Gemeinde Jesu hintangestellt wurde

Heutzutage herrscht in den christlichen Gemeinden eine Auffassung bzw. eine Weltanschauung, in der die Mission gar nicht mehr vorkommt. Wenn der Begriff »Mission« überhaupt noch verwendet wird, ist damit etwas gemeint, das mit der biblischen Mission nicht mehr viel gemein hat. Oder die Aufgabe der Mission wird so verwässert, dass die Missionierung der ganzen Erde für den durchschnittlichen Christen kaum noch von Bedeutung zu sein scheint.[43] Für viele Menschen bedeutet Mission heutzutage kaum mehr als die allgemeine Existenz der Gemeinde Jesu auf der Erde. Sie soll das soziale Elend lindern, aber die evangelistische, missionarische Sendung der Gemeinde wird nicht erkannt oder sogar abgelehnt[44]. Wir müssen zwischen der evangelistischen und der sozialen Betätigung bei der Missionsarbeit stets das Gleichgewicht halten (vgl. Kapitel 23), aber wo das Herz einer Gemeinde schlägt, kommt darin zum Ausdruck, wofür sie ihr Geld ausgibt. Wenn man für eine Hungersnot, Opfer von Landminen oder für Waisenkinder sammelt, kommt leichter Geld zusammen als für den Bau einer Bibelschule, für die Unterstützung eines Missionars oder für die Finanzierung von evangelistischen Radiosendungen.

Die allgemeine Auffassung vieler Christen zur Mission stellt sich häufig als ein Mischmasch halbgarer Ideen und Auffassungen dar, wie z. B.:

* Ist die Auffassung, unsere Religion sei besser als die der anderen Menschen, nicht arrogant? Es ist doch nichts daran auszusetzen, wenn die Menschen an ihrer Religion mit Ernst festhalten. Warum sollte man ihnen etwas Neues aufzwängen?

* Natürlich ist die Missionsarbeit schon vor langer Zeit beendet worden! Hat Mission nicht etwas mit Kolonialismus zu tun, mit Tropenhelmen, mit dem Dschungel, mit alten Damen und Diavorträgen? Ist die Aufgabe nicht schon längst erfüllt? Es gibt doch die Massenmedien, die ganzen Bibelübersetzer und was ist mit all denjenigen, die in der Vergangenheit schon als Missionare gearbeitet haben?

* Der Bedarf an Missionaren hier zu Hause in unserem Land ist so groß, dass wir noch Missionare aus Übersee hier bei uns gebrauchen könnten!

Wo kommen diese Vorstellungen her? Eine Quelle für solche Gedanken ist unsere komplexe, pluralistische Gesellschaft, die unsere Jugendlichen prägt, aber keine Antwort auf die Frage hat, warum die Erde entstanden ist und was der Sinn unseres Lebens in diesem Universum ist. Als zweite Ursache sind die allgegenwärtige liberale Theologie, die Strukturen, Aktivitäten und Einstellungen, die heute die christliche Kultur zu großen Teilen prägen, zu nennen. Wir wollen uns einige Wurzeln für die heutigen Auffassungen etwas näher anschauen.

Ich möchte mit einer Auslegung unseres Jesajatextes beginnen. Der Umgang mit diesem Text – die Tatsache, dass durch die Kapiteleinteilung zwischen Jesaja 53 und 54 ein künstlicher Bruch konstruiert wird – ist ein Symbol dafür wie in der Gemeinde unseres Herrn Jesus Christus zwischen dem, was als normales Gemeindeleben betrachtet wird und der Missionsarbeit ebenfalls eine beträchtliche Lücke klafft.

Für mich ist die Bibel durch und durch die Wahrheit und enthält keine Fehler, so wie sie ursprünglich einmal offenbart worden ist. In biblischen Zeiten wurde das kostbare Pergament für Bibelhandschriften nicht für solche Kinkerlitzchen verschwendet wie die Kennzeichnung einzelner Absätze und es wurden keine deutlichen Abstände zwischen den einzelnen Worten gemacht. Es gab auch keine Nummern, mit deren Hilfe man in einem langen Buch wie Jesaja einzelne Stellen hätte leichter wiederfinden können. Von daher kann man sich vorstellen, wie schwer es für Jesus in der Synagoge in Nazareth gewesen sein muss, die gesuchte Stelle zu finden, als man ihm die Schriftrolle mit dem Jesajatext gab. Lukas fügt an dieser Stelle die Bemerkung hinzu: »... *und er fand die Stelle*...« Es muss eine Zeit gedauert haben, bis Jesus auf den Vers stieß, der heute in Jesaja 61, 1 zu finden ist. Die Nummerierung der Kapitel und Verse war eine hilfreiche Ergänzung, die in späteren Zeiten dem Text hinzugefügt wurde, nicht aber Teil der ursprünglichen Offenbarung. Wir können für die Nummerierung dankbar sein, manchmal jedoch wird durch diese Einteilung die Kontinuität eines Gedankens unterbrochen, der über mehrere Kapitel hinweg ausgeführt wird.

Der künstliche Bruch, der durch die Kapiteleinteilung zwischen Jesaja 53 und 54 erzeugt wird, ist ein gutes Beispiel dafür. Der Abschnitt über Kreuzigung und Auferstehung in Jesaja 53 wird von der Ankündigung des herrlichen Triumphzuges des Evangeliums in der Weltmission abgetrennt, der sich erst nach einer neuen Kapitelüberschrift anschließt. Die Tatsache, dass beide Teile zusammengehören, wird dadurch verdunkelt.

Wenn hier der Vorhang fallen gelassen wird, wie es bereits durch die Kapiteleinteilung geschieht, dann weist das auf die Kluft hin, die sich zwischen der Gemeinde und der Missionsarbeit aufgetan hat, so wie es fast überall in der Christenheit der Fall ist. Das wird offensichtlich im Umgang mit der Schrift, in der Predigt, in den Lehrplänen der theologischen Ausbildungsstätten, in den Stukturen der christlichen Organisationen, im Gemeindeleben und im Denken der Christen. Dieses Auseinanderreißen von inhaltlichen Zusammenhängen muss Gott tief bekümmern. Es hat aber auch der Gemeinde Jesu geschadet und sie großer Freude, ihrer eigentlichen Bestimmung und der Segnungen Gottes beraubt. Das Ergebnis ist, dass die meisten Christen durch alle Zeitalter hindurch den Missionsgedanken nur unter »ferner liefen« beibehielten, während Mission doch Gottes Herzensanliegen war und ist. Leider hat die Gemeinde Jesu diese Diskrepanz zwischen Gottes Wunsch und der Wirklichkeit größtenteils noch nicht einmal zur Kenntnis genommen. Die schreckliche Konsequenz daraus ist, dass Millionen von Menschen deshalb niemals das Evangelium gehört haben.

Als wir einmal ein großes Gebetstreffen in einer Stadt in England abhielten, predigte ich über Jesaja 54, 1–3. Ich verglich die unfruchtbare Frau mit der Gemeinde Jesu und legte die Verheißung, dass wir die »Nationen (Völker) beerben« so auf uns aus, dass damit dasselbe gemeint ist wie im Neuen Testament, wenn es davon spricht, dass Völker zu Jüngern gemacht werden. Vor der ganzen Versammlung kritisierte eine Dame meine Auslegung und meinte, dass sie nicht zulässig sei. Sie behauptete, dass sich die Verheißung auf das Volk Gottes im Alten Testament bezöge, also auf die Juden, keinesfalls aber auf die Christen. Ich kann mich nicht an meine Entgegnung erinnern, aber ich weiß noch, dass ich über den heftigen Widerspruch ebenso verärgert war wie über meine unzureichende Antwort! Die richtige Antwort fiel mir erst nach der Versammlung ein – so ist es ja meistens! Mir kam nämlich in den Sinn, dass Paulus denselben Abschnitt explizit auf die neutestamentliche Gemeinde bezieht:

> »Denn Hagar ist der Berg Sinai in Arabien, entspricht aber dem jetzigen Jerusalem, denn es ist mit seinen Kindern in Sklaverei *(Also dem Jerusalem zu Zeiten von Paulus; er sprach von den Juden, die zu dieser Zeit dort lebten).* Das Jerusalem droben aber ist frei, [und] das ist unsere Mutter. Denn es steht geschrieben: ›Freue dich, du Unfruchtbare, die du nicht gebierst! Brich [in Jubel] aus und rufe laut, die du keine Geburtswehen erleidest! Denn die Kinder der Einsamen sind zahlreicher als derjenigen, die den Mann hat‹« *(Galater 4, 25 – 27 als Zitat aus Jesaja 54, 1).*

Dieser Abschnitt aus Jesaja war für die Juden, die in Babylon im Exil lebten, von großer Bedeutung, denn er gab ihnen Ermutigung. Gleichzeitig war der Text nur eine Vorschattung auf die Zukunft. So wie die ganze Bedeutung der Ankündigung des leidenden Knechtes in Jesaja 53 erst nach der Auferstehung Jesu verständlich wird, so wird die Ankündigung der Ernte in Jesaja 54 erst nach der Entstehung der Gemeinde an Pfingsten klar. Die Freude gilt also der geistlichen Ernte – eine Verheißung aus den Evangelien:

Die weltweite Gemeinde Jesu wird durch die Predigt des Evangeliums gesammelt. Aber nur sehr wenige Christen erkennen diese Zusammenhänge und nur wenige Prediger wählen diese wunderschönen Texte für ihre Ansprachen. Die Gemeinde Jesu ist dadurch verarmt und die Christen sind entmutigt. Der Unglaube erhält Nahrung und man meint, Gott habe sich von uns abgewendet und der Satan sei nun der Herrscher, denn nur wenige erwarten die verheißene Ernte oder wissen überhaupt, dass in unserer Zeit heute die Ernte eingebracht wird! In Teil 3 meines Buches werde ich Fakten, Zahlen und Beispiele nennen, um zu veranschaulichen, dass heute, hier und jetzt, eine Ernte einbracht wird wie noch niemals zuvor.

Wenn hier zwischen Jesaja 53 und 54 nicht eine Kapitelüberschrift eingefügt worden wäre, könnten wir leichter die Verbindung zwischen dem leidenden, gekreuzigten Knecht Gottes in Jesaja 53 und der Fortsetzung dieses Gedankens in der Weltmission in Jesaja 54 erkennen. Wir würden Jesaja 54 als unmittelbare Folge der Auferstehung Jesu begreifen und den Abschnitt und seine symbolische Aussage auf die Missionsarbeit in unserer Zeit anwenden. Wir sind jedoch leider der Auffassung, dass zwischen Jesaja 53 und 54 ein Bruch besteht, der die Kreuzigung von der Mission trennt. Diese Auffassung beeinflusst viele Bereiche des christlichen Glaubens sowie des christlichen Engagements. Es ist mein dringlicher Wunsch, dass einige dieser Bereiche neu beleuchtet und Missstände beseitigt werden, dass die Gemeinde Jesu wieder Gottes Plan erkennt und neue Wege geht, damit diese Sicht Gottes wieder Allgemeingut wird.

Kapitel 4

Die Vernachlässigung des Missionsgedankens bei der Auslegung der Schrift

Hier möchte ich nur drei Beispiele unter vielen nennen, die hier angeführt werden könnten. Wenn wir die Heilige Schrift betrachten, haben wir oft eine Brille auf, die uns den Missionsgedanken nicht mehr erkennen lässt. Diese philosophischen Denkvoraussetzungen sind bei uns so tief im Bewusstsein verankert, dass wir sogar die ganz offensichtlichen Aussagen über die Mission in der Bibel überlesen.

1. Gottes Verheißungen an Abraham

Wie lauten die drei Verheißungen, die Gott Abraham gegeben hatte, bevor er seine Heimat in Ur verließ? Die meisten von uns würden zwei nennen können – erstens, dass Gott ihn zu einer großen Nation machen und ihm ein Land geben werde (Kanaan/Israel) und zweitens, dass Abraham gesegnet werden und selbst ein Segen werden sollte. Viele Christen werden jedoch wahrscheinlich Mühe haben, sich an die dritte und wichtigste Verheißung zu erinnern. Gerade diese Verheißung ist an uns heute gerichtet:

> »... in dir sollen gesegnet werden alle Geschlechter auf Erden ...« *(1. Mose 12,3)*.

Diese Worte sind von so großer Bedeutung, dass sie eine Erklärung verlangen. Im vorangehenden Kapitel des ersten Buches Mose lesen wir den Bericht vom Turmbau zu Babel und der Sprachverwirrung. Damals entstanden die verschiedenen Völker und Kulturen der Welt. An diesen Bericht schließt sich in der Bibel unmittelbar die Berufung Abrahams an. Die Verheißung war von so großer Bedeutung, dass sie im ersten Buch Mose,[45] im ganzen Alten[46] und sogar im Neuen Testament[47] mehrfach wörtlich wiederholt oder auch sinngemäß darauf Bezug genommen wird. Diese Verheißungen aus der ganzen Schrift laufen alle auf einen Höhepunkt zu: auf den Himmel, wo diese Verheißung erfüllt werden wird, wenn die Erlösten sich aus jeder Nation, jedem Stamm, jedem Volk und jeder Sprache vor dem Thron des Lammes versammeln werden.[48]

Paulus erläutert diese Verheißung in seinem Brief an die Galater auf folgende Weise:

> »Die Schrift aber, voraussehend, dass Gott die Nationen aus Glauben rechtfertigen werde, verkündigte dem Abraham die gute Botschaft voraus: ›In dir werden gesegnet werden alle Nationen‹« *(Galater 3, 8).*

Paulus sagt also, dass die ursprüngliche Verheißung lautete: Abraham wird das Evangelium verkündigt. Diese Verheißung erhält ihre Bedeutung und Erfüllung in den Völkern dieser Erde, wenn sie umkehren und Buße tun und an den Herrn Jesus Christus, den Samen Abrahams glauben. Welch eine Verheißung! Diese Verheißung der Evangeliumsverkündigung zieht sich durch die ganze Bibel wie ein roter Faden, auf den die Reichtümer des Wortes Gottes und die Perlen der Theologie aufgefädelt sind. Jegliche

Theologie, die nicht diesem roten Faden der Mission folgt, ist keine biblische Theologie. Wenn diese Tatsache doch in all unseren Seminaren und theologischen Ausbildungsstätten begriffen würde – denn viele von ihnen haben zwar die Perlen, aber keinen Faden, um sie darauf aufzufädeln, deshalb rollen sie frei in der Gegend herum!

Gottes Verheißung an Abraham – der Segnung aller Völker der Erde – hat für die heutige Zeit große Bedeutung. Unsere Welt liefert heute, nach Beendigung des Kalten Krieges, den schlagenden Beweis dafür, wie wichtig es ist, der Tatsache Rechnung zu tragen, dass die einzelnen Völker und Volksgruppen sich sehr stark voneinander unterscheiden.[49] Die Ideologien hatten ihren großen Auftritt in einem Zeitrahmen von gerade einmal 200 Jahren – zwischen der Französischen Revolution im Jahr 1789 und dem Fall der Berliner Mauer 1989. Die Volkszugehörigkeit und das Bewusstsein der eigenen Identität ist bei den einzelnen Völkern heute wieder ein wichtiger Faktor der Weltgeschichte mit ihren vielschichtigen Konflikten zwischen einzelnen Völkern geworden,[50] bei den Rivalitäten zwischen einzelnen Stämmen, den ethnischen »Säuberungen« und den Kriegen zwischen einzelnen Volksgruppen, wie wir sie in Afrika, Russland, im ehemaligen Jugoslawien, in Indonesien und an anderen Orten beobachten können. Die einzelnen Ideologien, sei es nun der Kolonialismus, der Kapitalismus, die Demokratie oder der Kommunismus, waren offensichtlich nur der Deckel auf dem Topf, in dem die tief gehenden ethnischen Unterschiede vor sich hinköchelten, bis dieser Topf in den 90er Jahren überkochte und die Völker sich von diesen Ideologien befreiten.[51] Man braucht sich nur die veränderten Auffassungen der Studenten weltweit während der vergangenen 30 Jahre anzusehen – nur wenige protestieren noch gegen bestimmte Ideologien. Die Mission ist Gottes Antwort auf den Völkerhass, denn nur durch die Verkündigung des Evangeliums können die trennenden Mauern der Feindschaft zwischen den Völkern niedergerissen werden.[52]

2. Psalm 22

Psalm 22 ist im Alten Testament das Pendant zu Jesaja 53 und 54. In Jesaja 54 erhalten wir Einblick in das Vaterherz Gottes, denn er offenbart dort seinen Wunsch, seinen Sohn zu senden, damit er am Kreuz für die Welt voller Sünde litt. In Psalm 22 spricht der leidende Gottessohn selbst zu uns. Der Psalm beginnt mit den Worten unseres Herrn am Kreuz: »*Mein Gott, mein Gott, warum hast du mich verlassen?*« Im weiteren Verlauf gibt der Psalm einen sehr anschaulichen Bericht der Ereignisse bei der Kreuzigung, natürlich in poetischer Sprache. Ich kam ins Staunen, als ich mich mit diesem Psalm einmal genauer beschäftigte, denn ich fand in diesem Text 16 Prophezeiungen auf Ereignisse, die sich bei der Kreuzigung Jesu alle erfüllt haben. Die Geschehnisse bei der Kreuzigung ereigneten sich innerhalb weniger Stunden, aber ein Jahrtausend, nachdem David vom Heiligen Geist inspiriert worden war, diese Worte niederzuschreiben. Um dieses Wunder noch zu steigern, wurden diese Worte in einer Zeit niedergeschrieben, in der die Kreuzigung als Hinrichtungsart unbekannt war. Ich bin Forscher und lasse mich von den Fakten überzeugen. Daher muss ich fragen, wie wahrscheinlich eine zufällige Übereinstimmung mit den späteren Ereignissen ist: Die Worte Jesu, die er am Kreuz ausrief, dass seine Feinde unter dem Kreuz standen, der Verweis auf die durchbohrten Hände und Füße Jesu, sein Durst, seine Gebeine, die nicht gebrochen wurden, das Blut und Wasser, das aus seiner Seite floss, der Speerstich des Soldaten und Jesu Tod – dass all das damals in wenigen, schrecklichen Stunden geschah, ist kein Wunder, es geschah, weil Gott es tat. Dieses Geschehen ist übernatürlich, es ist göttliches Handeln! Ich staune, wenn ich darüber nachdenke, dass nur in diesem Abschnitt des Alten Testamentes die uns in außerbiblischen Berichten überlieferte Tatsache herausgestellt wird, dass nicht nur Jesu Hände ans Kreuz genagelt wurden, sondern auch seine Füße, denn keines der vier Evangelien geht auf diesen Punkt ein.

Das Pathos und die kraftvolle Sprache dieser ersten 22 Verse des Psalmes lenken leicht von seinen triumphalen Schlussversen ab. Die folgenden drei Verse sprechen von der Auferstehung Jesu. In Vers 23 hören wir dann die triumphierenden Worte:

»Verkündigen will ich deinen Namen meinen Brüdern; inmitten der Versammlung will ich dich loben« *(Psalm 22, 23)*.

Diese Worte wurden erfüllt, als Jesus nach seiner Auferstehung nur denjenigen erschien, die an ihn geglaubt hatten – auch das ist ein Zeichen dafür, dass die Schrift wirklich von Gott eingegeben ist. Die Verse 26 und 27 sprechen von Jesu triumphalem Einzug in den Himmel, wodurch er die ewige Errettung für uns vollendete – eine Vorschattung auf Hebräer 9 und 10, sowie auf Offenbarung 5:

»Von dir kommt mein Lobgesang in großer Versammlung; erfüllen will ich meine Gelübde vor denen, die ihn fürchten. Die Sanftmütigen werden essen und satt werden; es werden den Herrn loben, die ihn suchen; leben wird euer Herz für immer« *(Psalm 22, 26 – 27)*.

Das ist alttestamentliche Poesie, enthält aber neutestamentliche Wahrheiten! Ich möchte diese Verse nun paraphrasieren und einige Gedanken aus Hebräer 9 und 10 mit hineinnehmen. Jesus stieß zur größten Versammlung aller Zeiten im Himmel hinzu, in dem es ein Heiligtum gibt, nicht mit Händen gemacht. Dort erfüllte er seine Gelübde, denn er zog dort ein als abschließendes Opfer für Sünden. Durch sein Blut machte er den Weg frei zur Erlösung der verlorenen Sünder, die jetzt ein neues Loblied singen können und ewiges Leben bekommen.

Dann kommt der dramatische Schluss der letzten Verse, die die Weltmission zum Thema haben:

»Es werden daran gedenken und zum Herrn umkehren alle Enden der Erde; vor dir werden niederfallen alle Geschlechter der Nationen« *(Psalm 22, 28)*.

Hier stoßen wir wieder auf die Verheißung an Abraham – am Schluss dieses Psalmes, der das Erlösungswerk unseres Herrn Jesus Christus am genauesten beschreibt. Hier erkennen wir erneut, dass das Kreuz und die Weltmission bei Gott eine Einheit bilden. Errettung und Mission können und dürfen nicht voneinander getrennt werden. Wie oft haben Sie schon eine Predigt über den ganzen Psalm 22 gehört? Wahrscheinlich noch nie. Auch das ist ein Zeichen dafür, dass Erlösung und Evangeliumsverkündigung voneinander getrennt werden.

3. Die Begriffsstutzigkeit der Jünger im Hinblick auf die Weltmission

Gott hat im Alten Testament immer und immer wieder darauf hingewiesen, dass er die Heiden aus Liebe und Barmherzigkeit erretten möchte. Aber das Volk Israel erkannte seine Aufgabe nicht, die es erfüllen sollte, damit die Erde gesegnet werde. Der widerspenstige Jona erhielt von Gott den Befehl, nach Ninive zu gehen, aber er wollte gar nicht, dass die Bewohner Ninives Buße taten und Gottes Gericht entkamen! Im weiteren Verlauf der Geschichte Israels sorgten sich die Israeliten vor allem darum, wie sie sich von den Heiden fernhalten konnten, also von der geistlichen Verunreinigung durch den heidnischen Götzendienst und von ihrem unmoralischen Lebenswandel. Zudem wurden die Juden häufig von den Armeen dieser Völker bedroht, die versuchten, Israel zu erobern. Die dramatischen Folgen des geistlichen Versagens zu Zeiten, als Israel von Königen regiert wurde und die daraus erwachsenden Niederlagen und nachfolgenden Exilzeiten waren so sehr in das Gedächtnis der Juden eingebrannt, dass diese Abschottung verständlich ist. Zur Zeit Jesu war diese Weltsicht so fest in den Köpfen der nachexilischen Juden verankert, dass die sozialen und geistlichen Kontakte mit den Heiden und Samaritern auf das absolute Minimum beschränkt blieben. Deshalb nahmen die Juden auch an, der erwartete Messias werde die heidnischen Nationen mit militärischen Mitteln besiegen. Dies setzte stillschweigend voraus, dass die Juden dann die Beherrscher der Erde werden würden. Die Juden machten zu dieser Zeit vielleicht gerade einmal 13 Prozent der Bevölkerung des Römischen Reiches und 3,5 Prozent der Weltbevölkerung aus. Das Äußerste, was sich die Juden überhaupt vorstellen konnten, war, dass sie einzelne Heiden als Konvertiten in ihr Volk aufnehmen konnten, aber nur, wenn sich ein solcher Heide rigoros von seinem Hintergrund löste und sich mit Haut und Haaren dem Judentum verschrieb.[53]

Dieser Hintergrund hilft uns, nachzuvollziehen, wie schwer es für die Jünger gewesen sein muss, Jesus' revolutionäre Aussagen nachzuvollziehen. Die Schreiber der Evangelien geben sich redlich Mühe, mit Hilfe von Beispielen und Belehrungen aufzuzeigen, wie Jesus diese Sicht der Dinge an die Jünger herantrug. David Bosch[54] legt in seinem Buch meisterhaft dar, wie die Schriften von Matthäus und Lukas diese Tatsache offenbaren. Wenn man sich näher anschaut, wie Jesus mit den verachteten Samaritern, mit den Griechen, den betrügerischen Steuereinnehmern und den verhassten Römern, mit denen er in Berührung kam, sprach und wie er auch unter ihnen wirkte, wird das ganz offensichtlich. Jesu Lehre stellte auch den Kern der falschen Weltsicht der Juden und der Jünger in Frage. Lukas führt uns sogar vor Augen, wie der Beginn der öffentlichen Wirksamkeit Jesu eine dramatische Verkündigung seines auf die ganze Welt ausgerichteten Retterwillens wird, die damals bei den Juden heftige Reaktionen hervorrief.[55]

Dieses Ereignis in der Synagoge von Kapernaum ist nur im Licht dieser für die Juden herausfordernden Aussagen Jesu verständlich. Lukas berichtet, dass Jesus aufstand, um aus Jesaja 61 vorzulesen. Die Folgen waren dramatisch: In unserer deutschen Übersetzung können wir die gespannte Aufmerksamkeit der Männer in Vers 20 nachverfolgen, die von offener Verwunderung in Vers 22 abgelöst wird. Nur kurze Zeit später jedoch, in Vers 28, waren die Männer über Jesus so in Wut geraten, dass sie versuchten, ihn umzubringen und ihn einen Abgrund hinabstoßen wollten. Gibt es denn dafür keine Erklärung? Der Grund dafür, dass wir die Entwicklung der Stimmung nicht richtig nachvollziehen können, ist, dass in unseren deutschen Übersetzungen der eigentliche Knackpunkt verloren gegangen ist und die Übersetzer den missiologischen Aspekt der Aussage Jesu nicht richtig verstanden haben. Viele deutsche Übersetzungen geben Lukas 4, 22 folgendermaßen wieder:

> »Und alle gaben von ihm Zeugnis und wunderten sich über die Worte der Gnade, die aus seinem Mund gingen ...«

Die unterstrichenen Worte »*alle gaben von ihm Zeugnis*« sind wörtlich aus dem Griechischen übersetzt worden. Diese Wendung hat jedoch mehrere Bedeutungsvarianten und kann auch negativ übersetzt werden mit »*und alle verurteilten ihn*«. Einige Übersetzungen geben den Text deshalb folgendermaßen wieder[56]:

> »Sie erhoben ihre Stimme dagegen und wurden zornig, denn er sprach über [Gottes Jahr der] Gnade [und ließ die Worte über die Rache des Messias aus].«

Die Juden kannten den Abschnitt gut und erwarteten von Jesus, dass er nun auch den zweiten Halbsatz aus Jesaja 61, 2 anfügte, aber Jesus hörte mitten im Satz zu lesen auf und ließ die Worte aus:

> »... und der Tag der Rache unseres Gottes.«

Die Verwunderung der Juden schlug rasch in Zorn um, als Jesus nicht den zweiten Halbsatz über die Rache Gottes an den Heiden vorlesen wollte. Jesus verschlimmerte die Sache noch dadurch, dass er seine Zuhörer an den Dienst des Elia an einem leprakranken syrischen Feldherrn erinnerte und an die Witwe aus Sidonia. Damit hatte er erklärt, dass er den zweiten Halbsatz mit Absicht ausgelassen hatte und er während seiner Wirkungszeit nicht an den Heiden Rache üben, sondern ihnen Errettung bringen wollte, und das, indem er die Juden aus der jüdischen Gemeinschaft überging, die die Hilfe am nötigsten hatten, wie die Leprakranken und die Witwen. Das konnten die Juden nicht hinnehmen und deshalb gerieten sie so in Zorn, dass sie Jesus umbringen wollten.

Deshalb ist es nicht verwunderlich, dass die Jünger so lange brauchten, bis sie das Anliegen Jesu verstanden hatten. Sie wunderten sich darüber, als Jesus sich am Brunnen in Samaria niederließ und mit der samaritanischen Frau sprach. Später tadelte Jesus seine Jünger, dass sie auch nur daran gedacht hatten, Feuer vom Himmel fallen zu lassen, um die ungeliebten Samariter zu töten.[57] Die Jünger konnten auch die ganze Tiefe der Abschiedsworte ihres Herrn nicht erfassen, in denen Jesus ihnen befahl, in Samaria seine Zeugen zu sein. Es dauerte einige Jahre und es musste sogar erst eine Verfolgung einsetzen, bis sich die Jünger wirklich zu den Samaritern aufmachten, um ihnen Christus zu verkündigen. Durch den Dienst des Philippus wurden die Gläubigen in Jerusalem aufgerüttelt. Deshalb wurde eine Delegation entsandt, die aus Petrus und Johannes bestand, um die Sache zu untersuchen. Und sie sahen dort, dass Gott wirkte, so wie er in ihrem Herzen zu wirken begonnen hatte. Dass sie aus Gottes Sicht das Richtige getan hatten, wurde durch die Ausgießung des Heiligen Geistes offenbar.[58] Endlich verstanden die Jünger, dass den Samaritern die Erlösung ebenso galt wie ihnen selbst.

Die Samariter waren von ihren Sitten, Dogmen und ihrem religiösen Leben her teilweise jüdisch. Deshalb war der psychologische Graben nicht so tief, den die Juden überwinden mussten, um die Samariter akzeptieren zu können. Um die Heiden als des Evangeliums und des Erbes des ewigen Lebens ebenso würdig zu erachten wie die Juden selbst, dazu war die Überwindung eines viel tieferen Grabens erforderlich.[59] Die Auffassung, dass eigentlich Rache und Eroberung angesagt seien, war bei den Jüngern noch immer präsent. Die Juden erwarteten, dass sie der Messias zu militärischen Siegen führen würde. Aber selbst als Jesus im Triumphzug nach Jerusalem einzog, ritt er nicht auf einem Schlachtross, sondern auf einem friedlichen Esel. Die allgemeine Enttäuschung brach sich bei den beiden Jüngern auf dem Weg nach Emmaus nach Jesu Tod heftig Bahn, als sie sagten: »*Wir aber hofften, dass er der sei, der Israel erlösen solle.*« Noch immer hofften die Jünger auf die Umwälzung der machtpolitischen Verhältnisse, nicht auf geistliche Erneuerung. Diese Hoffnung drückten die elf Jünger noch einmal kurz vor der Himmelfahrt Jesu aus, als sie sagten: »*Herr, wirst du in dieser Zeit wieder das Reich für Israel aufrichten?*«[60] All das, was Jesus seine Jünger über das Himmelreich gelehrt hatte, war auf taube Ohren gestoßen. Ich glaube, dass Jesus sehr enttäuscht gewesen sein muss.

Nachdem Jesus von den Toten auferstanden war, legte er auf die Weltmission noch mehr Nachdruck. Die verschiedenen Missionsbefehle sind der Höhepunkt ein und desselben Lehrinhalts, den Jesus seinen Jüngern über drei Jahre hinweg vermittelt hatte. Die Mission bis an die Enden der Erde ist das vorherrschende Thema des Wirkens Jesu während der 40 Tage vor seiner Himmelfahrt. Sogar nach

Pfingsten zögerten die Jünger, die diese Aufforderungen von Jesus selbst gehört hatten, noch jahrelang, bis sie ihr schließlich Folge leisteten. Sie hatten einfach nicht die Bedeutung dieses letzten Befehls Jesu als Herzstück seiner Sendung und ihrer Jüngerschaft verstanden, und diese Tatsache hat sich in den nachfolgenden Jahrhunderten bis auf unsere Tage nicht grundlegend geändert.

Ich bin mir darüber im Klaren, dass ich hier »ex silentio« argumentiere, d. h. meine Argumente aus dem gewinne, was nicht ausdrücklich in der Schrift steht. Schon vor Apostelgeschichte 11 gibt es Hinweise darauf, für wie wichtig die Apostel mittlerweile die Evangelisation der Nicht-Juden hielten.[61] Möglicherweise führten eine Reihe von praktischen Überlegungen dazu, dass der Missionsbefehl nicht wirklich ausgeführt wurde – die Apostel waren durch die Erweckung jener Tage und ein enormes Gemeindewachstum stark in Anspruch genommen. Sie brauchten zu lange, um Autorität zu delegieren, wie die spätere Berufung der Diakone deutlich macht. Zu Beginn existierten einfach nicht die notwendigen Strukturen, um die Arbeit auch auf die Heiden auszudehnen, auch wenn die Apostel die Zeit dazu gehabt hätten, viel darüber nachzudenken. Es war der Märtyrertod eines Diakons, des Stephanus, und die Predigt eines weiteren Diakons, des Philippus, die eigentlich die Verkündigung des Evangeliums unter den Samaritern und den Heiden in Gang setzte.[62] Die Diakone wurden zu Aposteln. Sie leisteten nicht unbedingt sehr viel diakonische Arbeit!

Wie sehr erinnert das alles an heute! Viele Pastoren aktiver Gemeinden sind so mit den Nöten innerhalb ihrer eigenen Gemeinde und der Arbeit in ihrer Stadt beschäftigt, dass eigentlich keine Zeit dafür zu bleiben scheint, sich durch den Einsatz für die Mission noch mehr Arbeit aufzuhalsen. Möglicherweise brauchen die heutigen Gemeinden dieselbe Kombination von Leiden und Delegation von Autorität wie damals, damit sie dem Missionsbefehl gehorsam werden!

Die Kluft zwischen Erlösung und Mission hat über die Jahrhunderte hinweg fortbestanden. Wenn wir heute die Missionsarbeit lediglich unter »ferner liefen« behandeln, dann stehen wir damit nur in ›guter‹ Tradition der ganzen christlichen Kirchengeschichte.

Kapitel 5

Die Umgehung des Missionsgedankens in der Terminologie und Theologie[63]

Das im allgemeinen theologischen Wortschatz fehlende Vokabular in Bezug auf Mission hat ebenso wie die Verdrehung der entsprechenden biblischen Begriffe, die sich auf die Mission beziehen, im Laufe der Geschichte viel dazu beigetragen, die deutliche Aufforderung zur Mission, wie sie ursprünglich Gottes Plan entsprach, zu verwässern. Es ist beunruhigend, dass diese Tatsache in der Lehre der Gemeinde Jesu und bei den Theologen von der Urgemeinde an nicht deutlicher herausgestellt wurde.

Barrett und Johnson[64] haben eine Studie über die neutestamentlichen Begriffe zur Mission veröffentlicht. Man staunt, wenn man die vielen verschiedenen Begriffe und die Bedeutung der im Neuen Testament verwendeten Worte betrachtet. Alle diese Begriffe sprechen davon, dass es Gott ein Anliegen ist, dass die Christen und die Gemeinde sich an der Missionsarbeit beteiligen. Die vielen verschiedenen Worte und Verweise sind ein überzeugender Beweis dafür, dass die Verse des Missionsbefehls für ein richtiges Verständnis des gesamten Neuen Testamentes von zentraler Bedeutung sind. Dass Gott die Menschen so sehr liebt, dass er seinen Sohn zur Erlösung sendet, soll allen Völkern der Erde verkündigt werden, so lehrt es die Bibel. Wie können wir Christen über diesen Mittelpunkt der Schrift einfach hinweggehen?

Wir wollen uns einige Schlüsselworte und -wendungen der Bibel anschauen, die auf die Weltmission Bezug nehmen und dann untersuchen, wie sie in den gebräuchlichen Bibelübersetzungen wiedergegeben werden.

Evangelisiert

Barrett und Johnson[65] haben einige der grundlegenden Begriffe zusammengestellt. Immer, wenn im Neuen Testament von Mission die Rede ist, werden sieben verschiedene Anweisungen gegeben, was bei der Mission zu geschehen hat. Diese Begriffe werden in der folgenden Tabelle aufgeführt:

Deutsch	NT-Griechisch	Häufigkeit im NT[66]	Beschreibung des Befehls	Vorherrschende Kennzeichen	Die Aufgabe der beteiligten Menschen
Allgemeiner Befehl Evangelisiert	euangelizo		Art der Evangelisation	Die Autorisierung	Die Evangelisationsmethode
Empfangt	labete	133	Der Geist	Vom Geist gewirkt	Gebet
Geht	pareuthentes	263	Die Vorbereitung	Menschen setzen sich in Bewegung	Vorarbeit zur Evangelisation
Seid Zeugen	martyes	154	Der Missionar vor Ort	Nicht organisiert, persönlich	Das persönliche Zeugnis
Evangelisiert	kerusate	173	Die Verkündigung	Geplant, öffentlich	Die Predigt
Macht zu Jüngern	mathetensate	72	Die Überzeugung	Aufruf zur Bekehrung	Der Bekehrungsaufruf
Tauft	baptizontes	266	Die Gemeindegründung	Im Hinblick auf Gemeindegründung	Die Gemeindegründung
Lehrt	didaskontes	111	Die Belehrung	Auf die Lehre ausgerichtet	Die Aufgaben des Pastors

Der Missionsbefehl kann mit einem Schlüsselwort zusammengefasst werden, mit dem griechischen Verb *evangelisiert [euangelizo]*! Dieser Begriff kommt im Neuen Testament 56-mal vor, zusätzlich zu zehn eng verwandten Ableitungen, die auf dem Verb mit derselben Wurzel *angello* basieren. Es existieren weitere vier eng verwandte Synonyme und 19 Begriffe, die einem Synonym gleichkommen, die alle denselben Inhalt meinen, sowie 500 verwandte Worte (Nomen usw.). Die Evangelisation wird von Jesus Christus mit sieben Befehlen beschrieben und diese sieben Befehle machen den Missionsbefehl aus. Sie lauten: *Empfangt!, Geht hin!, Seid meine Zeugen!, Evangelisiert!, Macht zu Jüngern!, Tauft!, Lehrt!* All diese griechischen Worte werden mit 596 Begriffen übersetzt, die in dem oben erwähnten Buch als Ausführungen des siebenfachen Befehls aufgelistet werden. Das Neue Testament ist deshalb von einer Vielzahl von Begriffen durchzogen, die auf die Weltmission und die Evangelisation vor Ort Bezug nehmen.

Jetzt kommen wir zum traurigen Teil. Überall im Neuen Testament wird zwar der Begriff »evangelisiert« verwendet, aber er wird in den meisten deutschen Bibelübersetzungen NICHT AN EINER EINZIGEN STELLE so übersetzt. Viele Ersatzwendungen werden gebraucht wie z. B. *predigt das Evangelium* oder *verkündigt die Frohe Botschaft*. Diese Wendungen sind gut und hilfreich, aber sie verdunkeln den Auftrag zur Weltmission. Der Bezug zur Weltmission geht nämlich verloren, wenn nicht mehr das Wort ›evangelisieren‹ verwendet wird.

Apostel/Missionar

Die Wurzel dieses Wortes ist das griechische Verb *apostello*. Es bedeutet »ich sende aus, sende ab.« Lukas berichtet, dass Jesus betete, bevor er seine Jünger auswählte, die er Apostel nannte.[67] Sie waren seine Jünger, aber ihre eigentliche Bestimmung war, in die Welt hinausgesandt zu werden. Die zwölf ersten Apostel waren etwas ganz Besonderes, denn sie hatten mit Jesus gelebt, sein Wirken und seine Gemütsbewegungen miterlebt. Sie waren die Apostel des Lammes[68] und gründeten unter Gottes Führung die Gemeinde Gottes. In der Apostelgeschichte und in den Paulusbriefen werden noch weitere Personen als ›Apostel‹ bezeichnet, so z. B. Jakobus, der Bruder des Herrn, Paulus, Barnabas, Silas, sowie einige andere mit Verweis auf ihre Aufgaben.[69] In dem Streit mit den falschen Aposteln bezieht Paulus seine Argumente interessanterweise nicht aus der Tatsache, dass alle Apostel das Wirken Jesu unmittelbar miterlebt oder eine persönliche Offenbarung des auferstandenen Herrn gehabt haben, sondern er nennt als Beweise gegen die falschen Apostel ihren unordentlichen Lebenswandel, ihre falsche Lehre und ihr Wirken.[70]

Es gibt im Neuen Testament keinen Hinweis darauf, dass die Apostel auf Dauer in Jerusalem bleiben sollten, um dort in der Gemeinde zu wirken. Es existierte offensichtlich auch nicht die Auffassung, die heute in bestimmten Bereichen der christlichen Kirche besteht, nach der ein Apostel als oberster Führer eines Gemeindeverbandes oder einer Kirche betrachtet wird. Wenn Paulus in 1. Korinther 12, 28 sagt: »Gott hat in der Gemeinde die einen *zum Ersten zu Aposteln gesetzt*«, könnte er entweder damit gemeint haben, dass die Apostel zeitlich die Ersten waren, die zum

Dienst eingesetzt wurden oder, dass sie den ersten Rang einnahmen. Ich glaube, dass von der ursprünglichen Wortbedeutung her die erste Antwort die Richtige ist – normalerweise war ein Apostel derjenige, der als Erster in der Gemeindegründung mitarbeitete und wenn dann die Gemeinde entstanden war, entfalteten sich auch die anderen Arbeitsbereiche. Paulus behielt keine ›apostolische Kontrolle‹ über die Gemeinden bei, die er selbst gegründet hatte.

Wir gebrauchen die Worte *Mission*, *Missionsarbeit* und *Missionare* heute, aber sie finden sich an keiner Stelle in unserer deutschen Bibel, außer bei Überschriften über Bibeltexten wie z. B. »Die zweite Missionsreise des Paulus«. Das Wort Mission ist überhaupt erst in der jüngeren Vergangenheit von Christen in größerem Umfang verwendet worden. Die biblischen Begriffe *Apostolat* (Apostelamt) und *Apostel* haben im Sprachgebrauch der meisten Evangelikalen eine Umdeutung erfahren. Nun erscheinen die beiden Begriffe, die wir am häufigsten für Mission benutzen, überhaupt nicht in unseren deutschen Bibeln. Die Mission führt ein Schattendasein, weil Mission kein biblischer Begriff ist, auch wenn seine Bedeutung und sein Konzept biblischer Natur sind.

Heute gebrauchten wir das Wort *Missionar*; es sollte dem *Apostel* entsprechen. Der Begriff ist abgeleitet von der lateinischen Entsprechung zu *apostello*, dem lateinischen Begriff *mitto*. Beide Worte haben fast dieselbe Bedeutung, aber in der Geschichte hat die Westkirche, deren Kirchensprache im Wesentlichen das Lateinische war, eher die lateinische Form benutzt. Ich bin seit über 30 Jahren Missionar und halte oft Vorträge, aber wenn ich von einer Kanzel verkünden würde: »Ich bin ein Apostel«, würden die meisten

Zuhörer denken, dass ich kein Recht zu so einer Behauptung habe, denn es gibt ihrer Auffassung nach keine Apostel mehr, es sei denn, ich bin das Oberhaupt einer Sekte! Die biblische Bedeutung und der Kontext des Begriffs *Apostel* sind umgedeutet worden, und der Begriff *Missionar* ist an seine Stelle getreten. Mit der Zeit wurden mit dem Begriff *Missionar* viele verschiedene Inhalte verbunden, die nicht mehr auf die biblische Terminologie zurückgeführt werden können. Heute können wir ausführlich darüber sprechen, was ein Missionar ist und doch niemals dabei auf die biblische Definition zu sprechen kommen, weil wir uns nicht darüber im Klaren sind, dass die Bibel eine Definition für *Missionar* enthält. Wir finden sie dort, wo die Bibel von *Aposteln* spricht, denn die beiden Worte können synonym verwendet werden.

Die Aufgabe eines Apostels war es, sich für das Wachstum der Gemeinde einzusetzen. Ein Missionar sollte deshalb ebenfalls in diesem Bereich arbeiten, indem er entweder selbst eine Gemeinde gründet oder aber das bereits in der Gemeindegründung arbeitende Mitarbeiterteam verstärkt. Aber wir haben den Begriff Missionar von der Gemeindegründungsarbeit getrennt. Deshalb wird jeder, der nach Übersee geht und von seiner Gemeinde unterstützt wird, als Missionar bezeichnet. Es ist wirklich tragisch, dass die Verbindung zwischen dem Begriff Mission und der eigentlichen Pionierarbeit verloren gegangen ist. Jeder Missionar sollte sich als Teil eines Teams verstehen, das eine Gemeinde gründen möchte, oder er sollte zumindest die in der Gemeindegründung tätigen Mitarbeiter unterstützen.

Das Reich Gottes

Wenn wir das Gebet sprechen, das uns der Herr Jesus selbst gelehrt hat, kommt es uns dann jemals in den Sinn, dass wir ein vollmächtiges Gebet für die Weltmission sprechen? Wenn Sie die folgenden Worte beten: *»Dein Reich komme, wie im Himmel, so auf Erden«*, kommt Ihnen dann die Mission in den Sinn? Der Ausdruck »Reich Gottes« ist so verschieden ausgelegt worden (manchmal auch ganz falsch), dass wir gar nicht mehr richtig verstehen, was mit dem Reich Gottes gemeint ist. Die ganze Sache wird äußerst vage; wir wissen zwar, dass wir zum Reich Gottes gehören und daran auch irgendwie beteiligt sind, aber die ganze Fülle des Begriffes ›Reich Gottes‹ ist den meisten von uns verloren gegangen. Jesus nimmt bei seinen Lehraussagen immer wieder Bezug auf die *Herrschaft Gottes*, das *Reich Gottes*, auf das *Himmelreich*. Es war grundlegender Bestandteil seines Denkens. Nicht immer erkennen wir die ganze Bedeutung des Begriffs, denn Jesus lehrte vieles in Gleichnissen. Trotzdem ist es offensichtlich, dass das Reich Gottes und die Mission nicht voneinander getrennt werden können. Wenn wir das verstehen, eröffnet sich uns eine ganz neue Welt, und wir erhalten aus den Lehrpredigten Jesu eine neue Perspektive für die Mission. Manche setzen das Reich Gottes mit der Gemeinde Jesu gleich, aber das Reich Gottes umfasst noch viel mehr, denn es ist überall dort, wo Jesus regiert oder durch seinen Geist wirkt, damit das Reich Gottes in den Herzen der Menschen – Männern und Frauen – größer wird. Man könnte auch sagen: **Gemeinde + Mission = Das Reich Gottes.**[71]

Bemerkenswerterweise berichtet Lukas in Apostelgeschichte 1, dass Jesus den Aposteln (V. 2) einen Befehl erteilte (den Missionsbefehl) und ihnen sagte, sie sollten seine Zeugen sein bis an die Enden der Erde (V. 8), aber zwischen diesen beiden Aussagen spricht Jesus vom Reich Gottes (V. 3).[72] Die Frage der Apostel auf diese Worte lautete, ob Jesus das Reich Israels wieder herstellen würde (V. 6). Die heftige Reaktion Jesu (V. 7) zeigte den Jüngern, dass Jesus nicht von einem nur auf die Juden beschränkten Königreich gesprochen hatte.[73] Sofort daran anschließend erteilte Jesus seinen Jüngern ihren Marschbefehl: Sie sollten bis an die Enden der Erde vordringen. Das Reich Gottes ist stets dort, wo die Herrschaft Gottes durch das Wirken des Heiligen Geistes Raum gewinnt, sei es in den Bereichen dieser Welt und ihren Königreichen oder in den Herzen der Menschen. Mission bedeutet, das Reich Gottes auszubreiten und aufzurichten.

Der Missionsbefehl

William Carey hat auch den Begriff ›Missionsbefehl‹ benutzt,[74] allerdings nicht als Erster. Der Begriff war grundlegender Bestandteil der Theologie der viel geschmähten, verfolgten Wiedertäufer in den ersten Jahren der Reformation, wie Franklin Littel in seinem Artikel *The Anabaptist Theology of Mission*[75] hervorhebt:

> »Im rechten Glauben ist der Missionsbefehl grundlegender Bestandteil des persönlichen Bekenntnisses, sowie der Gemeinschaft der Gläubigen. Der Meister wollte ihn auf alle Gläubigen angewendet wissen. Der Belegtext dafür *[Matthäus 28, 18 – 20]* taucht wieder und wieder in den Predigten und den apologetischen Schriften der Wiedertäufer auf.«

Sodann schreibt er über die Taufe und den Missionsbefehl:

»Der Missionsbefehl war das ständige Argument für die Verwendung des Zeichens [der Taufe]. Der Artikel über die Taufe in den Fünf Artikeln (ca. 1547), einem Glaubensbekenntnis und dem zweitwichtigsten Glaubensdokument der Hutterer, fand seinen Eckstein in Matthäus 28 und Markus 16. Hans Hut, ein früherer Missionar der Süddeutschen Brüder, benutzte eine Standardformulierung, als er einige Hundert Menschen taufte: Er befahl ihnen, die Gebote zu befolgen, das Evangelium zu verkündigen und andere zu taufen, so wie es der Missionsbefehl sagt.«

Viele ließen in den folgenden Jahrhunderten für die Verkündigung des Evangeliums ihr Leben. Nur wenige Protestanten kennen diese Geschichte.

In den folgenden Jahrhunderten fand der Missionsbefehl ausschließlich in der englischsprachigen Welt Beachtung. Wir hören Sydney Rooy:[76]

»Der Missionsbefehl spielte im Denken der Puritaner keine große Rolle. Das ist an sich nicht sehr verwunderlich, denn der Befehl zur Evangelisation hat nur eine geringe Rolle bei der Motivierung zur Mission in der frühen und der mittelalterlichen Kirche gespielt. Auch Luther und Calvin haben nicht die Bedeutung des Missionsbefehls erkannt. Die Puritaner haben darauf verwiesen, dass der Missionsbefehl die Menschen auch zu ihrer Zeit verpflichtete, Mission zu betreiben. Richard Sibbes zitierte den Missionsbefehl,[77] Richard Baxter erläuterte ihn *[als auf jedes Zeitalter anwendbar]*[78] und

Eliot erfüllte ihn *[als Missionar unter den Indianern Amerikas von den 1640er Jahren bis zum Jahr 1690]. (Hinzufügungen vom Verfasser)* [79]

Rooy argumentiert zwar richtig, aber ganz offensichtlich hatte er nicht selbst gelesen, was Luther zum Thema Mission sagt. J. Montgomery legt in überzeugender Weise dar, dass sich in Luthers Kommentaren, seinen Predigten und sogar seinen Liedern immer wieder Bezüge auf die Mission finden und dass er es für gut und richtig hielt, den Nationen das Evangelium zu bringen.[80] Erst in der nächsten Generation lutherischer Theologen setzte sich eine negative Haltung zur Mission durch, die dann in der Retroperspektive Luther angedichtet wurde. Dadurch wurden die pietistischen und evangelikalen Autoren zu einer kritischen Haltung gegenüber Luther beeinflusst.

Die Reformatoren und ihre Nachfolger gingen im Großen und Ganzen davon aus, dass der Missionsbefehl, wie wir ihn in dem klassischen Text in Matthäus 28, 18–20 lesen, bereits von der apostolischen Kirche erfüllt worden sei und dass nur die Evangelisation vor Ort als einzige Aufgabe übrig bliebe.[81] Das wichtigste Vermächtnis des Herrn Jesus wurde also von der Reformation bis zu Careys Zeit größtenteils ignoriert oder sein Anspruch abgebogen. Carey verfasste eine vernichtende Kritik dieser Sicht und führte die Argumentation ad absurdum, indem er zeigte, dass die Christen nicht mehr zur Taufe verpflichtet seien, wenn der Befehl, aus allen Völkern Menschen zu Jüngern zu machen, nicht mehr gültig sei. Dann haben alle, die es in späteren Zeitaltern gewagt haben, unter allen Völkern Menschen zu Jüngern Jesu zu machen, dies ohne biblische bzw. göttliche Befugnis getan, denn es war gar nicht das Gebot der Stunde, unter allen Völkern Menschen zu Jüngern zu machen. Carey zeigt weiterhin auf, dass die wunderschöne Verheißung, dass Christus immer bei uns ist bis zur Vollendung des Zeitalters auch nicht mehr gilt, wenn wir dem Befehl nicht mehr Folge leisten, an den diese Verheißung geknüpft ist.

Während der Entstehung der modernen Missionsbewegung in den folgenden 200 Jahren wurde der Missionsbefehl zum Schlüsselvers dieser Bewegung – bis kaum noch ein anderer Bibelvers zitiert wurde. Daher wurden der Kontext, in dem der Missionsbefehl im Matthäusevangelium steht und das Gesamtzeugnis der Bibel zur Mission nicht ausreichend beleuchtet. Infolgedessen wurde die Theologie der Mission seitens der Befürworter des Missionsbefehls häufig zu stark vereinfacht und aus dem Zusammenhang gerissen. Die Worte aus Matthäus 28,18 sind als Folge davon von denen, die an ihrer Gültigkeit festhielten, überstrapaziert worden, während sie vom Rest der Gemeinde Jesu schlichtweg ignoriert wurden. Und so hat die Kluft, von der wir weiter oben gesprochen haben, auch in der Welt der Theologie ihre Fortsetzung gefunden.

Eine mangelhafte Theologie

Das Fehlen einer adäquaten Terminologie in Bezug auf die Mission hat zu einer falschen Orientierung der Theologie geführt, die weitaus ernster zu nehmen ist. Das wird in fast jeder Äußerung christlicher Theologen von frühester Zeit an deutlich. Ein Kennzeichen ist z. B. das Fehlen des Missionsgedankens in den Glaubensbekenntnissen, die unter so vielen Mühen konzipiert wurden, um damit die Theologie der Gemeinde Jesu in eine Form zu gießen. Dieses Fehlen jeglicher Erwähnung des Hauptanliegens Jesu nach seiner Auferstehung und der Verpflichtung der Gemeinde zur Weltmission in den entsprechenden Dokumenten ist erstaunlich; gleichzeitig aber auch eine Verirrung, die sehr schlechte Früchte getragen hat, denn sie hat dazu geführt, dass bis auf den heutigen Tag die theologische Ausbildung in eine falsche Richtung geht.

Das bekannteste Glaubensbekenntnis, das auch am weitesten verbreitet ist, ist das Apostolische Glaubensbekenntnis. Seine Entstehungsgeschichte ist nicht ganz klar, wahrscheinlich ist aber, dass dieses Bekenntnis auf der Grundlage des Missionsbefehls als Taufbekenntnis formuliert wurde. Das Apostolische Glaubensbekenntnis wurde erst im 6. Jahrhundert in seinen endgültigen Formulierungen zum Abschluss gebracht, viele seiner Einzelaussagen gehen wahrscheinlich jedoch auf das erste Jahrhundert und das Zeitalter der Apostel zurück.[82] Die Haupttriebfeder für die Formulierung der theologischen Dogmen im Apostolischen Glaubensbekenntnis war nicht die Weltmission, sondern die Verteidigung des christlichen Glaubens gegen den falschen Glauben der Marcioniten. Die einzige Stelle, an der die Mission vorkommt, ist im Titel des Glaubensbekenntnisses, aber »apostolisch« bezieht sich hier nicht auf die Verkünder des Evangeliums, die zu den Nichtchristen ausgesandt werden. Es ist wirklich tragisch, dass die wichtigste Formulierung der christlichen Theologie, die in den christlichen Gemeinden auf der ganzen Welt so häufig verlesen und auswendig gelernt wird, kein einziges Wort über die Verantwortung der Gemeinde Jesu der verlorenen Welt gegenüber enthält!

Das Nizänische Glaubensbekenntnis von 325 wurde ebenfalls formuliert, um sich gegen Irrlehren abzugrenzen.

In diesem Fall war es der Arianismus. Auch hier wird die Mission nicht erwähnt, sondern das Apostolische Glaubensbekenntnis mit sorgsam gewählten Formulierungen zu Person und Wirken Jesu Christi nur näher erläutert und bestätigt. Zwar wurde zu dieser Zeit weiter Mission betrieben, aber das Hauptziel war die vollständige Christianisierung des im Niedergang begriffenen Römischen Reiches und die Bekehrung der Barbarenhorden, die ins Römische Reich einfielen. Weitere Missionsaktivitäten wurden durch das Fehlen von theologischen Schriften behindert, die die Notwendigkeit der Mission dargelegt hätten sowie durch die fehlenden Strukturen (später mehr davon) innerhalb der Kirche, mit deren Hilfe die Weltmission hätte befördert werden können.

Die Reformatoren Luther und Calvin äußern sich in ihren Predigten und Schriften positiv über die Teile der Schrift, die die Mission zum Thema haben, aber die Mission war nicht ihr Hauptanliegen. Sie legten eine gute Grundlage, auf die die Missiologie hätte aufgebaut werden können. Calvin überreagierte, als er durch die Irrlehre der apostolischen Sukzession in der Römisch-Katholischen Kirche herausgefordert wurde und wandte deshalb den zuerst an die Apostel gerichteten Missionsbefehl nicht auf die späteren Generationen der Gemeinde Jesu an.[83]

Viele der Theologen, die Luther und Calvin folgten, lehnten jeden Gedanken daran, dass die Gemeinde Jesu zur Mission verpflichtet sei, vehement ab.[84] Die großartigen Glaubensartikel, die den reformatorischen Glauben formulieren – sei es nun auf dem europäischen Festland der Belgische oder auch der Heidelberger Katechismus, sei es das Westminster Bekenntnis in England oder die 39 Artikel der Anglikaner – alle gehen schweigend über das Thema Mission hinweg. Einige wenige lutherische und reformierte Theologen in den Niederlanden, Großbritannien und Deutschland stemmten sich dieser theologischen Auffassung entgegen, aber in praktischer Hinsicht – der tatsächlichen Aussendung von Missionaren – geschah nur wenig. Die Missionsarbeit wurde in den beiden darauf folgenden Jahrhunderten von den Wiedertäufern, den Pietisten[85] und der Herrnhuter Brüdergemeine getan, aber diese Bemühungen wurden von den Theologen jener Zeit ignoriert.

Und dann ereignete sich in der Geschichte etwas Erstaunliches: In der Reformation wurde die Bibel neu entdeckt, aber das Ergebnis war nicht eine vermehrte Wahrnehmung der Verpflichtung zur Weltmission. Es gab politische Gründe dafür, die als mildernde Umstände für dieses gewaltige Versagen geltend gemacht werden, unsere Vorväter im Glauben aber nicht völlig entschuldigen können:

1. Das zarte Pflänzchen der Reformation wurde von einem aktiven Katholizismus und von den mächtigsten Herrschern jenes Zeitalters bedroht. Sie waren entschlossen, die *Häresie* der Reformation mit Gewalt auszurotten. Sie hatten riesige Armeen zur Verfügung, die durch die Plünderungen der Neuen Welt mit allen Reichtümern ausgestattet waren. Es ging ums Überleben und an Ausbreitung war nicht zu denken; erst über ein Jahrhundert später beim Westfälischen Frieden im Jahr 1648 wurde der Religionsfriede geschlossen. Der Vertrag von 1648 setzte den Schlusspunkt hinter den Dreißigjährigen Krieg, der große Teile Deutschlands und Mitteleuropas zerstört hatte und beinahe zu einer militärischen Eroberung aller Länder geführt hätte, die den protestantischen Glauben angenommen hatten.

2. Die christlichen Länder waren durch die islamischen Eroberungen von islamischen Gebieten umringt. Der Islam rang den Christen die Gebiete ab, die die Christen in den vorausgegangenen 1000 Jahren hinzugewonnen hatten und der Nahe Osten, Nordafrika, Asien und sogar große Teile Südost-Europas kamen unter islamische Herrschaft. Nur wenige Jahrzehnte zuvor, im Jahr 1453, war Konstantinopel, eines der Zentren der christlichen Welt, an die türkischen Osmanen gefallen und selbst Wien wurde 1529 und 1683 von den osmanisch-türkischen Heeren belagert. Europa wurde dadurch gewissermaßen eingekesselt und vom Rest der Welt abgeschnitten, wie es noch niemals zuvor der Fall gewesen war.

3. Zusätzlich zu den islamischen Gebieten, die Afrika und Asien vom christlichen Einfluss abschnitten, waren da noch die katholischen Reiche Spanien und Portugal, die Herren der Meere. Sie schnitten Nordwest-Europa von jeglichen Kontakten mit Nichtchristen vollständig ab. Das bedeutet, dass die gegebenen Umstände den Missionaren der Reformationszeit in rein praktischer Hinsicht eigentlich nicht gestatteten, Missionsarbeit zu betreiben. Erst am Ende des 16. Jahrhunderts konnten die Engländer, Niederländer und Franzosen[86] mächtige Seestreitkräfte und ausreichend Finanzen aufbieten, um ihren Einflussbereich über Europa hinaus auszudehnen. Diese Flotten nahmen bisweilen Geistliche mit in der Hoffnung, dass sie die eingeborene Bevölkerung evangelisieren konnten. Das geschah allerdings nur selten – der Handel war von viel größerer Bedeutung. Die Eingeborenen mit einer neuen Religion in Unruhe zu versetzen war ein zu bedrohlicher Gedanke.

4. Einer der sich tragisch auswirkenden geistlichen Gründe, der den Reformatoren zur Last gelegt werden

muss, war, dass sie nicht die Notwendigkeit für die Einführung neuer Strukturen erkannten. Sie behielten das Parochialsystem (Kirchgemeindesystem) bei, das der Hauptstrom der Reformation von der Römisch-Katholischen Kirche übernommen hatte.

Die radikalen Reformatoren oder Wiedertäufer wollten auch die Strukturen reformieren und wurden dafür verfolgt. Der Begriff ›Wiedertäufer‹ oder ›Anabaptisten‹ war ein Spottname. Die Wiedertäufer lehnten das starre Parochialsystem (Kirchgemeindesystem) ab. Ihre umfassende Evangelisation und Mission unter den Namenschristen und den Heiden rechtfertigten sie mit dem Missionsbefehl. So wurden sie für den Status quo zu einer Bedrohung. Broadbent beschreibt dieses Dilemma in Luthers Leben folgendermaßen: [87]

> »Luther hatte verstanden, wie die göttliche Ordnung für die Gemeinden aussehen sollte. Nicht ohne inneren Kampf legte er zugunsten des National- oder Staatskirchensystems die Lehre des Neuen Testamentes beiseite, in dem das Modell der unabhängigen Gemeinden gelehrt wird, in denen sich die Gläubigen versammeln, denn die äußeren Umstände übten großen Druck auf ihn aus. Der unüberbrückbare Gegensatz zwischen beiden Modellen war der Nährboden für den Konflikt...«

Die glorreiche und zugleich tragische Geschichte der Wiedertäufer ist abgesehen von den mennonitischen Werken der Kirchengeschichtsschreibung noch nicht ausführlich behandelt worden. Wilbert Shenk hat ein sehr gutes Buch mit dem Titel *Anabaptism and Mission* herausgegeben. In diesem Buch hat Franklin Littel einen Artikel unter der

Überschrift »The Anabaptist Theology of Mission« veröffentlicht. Ich zitiere einen Absatz, aus dem hervorgeht, welche zentrale Rolle der Missionsbefehl für die ersten Leiter der Wiedertäuferbewegung gespielt hat:

»Keinen anderen Worten des Meisters wurde von seinen Nachfolgern unter den Wiedertäufern größere Aufmerksamkeit geschenkt als seinem letzten Befehl ... Wo der Glaube recht gelebt wird, ist der Missionsbefehl von grundlegender Bedeutung für das persönliche Bekenntnis sowie für eine gute Ordnung der Gemeinschaft der Gläubigen. Der Meister erteilte den Missionsbefehl und so ist er für alle Gläubigen aller Zeiten gültig. Der Belegtext taucht immer wieder in den Predigten und apologetischen Abhandlungen der Wiedertäufer auf ...«

Leider gab es einige Führerpersönlichkeiten unter den Wiedertäufern, die bereit waren, zur Aufrichtung des Reiches Gottes auf Erden auch zu Gewalt zu greifen. Das war eine Abweichung von den allgemeinen Auffassungen der Wiedertäufer und eine große Katastrophe. Das kurzlebige Wiedertäuferreich Jan van Leydens in Münster brach im Jahr 1535 zusammen. Diese Ereignisse verschärften noch die Feindschaft der Reformatoren allen Wiedertäufern gegenüber, obwohl die meisten Wiedertäufer unpolitisch und pazifistisch dachten. Sie wurden im 16. Jahrhundert durch die römisch-katholische Inquisition grausam verfolgt und leider auch von der Mehrheit der Führer der Reformation. Viele Wiedertäufer wurden für ihre glühende Verkündigung des Evangeliums verbannt, enteignet, gefoltert, hingerichtet und auf dem Scheiterhaufen verbrannt. Nur selten wird die erstaunliche Geschichte von den Wiedertäufern berichtet, die vom Mut und der Entschlossenheit, Mission zu betreiben, Zeugnis ablegt.[88] Man fragt sich, welche Rolle es bei der negativen Grundhaltung der Reformatoren gegen die Wiedertäufer spielte, dass die Reformatoren das Missionsverständnis der Wiedertäufer ablehnten. Die Verfolgung der Wiedertäufer war so grausam, dass nachfolgende Generationen der Wiedertäufer nicht wieder so eifrig für die Mission eintraten. Sie wurden nunmehr für ihre nach innen ausgerichteten, abgeschlossenen Gemeinschaften bekannt. Diese Ausrichtung ist auch heute unter ihren Nachfahren, den Mennoniten und Hutterern, vorherrschend.

Von der Reformation an begann sich das Blatt zu wenden – wohl mehr trotz als aufgrund der Reformation. Dass das Blatt sich wendete, hat unmittelbar mit der Tatsache zu tun, dass sich die Römisch-Katholische Kirche in den auf die Reformation folgenden 300 Jahren sehr stark durch Mission ausbreitete. Während der ersten 200 Jahre dieser Expansionsbewegung schauten die Protestanten eigentlich nur tatenlos zu, und die römisch-katholischen Autoren verspotteten sie dafür. Ich bin der Meinung, dass der Kern des Problems zwei erhebliche, im Protestantismus liegende Mängel waren: Zum Ersten die falsche Theologie und zum Zweiten die fehlenden Strukturen.

1. Das fehlende theologische Gerüst als Unterbau zur Begründung der Mission

Die Reformatoren Luther und Calvin standen dem Gedanken der Weltmission wohlwollend gegenüber. Das lässt sich aus einigen ihrer Kommentare und Schriften herauslesen, in denen sie sich positiv über die Verbreitung des Evangeliums unter den Heiden äußern. Calvin widmete die Einleitung seiner Institutio dem König von Frankreich und nannte auch den Grund dafür: Die Errettung der Menschen in Frankreich:[89]

»Und diese mühevolle Arbeit wollte ich hauptsächlich für unsere Franzosen auf mich nehmen, von denen sehr viele, wie ich sah, nach (Jesus) Christus hungern und dürsten, sehr wenige aber auch nur mit den bescheidensten Kenntnissen ausgerüstet sind ...«

In Folge des verheerenden Dreißigjährigen Krieges (1618–1648) wurde entschieden, dass die römisch-katholischen, lutherischen, reformierten und anglikanischen Herrscher die Religion ihrer Untertanen festlegen sollten, was jegliche missionarische Aktivität weiter erschwerte. Die Starrheit des Parochialsystems (Kirchgemeindesystems) und die Passivität, die die reformatorischen Glaubensbekenntnisse implizierten, behinderten die Entwicklung einer biblischen Sichtweise der Mission. Diese Entwicklungen beeinflussen unsere christliche Weltsicht bis auf den heutigen Tag.

Ein gutes Beispiel dafür ist das umfangreiche Werk von A. H. Strong. Vor etwa einem Jahrhundert schrieb er eine dreibändige Systematische Theologie.[90] Sie ist ein Meisterwerk baptistischer evangelikaler Theologie und kommt von einer christlichen Tradition her, die so viel wie andere Denominationen auch zur Weltmission beigetragen haben. Dennoch nimmt dieses umfangreiche Werk nur einmal auf die Mission, das Apostolat, die Evangelisation oder den Missionsbefehl Bezug.[91] Wenn Strong Matthäus 28,19 zitiert, dann nicht zur Begründung dafür, dass Menschen zu Jüngern gemacht werden müssen oder dass die Welt missioniert werden muss, sondern nur als Belegtext ausschließlich für die Taufe. Wie kann eine Theologie für sich beanspruchen, eine biblische oder auch nur eine christliche Theologie zu sein, wenn der Gedanke der Mission derartig ignoriert wird?

Nur wenige andere bedeutende Theologen haben hier mehr zu bieten. Es wäre sehr interessant, wenn man einmal alles zusammentragen würde, was über den Missionsbefehl und zur Missiologie in allen vergleichbaren Werken bedeutender Theologen geschrieben worden ist. Ich glaube, dass diese Studie einige Ausnahmen unter den Theologen zu Tage fördern würde, aber im Großen und Ganzen würde offensichtlich, wie wenig es ist.

In unseren Seminaren und theologischen Ausbildungsstätten herrscht häufig dieselbe Auffassung vor. Die Missiologie fristet als Wahlfach ein Schattendasein und ist nur für diejenigen da, die sich von sich aus dafür interessieren. Ich werde auf diesen Punkt zurückkommen, wenn ich mich in Kapitel 26 mit den erforderlichen Strukturen für die Missionsarbeit beschäftige.

David Bosch bezieht sich in seiner Studie auf einen Bericht aus dem Jahr 1986:[92]

»... man kann deutlich die Resignation und den Kummer von Cracknell und Lamb herauslesen, die sich mit der Situation in Großbritannien beschäftigt haben, denn sie fanden heraus, dass die Theologie der Religionen (die ja nun einmal das gesamte Gebiet der Missiologie umfasst) in den theologischen Lehrinstitutionen im Grunde genommen unbekannt ist oder als eine unbedeutende Unterabteilung der Pastoraltheologie existiert.« Was für ein vernichtendes Urteil.

James Scherer war erst lange Jahre lutherischer Missionar in China und Japan und wurde danach Professor für Missionswissenschaft an einem Lutherischen Seminar in den USA. Er fällt folgendes Urteil:

> »Es hat mich immer betroffen gemacht, dass die Missionslehre keinen klar definierten, angemessenen Platz im theologischen Lehrplan der Seminare der größten Kirchen und Gemeindeverbände hat. Welchen Platz die Lehre von der Mission früher auch einmal gehabt haben mag, ihre Bedeutung scheint in den letzten Jahren noch weiter zurückgegangen zu sein. Diese unterpriviligierte Rolle, die die Missionslehre fristet, steht im krassen Gegensatz zu der Tatsache, dass Mission das Zentrum des Neuen Testamentes ist und der Urgemeinde war. Nach meiner Auffassung hat man sich das gängige westliche Modell theologischer Ausbildung erst verhältnismäßig spät in der Geschichte der Christenheit ausgedacht. Es setzt voraus, dass die christliche Gemeinschaft sich in einem statischen Zustand befindet und ist verzahnt mit der Pflege der existierenden Gemeinden und mit überkommenen Traditionen. Evangelisation, Bekehrung, Gemeindewachstum, Zeugnis gegenüber Menschen mit anderen Glaubensüberzeugungen und Mission scheinen bei dieser Art theologischer Ausbildung überhaupt keine Rolle mehr zu spielen.«[93]

Ich würde dieser Auffassung von ganzem Herzen zustimmen, den Zeitpunkt der Entstehung eines solchen theologischen Fehldenkens jedoch anders ansetzen. Ich würde ihn weiter zurückverlegen bis in das römisch-katholische Mittelalter, als die theologische Ausbildung die Hauptaufgabe der Universitäten wurde. Und die Reformation übernahm dieses System.

Die theologische Ausbildung hat aus der Missiologie schon zu einer Zeit ein Aschenbrödel gemacht, als die Mission doch eigentlich die Quelle aller theologischen Studien war. Bosch zitiert Martin Kählers Vorschlag und kommentiert ihn folgendermaßen[94]:

> »... im ersten Jahrhundert war die Theologie nicht ein Luxusartikel einer Kirche, die die Welt eroberte, sondern entstand aus einer Notsituation, in der sich die missionierende Kirche befand. In dieser Situation **wurde die Mission die Mutter der Theologie**. Als allerdings Europa christianisiert worden war und das Christentum zur etablierten Religion im Römischen Reich und darüber hinaus wurde, verlor die Theologie ihre missionarische Dimension.« [Hervorhebung durch den Autor]

Diese Situation muss sich dringend ändern. Wenn unsere theologischen Ausbildungsstätten die zentrale Bedeutung der Mission nicht wiederentdecken, die ihr von der Bibel her zukommt, und wenn sie nicht daran festhalten, dass die Mission das Herzstück und die Grundlage ihrer Lehre ist, werden wir auch weiterhin in den Irrtümern der letzten beiden Jahrtausende verharren.

2. Die fehlenden Strukturen für die Missionsarbeit

Für uns in unserem pluralistisch geprägten Zeitalter ist es kaum noch nachzuvollziehen, in welchem Ausmaß der Papst und die Römisch-Katholische Kirche im Mittelalter alles unter Kontrolle hatten. Herrscher, Regierungen, Universitäten, die Menschen in ihrem Alltag und ihren Häusern lebten beständig in Furcht vor dem allumfassenden System, das alles Leben auf der Erde und sogar über Tod und Grab hinaus kontrollierte. Als die Reformatoren begannen, dieses komplizierte Kontrollsystem zu entwirren, wurden eben nicht alle Stränge gelöst. Die Römisch-Katholische Kirche der Zeit nach der Reformation erhielt trotz ihrer Schwächung ein geschlossenes System aufrecht, innerhalb dessen sie die Mission mit seinen Klöstern und Orden fortführen konnte. Die Reformation, die das in großen Teilen korrupte klösterliche System ablehnte und meinte, darauf verzichten zu können, brauchte einige Jahrhunderte, um eine ähnliche Struktur zu finden.

Die enge Verflechtung von Kirche und Staat in der vorreformatorischen Zeit blieb noch einige Jahrhunderte nach der Reformation intakt. Das starre Parochialsystem und in vielen Fällen auch die für ein bestimmtes Gebiet zuständigen Bistümer waren wirksame Mittel zur Kontrolle der weltlichen Herrscher, nicht aber Instrumente zur Beförderung der Mission. Die vorherrschende Haltung war damals, dass die Bekehrung der Heiden zum christlichen Glauben in den Zuständigkeitsbereich der Regierenden fiele. Deshalb wurde der größte Teil der wenigen protestantischen Missionsversuche vor 1790 aufgrund der Initiative gottesfürchtiger weltlicher Herrscher unternommen –

König Gustav in Schweden förderte im Jahr 1559 die Arbeit unter den heidnischen Lappen im Norden von Schweden. Oliver Cromwell regierte England in der Periode des Commonwealth (1649–1660) und bemühte sich um die Beförderung der Mission in den nordamerikanischen Kolonien. Und im 17. und 18. Jahrhundert übten die Geistlichen in den Kolonien, als die Niederlande, Dänemark und Großbritannien ihre Handelsreisen in Asien ausdehnten, einigen Einfluss aus. Allerdings lehnten im Falle von Großbritannien die Handelsgesellschaften die Missionsarbeit in ihren Territorien grundsätzlich scharf ab, da die Missionsarbeit ihrer Auffassung nach dem Handel abträglich war. Durch den persönlichen Einsatz von König Friedrich wurden die kleinen dänischen Territorien Tranquebar und Serampore in Indien zum Ausgangspunkt für Bartholomäus Ziegenbalg – nicht aber die ausgedehnten britischen Herrschaftsgebiete, die sie umgaben – den großen pietistischen Missionar (1706–19), sowie im Jahr 1792 für William Carey. Während des gesamten 18. Jahrhunderts wurde nur ein einziger Inder aus den britisch regierten Gebieten getauft.

Wo immer die staatliche Kontrolle der Religion schwächer war und Dissenter existieren konnten,[95] entstand eine Vielzahl von Ideen, wie die Weltmission in Angriff genommen werden konnte. Das war der Fall, als die Dissenter unter Cromwell den britischen Bürgerkrieg gewannen (dann aber in der daraus folgenden Periode des Commonwealth [1649–1660] den Frieden einbüßten). Dasselbe war der Fall in Neuengland, wo die puritanischen Siedler teilweise Handlungsfreiheit besaßen.

Im nächsten Abschnitt möchte ich vier Beispiele für Missionsbewegungen vor 1790 erläutern, die gewisse Erfolge aufzuweisen hatten. Ich werde dann aus den Ergebnissen dieser Missionsversuche Schlüsse ziehen. Diese Gedanken werde ich in Teil 4 weiter ausführen, wenn ich die Strukturen für die Missionsarbeit behandle.

Die Auswirkungen dieser negativen Entwicklungen sind im folgenden Diagramm ablesbar, das den prozentualen Anteil der Christen an der Weltbevölkerung über zwei Jahrtausende hinweg zeigt. Nach 650 Jahren des zahlenmäßigen Wachstums setzte mit dem Aufkommen des Islam der Niedergang des Christentums ein. Im Jahr 650 n. Chr. bekannte sich ein Viertel der Weltbevölkerung zum Christentum; dieser Prozentsatz wurde bis zur Mitte des 19. Jahrhunderts nicht wieder erreicht.

Die zahlenmäßige Zu- und Abnahme der Christenheit

Der Vergleich zwischen Kaukasiern und Nicht-Kaukasiern 100–2100 n. Chr.

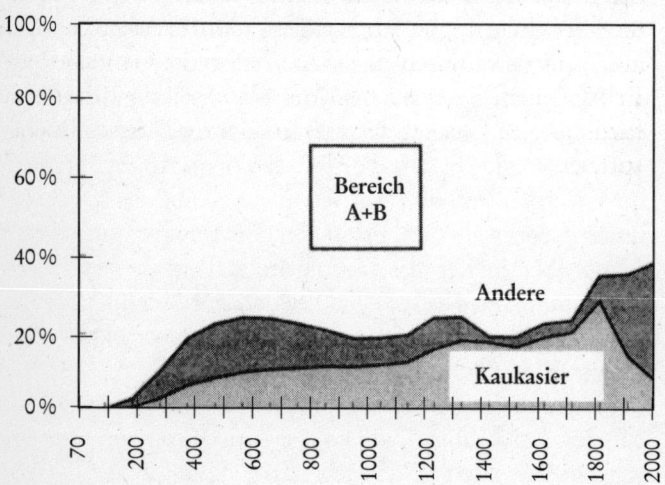

Der zahlenmäßige Schwund der Christenheit wird sogar noch offensichtlicher, wenn die Zahl der kaukasischen (Kulturen europäischen Ursprungs) mit den nicht-kaukasischen Christen verglichen wird. In den ersten 800 Jahren des Bestehens der christlichen Kirche waren die Nicht-Kaukasier in der Überzahl; bis zum Jahr 1500 reduzierte sich ihr Anteil auf weniger als acht Prozent. Das Christentum wurde zu großen Teilen eine auf bestimmte Gebiete Europas begrenzte Religion. Ein weiteres Diagramm auf S. 109 zeigt auf, wie Bereich B fast bis zum Verschwinden schrumpfte; für 1000 Jahre ging die Zahl der Nicht-Christen, die mit dem Christentum in Berührung kamen, immer weiter bis auf zwei Prozent der Weltbevölkerung zurück. Die Mission, wie sie die Kirche als ihre Aufgabe hätte betrachten müssen, hatte praktisch aufgehört zu existieren. Das heißt nicht, dass jegliche Missionsarbeit zum Erliegen gekommen wäre, sie wurde aber nur noch von denjenigen betrieben, die als Randgruppen der Gemeinde Jesu verachtet oder einfach ignoriert wurden. Gott hat jedoch durch alle Zeitalter hindurch einen Überrest in der Gemeinde am Leben gehalten, der noch Gottes Schau teilte – das ist eine faszinierende Geschichte, die den Rahmen dieses Buches sprengt.[96]

Kapitel 6

Wie die Mission in der Kirchengeschichte auf ein Abstellgleis geriet

Was war nur der Grund dafür, dass die Christen durch die Zeitalter hindurch die zentrale Bedeutung der Mission nicht erkannt haben? Der größte Teil der Gemeinde Jesu und die absolute Mehrheit aller einzelnen Christen tut so, als ob Jesus seine letzten Worte niemals gesprochen hätte. Der Missionsbefehl (The Great Commission) ist in Wahrheit zum großen Versäumnis (*The Great Omission*) ausgeartet, und *The Great Omission* ist dann auch der passende Titel von J. Robertson McQuilkins aufrüttelndem Buch.[97] Ich nenne nun mehrere Beispiele aus der Geschichte, die veranschaulichen, wie man versäumte, die Mission zu einem integralen Bestandteil des Gemeindelebens, der Lehre und der praktischen Arbeit in der Gemeinde Jesu zu machen. Daraus möchte ich einige Schlüsse ziehen, die auch für uns heute von Bedeutung sind.

Die neutestamentliche Gemeinde

Dieses Versäumnis der Gemeinde wird schon in der Apostelgeschichte offensichtlich. Die Urgemeinde wird oft als nachahmenswertes Beispiel für alle nachfolgenden Generationen der Christen dargestellt. Das trifft sicherlich auf einige Bereiche zu, es gibt aber auch Dinge, die für uns nicht unbedingt nachahmenswert sind. Das Herzensanliegen Gottes, des Vaters, das er den Menschen durch seinen Sohn übermittelte, nämlich die Errettung der verlorenen Welt, rückte der Gemeinde Jesu in den ersten fünf bis sechs Jahren kaum ins Blickfeld.

Lukas bezeichnete die elf Jünger als »Apostel«. Er wies damit auf ihre Hauptbetätigung hin – sie waren, wie der griechische Begriff besagt – »diejenigen, die mit einer Botschaft ausgesandt sind.« Aber genau das taten sie nicht, denn sie blieben etwa sechs Jahre lang in Jerusalem und wirkten in Judäa und unter den Juden.[98] In dieser Zeit scheint der Gemeinde Jesu Christi die Welt kaum im Blickfeld gewesen zu sein.[99] Die Gemeinde war im Wesentlichen auf Jerusalem beschränkt, die Christen gingen weiterhin zum Tempel und trafen sich in den Häusern, um zu lehren, Gemeinschaft zu haben und das Brot zu brechen. Die bestehende Organisation der Gemeinde verhinderte, dass sie einen Blick für die ganze Welt entwickelten und sich in Bewegung setzten. Die Gemeinde war auf sich selbst ausgerichtet. Es muss immer ein gut austariertes Verhältnis zwischen dem Blick nach innen und nach außen gesucht werden, zwischen dem Bewahren des Alten und dem Aufbruch zu neuen Ufern, zwischen dem Hirten- und dem Aposteldienst. Ich werde noch einmal in Teil 4 dieses Buches auf die Notwendigkeit zurückkommen, innerhalb des Leibes Christi mehrschichtige Strukturen zu schaffen. Die Folgen der Gemeindepolitik in Jerusalem waren fast unvermeidlich: Streit und Spaltung entstanden über offensichtlichen Geringfügigkeiten – die Verteilung von Lebensmitteln an die Witwen und die Anschuldigung, dass die hebräisch sprechenden Gläubigen gegenüber den griechisch sprechenden Gemeindemitgliedern vorgezogen würden. Die Gemeinde stritt sich über kulturelle Fragen, aber der Anlass dafür war die ganz praktische Frage, welches der Mitglieder wie viel zu essen bekam! Alle christlichen Gemeinden und Gruppierungen, die sich um sich selbst zu drehen beginnen, sind zu geistlichem Niedergang oder zu Entzweiung und Spaltung verurteilt, denn eine solche Gemeinde lebt nicht mehr länger im Willen Gottes. Eine Trennung, die wegen der in die Brüche gegangenen Beziehungen vollzogen wird, wird viele weitere Trennungen nach sich ziehen. Die Gemeinde damals war in der Lage, diese Situation zu meistern und Gott gebrauchte die Situation für seinen Plan.

Der Heilige Geist gebrauchte diese Situation, um die Gemeinde auf die Mission hinzuweisen. Diakone wurden eingesetzt, die sich um die praktischen Belange der Gemeinde kümmerten und die Lebensmittel verteilten. Einige dieser Männer Gottes hatten wirklich eine Berufung zum Apostel! Stephanus predigte so vollmächtig, dass er der erste bekannte Märtyrer wurde, dessen Blut nach Jesu Tod vergossen wurde. Durch die Verfolgung, die danach ausbrach, wurden die Gläubigen verstreut. Einer von ihnen war Philippus, ebenfalls Diakon. Er evangelisierte unter den Samaritern. Die Apostel blieben noch immer in Jerusalem; die, die eigentlich dazu berufen waren, zu gehen, blieben vor Ort, und die einfachen Gläubigen gingen in die Welt hinaus.[100]

Der Heilige Geist musste in Joppe Petrus erst mit drei Visionen von seiner Blindheit erlösen. Danach war er schließlich bereit, den entscheidenden Schritt zu tun und den Römern im Haus des Cornelius das Evangelium zu verkündigen. Sein anschaulicher Bericht von diesen Visionen, die darauf folgenden Bekehrungen und die Ausgießung des Heiligen Geistes auf die Heiden konnte die

Gemeinde in Jerusalem schließlich weitgehend überzeugen und sie sprachen diese bewegenden Worte:

> »Als sie das hörten, schwiegen sie still und lobten Gott und sprachen: So hat Gott auch den Heiden die Umkehr gegeben, die zum Leben führt!« *(Apostelgeschichte 11, 18)*

Bis zu diesem Zeitpunkt hatten die Jünger diese Möglichkeit nicht einmal erwogen, auch nicht, nachdem Jesus ihnen nach seiner Auferstehung erneut den Missionsbefehl verkündet hatte. Die folgenden Verse zeigen, dass aber auch jetzt noch immer einige nicht überzeugt waren. Nur nach dieser Demonstration fingen die verstreuten Jünger Jesu an, die Heiden aktiv für den Glauben zu gewinnen; die Gemeinde in Antiochien war das Ergebnis. Es war diese Gemeinde in Antiochien – nicht die Gemeinde in Jerusalem – die zum Ausgangspunkt der Weltmission wurde. Die Frage, wie die von heidnischem Hintergrund stammenden Gläubigen zu behandeln seien, wurde erst 16 Jahre nach Pfingsten beim Apostelkonzil in Jerusalem abschließend beantwortet.[101] Erst zu diesem Zeitpunkt begannen die Apostel, in die entlegeneren Länder und deren Bewohnern auszuziehen, um ihnen das Evangelium zu bringen. Wir erfahren in der Bibel nichts von ihrem Wirken, aber es gibt etliche Überlieferungen (die allerdings schwer zu belegen sind), dass alle Apostel – vielleicht mit Ausnahme des Johannes – den Märtyrertod starben: Petrus und Paulus in Rom, Philippus in Kleinasien (Türkei), Matthias auf der Krim, Judas Thaddäus in Armenien, Bartholomäus in Albanien, Andreas in Achaja, Matthäus in Persien oder Äthiopien und Thomas in Indien.

Der zögerliche Gehorsam der Gemeinde Jesu in allen Zeitaltern

Die neutestamentliche Gemeinde wurde schließlich dem Herrn Jesus gehorsam, verlor darüber aber etliche Jahre Zeit. An jede Generation richtet sich der Missionsbefehl neu, und jede Generation hat die Möglichkeit, ihm Folge zu leisten. Ist es vielleicht das, was Jesus mit einigen seiner einfach klingenden, aber manchmal vom Sinn her rätselhaften Aussagen sagen möchte:

»So auch ihr: wenn ihr seht, daß dies alles geschieht, dann wisst, dass das Reich Gottes nahe ist. Wahrlich, ich sage euch: Dieses Geschlecht wird nicht vergehen, bis es alles geschieht« *(Lukas 21, 31 + 32).*

Spricht Jesus hier von der Zerstörung Jerusalems oder vom Ende des Zeitalters? Beides wird hier angesprochen. In der Diskussion zwischen den Jüngern am Ende des Johannesevangeliums, in der es um die Zukunft des Petrus und Johannes ging, wollte Jesus vielleicht sogar andeuten, dass er noch vor dem Tod des Johannes wiederkommen werde:

»Als Petrus diesen *(Johannes)* sah, spricht er zu Jesus: Herr, was wird aber mit diesem? Jesus spricht zu ihm: Wenn ich will, daß er bleibt, bis ich komme, was geht es dich an? Folge du mir nach! Da kam unter den Brüdern die Rede auf: Dieser Jünger stirbt nicht« *(Johannes 21, 21 – 23).*

Natürlich möchte ich allein auf diese Aussagen keine ganze Theologie aufbauen. Aber es gibt verschiedene Auslegungsmöglichkeiten für die Prophezeiungen Jesu und diese Mehrdeutigkeit gebraucht der Heilige Geist, um jede Generation wieder zu inspirieren. Trotzdem ist es möglich, dass Jesus hier einen Hinweis darauf gegeben hat, dass die Befolgung des Missionsbefehls – die Verkündigung des Evangeliums unter allen Menschen und das Jüngermachen unter allen Völkern – die Voraussetzung für seine Wiederkunft schafft und dass dieses Ziel schon zu Lebzeiten der Apostel hätte erreicht werden können. Im ganzen Neuen Testament lesen wir, dass die Wiederkunft Jesu nahe bevorsteht. Bedeutet die Tatsache, dass die Jünger Jesu nur so zögerlich ihrem Herrn gehorsam waren, dass die Worte Jesu sich an diesen Jüngern nicht erfüllten? Ist das etwa der Grund, warum so viele Generationen dahingegangen sind, ohne dass sie die Wiederkunft Jesu erlebten, die sie so sehr erwarteten? Kann unser Gehorsam etwa die Wiederkunft Jesu beschleunigen oder unser Ungehorsam sie verzögern?

Andrew Fuller überschrieb im Jahr 1791 seine Predigt, die ich schon oben erwähnt habe, mit dem Titel: »The Pernicious Influence of Delay« (Warum es schädlich ist, Dinge zu verschleppen). Später wurde dieser Predigttitel vom Gründer meiner eigenen Missionsgsellschaft, C. T. Studd, umformuliert in »The Sinful Delay« (Warum es Sünde ist, Dinge zu verschleppen). Dieses Thema war das Hauptanliegen der Schriften von Alexander McLeish vor einem halben Jahrhundert.[102] McLeish vertrat, dass jede Generation die Verantwortung und auch das Potential habe, um ihre eigene Generation vollständig zu evangelisieren. Ich persönlich würde darauf keine Theologie aufbauen und auch meinen Ruf für diese Ansicht nicht aufs Spiel setzen. Wenn aber McLeish Recht hat, dann muss die unerfüllte Aufgabe, die noch vor uns liegt, uns als Gemeinde zur Last gelegt und unserem Zögern zugeschrieben werden. Wird auch unsere Generation sich ebenso schuldig machen? Dass dringend etwas geschehen muss, stimmt mit dem biblischen Befund überein, ob aber jede Generation die Aufgabe erfüllen und alle ihre Zeitgenossen mit dem Evangelium erreichen kann, darüber kann man geteilter Meinung sein. Wir sollten jedoch über diese Möglichkeit ernsthaft nachdenken, ohne gleich eine ganze Theologie darauf aufzubauen!

Ich trage für die Missionierung der gegenwärtig lebenden Generation Verantwortung und ich muss mich ganz und gar dafür einsetzen, damit dieses Ziel erreicht wird. Ich möchte auf jeden Fall vermeiden, dass wir die Möglichkeiten, die wir im Moment zur Weltmission haben, nicht nutzen, weil ich persönlich oder wir alle zusammen unserem Herrn Jesus Christus ungehorsam sind.

Das folgende Schaubild zeigt, wie weit die ersten Apostel mit ihrer Missionsarbeit vorgedrungen waren. Wir erkennen auf dem Schaubild drei verschiedene Bereiche und ihren prozentualen Anteil in jedem Jahrhundert seit Christi Geburt.[103] Bei diesen Bereichen handelt es sich nicht um geographische Gebiete, sondern die Einteilung erfolgt nach der Reaktion der Menschen auf die Verkündigung des christlichen Glaubens.

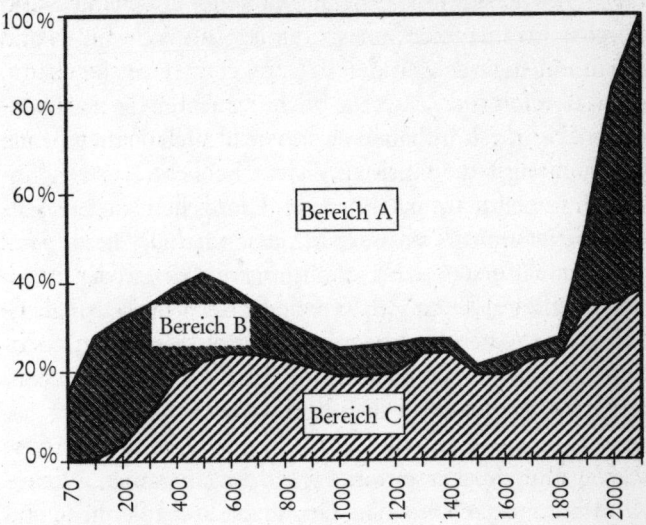

**Die Ausbreitung des Christentums
Zwei Jahrtausende der Weltmission**

1. **Bereich C** umfasst alle Menschen, die irgendwo auf der Erde leben und Christen sind. Hier ist das Christentum im weitesten Sinn gemeint. Es schließt die römisch-katholischen, die orthodoxen, die protestantischen, die anglikanischen und die evangelikalen Christen ein sowie alle christlichen Gruppen, die sich davon ableiten oder abgespalten haben. Das Wachstum und der Niedergang der Christenheit im Verlauf der vergangenen zwei Jahrtausende prozentual zur Weltbevölkerung wird hier sichtbar.

2. **Bereich B** umfasst alle Nicht-Christen, die das Evangelium gehört haben oder in einer Gesellschaft oder einem Gebiet leben, in dem sie das Evangelium mit großer Wahrscheinlichkeit irgendwann während ihres Lebens hören

werden. Es handelt sich hier also um evangelisierte Nicht-Christen.[104] Diese Übersicht zeigt das Wachstum des Reiches Gottes, das viel größer sein sollte als die sichtbare Kirche. Das ist aber nur in der Urgemeinde und dann wieder in unserer Zeit der Fall.[105]

3. **Bereich A** umfasst alle Nicht-Christen, die das Evangelium nicht gehört haben und es wohl auch niemals hören werden, wenn die Christen nicht erhebliche Anstrengungen unternehmen, um ihnen das Evangelium zu bringen.

Es ist durchaus vorstellbar, dass innerhalb dieses Zeitrahmens der ersten 45 bis 50 Jahre fast 30 Prozent der damaligen Weltbevölkerung die Frohe Botschaft gehört hatten. Die ersten Apostel haben mit Sicherheit die anfangs verlorene Zeit bei der Verkündigung des Evangeliums wieder aufgeholt. Sie haben wirklich die Welt auf den Kopf gestellt. Bis zum Ende des 5. Jahrhunderts hatte sich diese Zahl auf 40 Prozent erhöht. Trotz des langsamen Beginns der Mission haben wir allen Grund, die apostolische Christenheit für das zu bewundern, was sie erreicht hat.

Dann folgte ein Jahrtausend der Kämpfe und des Niedergangs und das Christentum wurde mehr und mehr ein europäisches Phänomen. Beachten Sie, wie vom Jahr 500 bis zum Jahr 1800 der nichtchristliche Anteil der Weltbevölkerung zunahm, während der Anteil der christlichen Bevölkerung entweder gleichblieb oder abnahm und gleichzeitig der Anteil der Weltbevölkerung, der mit dem Evangelium in Berührung kam, rapide abnahm. Erst in unserer Zeit hat der Prozentsatz der Weltbevölkerung, die das Evangelium gehört haben, wieder stark zugenommen. Diese Übersicht zeigt, dass der Befehl Jesu in Markus 16,15, dass das Evangelium jedem Menschen verkündigt werden muss, zumindest in unserer Zeit ein erreichbares Ziel ist.

Natürlich ist der Missionsbefehl damit noch nicht wirklich erfüllt. Mit dem Evangelium in Berührung zu kommen, ist ein erster Schritt, der noch keinesfalls ausreicht, der aber notwendig ist, damit Menschen zu Jüngern gemacht und Gemeinden gegründet werden können, wie wir in Matthäus 28, 18–19 lesen.

Kirchengeschichtler und Mission

Auch die Kirchengeschichtler tragen einen Teil der Schuld, denn sie haben durch ihre falsche Sicht mit dazu beigetragen, dass die Weltmission nicht zum Dreh- und Angelpunkt der Christenheit geworden ist. Über einige der größten Missionsbewegungen in der Geschichte ist nur sehr wenig veröffentlicht worden. Die gängigen Kirchengeschichtsbücher berichten oft viel über die leitenden Persönlichkeiten, die internen Strukturen und die theologischen Dispute, enthalten aber nur wenig über das Wachstum der Gemeinde Jesu. Einige Missionare waren so in ihrer Arbeit engagiert und so isoliert, dass sie kaum etwas von ihrer Arbeit schriftlich festhielten und von ihren Erfolgen selten berichteten. Deshalb führt der wirklich fesselnde Teil der Kirchengeschichte in der Kirchengeschichtsschreibung lediglich ein Schattendasein.

Nur wenigen Menschen war die Weltmission überhaupt wichtig und diese Menschen gehörten normalerweise nicht zu den Hauptströmungen der Kirche. Wenn sie doch dazu gehörten, dann wurde jegliche Initiative durch eine zentralistische Leitung, unflexible Strukturen und überkommene Traditionen erstickt und es geschah kaum etwas. Die richtige Sicht der Dinge und Flexibilität in der praktischen

Durchführung sind Kennzeichen der Missionsunternehmungen, die überhaupt stattgefunden haben. Institutionalisierung und hierarchische Leitungsstrukturen machen diese Sicht der Mission jedoch zunichte. Leiter, die Letzteres vertreten, sind immer am meisten darüber besorgt, dass der Status quo gewahrt bleibt. Leider sind sie in der Überzahl – sowohl im realen Leben als auch in den Geschichtsbüchern.

Dennoch hat die Gemeinde Jesu *durch alle Zeitalter* an der Weltmission festgehalten, obwohl das kaum bekannt ist. Innerhalb dieses Überrestes, der kaum zur Kenntnis genommen wird, reifte im Verborgenen der Wunsch nach der Evangelisierung der ganzen Erde heran, und erst vor 200 Jahren kam er zur vollen Blüte. In seinem Buch *Two Thousand Years of Missions before Carey* (Zweitausend Jahre Missionsarbeit vor Carey) äußert sich Lemuel Barnes dazu folgendermaßen:

>»Die Träger der Missionsarbeit in den zweitausend Jahren vor der Zeit Careys waren über die ganze Erde verstreut ... Die Missionsarbeit wurde von den unterschiedlichsten Gruppierungen der Kinder Gottes getan. Nichts im sichtbaren wie im geistlichen Bereich geschieht jedoch vollkommen isoliert. Es gibt immer Fortsetzungen, die die Teile mit dem Ganzen verbinden und zeigen, dass ein Entwicklungsprozess stattfindet. Diese Fortentwicklung zu verstehen, bedeutet, Gottes Gedanken zu denken ... Wir können mit Bestimmtheit davon ausgehen – sofern die entsprechenden Berichte verfasst worden und ihnen die gebührende Aufmerksamkeit zugekommen wäre – wir aus jedem der vergangenen 2000 Jahre von echten Missionsbemühungen

wüssten. Diese Missionsbemühungen können als Einzelaktionen nicht richtig gewürdigt werden, wenn sie nicht im Rahmen ihrer gegenseitigen Verflechtungen betrachtet werden.«[106]

Durch das vollmächtige Wirken des Heiligen Geistes wurde ungeachtet der Fehlschläge und des Ungehorsams der Gemeinde Jesu die Weltmission am Leben erhalten. Das ist eine wunderbare, wenn auch kaum bekannte Tatsache. Der Heilige Geist ergreift von einem Menschen Besitz und vermittelt ihm eine bestimmte Schau, die dann eine Bewegung in Gang setzt; leider erstarrt diese Bewegung später häufig und kommt zum Stillstand.

Die Gemeinde Jesu braucht sowohl Stabilität und Kontinuität als auch Dynamik und Flexibilität, wobei letzteres Merkmal schwieriger zu definieren ist. In unseren Kirchengeschichtsbüchern ist mehr über tote Monumente zu finden als über dynamische Bewegungen. Ich möchte weiter unten kurz vier sehr dynamische Missionsbewegungen vorstellen, die Vorläufer der heutigen modernen Missionsära waren. Damit möchte ich darauf hinweisen, wie wichtig diese Bewegungen waren, aber auch darauf, welch geringe Rolle sie meist in der Kirchengeschichtsschreibung gespielt haben.

Die Übersicht oben vermittelt einen Überblick über die bedeutendsten Missionsbewegungen nach dem Zusammenbruch des Römischen Weltreiches im Westen. Dadurch wird etwas von der Verschiedenheit der Bewegungen, aber auch von der Kontinuität des Missionsgedankens sichtbar. Das Ostreich bestand als griechischsprachiges christliches Reich noch ein weiteres Jahrtausend fort, bis der vereinte Angriff der christlichen Kreuzfahrer aus dem

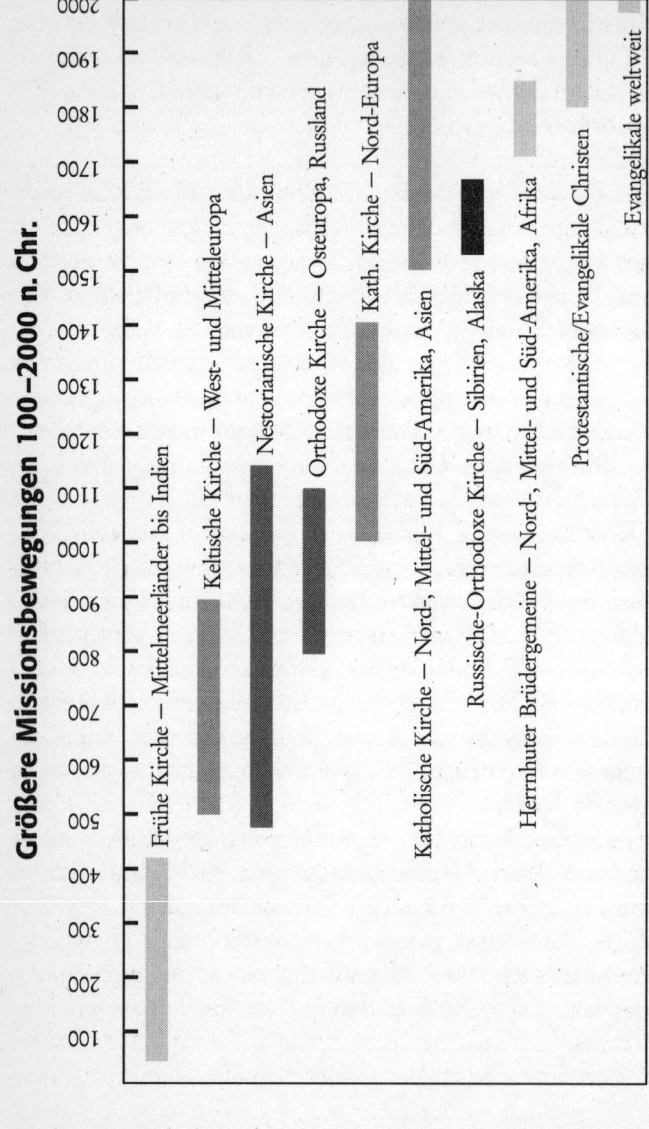

Westen und der muslimischen Osmanen im Jahr 1453 den Fall des Ostreiches herbeiführte. Einige dieser oben aufgeführten Missionsbewegungen verfochten theologische Ansichten, die wir vielleicht nicht geteilt hätten, während andere sich zweifelhafter Methoden bedienten und sich sogar barbarischer Grausamkeiten bei der »Christianisierung« der unterworfenen Volksgruppen schuldig machten. Ich möchte nun vier Beispiele auswählen, um das Gesagte zu veranschaulichen, aber auch, um aus den Erfolgen und Niederlagen einige Schlüsse zu ziehen.

1. Der Keltische Missionsvorstoß nach Europa 500 – 800 n. Chr.

Die Missionierung großer Teile Großbritanniens und West- und Mitteleuropas durch die keltischen Wandermönche ist eine der größten Leistungen der Missionsgeschichte aller Zeiten.[107] Die Iren waren von den Römern niemals unterworfen worden, waren aber schließlich diejenigen, die viele der heidnischen Eindringlinge ins Reich und ihre Heimatländer evangelisierten. Eine lebendige, einheimische Keltische Kirche entstand, die für ihr Überleben vom Wohlwollen des Kaisers nicht abhängig war. Gleichzeitig waren diese Christen sowohl in ihrer Lehre als auch in ihrer Struktur vom Papst in Rom unabhängig. Diese Christen konnten im frühen Mittelalter in Westeuropa zwischen dem 6. und dem 8. Jahrhundert viele der Schriften, die Schätze der klassischen lateinischen und griechischen Bildung darstellten, vor der Vernichtung bewahren. Die keltische Christenheit konnte sich auch Teile des apostolischen Christentums bewahren, denn die Mission war ihr Anliegen, was von den Machtzentren der christlichen Welt nicht gerade gesagt werden kann.

Die Geschichte des Ursprungs der keltischen Christenheit liefert Erklärungen für ihre geistliche Kraft und ihre organisatorische Schwäche. Als die Macht der Römer in Großbritannien im Schwinden begriffen war, ergriff eine irische Bande von Plünderern einige römische Briten und versklavten sie.[108] Einer von ihnen war ein Namenschrist mit Namen Patrick. Während der Zeit seiner Sklaverei, in der er als Schweinehirte im weitgehend heidnischen Irland diente, kam er zum lebendigen Glauben an Gott. Nach sechs Jahren konnte er nach Frankreich fliehen. Dort trat er in ein Kloster ein. 20 Jahre des geistlichen Wachstums bereiteten ihn auf sein Lebenswerk vor – die Bekehrung Irlands. Die 30 Jahre seiner missionarischen Arbeit, in denen das Wirken Gottes immer wieder auf dramatische Weise sichtbar wurde, brachten seine Feinde zum Schweigen. Patricks Verkündigung war so sehr von Erfolg gekrönt, dass im Jahr 461, als Patrick starb, die heidnische Druidenreligion ihre Bedeutung in Irland verloren hatte und das Christentum an seine Stelle getreten war.

Die missionarische Pionierarbeit Patricks, seine Methoden, sein intensives Gebetsleben und sein gottesfürchtiges Wesen beeindruckten die Iren tief. Die Iren wurden, was die Missionsarbeit betrifft, zu einem der aktivsten christlichen Völker der Geschichte und das ist bis auf den heutigen Tag so geblieben – sei es die keltische, die katholische oder die protestantische Kirche. In organisatorischer Hinsicht lag die Stärke der Keltischen Kirche in ihren Klöstern und Äbten, die einflussreicher wurden als die für ein bestimmtes Territorium zuständigen Bistümer, die von Patrick ins Leben gerufen worden waren. Die Bruderschaften als solche waren das Wichtigste, nicht jedoch die Organisationsstrukturen[109] – ein Phänomen, das auch im Protestantismus des 20. Jahrhunderts auftrat.

Das berühmteste Kloster war das Kloster von Iona, einer Insel vor der Westküste Schottlands. Der Abt von Iona war wie in vielen anderen Klöstern ein Presbyter, kein Bischof; es gab aber immer Bischöfe, die mit der Gemeinschaft verbunden waren und gleichzeitig durch ihr Mönchsgelübde dem Abt gegenüber zum Gehorsam verpflichtet waren. Den Bischöfen wurde kraft ihres Amtes Ehre erwiesen und ihre ausschließliche Befugnis zur Ordination respektiert. Aber über all den Mönchen – einschließlich der Bischöfe – stand der Abt als oberster unumschränkter Herrscher.[110]

In geistlicher Hinsicht lag die Stärke der Keltischen Kirche in ihrer Betonung des Bibelstudiums, sowie in der Gottesfurcht und dem festgegründeten Glauben derjenigen, die in Patricks Fußstapfen traten.

Keltische Missionare wie z. B. Ninian, Columba (Schottland), Aidan (England), Columbanus (Frankreich, Schweiz und Norditalien) und ihre britischen katholischen Nachfolger wie Wilfrid (Friesland) und Bonifatius (Deutschland) waren Vertreter der größten Missionsvorstöße der westlichen Christenheit. Diese frühen Missionsbemühungen fanden unabhängig von Rom statt und erst zwei Jahrhunderte später, bei der Synode von Whitby im Jahr 664 begann die päpstliche Autorität die Oberhand zu gewinnen. Schließlich vereinnahmte Rom die keltische Christenheit und ihre heldenhaften Heiligen für sich. Trotzdem nahm der Geist des keltischen Christentums tiefgreifenden Einfluss auf die Existenz und die Entwicklung der Englischen Kirche in den folgenden Jahrhunderten und von den britischen Inseln zogen eine ganze Reihe von Missionaren in die Niederlande, nach Deutschland, die Schweiz und sogar bis nach Kiew in die heutige Ukraine und nach Island (damals noch eine unbewohnte Insel) aus. Dieser Vormarsch der Mission kam intern durch die Institutionalisierung sowie durch die schreckliche Zerstörung der Küstenregionen Westeuropas durch die Wikinger zum Erliegen. Die Institution der römischen Kirche gewann die Kontrolle, aber die missionarischen keltischen Christen gewannen die Heiden.

2. Die Missionierung Asiens durch die Nestorianer 480–1250 n. Chr.

Ohne einen Bericht über die Nestorianer wäre die Geschichte der Weltmission unvollständig. Allerdings wissen nur wenige Christen überhaupt etwas von diesem außergewöhnlichen missionarischen Vorstoß der nestorianischen Christen. Bis zum Jahr 1000 hatten sich die Nestorianer von Syrien ausgehend bis zum Iran und Jemen und dann auch in ganz Zentralasien, in der Mongolei, in Tibet, China, Teilen Indiens, Thailand und in Burma ausgebreitet. Das nestorianische Christentum war zwischen dem Kaspischen Meer und den Grenzen Chinas die vorherrschende Religion. In 250 Diözesen hatte diese Kirche zwölf Millionen Anhänger. Bis zum 13. Jahrhundert hatte sie 72 erzbischöfliche Patriarchen (Metropoliten) und 200 Bischöfe in China und den umliegenden Gebieten.[111] Damit repräsentierten sie zur damaligen Zeit 24 Prozent aller Christen der Erde und über sechs Prozent der Bevölkerung Asiens.[112] Dennoch wissen wir eigentlich sehr wenig über die Nestorianer. Warum bloß?

Nestorius war Bischof von Konstantinopel, aber im Jahr 430 exkommunizierte ihn eine Synode in Rom aufgrund mehrerer von ihm vertretenen häretischen Lehrmeinungen. Allerdings wurde die Exkommunikation mindestens gleichermaßen aufgrund der kulturellen Unterschiede zwischen beiden Parteien, dem Auseinanderbrechen der persönlichen Beziehungen und dem persönlichem Machtstreben ausgesprochen wie aufgrund der strittigen Lehrauffassungen.[113] Es war die Zeit der intensiven Dispute über das Zusammenwirken des göttlichen und des menschlichen Anteils in der Person Jesu Christi. Das nizänische Glaubensbekenntnis von 325 n. Chr. hatte festgeschrieben, dass Jesus gleichermaßen Gott und Mensch in einer Person gewesen sei. Der Streit erhielt durch die innerhalb der Kirche betriebene Machtpolitik und intensive persönliche Streitigkeiten weiter Nahrung. Die Monophysiten (die wir heute in der Koptisch-Orthodoxen Kirche in Ägypten und Äthiopien finden) betonten den göttlichen Aspekt der Natur Christi, die Nestorianer den menschlichen. Nestorius lehrte, dass Christus zwei Naturen gehabt habe, eine göttliche und eine menschliche und wollte damit zum Ausdruck bringen, dass die göttliche und menschliche Natur Christi niemals wirklich zu einer einzigen Natur verschmolzen war.

Diejenigen, die sich nun dieser theologischen Position anschlossen, wurden als Häretiker bezeichnet und aus dem Reich verbannt. Sie flüchteten in den heutigen Irak und Iran. Das Ergebnis war, dass der Nestorianismus die persische Form des Christentums wurde. Man hat sie – nicht zutreffend – die »Nestorianische« Kirche genannt. Leider hat der Hauptstrom der Christenheit die Nestorianische Kirche seit diesem Zeitpunkt als Häretiker betrachtet und ihre Existenz fast völlig ignoriert. Ihre Isolation wurde durch die islamische Eroberung Persiens im Jahr 640 noch verschärft. Zu dieser Zeit lebten in dem Land etwa eine Million Christen, die später als die Katholische Apostolische Kirche des Ostens oder Assyrische Orthodoxe Kirche bezeichnet wurde. Im Jahr 1300 gab es in Persien noch immer eine große christliche Minderheit. Dann kamen die Christen und die Muslime unter die Herrschaft der Mongolen.

600 Jahre lang hörte man im Westen wenig Neues aus den Ländern Asiens, die hinter den Grenzen der islamischen Welt lagen. Wir können gar nicht anders als die ersten Pioniere, ihre Dynamik und ihren Mut zu bewundern, die auf ihren furchtbar langen Reisen durch einige der unzugänglichsten Gebiete der Erde immense Schwierigkeiten überwanden, um ihre Botschaft zu verkünden. Sie brachten ein gründliches Bibelwissen und gute theologische Kenntnisse mit, lebten um der Missionssache willen sehr asketisch – ähnlich wie die Christen der Keltischen Kirche. Außerdem besaßen sie die Bereitschaft, neue Sprachen zu erlernen und die Heiligen Schriften in diese Sprachen zu übersetzen. Die Nestorianer waren vor einem Jahrtausend die missionarische Kirche *par excellence*. Der oberste Leiter der Nestorianischen Kirche, der im Jahr 1281 gewählt wurde, war ein mongolischer Mönch.

Bis zum Jahr 1500 waren die Nestorianer aus fast ganz Asien verschwunden und ließen nur wenig mehr zurück als den archäologischen Beweis für ihre Existenz. Woran lag das nur? Die frühere Dynamik und die Vision der Kirche wurden abgelöst durch die Abhängigkeit von Traditionen und kirchlichen Strukturen; Formalismus, Synkretismus und Kompromissbereitschaft waren die Folge. Die Nestorianer waren fast immer in der Minderheit gewesen, ausgenommen eine Zeitlang in Syrien und im Irak. Deshalb standen politische Machthaber nur selten auf ihrer Seite. Sie besaßen nicht genug geistliches Stehvermögen und Entschlossenheit, um der Opposition und den Verfolgungen der im höchsten Maß organisierten, herrschenden Religionen Widerstand entgegenzusetzen. Der taoistische Kaiser von China verbannte den Nestorianismus und sein Mönchtum im Jahr 845 aus seinem Reich, allerdings war das nicht der Schlusspunkt der Geschichte. Die islamischen Herrscher in Mesopotamien (Irak) maßten sich das Recht an, im Jahr 987 den nestorianischen Catholicos zu ernennen, das Oberhaupt der Nestorianischen Kirche. Das mongolische Reich, das mittlerweile zum größten Teil muslimisch war, überrollte ab 1358 nach und nach das Christentum von den Mittelmeerländern aus bis nach China. Heute ist die Nestorianische Kirche nur mehr ein Schatten ihrer selbst und hat kaum noch 200 000 Anhänger. Das Missionsanliegen, das die Kirche einstmals vertreten hatte, spielte durch die Verfolgung nun keine Rolle mehr; was danach davon noch übrig war, wurde von den kirchlichen Strukturen erstickt und so starb die Kirche. Dies ist eine ernste Warnung an uns heute: Auch immense Anstrengungen und sichtbare Frucht haben unter Umständen in den nachfolgenden Generationen keinen Bestand und hinterlassen in den Kulturen, die diese Kirche einst durchdrungen hat, keine einzige Spur. Geschieht dasselbe etwa heute in Westeuropa?

3. Die römisch-katholischen Missionsorden ab 1289 n. Chr.

Die westliche Kirche unter der Führung des Papstes neigte stärker dazu, das Christentum durch politischen Druck und militärische Aktionen auszubreiten, anstatt das Evangelium einfach nur zu predigen. Dieses Vorgehen kam im frühen Mittelalter nach dem Fall des Weströmischen Reiches zum Tragen. Die militärische Herausforderung, die der Islam darstellte, verstärkte noch diese Haltung, denn muslimische Heere hatten all die christlichen Länder im Nahen Osten und Nordafrika erobert und waren eine fortwährende Bedrohung für Europa. Dieses falsche Denken kam in den an den Muslimen in Palästina verübten Grausamkeiten im Laufe der Kreuzzüge, in der Inquisition, die sich gleichermaßen gegen Muslime wie gegen Juden richtete und später auch in der Behandlung der Protestanten zur Anwendung. Die Inquisition wütete in Spanien und Portugal besonders grausam, sowie bei der gewaltsamen »Christianisierung« der Ureinwohner Amerikas, der Indianer.

Die Gründung der Bettelorden begann, dieses Denken zu verändern. Die Franziskaner wurden von Franz von Assisi im Jahr 1209 gegründet und die Dominikaner von Dominikus von Calaruega im Jahr 1215. Sie waren arm, zogen durch die Lande und predigten und brachten auf diese Weise eine ganze Armee von Missionaren hervor, sowie eine Missionsstruktur, in der Autonomie soweit gewährleistet war, dass das Evangelium den nichtchristlichen Völkern in kühnen Vorstößen verkündigt werden konnte. Ein weiterer Orden, der Jesuitenorden, wurde im Jahr 1534 von Ignatius von Loyola gegründet.

Die Entdeckung Amerikas durch Christoph Kolumbus im Jahr 1492 und die portugiesische Entdeckung des Seeweges nach Asien um Afrika im Jahr 1498 setzte der Isolation Europas vom Rest der Welt ein Ende; gleichzeitig wurde die mächtige Mauer des Islam durchbrochen. Die Weltmission wurde wieder eine reale Möglichkeit. Durch die Öffnung der Weltmeere für die spanischen und portugiesischen Händler, sowie durch den Schlag, den die Reformation der Römisch-Katholischen Kirche versetzt hatte, standen nun plötzlich Transportwege offen und es entstand zwischen 1500 und 1700 ein ganz neuer Wunsch, nach Amerika, Asien und im kleineren Rahmen auch nach Afrika aufzubrechen. Das Wachstum der drei erwähnten katholischen Orden war gewaltig:

Orden	Gründungs-jahr	Mitglieder	
		1400	1770
Franziskaner	1209	60 0000	77 000
Dominikaner	1215	12 0000	etwa 10 000
Jesuiten	1534	—	22 500

Die Bevölkerung Spaniens und Portugals griff den Gedanken, den katholischen Glauben in die Welt hinauszutragen, enthusiastisch auf, denn die meisten der vielen Anhänger der genannten Orden kamen aus diesen beiden Ländern. Die Ordensmitglieder stellten fast ein Prozent der Gesamtbevölkerung dieser beiden Länder dar, viele von ihnen in Übersee. Man kann über den Einsatz dieser ausgesandten Missionare nur staunen. Die unbarmherzige Selbstaufopferung der Jesuiten, mit der sie den katholischen Glauben verbreiteten, ist durchaus beeindruckend, auch wenn wir manche ihrer Methoden, Motive und Lehren hinterfragen müssen. Die Grausamkeiten und die Verbrechen, die die Jesuiten an den eroberten Völkern verübten, waren schrecklich. Die brutale Ausübung weltlicher Macht und militärischer Gewalt für die Ausbreitung des spanischen Katholizismus, das Untersagen jeglicher protestantischer Arbeit in Gebieten innerhalb des katholischen Einflussbereiches und die Vernichtung der einheimischen Kulturen werden wohl für immer als Schandfleck mit dieser Zeit der Missionsversuche verbunden bleiben. Wenn man jedoch darauf schaut, was von einigen jener Zeitgenossen erreicht wurde und wie viel vom damaligen Einsatz bis heute übrig geblieben ist, dann muss man anerkennen, dass trotz allem manch bleibende Frucht daraus erwachsen ist. Taufen wurden in einem nie gekannten Ausmaß durchgeführt. Der große Jesuitenmissionar Franz Xavier taufte 750 000 Asiaten in zehn Jahren. Es ist hier nicht der Raum und es ist auch nicht das Thema dieses Buches, um über Xaviers Arbeit ausführlich zu berichten.[114] Einige der Ergebnisse werden in der folgenden Tabelle noch einmal zusammengestellt.

Die Zahlenangaben schwanken sehr stark. In einigen Ländern wie China und Japan gab es heftige Wellen der Verfolgung, die die katholische Bevölkerung praktisch ausgerottet haben, in anderen Ländern wie Mexiko, den Philippinen und Teilen Ostindiens (Indonesiens) ist fast die gesamte Bevölkerung nominell katholisch oder, im Falle der Molukker, heute protestantisch.

Die Woge der römisch-katholischen Mission ging im Verlauf des 17. und 18. Jahrhunderts zurück, schwoll aber im 19. und 20. Jahrhundert parallel zur protestantischen Missionsbewegung wieder an.

Welche Schlüsse können wir daraus ziehen? Wieder einmal erkennen wir, dass es die Strukturen des Mönch-

Völker und Gebiet/Land	Missionsorden	Beginn im Jahr	Statistische Erhebung im Jahr	Zahl der Getauften	Prozentualer Anteil an der Landesbevölkerung[115]
Indianer, Mexiko	Spanische Röm.-kath. Kirche	1519	1536	6 000 000	80,0?
Inder, Kerala/Indien	Jesuiten	1536	1559	300 000	0,3
Inder, Tamil Nadu/Süd-Indien	Jesuiten	1544	1703	200 000	0,2
Philippinos, Philippinen	Franziskaner	1577	1589	100 000	16,0
Molukken, Indonesien	Jesuiten	1534	1569	80 000	1,0
Japaner, Japan	Jesuiten	1549	1614	750 000	3,5
Chinesen, China	Jesuiten	1582	1700	300 000	0,2
Vietnamesen, Vietnam	Jesuiten	1627	1700	200 000	6,7

tums waren, die den missionarischen Vorstoß ermöglichten. Insbesondere waren es die Mitglieder der Mönchsorden, die nicht mit einem Wohnsitz fest verwurzelt und für die Verkündigung des Evangeliums in der Predigt, sowie für die Bekehrung der Nichtchristen (und der »Häretiker«) ausgebildet waren. Diese Orden mussten zwar Rom gegenüber Rechenschaft ablegen, besaßen aber gleichzeitig ein so großes Maß an Unabhängigkeit von den kirchlichen Strukturen, dass sie neue Vorstöße initiieren und vor Ort geeignete Strategien entwerfen konnten. Die Unabhängigkeit mancher Orden war so groß, dass der Papst den Jesuitenorden im Jahr 1773 auflöste. Die Römisch-Katholische Kirche hatte eine zweifache Struktur entwickelt, eine Organisationsstruktur und die Bruderschaften, was den Protestanten beides fehlte. Die Folge davon war, dass diese ganzen Aktivitäten der Römisch-Katholischen Kirche in einer Zeit stattfanden, in der die Protestanten zur Weltmission eigentlich rein gar nichts beitrugen.

Eines der größten Probleme war die Rivalität zwischen den drei großen Missionsorden, deshalb mussten gegenseitige Abkommen getroffen werden. Möglicherweise lehnten die Japaner gerade aufgrund dieser Rivalität das Christentum ab und leiteten eine massive Christenverfolgung ein. Der Nachhall dieser Haltung gegenüber dem Christentum stellt noch heute ein Hindernis für die Missionsarbeit in Japan dar.

4. Die Missionsarbeit der Herrnhuter Brüdergemeine ab 1727

Wie ich bereits festgestellt habe, hatte der Protestantismus in den ersten 275 Jahren seines Bestehens keinen Blick für die Mission entwickeln können. Dennoch existierte eine Art »apostolische Sukzession« im Hinblick auf das Missionsanliegen, die sich vom deutschen Pietismus nach Dänemark und Norwegen (Egede war ein norwegischer Missionar in Grönland) und dann bis zu Graf Nikolaus Ludwig von Zinzendorf fortsetzte.[116] Er war der Leiter der ›Unitas Fratrum‹, der Herrnhuter Brüdergemeine. Diese kleine Gemeinschaft wurde eine der missionarisch aktivsten Gemeinschaften der Geschichte. Nicht dass diese Brüder sich nur selbst beispiellos in der Missionsarbeit engagiert hätten. Durch ihre Arbeit erhielt auch John Wesley wesentliche Anstöße und der von den Herrnhutern ausgehende Segen wirkte sich bis zu der großen Erweckung in der englischsprachigen Welt aus, die wiederum zum Ausgangspunkt für William Carey und die moderne Missionsbewegung wurde.

Wie konnte diese kleine, auf dem Land ansässige Gruppe armer Flüchtlinge, die im Kunsthandwerk tätig waren, zu solch einem Segen für die ganze Erde werden?

1. **Die gottesfürchtige Leitung Zinzendorfs:** Er war einer der großen missionarisch gesinnten Staatsmänner der Geschichte. Er hatte eine Gruppe von Christen aufgenommen, die vor einer Verfolgung in Herrnhut geflüchtet waren.[117] Zinzendorf erlaubte ihnen, sich auf seinem Gebiet in Sachsen anzusiedeln. Sie wurden zum Wegbereiter für diese Missionsbewegung.

2. **Erweckung:** Der Heilige Geist wirkte im Jahr 1727

unter diesen Menschen und schenkte ihnen neuen Eifer für Gott. Das wurde konkret, nachdem Zinzendorf von Gott die Weisung zum Missionsbeginn in Dänemark erhalten hatte und dort einem westindischen Sklaven begegnete, sowie zwei Eskimos aus Grönland, die ihn um Missionare für die Menschen in ihren Heimatländern baten. Zinzendorf kehrte nach Hause zurück und erläuterte den Brüdern seine Sicht zur konkreten Aufnahme der Missionsarbeit. Innerhalb kürzester Zeit wurden im Jahr 1732 Missionare nach St. Thomas auf den Westindischen Inseln und im Jahr 1733 nach Grönland berufen – beides waren dänische Kolonien. Weitere Missionsfelder folgten bald – die Arktis 1737, Algerien und China 1742, Persien 1747 und Äthiopien 1752. Missionsfelder in Surinam, West- und Südafrika und Nordamerika wurden erschlossen.

3. Gebet: Schon bald nach der Erweckung formierte sich eine Gebetskette, die über 100 Jahre ohne Unterbrechung fortbestand. Für die Verbreitung des Evangeliums und die sich daraus ergebenden Erweckungen war das Gebet eine grundlegende Voraussetzung.

4. Hingabe: Zwischen 1732 und 1760 wurden 227 Mitarbeiter ausgesandt. Zwischen 1732 und 1930 wurden über 3000 Missionare zum Dienst ausgesandt, das entspricht einem Anteil von einem Zwölftel der Mitglieder der Herrnhuter Brüdergemeine. Das war also fast der Zehnte der Mitglieder dieser Kirche. Wie viele Gemeinden würden es wohl wagen, diese Art Zehnten zu opfern?[118] Alle diese Missionare wurden Zeltmacher und evangelisierten dort, wo sie meist ausschließlich mit Gebet unterstützt wurden. Viele von ihnen haben ihr Leben für ihren Herrn geopfert, aber ihr Platz wurde trotzdem rasch wieder von nachrückenden Missionaren eingenommen.

Wie stand es um die Erfolge dieser Missionare? Ihr Dienst wurde durch das Gebet einer ganzen Denomination getragen, die sich ganz und gar für die Weltmission einsetzte. Es waren ganz gewöhnliche Christen ohne besondere Ausbildung oder theologische Schulung, die eine einfache Sicht der Dinge entwickelten – sie wollten die Heiden für Jesus gewinnen, auch wenn sie ihre Zeit dafür opfern mussten, um ihren Lebensunterhalt durch Arbeit zu sichern. Die Herrnhuter Brüder begannen in zehn Jahren mehr Missionsarbeit als der gesamte Protestantismus in den vorausgegangenen 200 Jahren zusammengenommen. Was waren die Schwächen der Herrnhuter Missionare?

1. Der anfängliche Schwung ließ für einige Jahre nach, weil der klare Blick der Leiter in Deutschland und insbesondere Zinzendorfs für die Mission aufgrund seiner mystischen Beschäftigung mit dem leiblichen Tod Jesu getrübt wurde. Das weist darauf hin, dass das Anliegen der Mission zwangsläufig leidet, wenn bei den Leitern der sendenden Gemeinden zu Hause selbst die richtige Sicht der Dinge ins Wanken gerät, aber sie gleichzeitig die Kontrolle über die Missionsunternehmen in Übersee in Händen behalten wollen.

2. Es gab keine Pläne, was mit den Konvertiten geschehen sollte, die für den Herrn gewonnen worden waren. Es fehlte eine Langzeitstrategie zur Gründung von Gemeinden und das Ergebnis war, dass heute auf vielen der ersten Arbeitsfelder der Herrnhuter Missionare nur noch wenige Spuren ihrer Arbeit zu finden sind. Die Zahl der Mitglieder der Herrnhuter Brüdergemeine beträgt heute etwa 500 000 Menschen – hauptsächlich auf den Westindischen Inseln, auf Surinam, in Nordamerika und Tansania.

3. In der jüngsten Vergangenheit haben die liberale Theologie und die Institutionalisierung das geistliche Leben und das Missionsanliegen der Herrnhuter Brüdergemeine stark gebremst.

Schlussfolgerungen aus Teil 2

Ich habe versucht, vier Entwicklungsstränge miteinander in Verbindung zu bringen, um das offenkundige Versagen der Gemeinde Jesu bei der Bewältigung der Weltmission zu erläutern. Dieses Versagen begann damit, dass die ersten Jünger erst nach und nach die Botschaft der Schrift begriffen und das führte dazu, dass die frühe Kirche ihre Aufgabe nicht verstand. In der christlichen Terminologie, die sich über die Jahrhunderte hinweg entwickelte und in die eigentliche Theologie einmündete, wurde die Missiologie ignoriert. Gleichzeitig spielte die Kirchengeschichtsschreibung die Bedeutung der Missionsvorstöße herunter. Das Schattendasein der Mission ist Teil unseres christlichen Denkens, unserer Lehre und unseres Handelns. Im weiteren Verlauf werden wir den Schaden ermessen können, der daraus für die Strukturen der Gemeinde erwachsen ist. Das vollmächtige Wirken des Heiligen Geistes ist erforderlich, damit die Wahrheit offenbar und die Blindheit beseitigt werden kann, denn hier wird die entscheidende Schlacht geschlagen, die über die heutige Weltsicht der Christen entscheidet. Die Gemeinde Jesu muss unbedingt erneut das Anliegen der Mission aufgreifen. Gott sei Lob und Dank, dass das heute schon in einem Ausmaß geschieht, wie es noch niemals in der Geschichte der Gemeinde Jesu der Fall gewesen ist.

Teil 3

Die Gegenwart
Die Ernte wird eingebracht

Jesaja 54,1

Einleitung

Nachdem wir in Kapitel 53 des Jesajatextes über die unbeschreiblichen Leiden des Knechtes, des Herrn Jesus Christus gelesen haben, wechselt die Szene in Kapitel 54 auf dramatische Weise. Hier wird uns der Lohn des Kreuzes vor Augen gestellt. Tränen verwandeln sich in Freude, denn die geistliche Ernte wird eingefahren. Das Kreuz führt zur Weltmission und zur Herbeiführung von Menschen von überall auf der ganzen Erde ins Reich Gottes.

Das zukünftige Gottesvolk ist das Thema dieses Kapitels, also die Christen nach Pfingsten. Damit endet Jesu unmittelbare Mitwirkung bei der Errettung der Welt im Kontext seiner Sendung. Heute, 2500 Jahre nach Verkündigung dieser Prophezeiung, können wir zurückschauen und erkennen, wie sich das Leiden Jesu durch seinen Leib – die Gemeinde Jesu – ausgewirkt hat.

Kapitel 7

Das Wiederaufgreifen des Missionsanliegens

In Kapitel 1 ging es hauptsächlich um William Carey. Er war eines der wichtigsten Werkzeuge in der Hand Gottes, der die Mission durch seine Schriften, seine Betonung des Gebets für die Weltmission und die Entwicklung von Strukturen für die Aufnahme der Missionsarbeit bei der protestantischen Christenheit wieder ins Gespräch brachte.

Bis zum Jahr 1792 waren die anfänglich so vehement betriebenen Missionsbemühungen der Missionare der Dänisch-Hallischen Mission in Indien und die Vorstöße der Herrnhuter Missionare in der Neuen Welt und andernorts fast zum Erliegen gekommen. Die Ernte an Konvertiten und die Zahl der auf den Missionsfeldern gegründeten Gemeinden war noch immer recht mager. Die Missionsbemühungen dieser Missionare erreichten nur einen kleinen Teil der Menschen der sie umgebenden einheimischen Bevölkerung. Die Missionare waren auch nicht in der Lage, die christlichen Kirchen in den traditionell protestantischen Ländern neu für die Mission zu entflammen oder neue Mitarbeiter für die Weltmission hinzuzugewinnen. Es existierten keine Mittel und Wege, um die Gemeinden mit Informationen über die Mission zu versorgen, um neue Mitarbeiter zu gewinnen und diese an die Mission heranzuführen.[119]

William Carey dagegen forderte nicht nur die Gemeinde Jesu dazu auf, aktiv zu werden, sondern untermauerte seine Forderungen auch theologisch und entwickelte Strukturen, damit die Missionsbemühungen auch im Gemeindebau einmündeten. Die beiden Schaubilder auf S. 100 und 109 zeigen die Auswirkungen davon. Das erste Schaubild verdeutlicht, dass Bereich B, die evangelisierte nicht-christliche Bevölkerung, vom Jahr 1800 an rapide zunahm, denn viele Menschen hatten die Möglichkeit, die Frohe Botschaft zu hören. Im zweiten Schaubild erkennt man, dass von 1850 an der prozentuale Anteil der nicht-kaukasischen Christen an der Weltbevölkerung rasch anstieg, woraus deutlich wird, dass viele der Menschen, die das Evangelium gehört hatten, mittlerweile Christen geworden waren, während in den traditionell christlichen Ländern der Erde der prozentuale Anteil der Christen als Ganzes entweder stagnierte oder sogar zurückging. Nach etlichen Jahrhunderten, in denen die Gemeinde nur wenig Frucht getragen und sich auf sich selbst konzentriert hatte, wurde die Gemeinde Jesu wieder eine kämpfende, triumphierende Gemeinde – zumindest teilweise! Das war von Jesaja zweieinhalb Jahrtausende zuvor vorhergesagt worden. Keine Generation vor uns hätte – vielleicht mit Ausnahme der Gemeinde des 1. Jahrhunderts nach Christus – behaupten können, die Erfüllung dieser Prophezeiung des Jesaja gewesen zu sein.

Die biblische Grundlage für eine große Ernte

Jesaja 53 beschreibt, dass Gott die Sünder erlösen wollte und dafür sein Knecht leiden musste. Die Juden verstanden, dass damit der Messias gemeint war, aber die volle Bedeutung dieser Worte wurde erst offenbar, nachdem unser

Herr Jesus Christus den Versöhnungstod am Kreuz wirklich gestorben war. Es geht hier um Erlösung in geistlicher Hinsicht und deshalb ist es nur folgerichtig, dass die Worte in Jesaja 54 auch geistlich verstanden werden müssen – sie hatten für die Gemeinde der Heiden und der Juden des Neuen Bundes größere Bedeutung als für die Juden des Alten Bundes. Die Worte, die hier gebraucht werden, sprechen eigentlich von der sichtbaren Wiederherstellung der Juden nach dem babylonischen Exil, aber das war nur eine schwache Vorschattung auf eine tiefere geistliche Wahrheit: Die Rückkehr zu Gott im weltweiten Maßstab im Zusammenhang mit der Verkündigung des Evangeliums. Ich habe bereits erwähnt, wie Paulus Jesaja 54, 1 auf die Gemeinde angewendet hat. Auch viele bedeutende Kommentatoren haben diese Prophezeiung ebenfalls in erster Linie auf die Gemeinde Jesu angewandt. James Denney meint:

> »Wenn es um die Gemeinde geht, dann führt Jesaja uns in ein tieferes Verständnis davon ein, wie wertvoll und wirksam das Versöhnungswerk des Knechtes Gottes gewesen ist. Der Knecht hat um der Gemeinde willen gelitten, für seinen Leib, nicht für sich selbst.« [120]

Deshalb scheue ich mich nicht, Jesaja 54, 1 ebenfalls auf die Gemeinde anzuwenden. Der Bibelvers selbst ist schon ungewöhnlich:

> »Juble, du Unfruchtbare, die nicht geboren, brich in Jubel aus und jauchze, die keine Wehen gehabt hat! Denn die Söhne der Einsamen sind zahlreicher als die Söhne der Verheirateten, spricht der Herr« *(Jesaja 54, 1)*.

Die unfruchtbare Frau ist nicht mehr traurig über die Schande ihrer Kinderlosigkeit, sondern freut sich plötzlich über eine Fülle geistlicher Nachkommen, die sie anstelle der wenigen eigenen Kinder bekommt, die sie als verheiratete Frau hätte erwarten können.

Wenn hier von Wiederherstellung die Rede ist, von neuem Leben und von daraus resultierender Freude, dann ist damit neues Leben, Erweckung und geistliches Wachstum im Überfluss gemeint. Gott schenkt Zeiten der Erweckung, der Wiederbelebung und Wiederherstellung. Manche Christen haben ein so pessimistisches Bild von der Welt und von uns als der Gemeinde in dieser Welt, dass sie der Ansicht sind: »Alles wird nur immer schlimmer!« Häufig ist der Grund dafür ein allgemeiner Pessimismus, den man in der Bibel begründet zu finden glaubt, sowie die Auffassung, dass auf der Erde schreckliche Zustände herrschen werden, wenn Jesus auf die Erde zurückkommt, »... doch wird wohl der Sohn des Menschen, wenn er kommt, den Glauben finden auf der Erde?«[121] Viele benutzten diesen Vers zur Rechtfertigung für ihren Unglauben. Jesus hat uns jedoch aufgefordert, nicht pessimistisch zu sein und zu resignieren, sondern uns in der Fürbitte voller Vertrauen an ihn zu wenden. Jesaja 54,1 enthält die Verheißungen Gottes, aufgrund derer wir jetzt und in Zukunft eine weltweite Ernte für das Reich Gottes erwarten dürfen.

In Erwartung der Ernte –
Was wir darüber aus der Geschichte lernen können

In der Geschichte der Gemeinde Jesu hat es etliche Perioden gegeben, in denen wenig Frucht eingebracht wurde und das geistliche Leben der Gemeinde Jesu sich auf einem Tiefpunkt befand. In solchen Zeiten schritt Gott ein und ließ seinen Heiligen Geist wirken, so dass es zu örtlich begrenzten, zu landes- und gebietsweiten Erweckungen kam.

Die erste und zugleich erstaunlichste Erweckung ereignete sich am ersten Pfingstfest nach der Auferstehung Jesu. Dort wurde der Heilige Geist über die unfruchtbare alttestamentliche jüdische Gemeinde ausgegossen, damit sich das Evangelium über die Grenzen der damals bekannten Welt hinaus verbreiten konnte. Die Prophezeiung aus Jesaja 54, 1 erhielt für jene Zeit eine besondere Bedeutung. Es besteht kein Zweifel daran, dass Jesus während seines Wirkens nach seiner Auferstehung auf diese Bedeutung von Jesaja 54, 1 hingewiesen hat. Sicher stand ihm dieser Vers vor Augen, als er prophezeite, dass die Pforten der Hölle die Gemeinde nicht überwältigen würden.[122] Das war natürlich nicht die letzte Erweckung, die sich ereignete. Während der ganzen Geschichte der Gemeinde hat es solche Erweckungen gegeben. Diese Ereignisse sind in Edwin Orrs Untersuchung über die Geschichte der Erweckungen mit viel Akribie zusammengestellt und beschrieben worden.[123] In den vergangenen 200 Jahren hat es häufiger Erweckungen gegeben und sie haben größeren Einfluss gehabt als jemals zuvor. Wer in der westlichen Welt lebt, sehnt sich nach einer neuen Erweckung und fragt sich, ob es wohl noch jemals eine neue Erweckung geben wird. Es sind sich aber vielleicht viele Menschen nicht darüber im Klaren, welch erstaunliche Erweckungen und Neuaufbrüche sich in den vergangenen Jahren auf anderen Kontinenten der Erde ereignet haben.

Ich könnte hier etliche Beispiele für landesweite Erweckungen anführen. In Großbritannien hat es in mehreren Jahrhunderten solche Erweckungen gegeben – durch das Wirken Wycliffs im 15. Jahrhundert, durch die Reformation im 16. Jahrhundert, durch die Puritaner im 17. Jahrhundert, durch Wesley und Whitefield im 18. Jahrhundert und durch die evangelikale Erweckung Mitte des 19. Jahrhunderts. Im lutherischen Finnland, in Norwegen und Schweden haben sich in den vergangenen 200 Jahren Erweckungen ereignet. Die Auswirkungen der Walisischen und Pfingstlichen Erweckungen zu Beginn dieses Jahrhunderts sind bis heute eigentlich auf der ganzen Erde noch zu spüren. Millionen von Menschen sind in den vergangenen 50 Jahren wiedergeboren worden und Sünder sind durch das Wirken des Heiligen Geistes ins Reich Gottes hineingekommen. Große Erweckungen haben sich auch in den 1940er und 1950er Jahren in Ostafrika ereignet,[124] sowie in Korea mitten im schrecklichen Korea-Krieg[125] in den 1950er Jahren und 1960er Jahren, in der Zeit der Ruhe vor dem Sturm in China (1945–48) und Kambodscha (1975),[126] bevor der Sturm des Kommunismus die Gemeinde Jesu in diesen Ländern dezimierte. Weitere Erweckungen gab es in Indonesien – insbesondere auf West-Timor[127] – sowie in vielen anderen Teilen der größtenteils muslimischen Nation. Nagaland und Mizoram, weit abgelegene Staaten im nordöstlichen Indien sind heute die am intensivsten evangelisierten Länder der Erde. In den vergangenen Jahren hat sich dort durch das Wirken des Heiligen Geistes die Bevölkerungsmehrheit dem christlichen Glauben zugewandt. In den 1970er und 1980er Jahren haben sich in China und Lateinamerika Massenbekehrungen ereignet, die den Schwerpunkt des evangelikalen Christentums eindeutig von den Ländern fort verschoben haben, die einige Jahrhunderte lang Geburtsort, Heimathafen, aber auch Gefängnis des Christentums gewesen sind.

Es gibt viel Anlass zur Freude. Das Wachstum der Gemeinde Jesu bewegt sich heute in einer Größenordnung, die in der Weltgeschichte einfach einmalig ist. Die Ausgießung des Heiligen Geistes zur Geburtsstunde der Gemeinde Jesu war zwar von der göttlichen Kraft und den darauf folgenden Auswirkungen her auf die ganze Erde angelegt, aber die daran beteiligte Zahl der Menschen bewegte sich nicht in einer Größenordnung wie wir es in den vergangenen 200 Jahren erlebt haben. Wir können diese Entwicklung auch erwarten, denn was könnte wohl sonst den Sieg Jesu überzeugend beweisen, wenn nicht eine weltweite Demonstration dieses Sieges? Ich würde sogar noch weitergehen, denn ich glaube, wir leben heute in der Zeit, in der die letzte Ernte vor dem Ende eingebracht wird. Im Laufe der letzten zehn Jahre sind mehr Menschen durch Wiedergeburt und Geburt in evangelikale Familien hinein evangelikale Christen geworden als die Gesamtbevölkerung der Erde zum ersten Pfingsten betrug.

Wir sind dem Ziel, das uns der Herr Jesus nach seiner Auferstehung vor Augen gestellt hat, heute näher, als viele es für möglich gehalten haben. Wir haben noch immer eine große Aufgabe zu bewältigen, es ist aber eine Aufgabe, deren Erfüllung möglich ist. Jesus hat uns ein erreichbares Ziel gesteckt, und das möchte ich in diesem Abschnitt veranschaulichen. Jesus hat unmissverständlich klargemacht, dass die Erde ein ungastlicher Ort werden wird und das Böse überhand nehmen und sogar triumphieren wird,[128] aber gleichzeitig wird die Zahl seiner Kinder in ungeheurem Maße zunehmen und die Enden der Erde füllen. Alles läuft auf einen Höhepunkt zu – sowohl im Bereich des Guten als auch im Bösen. Die Flut steht zu Mitternacht am höchsten. Die Finsternis wird zu dieser mitternächtlichen Stunde auch zunehmen, aber es wird auch die entscheidende Stunde für die Gemeinde Jesu sein, denn sie hat sich für ihren Bräutigam bereitgemacht.

Es gibt vieles, über das wir uns freuen können. Ich spreche mit großer Freude mit anderen Gläubigen über die Statistiken, die uns Grund zu solcher Freude geben. Das Reich Gottes muss nicht ein trauriges Thema sein, im Gegenteil, es gibt viel Erfreuliches darüber zu berichten. Es gibt an vielen Stellen berechtigten Grund zur Besorgnis, aber viele Prediger legen zuviel Nachdruck auf die negativen Seiten und das ist dann auch die Grundstimmung, die in ihrem Dienst zum Ausdruck kommt. Ich glaube, dass in den vergangenen Jahrhunderten der Blick für die Mission durch einen tief sitzenden Welt- und Zukunftspessimismus verschleiert wurde. Die Menschen reagieren auf Ermutigung weit besser. Sie können mit den negativen Aspekten besser umgehen, wenn sie grundsätzlich positiv gestimmt sind und wissen, dass Gott für das Reich Gottes Wachstum und Fortschritt verheißen hat. Jesaja vermittelt Hoffnung, denn er verheißt dem entmutigten Volk Gottes eine große Ernte. Auch ich möchte ermutigen. Ich glaube, dass jeder Prediger und jeder Lehrer einige Fakten über das Reich Gottes kennen sollte, über das, was noch zu tun bleibt, aber auch über das, was schon geschehen ist und er sollte das an die Menschen weitergeben. Dann bekommen Menschen einen

Blick für die Mission, für die Fürbitte und werden dazu ermuntert, selbst aktiv zu werden.

Beweise aus der Statistik, die die Erwartung der Ernte rechtfertigen

Viele Menschen trauen Statistiken nicht. Seitenweise Zahlen und Graphiken wirken zwar bisweilen interessant, können aber auch abstoßend wirken. Im Englischen gibt es viele abgedroschene Witze über Statistiken und Statistiker. Im Allgemeinen wird angenommen, dass man mit Statistiken alles beweisen kann. Dass man mit Statistiken vorsichtig umgehen muss, ist durchaus richtig. Nur wenige von uns sind in ihrem Leben nicht schon von Menschen manipuliert worden, die gewitzt mit Zahlen jonglieren, um jemand eine Lebensversicherung anzudrehen oder einem irgendetwas auf ungewöhnliche Weise zu verkaufen; manche von uns sind vielleicht sogar von christlichen Organisationen mit Tricks manipuliert wurden.

Wenn Christen sich als Statistiker betätigen, müssen sie offen, demütig und integer mit Zahlen und Schaubildern umgehen. Die Quellen, aus denen sie schöpfen, müssen benannt werden, es muss klar sein, wo nur Schätzungen und Hochrechnungen vorliegen und es darf kein Zweifel daran bestehen, dass sie objektiv sind. Ihre innersten Beweggründe für die Verwendung der Statistiken müssen uneigennützig sein, andernfalls werden alle anhand der Statistiken gemachten Aussagen verzerrt und tendenziös sein. Wenn nur ein Teil der Fakten benannt wird, kann das einer Lüge gleichkommen und die Wahrheit in Propaganda verkehrt werden. König David zählte das Volk Israel, weil er stolz geworden war[129] und wurde dafür hart vom Herrn bestraft.

Gerade dieser Text hat Christen häufig zu der Auffassung veranlasst, dass es bereits eine Sünde sei, das Volk Gottes *zahlenmäßig zu erfassen*. Es war aber die Motivation Davids, die Gott verurteilte, nicht die Volkszählung an sich. Viele Denominationen und Gemeinden führen aus diesem Grund keine Mitgliederlisten. Dr. Frederick Tatford war der große Historiker, der die Geschichte des weltweiten Missionswerkes der »Offenen« Brüder erforscht hat. Er hat diese Geschichte in zehn Bänden niedergeschrieben, die alle auf gründlicher Forschung beruhen.[130] Er hat diese Angst vor Zahlen folgendermaßen umschrieben: »Die Brüdergemeinden haben niemals großes Interesse an ihrem zahlenmäßigen Mitgliederstand gehabt. Deshalb ist es schwierig, eine Zahl zu nennen, und zwar vor allem, weil es keine präzisen Statistiken gibt ...« Tatford schrieb mir jedoch persönlich, wie tief enttäuscht er gewesen sei, dass er keine Zahlen herausfinden konnte. Ich habe den Verdacht, dass die Sünde Davids, das Volk Israel zu zählen, dabei eine große Rolle gespielt hat. Das Ergebnis davon kann falsche Demut sein, die sich von niemand abhängig machen möchte und sich damit weigert, dem Leib Christi als Ganzes gegenüber Rechenschaft abzulegen und Austausch zu pflegen. Ich glaube, dass diese fehlende Verantwortlichkeit einer der Gründe dafür ist, dass die Brüdergemeinden in vielen Ländern so wenig Wachstum zu verzeichnen haben.

Die Bibel ist voll mit Zahlen und Berechnungen von Gesamtsummen; ja sogar ein ganzes Buch der Bibel wird »Numeri« (4. Buch Mose) genannt. Die vielen Beweise der Schrift zeigen, dass unser Gott Zahlen und Statistiken gutheißt, wenn die dahinter stehenden Motive in Ordnung sind. Bei vielen Gelegenheiten hat Gott selbst Zählungen befohlen – sei es, als Mose das Volk Israel zählte oder als die Späher ausgesandt wurden, um Kanaan zu erkunden. Gott berichtete Elia von den 7000, die ihre Knie nicht vor Baal gebeugt hatten. Die Offenbarung ist voller Zahlen, die jeweils eine besondere Bedeutung haben.[131] Die Gemeinde in der Apostelgeschichte nennt die Zahlen der Menschen, die bei zwei Gelegenheiten getauft wurden.[132] Gerade diese Zahlen werden möglicherweise genannt, um die Gemeinde zu Lobpreis und erneutem Handeln zu ermutigen. Deshalb ist es unbedingt erforderlich, dass auch wir heute Statistiken verwenden. Ich möchte daher hier einen kurzen Überblick über den weltweiten Vormarsch des Christentums anschließen.

Etliche Jahrhunderte lang war es nicht möglich, die Gemeinde Jesu zahlenmäßig zu erfassen, allerdings hat es Menschen gegeben, die es versucht haben. David Barrett beschreibt einige dieser Versuche in seinem Artikel »*The Five Statistical Eras of the Christian Church*«[133] (Die fünf Statistik-Epochen der christlichen Gemeinde). Der interessanteste Versuch wurde von dem nestorianischen Theologen, Forscher und Geographen Cosmas Indicopleustes[134] unternommen, der in den Jahren 535 bis 547 n. Chr. ein zwölfbändiges Werk mit dem Titel *Topographica Christiana* verfasste.

William Careys Buch *Enquiry* aus dem Jahr 1792 war der erste weltweite statistische Überblick, der jemals erstellt worden war und das ist nur etwas über 200 Jahre her. Dieses Buch ermutigte jedoch zur Mission. Die Statistiken in Careys Buch und ein Vergleich mit der heutigen Situation finden sich im nächsten Kapitel.

Im 19. Jahrhundert wurden viel mehr Übersichten und Informationen zusammengestellt, und diese Entwicklung beschleunigte sich bis zum Jahr 1900 immer mehr. Der Wunsch, die Weltmission bis zum Ende dieses Jahrhunderts zu vollenden, lieferte die Motivation für das Bemühen, ein möglichst genaues Bild der Lage zu zeichnen.[135] In den 1880er Jahren wurden zu jeder Provinz Chinas Übersichten erstellt und die Ergebnisse mit akribischer Genauigkeit in einem Atlas veröffentlicht. Im Jahr 1887 erschien ein schmales Büchlein, das jedoch großen Einfluss hatte. Es trug den Titel *The Evangelization of the World* (Die Evangelisation der Erde) und war von B. Broomhall verfasst worden. In diesem Buch befand sich ein Schaubild – dieses Schaubild befindet sich in überarbeiteter Form auf S. 144. Zwischen 1906 und 1925 wurde eine Serie von Missionsatlanten herausgegeben, in denen jede protestantische Missionsstation der Erde verzeichnet war. Ausführliche Statistiken belegten die Zahl der Christen in jedem Land der Erde. Allerdings enthielten die Atlanten keine vollständigen Angaben über die Religionen der Weltbevölkerung. 50 Jahre lang wurde von protestantischer Seite nichts mit diesen Atlanten Vergleichbares veröffentlicht.

Der Verlag »World Dominion Press« in Großbritannien war zwischen 1930 und 1962 der Vorreiter bei der Veröffentlichung von Missionsstatistiken. Diese Vorreiterrolle wurde mit der Veröffentlichung des »World Christian Handbook« in den Jahren 1948, 1952, 1957 und 1962 zu einem krönenden Abschluss gebracht; der Verlag »Lutterworth Press« veröffentlichte das letzte Handbuch im Jahr 1968. Sir Kenneth Grubb war der Autor dieser Bände.[136] Grubb hatte gute Arbeit geleistet, wenn sie auch unvollständig war, denn Grubb weigerte sich, in den ersten Auflagen Statistiken über die orthodoxe und römisch-katholische Christenheit überhaupt aufzunehmen. Erst in den letzten

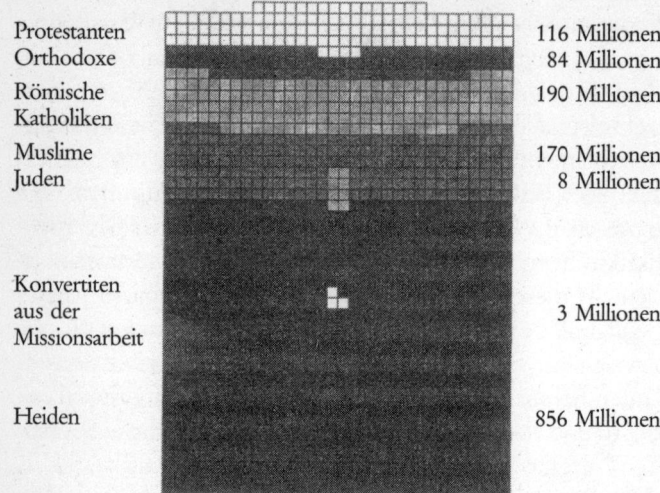

Weltbevölkerung 1887

Protestanten	116 Millionen
Orthodoxe	84 Millionen
Römische Katholiken	190 Millionen
Muslime	170 Millionen
Juden	8 Millionen
Konvertiten aus der Missionsarbeit	3 Millionen
Heiden	856 Millionen

Jedes Kästchen entspricht einer Million Menschen

Auflagen erschienen diese Gruppierungen in einem Anhang. Er hatte auch mit den Pfingstkirchen seine Schwierigkeiten, und deshalb nehme ich an, dass auch seine Zahlen zu den pfingstkirchlichen Denominationen nicht vollständig waren.[137]

Im Jahr 1963 verfasste Leslie Lyall von der Überseeischen Missions-Gemeinschaft eine kleine Schrift, die auch einige Statistiken über die weltweite Situation enthielt[138] und den Titel trug *Missionary Opportunity Today* (Heutige Missionsmöglichkeiten). Ich war für diesen Überblick und die im *World Christian Handbook* (Handbuch der weltweiten Christenheit) von 1968 enthaltenen Statistiken sehr dankbar, denn das waren meine besten Quellen für die Statistiken, die zur weltweiten Situation erstellt wurden, als ich die erste Ausgabe von *Operation World* (Gebet für die Welt) im Jahr 1972 in Simbabwe (später Rhodesien) verfasste.

Zum einen hatte sich die Geschwindigkeit, mit der nun weltweit statistische Angaben erhoben wurden, stark erhöht, zum anderen tauchte ein sehr interessanter Mann am Horizont auf, Donald MacGavran. In seinem Buch zum Thema Gemeindewachstum[139] begründete er die Notwendigkeit, das Gemeindewachstum sorgsam zu dokumentieren und die Methoden, die das Gemeindewachstum befördert hatten, einer Überprüfung zu unterziehen. Diese Thesen führten die Missionsarbeit in ganz neue Dimensionen. MacGavrans Buch gab den Anstoß zu einer Reihe von gut recherchierten Länderübersichten, die in den folgenden 20 Jahren von mehreren Autoren verfasst wurden.[140] Dass Ralph Winter im US Center for World Mission die William Carey Library begründete, trug wesentlich dazu bei, dass nun die Verfasser von Missionsstatistiken die Möglichkeit erhielten, ihr Material, das sonst kaum jemand zur Kenntnis gelangt wäre, dort zu veröffentlichen. Die Church Growth Bewegung (Gemeindewachstumsbewegung) ist in den letzten Jahren heftig kritisiert worden und es sind fast keine Bücher mehr zu diesem Thema veröffentlicht worden. Das ist ein herber Verlust, denn hier ist das Kind mit dem Bade ausgeschüttet worden.

Dennoch entstand als Ergebnis der Gemeindewachstumsbewegung die Arbeit von Jim Montgomery und die DAWN-Bewegung (DAWN steht für »Disciple A Whole Nation«: Macht eine ganze Nation zu Jüngern Jesu). 1973 begann dieser Arbeitszweig auf den Philippinen damit, dass ganze Denominationen sich das Ziel setzten, unter jedem Volk eine Gemeinde zu gründen. Die großartige Übersicht über Ghana, die von der Ghana Evangelism Commission zwischen 1986 und 1993 erstellt wurde, setzte für den detaillierten Überblick über ein ganzes Land und Volk und dem Ziel der Gemeindegründung unter jeder Volksgruppe neue Maßstäbe. Durch die Erfolge in diesen Ländern wurden ähnliche Initiativen in vielen weiteren Ländern der Erde ins Leben gerufen. Hier wird deutlich, wie die Erforschung der Lage der Nation zu einer Mobilisierung der vorhandenen Kräfte führt und auch dazu, dass Ziele überhaupt erst einmal benannt werden. In vielen Fällen führte das zu gewaltigem zahlenmäßigem Wachstum und zu ganz neuem Eifer in den Gemeinden. Das DAWN-Konzept ist mittlerweile von der Gemeinde Jesu in vielen Ländern übernommen worden und jedes Jahr erhalten wir nun ein genaueres Bild vom Wachstum (oder auch der zahlenmäßigen Abnahme) der verschiedenen Denominationen.[141]

1968 wurde der Startschuss für die die ganze Welt erfassenden Übersichten gegeben. Zwei Bücher spielen eine zentrale Rolle für etliche weitere weltweite Übersichten, die mit der Lausanner Bewegung, der Weltweiten Evangelischen Allianz und etlichen Übersichten über die unerreichten Völker der Erde von MARC/World Vision und anderen verbunden sind. Die beiden Bücher, von denen ich hier spreche, sind die *World Christian Encyclopedia* (Enzyklopädie der weltweiten Christenheit) und *Operation World* (Gebet für die Welt). Für beide Bücher wurde die Forschungsarbeit ursprünglich in Afrika geleistet und sie wurden auch dort verfasst, nicht in der westlichen Welt! Die Autoren beider Bücher arbeiten seit über 20 Jahren eng zusammen und tauschen wichtige Daten, Informationen und neue Ideen miteinander aus.

Die Arbeit an der *World Christian Encyclopedia* (WCE) wurde im Jahr 1968 von David Barrett in Nairobi, Kenia, aufgenommen. Das Buch war der direkte Nachfolger der Serie der *World Christian Handbooks*, wurde aber erst 1982 veröffentlicht. Die Erstellung der Enzyklopädie war eine immens große Arbeit und einzigartig in der Geschichte der christlichen Forschung. Barretts Ziel war »... eine kritische, wohl fundierte, aber zugleich wissenschaftliche Erhebung der Daten über die Christenheit.« Barrett erreichte dieses Ziel und schrieb ein Buch, das zum einen akademischen Ansprüchen genügt, zum anderen aber auch so umfassend war, dass die meisten christlichen Mitarbeiter nicht mehr als nur einen Teil seines Inhalts erfassen oder zur Anwendung bringen können! Fast 20 000 Exemplare des WCE wurden gedruckt.

Mein eigenes Buch *Operation World* (Gebet für die Welt) wurde im Jahr 1970 in Simbabwe verfasst und erstmals 1972 veröffentlicht. Die Ausgabe von 1972 war der erste Versuch, jedes Land der Erde und die Welt als Ganzes nach Denominationen und Religionen vollständig aufzugliedern, so wie es dann auch in der neuesten Ausgabe der *World Christian Encyclopedia* geschah. Mit *Operation World* (Gebet für die Welt) verfolgte ich eine andere Absicht: Das Buch wurde geschrieben, um Menschen zum Gebet für die Völker der Erde zu ermuntern, um die nötigen Informationen dafür zu liefern und die Christen auf der ganzen Erde für die Mission zu mobilisieren. Die Gesamtauflage von Operation World (Gebet für die Welt) in über zehn Sprachen betrug zwischen 1972 und 1993 etwa 1,5 Millionen Exemplare.

Ich hatte das große Vorrecht, in dieses wunderbare Wirken des Heiligen Geistes über die Jahrhunderte hinweg eingebunden zu sein, indem ich Glieder der Gemeinde Jesu informieren, aktivieren und für die Mission mobilisieren durfte. Mit dem Zusammentragen der Fakten und Informationen über die weltweite Situation, die geistlichen Nöte an den verschiedenen Orten und die Gemeinde Jesu und ihr Wachstum habe ich den größten Teil der vergangenen 25 Jahre verbracht. Diese Informationen bilden die Grundlage für die Zahlen in den folgenden Kapiteln. Die Zusammenschau von Statistiken und Berichten schenkt mir die Gewissheit, dass die Zeit der Ernte für das Reich Gottes gekommen ist, aber der Höhepunkt der Ernte noch aussteht.

Kapitel 8

Die Ernte der vergangenen 200 Jahre seit 1792

William Carey schließt sein Buch ›Enquiry‹ mit einer kurzen Übersicht über die Kontinente und Länder der Erde. Er benennt ihre Namen, ihre Größe, die Bevölkerung und die entsprechenden Religionen. Von unserem gegenwärtigen Wissensstand aus können wir auf das Jahr 1792 Rückschau halten und die Aussagen überprüfen. Careys Gesamtbild kommt dem, was wir heute wissen, schon recht nahe; er hat allerdings einige größere Irrtümer in Bezug auf die Schätzung der Bevölkerungszahlen begangen.[142] Man fragt sich wirklich, wie dieser Pastor im ländlichen England all diese Informationen zusammentragen und zu fundierten Schlüssen kommen konnte.

Wenn man Careys Statistiken von 1792 mit den Zahlen in *Operation World* (Gebet für die Welt) von 1992 vergleicht, kommt man zu interessanten Schlüssen, die in der folgenden Graphik veranschaulicht werden.

1. Die Bevölkerungzahl Indiens liegt heute bei etwa 920 Millionen Menschen und das ist weitaus mehr, als was man zu Careys Lebzeiten als Gesamtbevölkerungszahl für die ganze Welt geschätzt hat, die man nur mit 731 Millionen Menschen veranschlagte. Die Balkenbreite in der folgenden Graphik verhält sich proportional zur Weltbevölkerung.

2. Carey führt die größten Religionsgemeinschaften auf: Die Christen (Römisch-Katholische, Orthodoxe und Protestanten), die Juden, Muslime und »Heiden« (darunter

fielen alle anderen Religionen wie Hinduismus, Buddhismus, Animismus usw.). Der Begriff »Heiden« ist heute kein politisch korrekter Sprachgebrauch mehr, aber in unserem Zeitalter der Toleranz und des Intellektualismus müssen wir daran denken, dass – welchen Begriff wir auch immer wählen mögen – das Schicksal dieser Menschen ein tragisches Ende nehmen wird, wenn ihnen nicht die Gnade Gottes und das Evangelium verkündigt wird.

3. Die vertikale Axe zeigt den prozentualen Anteil der verschiedenen Religionen. Der Anteil der Heiden und Juden ist zurückgegangen. Der prozentuale Anteil der Muslime ist interessanterweise etwa derselbe wie vor 200 Jahren. Der Islam wächst heute stärker durch eine höhere Geburtenrate als durch Bekehrungen.

4. Die Zahl der Christen jeglicher Couleur hat von ihrem prozentualen Anteil an der Weltbevölkerung zugenommen und zwar insbesondere während des 19. Jahrhunderts. Diese Zahlen sind an sich nicht so bemerkenswert, denn die Zahl der Protestanten hat sich als prozentualer Anteil an der Weltbevölkerung nur einmal in 200 Jahren verdoppelt. Damit wird aber der rapide Niedergang des Protestantismus in Europa und sein spektakuläres Wachstum in Afrika, Lateinamerika und Asien verschleiert. Das folgende Schaubild macht beide Entwicklungen deutlich. Das Gesamtwachstum der Protestanten wird an den Größenverhältnissen der Diagramme sichtbar, wobei das Beeindruckende der Anteil der nicht-westlichen Protestanten ist. Die Zahl der Protestanten in diesen beiden Kontinenten übertrifft die Gesamtzahl aller Protestanten in Nordamerika, Europa und im Pazifik. Nur weil die Gesamtbevölkerungszahl so viel höher ist, fällt der prozentuale Anteil der Protestanten an der Bevölkerung so niedrig aus.

Veränderungen bei den Religionen der Erde

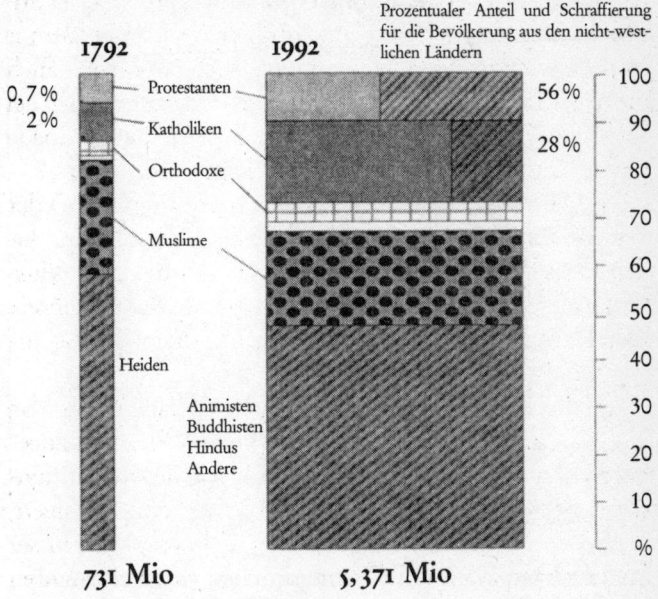

Die Ausbreitung der Protestanten in vier Wellen

Die Vernachlässigung der Mission während der ersten 270 Jahre in der Geschichte des Protestantismus lässt sich aus den folgenden Karten[143] leicht ablesen.

Im Jahr 1790 waren die Tochterkirchen der Reformation fast vollständig auf die nordwestliche Ecke Europas, die Ostküste Nord-Amerikas, einige wenige Inseln in der Karibik und das Kap der Guten Hoffnung in Südafrika begrenzt. Die einzigen Fortschritte in der Mission wurden in folgenden Bereichen erzielt: Auf den niederländischen West-Indischen Inseln (den Gewürzinseln des heutigen Indonesiens), in Indien durch die Arbeit der wenigen Dänisch-Hallischen Missionare und in Amerika und Afrika durch die Herrnhuter Brüdermissionare. Nur die beiden letztgenannten Unternehmungen waren in erster Linie von der Motivation bestimmt, verlorene Seelen zu gewinnen. In allen anderen Fällen waren die Bekehrungen der einheimischen, unterworfenen Bevölkerung der europäischen Kolonialpolitik, dem Handel und der Sklaverei zuzuschreiben.

Es ist ernüchternd, sich die Ausbreitung des Katholizismus im selben Zeitraum anzuschauen. Die Motivation für die katholische Mission war normalerweise der Wunsch, die betreffenden Länder zu kolonisieren, Goldgier und Streben nach Reichtum, sowie die Geringschätzung der einheimischen Kulturen. Doch trotz all der Grausamkeiten, der Inquisition und der Zerstörung der Kulturen nahm die Zahl der nicht-kaukasischen Katholiken zu – auch dort, wo sich der Katholizismus mit heidnischen Auffassungen und Riten vermischte. Die folgende Karte zeigt die geographische Ausbreitung des Katholizismus; im vorhergehenden Kapitel habe ich einige Statistiken zur zahlenmäßigen Zunahme der Katholiken in diesen Gebieten aufgeführt.

Die protestantischen Missionsbemühungen sind in vier Wellen angeschwollen und wieder abgeebbt. Jede dieser vier Wellen hielt ungefähr 60 Jahre oder zwei Generationen lang an, bevor eine neue Welle kam, der bisherigen Welle Schubkraft verlieh und neue Missionsfelder erschloss, die vom Evangelium bisher fast völlig unberührt geblieben waren. Verschiedene Autoren haben nur wenig voneinander abweichende Daten benutzt. Ich bin jedoch dazu übergegangen, mich an wichtigen Ereignissen zu orientieren, die meiner Ansicht nach für einen Paradigmenwechsel in den Missionsstrategien stehen.

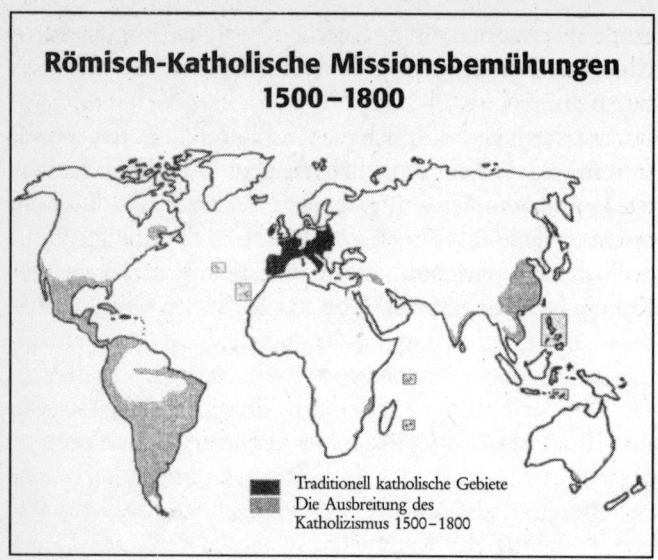

Römisch-Katholische Missionsbemühungen 1500–1800

■ Traditionell katholische Gebiete
▨ Die Ausbreitung des Katholizismus 1500–1800

Die Erste Welle: Denominationelle Missionsarbeit in den Küstenabschnitten der einzelnen Kontinente (1792–1865)

Diese Periode wurde von Carey und der Gründung der Baptist Missionary Society – wie man später die von ihm initiierte Missionsgesellschaft nannte – gekennzeichnet, sowie von Hudson Taylor und der Gründung der China Inland Mission. Dies war die Zeit der vorwiegend denominationellen Missionsarbeit mit langen Reisen zur See oder zu Land auf weit entlegene Missionsfelder. In der heutigen Zeit ist es für uns ganz schwer, nachzuvollziehen, wie schwierig die Kommunikation und die Versorgung über so große Entfernungen hinweg waren. Die Missionare in China mussten ein ganzes Jahr auf Antwort warten, wenn sie einen Brief nach Europa abgesandt hatten, und die Missionare der London Missionary Society, die in den 1830er Jahren unter den buryatischen Mongolen in Sibirien arbeiteten, mussten sogar noch länger warten. Deshalb überrascht es nicht, dass zu dieser Zeit vor allem die Inseln in den Weltmeeren und die Küstenstreifen der einzelnen Kontinente evangelisiert wurden.

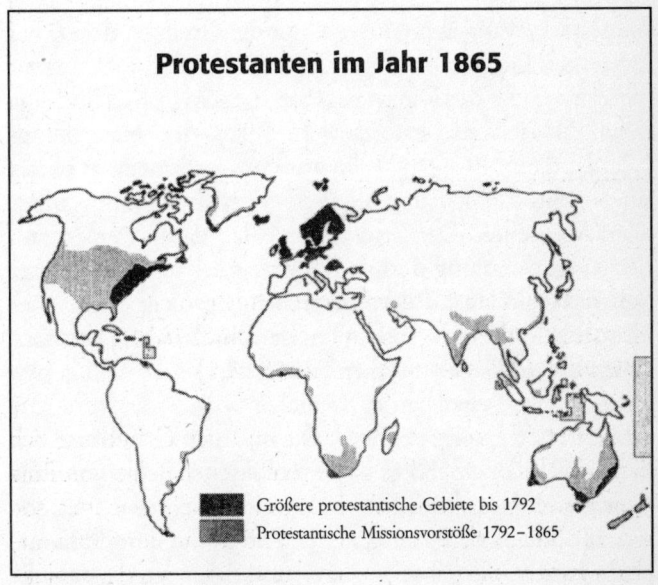

Protestanten im Jahr 1865

Größere protestantische Gebiete bis 1792
Protestantische Missionsvorstöße 1792–1865

In dieser Zeit wurde auf den protestantischen Missionsfeldern mit der Arbeit begonnen und in vielen Fällen wurden auch Gemeinden gegründet. Die Dynamik und der

Schwung der ersten Missionare gingen Stück für Stück mehr verloren, denn die Denominationen zu Hause übten in den meisten Fällen mehr und mehr Kontrolle über die Arbeit auf den Missionsfeldern aus. Die Karte oben zeigt das Ausmaß dieses Missionsvorstoßes.

Die Zweite Welle: Interdenominationelle Missionsarbeit in den Kernländern der einzelnen Kontinente (1865–1910)

Wenn das Evangelium auch hinter die Grenzen der bisher erreichten Gebiete hineingetragen werden sollte, dann war eine neue Sicht der Dinge, ein Paradigmenwechsel und eine neue Arbeitsweise erforderlich. Eines der Hauptkennzeichen dieser zweiten Welle war das Vordringen in bisher unerreichte Gebiete und die Predigt des Evangeliums unter allen Menschen. Der Schwerpunkt lag dafür weniger auf der Jüngerschulung und dem Gemeindebau. Ein weiterer Schwerpunkt lag auf der Rekrutierung ganz gewöhnlicher Christen, von denen man nicht die jahrelangen systematischen theologischen Studien erwartete, die die ordinierten Pastoren absolviert hatten. Mancher würde das wohl eine »Laien«-bewegung nennen. Diesen Begriff schätze ich nicht besonders, denn es ist kein biblischer Begriff, der die Gemeinde Jesu künstlich in »Geistliche« und »Laien« trennt und auf den nachbiblischen Strukturen und Hierarchien basiert, die teilweise der Grund dafür waren, dass die Missionsarbeit von Anbeginn an im Keim erstickt wurde.

Das verzweifelte Bemühen Hudson Taylors während seines ersten Missionseinsatzes in China führten zur Entstehung einer neuen Art von Missionsgesellschaft – zur

Gründung der China Inland Mission (heute: Überseeische Missions-Gemeinschaft) im Jahr 1865. Ihr Appell, hinauszugehen, richtete sich an die weniger Gebildeten, die andere, bereits bestehende Missionsgesellschaften nicht angenommen hätten. Das feste Vertrauen auf Gott im Hinblick auf die finanzielle Versorgung, die Entscheidungsfindung vor Ort auf dem Missionsfeld und nicht die Erteilung von Anweisungen vom Heimatland aus, die Bereitschaft, in die Kultur einzutauchen und den Einheimischen wie ein Einheimischer zu werden, sowie der Blick für die nicht-evangelisierten Regionen des Inlands wurden von dieser Missionsgesellschaft als wichtig erachtet. Viele Hundert neu entstandener Missionsgesellschaften wurden in den folgenden Jahren nach den Prinzipien der ÜMG ins Leben gerufen. Es ist interessant, wie viele Missionsgesellschaften, die während dieser Zeit entstanden waren, in ihrem Namen Begriffe wie »Inland« oder »Heart« (Zentral-) führten, wie z. B. die Afrika Inland Mission (AIM), die Sudan Inland Mission (heute SIM International) oder die Heart of Africa Mission (heute WEC International).

Diese neue Dimension für die Missionsarbeit führte zu einer Ausdehnung der Arbeit in zahlreiche bisher nicht-evangelisierte Teile der Erde. Die folgende Karte zeigt diese Missionsvorstöße:

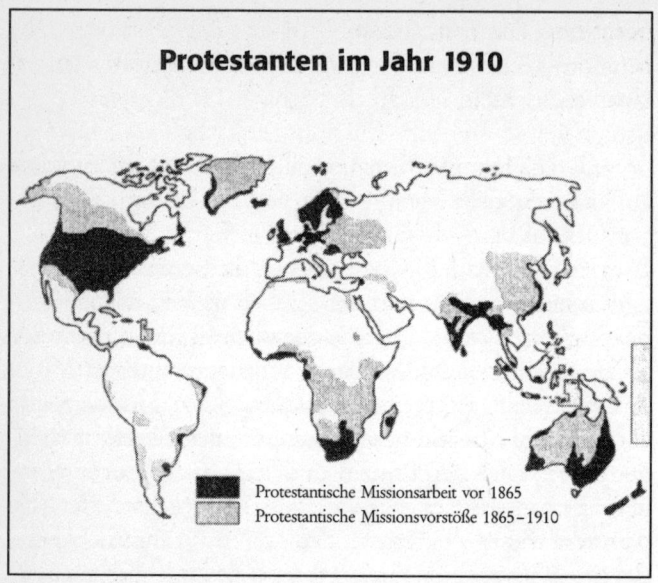

Protestanten im Jahr 1910

■ Protestantische Missionsarbeit vor 1865
▨ Protestantische Missionsvorstöße 1865–1910

Aber noch immer blieben viele weiße Flecken auf der Landkarte. Große Gebiete der Erde waren gerade erstmals erforscht und auf einer Karte verzeichnet worden und in riesigen Gebieten wie z. B. dem Nahen Osten, Zentral-, West- und Nordafrika, in Zentralasien und vielen Teilen des indischen Subkontinents, im größten Teil Ostindiens und in den Gebirgen und tropischen Regenwäldern Latein-Amerikas gab es überhaupt kein christliches Zeugnis.

Der Erfolg dieser Missionsvorstöße war so gewaltig, dass zum Ende des 19. Jahrhunderts hin die Evangelisation der ganzen Welt in erreichbare Nähe zu rücken schien. Royal Wilder[144] formulierte diese Herausforderung als »Parole«: **Die Evangelisierung der Erde in dieser Ge-**

neration (The Evangelization of the World in This Generation). A. T. Peterson formulierte mit etwas anderen Worten das Ziel:

> »... dass bis zum Jahr 1900 alle Menschen das Evangelium gehört haben.«[145]

Diese inspirierenden Worte trieben eine größere Anzahl Christen als jemals zuvor an, sich vermehrt für die Weltmission einzusetzen. Allerdings wurden längst nicht alle Kräfte mobilisiert und so blieb der Traum unerfüllt.

Das Privileg unserer späten Geburt lässt uns die Sache aus einem Blickwinkel betrachten, aus dem deutlich wird, wie enorm die Aufgabe gewesen wäre, die die Christen damals noch zu erfüllen gehabt hätten. Kein Mensch war sich damals darüber im Klaren, dass es 6500 Sprachen oder mehr auf der ganzen Erde gab und dass zu diesem Zeitpunkt nur in 537 Sprachen ein Teil der Bibel übersetzt war. Die Gesamtzahl der Protestanten in Lateinamerika, Afrika und Asien zusammen betrug im Jahr 1900 etwa vier Millionen Menschen oder 0, 4 Prozent der Gesamtbevölkerung dieser Kontinente. Und schließlich gab es nur 8000–9000 Missionare, die diesen Menschen das Evangelium hätten predigen können.

Es war die folgenreiche Weltmissionskonferenz in Edinburgh im Jahr 1910, die das Ende dieser Ära markierte. Die Zweite Welle der protestantischen Weltmission verlor viel von ihrem Schwung, als man enttäuscht feststellte, dass das Ziel der vollständigen Evangelisierung der Erde bis zum Jahr 1900 nicht erreicht worden war. Schließlich kam die Zweite Welle durch Ausbruch des Ersten Weltkrieges, der mit einmaliger Grausamkeit zwischen den »christlichen«

Nationen im Jahr 1914 entfacht wurde, praktisch zum Erliegen. Diese Ereignisse erschütterten das Vertrauen vieler Christen und leisteten im Westen einem zynischen Pessimismus Vorschub,[146] sowie schließlich einem Ökumenismus, bei dem man größeren Wert auf die strukturelle Einheit auf Kosten der biblischen Wahrheit und der Liebe zur Mission legte. Diese Ereignisse führten auch dazu, dass die Initiative zur Mission für die nächste Missionswelle weniger von Europa, sondern stärker von Nordamerika ausging.

Die Dritte Welle: Die Evangelikale Missionsarbeit in den Ländern der Erde (1910–1966)

Die beiden Weltkriege, die unbedeutende Rolle, die die Evangelikalen in dieser Zeit spielten, sowie der dramatische Niedergang der Student Volunteer Movement nach 1920 versetzte allen Versuchen zu weltweiten Initiativen und ausführlichen Überblicken über das, was weltweit noch zu tun blieb, einen harten Schlag. All das hatte die Zweite Welle der Missionsarbeit gekennzeichnet. Die Zahl der evangelikalen Missionare und Missionsgesellschaften nahm nach beiden Weltkriegen beständig zu, ungeachtet des feindlichen theologischen und gesellschaftlichen Klimas und der schwierigen wirtschaftlichen und politischen Umstände. Diese Missionsgesellschaften führten einfach ihre Aufgaben weiter. In der Zeit dieser Dritten Welle wurden in fast jedes Land der Erde Missionare entsandt oder es wurde geplant, sie zu entsenden. Es war ein mühevoller Weg, die Grundlagen für späteres Wachstum, für die Gründung von Gemeinden und die Ausbildung einheimischer Leiter zu legen. In dieser Zeit erstickte die europäische Kolonialherrschaft und die Kontrolle über den größten Teil der nicht-westlichen Welt häufig spontane Entwicklungen der einheimischen Christenheit. Das Gemeindewachstum in der nicht-westlichen Welt fand nur in sehr bescheidenem Umfang statt.

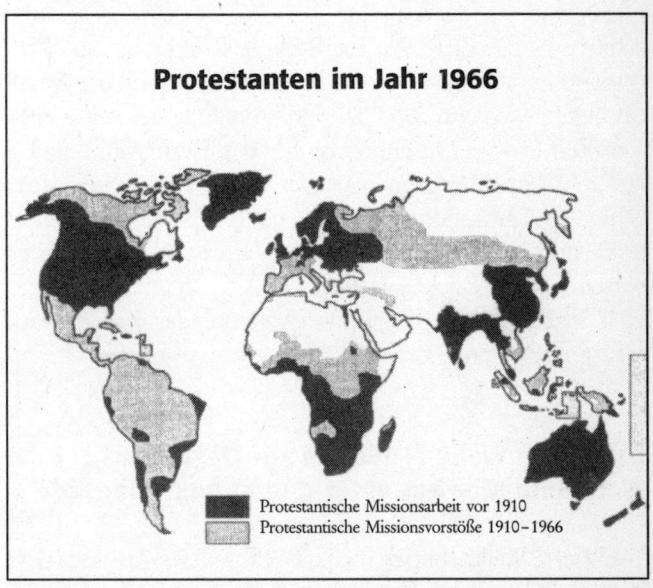

Nach dem Zweiten Weltkrieg ergaben sich Veränderungen. Einer der Hauptakteure dieser Veränderungen war der Evangelist Billy Graham. Graham predigte die Frohe Botschaft in vielen Ländern der Erde. Er war aufgrund seiner Unbescholtenheit ein glaubwürdiger Vertreter des christlichen Glaubens. Er sorgte dafür, dass der Begriff Evangelisation wieder einen guten Klang bekam und dass man die Evangelikalen wieder für glaubwürdig hielt. Der evangelikale Flügel übernahm in den folgenden Jahrzehnten in der weltweiten Gemeinde Jesu Stück für Stück wieder die Initiative, während alle anderen Hauptrichtungen des Christentums entweder stagnierten oder sogar Rückgang zu verzeichnen hatten. Billy Graham investierte viel Arbeit, Gebet und Finanzen in eine Reihe von weltweiten Konferenzen. Deren Erste war die Berliner Konferenz zur Weltmission im Jahr 1966, durch die die Mission und der Missionsbefehl wieder in den Blickpunkt der Christenheit rückte. Die Zeit großer Durchbrüche für das Evangelium rückte heran. Wenn überhaupt ein Christ den Ritterschlag zum Mann des Jahrhunderts in Bezug auf die Weltevangelisation verdient, dann ist es Billy Graham. Im Licht der Ewigkeit werden wir vielleicht erkennen, dass Grahams Beitrag zur weltweiten Mission bei weitem bedeutender war als seine weithin bekannten Evangelisationsveranstaltungen.

Die Vierte Welle (1966 bis zur Gegenwart): Weltweite Mission unter den Völkern der Erde

Die Vierte Welle ist noch nicht abgeklungen. Die besondere Betonung liegt hier auf den verschiedenen Volksgruppen, nicht mehr auf den einzelnen Ländern, sowie auf der Rekrutierung der Missionare aus jedem Teil der Erde, wobei Asien, Latein-Amerika und Afrika einen wachsenden Anteil haben. In diesem Zeitraum hat sich der Schwerpunkt des Protestantismus, ja sogar der Evangelikalen, endgültig von der Westlichen Welt weg verlagert. Diesen Punkt werde ich im nächsten Kapitel ausführlicher behandeln.

Die geographischen Gebiete, in denen bis zum Jahr 2000 keine Gemeinden gegründet werden, können nicht mehr einfach auf einer Karte verzeichnet werden, denn es gibt eigentlich gar kein Land mehr und nur wenige größere Volksgruppen, unter denen man nicht wenigstens den Versuch zur Gemeindegründung gemacht hat. Der größte Teil der weißen Flecken auf der Landkarte von 1966 existiert heute nicht mehr, weil dort mit der Missionsarbeit begonnen wurde, die allerdings häufig vertraulich behandelt werden muss. Bitte schauen Sie sich dazu die Karte zum 10/40-Fenster auf S. 347 an.

Die Konzentration auf die einzelnen Völker begann schon lange vor 1966. Die wegweisende Arbeit der Bibelgesellschaften muss hier erwähnt werden, denn sie haben schon lange den Gedanken vertreten, dass jede Volksgruppe die Bibel in ihrer eigenen Sprache haben muss. Das hat bereits William Carey als Grundlage der Arbeit betrachtet, und er war der Meinung, dass er sich mit seinen Mitarbeitern auf die Bibelübersetzung konzentrieren sollte, damit andere Missionare, die nach ihnen kamen, sich dieses wichtige Werkzeug zunutze machen konnten. Allerdings ist dieses Prinzip der Konzentration auf die einzelnen Volksgruppen in der Missionsstrategie viele Jahre lang nicht gebührend beachtet worden.

C.T. Studd war einer der berühmten »Cambridge Seven«, der mit der CIM im Jahr 1885 nach China auszog. Er war einer der entschiedenen Förderer der »Student Volunteer Movement« und wurde später Pioniermissionar in einer noch niemals zuvor evangelisierten Gegend am Kongo in Zentralafrika. Er rief im Jahr 1913 eine neue Missionsgesellschaft ins Leben, den Weltweiten Evangelisationskreuzzug, den WEC (heute: Weltweiter Einsatz für

Christus). Von Studd stammte die Formulierung, welches das wichtigste Ziel der neuen Missionsgesellschaft sein sollte:

> »Die verbleibenden nicht-evangelisierten Völker der Erde in so kurzer Zeit wie möglich zu erreichen.«

William Cameron Townsend,[147] der Gründer der Wycliff Bibelübersetzer, war ebenfalls ein Pionier, dessen Arbeit ganz auf die einzelnen Volksgruppen ausgerichtet war. Die Erfahrungen, die er in Mittelamerika bei seiner Arbeit an der Bibelübersetzung gesammelt hatte, spornten ihn dazu an, im Jahr 1934 eine eigene Missionsarbeit ins Leben zu rufen, die sich ganz auf die Übersetzung des Wortes Gottes in die Tausenden von Sprachen konzentrieren sollte, in denen es noch keinen Teil der Bibel gab. Das war ein revolutionärer Gedanke für jene Zeit. Heute halten wir diesen Gedanken für selbstverständlich und betrachten die Bibelübersetzung als Teil unserer Aufgabe, um die Völker der Welt zu Jüngern Jesu zu machen.

Im Folgenden entstanden eine ganze Reihe neuer Arbeitszweige, die auf die verschiedenen Sprachen und Volksgruppen ausgerichtet waren – Clarence Jones und Radio HCJB (Die Stimme der Anden) in Ecuador (1931), Joy Ridderhof und Gospel Recordings (in Deutschland: Internationale Schallplattenmission) (1941), die New Tribes Mission (in Deutschland: Summit) (1942) und die Far East Broadcasting Company (FEBC) auf den Philippinen (1946) und viele andere.

Durch den Lausanner Kongress für Weltevangelisation im Jahr 1974 rückte der Gedanke, dass die Volksgruppen selbst das Ziel der Mission sind, durch die engagierten Ansprachen von Ralph Winter im Denken und Planen für die Mission an erste Stelle. Er forderte die Christen dazu auf, ihre Anstrengungen auf die 16 000 oder mehr verborgenen (oder, wie man heute sagt, unerreichten) Volksgruppen der Erde zu konzentrieren.[148]

Nachdem über die Begriffe ›Volksgruppe‹ und ›unerreicht‹ viel diskutiert worden ist, sind einige Definitionen zur Bestimmung dieser Begriffe festgelegt und ständig weiter verbessert worden. Die folgende Definition stammt von John Gilbert vom Internationalen Missionsvorstand der Southern Baptists:

> Eine ethno-linguistische Volksgruppe, innerhalb derer keine lebensfähige, einheimische Gemeinde mit der nötigen Kraft, den erforderlichen Finanzen und dem entsprechenden Engagement existiert, um die ständige Neugründung von weiteren Gemeinden zu gewähren und zu bewirken.[149]

Es existierten nur unvollständige Listen von Volksgruppen, es war bisher zu wenig Forschungsarbeit geleistet worden und es gab zu wenig Informationen, um mehr als nur ein allgemeines Bild über die Unerreichten zu erhalten. Vor allem Forschungsarbeit musste nun geleistet werden, um das gesteckte Ziel mit Fakten abzustützen. Im Laufe der folgenden zwei Jahrzehnte entstand ein klareres Bild von der Aufgabe, die noch erfüllt werden musste, und zwar vor allem durch die gewissenhafte Arbeit von Barbara Grimes mit mehreren Veröffentlichungen des Wycliff Ethnologue,[150] durch MARC/World Vision mit der Herausgabe der Unreached Peoples Annuals zwischen 1972 und 1984,[151] durch David Barrett mit der Peoples Database in Verbindung mit der World Christian Encyclopedia,[152] durch Gospel Recordings mit der Erstellung ihrer Sprachenliste und erst in jüngster Vergangenheit mit dem Josua-Projekt AD 2000 and Beyond, in dessen Aufstellung die am wenigsten mit dem Evangelium erreichten Volksgruppen aufgelistet werden.[153]

Nun wird klar, welche Fortschritte in der letzten Zeit bei dem Bemühen gemacht wurden, alle Völker der Welt zu Jüngern zu machen. Das ist von so grundlegender Bedeutung, um dem Missionsbefehl Folge zu leisten, dass ich dabei noch einen Moment stehen bleiben möchte. Zunächst vermittelt das folgende Schaubild einen Einblick in den Fortschritt bei der Verkündigung des Evangeliums in den vergangenen 2000 Jahren der Geschichte.

Die beiden Linien im folgenden Diagramm zeigen zunächst die geschätzte Zahl aller Volksgruppen in diesen beiden Jahrtausenden. In 1. Mose 11 werden die 70 Volksgruppen aufgeführt, die nach dem Turmbau zu Babel entstanden. Kein Mensch weiß, wie viele in ethno-linguistischer Hinsicht unterschiedliche Volksgruppen es zur Zeit Christi gab – das Schaubild vermittelt eine möglichst realistische Schätzung. Die Zahl der Volksgruppen hat sich in den letzten beiden Jahrzehnten vor allem aus zwei Gründen erheblich erhöht: Zum einen, weil sich die Zahl der Nationalstaaten erhöht hat und dadurch Volksgruppen plötzlich in mehreren verschiedenen Ländern leben, zum zweiten aufgrund der Wanderbewegungen der ethnischen Gruppen von Kontinent zu Kontinent. Man kann mittlerweile von 13 000 ethno-linguistisch unterschiedlichen Volksgruppen auf der Erde ausgehen.[154]

Zwei Jahrtausende der Völkermission

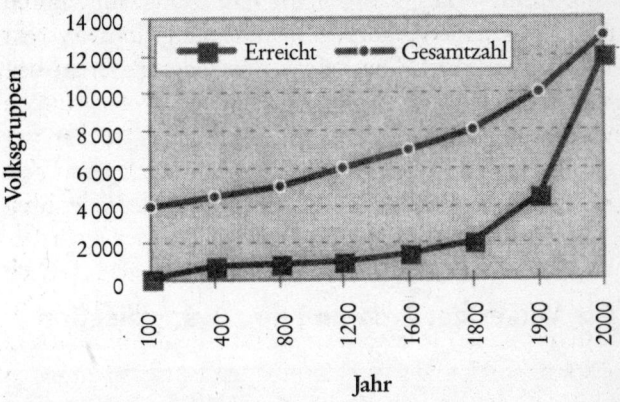

Die Zahl der Volksgruppen, die bisher in der Geschichte evangelisiert wurde, kennen wir genauer. Dass die Zahl der mit dem Evangelium erreichten Volksgruppen bis zum Jahr 1800 noch so gering war, ist doch bemerkenswert. Die Zahl der mit dem Evangelium erreichten Volksgruppen erhöhte sich bis zum Jahr 1900 beträchtlich, aber auch dann war noch mehr als die Hälfte aller Volksgruppen der Erde mit dem Evangelium vollkommen unerreicht. Dramatische Veränderungen haben sich hier erst zum Ende dieses Jahrhunderts ergeben.

Zwar sind noch immer viele Volksgruppen unerreicht, aber es handelt sich nur noch um einen Bruchteil dessen, was vor 100 Jahren noch vor uns lag. Das Ziel ist noch in unserer Generation erreichbar – wenn wir beten, uns in diesem Bereich engagieren und zusammenarbeiten, um die verbleibenden Volksgruppen zu Jüngern Jesu zu machen.

Das folgende Schaubild vermittelt, wie die Zahl der insgesamt 13 000 Volksgruppen, die das Evangelium hören mussten, durch die Verkündigung des Evangeliums zusammengeschmolzen ist. Die Zahlen wurden der Einfachheit halber auf 500 auf- oder abgerundet.

Diese vereinfachte Darstellung des Punktes, an dem wir uns in der Weltmission befinden, zeigt auch die Fortschritte, die wir gemacht haben. Ich möchte die Bedeutung der vier Pfeiler kurz erläutern:

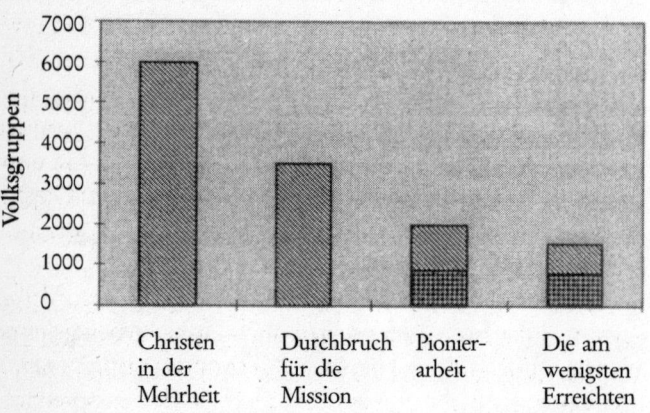

Die Völker der Erde und ihre Evangelisation

1. **Pfeiler 1:** Bei fast der Hälfte aller Volksgruppen der Welt heute würde die Bevölkerungsmehrheit sich als Christen bezeichnen. Unter die Bezeichnung Christen fielen also alle Protestanten, Katholiken, Orthodoxe, alle Randgruppen und christlichen Sekten. Wer zu dieser Gruppe gehört, würde sich selbst als Christ bezeichnen, egal, wie wir darüber urteilen würden. Auf dieser Annahme basieren alle

Statistiken, die in der *World Christian Encyclopedia* (Enzyklopädie der weltweiten Christenheit), in Barretts jährlich neu herausgebrachten Statistics Table on World Mission und in *Gebet für die Welt* veröffentlicht werden.[155] Diese Kulturen sind vom Evangelium und von christlichen Werten durchdrungen – auch wenn spätere Generationen lediglich nominell mit dem Christentum verbunden sind.[156]

2. Pfeiler 2: Ralph Winter hat den Begriff »Durchbruch« für den Zeitpunkt in der Evangelisation eines Volks geprägt,[157] an dem das Evangelium sich so weit ausgebreitet hat, dass eine »kritische Masse« einheimischer Gläubiger entstanden und das Christentum eine Komponente innerhalb der einheimischen Kultur geworden ist. Zu den etwa 3000 Volksgruppen in dieser Kategorie gehören auch Völker wie die Koreaner, unter denen es in diesem Jahrhundert ein enormes Gemeindewachstum gegeben hat. Dennoch liegt der Anteil der koreanischen Christen an der Gesamtbevölkerung noch immer unter einem Drittel. Das Gleiche gilt für Volksgruppen wie die Chinesen Singapurs, die indischen Tamilen und die kenianischen Turkana.

3. Pfeiler 3 und 4: Hier geht es um die etwa 3500 Volksgruppen der Erde, unter denen noch Pionierarbeit geleistet werden muss. Die einheimische Gemeinde existiert entweder noch gar nicht oder fristet innerhalb der entsprechenden Kultur ein Randdasein oder ist noch zu klein, um auf das Volk als solches in dieser Generation ohne Hilfe von außen Einfluss nehmen zu können. Von diesen Volksgruppen haben vielleicht 1200 bis 1500 keine einheimische Gemeinde und auch kein Missionsteam, das in einer dieser Kulturen arbeitet.

4. Die schraffierten Abschnitte in Pfeiler 3 und 4: Dies sind Volksgruppen, die in der Liste des Josua-Projektes der Bewegung AD 2000 and Beyond erscheinen. Unter dieser Kategorie werden Volksgruppen mit über 10 000 Menschen und unter fünf Prozent Christen oder zwei Prozent Evangelikale gefasst.[158]

Noch niemals zuvor hatten wir ein so klares Bild vom Ausmaß dessen, was bis zur vollständigen Weltmission noch zu tun bleibt. Wir sollten die große Aufgabe, die noch vor uns liegt, nicht unterschätzen, aber trotzdem können wir erkennen, dass die Erfüllung dieser Aufgabe möglich ist.

Das Josua-Projekt der Bewegung AD 2000 and Beyond ist der größte Aufruf an die Christen in der Geschichte, die Völker der Welt zu Jüngern Jesu zu machen. Materielle und geistliche Unterstützung kam von vielen verschiedenen Denominationen, Missionsgesellschaften und Ländern, vor allem aus den nicht-westlichen Ländern. Leider haben die Christen in Europa an dieser Initiative das geringste Interesse gezeigt. Das Ziel ist die Gründung einer Gemeinde in jeder Volksgruppe bis zum Jahr 2000. Vielleicht kann dieses Ziel bis zum Jahr 2000 nicht ganz erreicht werden, aber das Interesse an der Gemeindegründungsarbeit speziell unter diesen Volksgruppen hat doch sehr zugenommen. Es ist mein Wunsch, dass bis zum Jahr 2000 unter jeder eigenen ethno-linguistischen Volksgruppe der Erde Missionsteams aus anderen Kulturen arbeiten. Die tatsächliche Bekehrung von Einzelpersonen und der Zeitpunkt des Durchbruchs für das Evangelium ist das Werk des Heiligen Geistes. Auf den Heiligen Geist müssen wir unser Vertrauen setzen, nicht auf unsere grandiosen Pläne oder ausgeklügelten Techniken. Auf die Strategien, die erforderlich sind, um diese Völker zu erreichen, werde ich später noch einmal zu sprechen kommen.

Kapitel 9

Das Wachstum der Evangelikalen seit 1960

Wenn es um die Geschichte des Christentums in diesem Jahrhundert geht, wird nur selten von dem enormen Wachstum der Christenheit in fast jedem Land der Erde berichtet. Wie kann man das nur übersehen? Es gibt in der Tat einige Gründe dafür:

1. **Der rapide Niedergang des Christentums in Europa und im Pazifik** scheint die Annahme nahe zu legen, dass das Christentum sich nur gerade eben so halten kann und dass der Säkularismus, der Islam und auf den Inselstaaten des Pazifik auch die Sekten viel schneller wachsen. Wenn man die Situation weltweit betrachtet, ist das auch zutreffend. Allerdings ergeben sich die eigentlichen zahlenmäßigen Verluste bei den nominellen Christen im Westen und nicht bei den Christen, die noch von ihrem Glauben überzeugt sind. Parallel zu diesem Niedergang ist die Anzahl der Evangelikalen – und insbesondere die Zahl der Evangelikalen mit charismatischer oder pfingstlicher Ausrichtung – rapide gewachsen, sowohl in absoluten Zahlen, als auch von der Anzahl der Bekehrungen her und als Anteil am Christentum als solchem.

2. **Es ist nicht gerade einfach, die genaue Zahl der Evangelikalen zu ermitteln.** Der evangelikale Glaube geht von der obersten Autorität der Schrift für Glauben und Leben aus, sowie von der Erfahrung der persönlichen

Errettung und einem persönlichen Glauben an Gott. Das führt zu einem geordneten Leben – oder sollte zumindest dazu führen – zu einem heiligen Lebenswandel und zu dem Wunsch, anderen vom eigenen Glauben zu erzählen. Diese Merkmale finden sich über alle Denominationen hinweg und auch in den Denominationen, die dogmatisch keine speziell evangelikale Ausrichtung haben. Evangelikale Christen gibt es in jeder protestantischen Denomination, ebenso natürlich in anderen Bereichen des Christentums. Wenn man also die Zahl der evangelikalen Christen bestimmen möchte, hat man eine komplexe und schwer zu bewältigende Aufgabe vor sich! Der Versuch, die Zahl der Evangelikalen zu bestimmen, wurde im Zusammenhang mit der Erstellung der Statistiken für *Operation World* (Gebet für die Welt) unternommen.[159] Natürlich ist nicht jeder, der hier zu den Evangelikalen zählt, notwendigerweise »wiedergeboren« worden – die Statistiken im Buch des Lebens des Lammes konnten leider bisher nicht eingesehen werden! Die Zahlen, die hier für die Evangelikalen verwendet werden, beziehen sich also auf die evangelikalen Gemeinschaften als solche, die dann mit den Zahlen der römisch-katholischen Christen oder den Hindus und Muslimen verglichen werden.

Der oben erwähnte Evangelist Billy Graham hat durch seinen Einsatz viel dazu beigetragen, dass die Christen im Westen neues Selbstbewusstsein entwickelt haben. Dadurch, dass die Evangelisation und der Gemeindebau in solchem Umfang thematisiert wurden, rückte die Mission verstärkt in den Blickpunkt der Christen. Viele der Konvertiten, die durch die Evangelisationsveranstaltungen nach dem Zweiten Weltkrieg gewonnen wurden, sind Missionare geworden. Diese Welle der Pioniermissionsarbeit, der

Bekehrungen und der neu gegründeten Gemeinden war in erstaunlichem Maße von Erfolg gekrönt. Die folgenden Schaubilder zeigen diese enorme Zunahme der Evangelikalen auf der Welt.

Die beiden Kurven des ersten Diagramms erzählen eine bewegende Geschichte:

1. Die Zahl der Evangelikalen im Westen hat in einer Zeit des erheblichen Niedergangs des Christentums als Ganzes langsam, aber beständig zugenommen.

2. Das eigentliche Wachstum hat sich in Latein-Amerika, in Afrika und Asien ergeben. Das erkennt man an der Linie, die das Wachstum außerhalb der Westlichen Welt markiert. Im Jahr 1960 war die Zahl der nicht-westlichen Evangelikalen halb so groß wie die der westlichen Evangelikalen. Aber bis zum Jahr 2000 wird die Zahl der nicht-westlichen Evangelikalen das Vierfache betragen, und wenn das Wachstum so weitergeht, wird sie im Jahr 2010 das Siebenfache betragen.

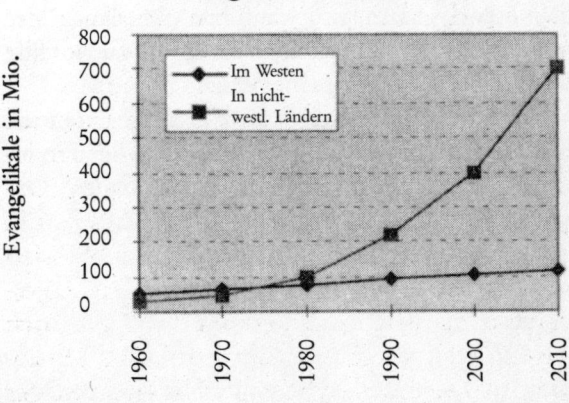

Von vielen Seiten hört man, dass der Islam die am schnellsten wachsende Religion der Welt ist. Das ist zwar nicht völlig falsch, gilt aber nur mit Einschränkung. Zunächst einmal werden in vielen islamischen Ländern nur wenig Anstrengungen unternommen, um das Wachstum der Bevölkerung zu verlangsamen, deshalb sind etwa 90–95 Prozent des Wachstums der muslimischen Bevölkerung auf die höheren Geburtenraten zurückzuführen. Sodann ist ein Teil des Wachstums auf die islamischerseits geübte Praxis zurückzuführen, dass muslimische Männer mit Vorbedacht christliche Mädchen heiraten, von denen einige Musliminnen werden, die aber auf jeden Fall muslimische Kinder haben werden. Die wirklichen Bekehrungen zum Islam sind bei weitem nicht so zahlreich wie viele annehmen – man findet sie vor allem unter den Farbigen in den USA, in Teilen von West- und Südafrika und in einigen Gebieten Indonesiens. Dass die muslimische Präsenz sich in den westlichen Ländern so verstärkt hat, ist größtenteils auf die vermehrte Zuwanderung sowie die vermehrte öffentliche Demonstration der islamischen Präsenz und der religiösen Symbole des Islam zurückzuführen. Muslime treten vermehrt in der Öffentlichkeit auf, was häufig zu Konflikten mit anderen religiösen Gemeinschaften führt.

Das Diagramm unten zeigt die Wachstumsraten der Muslime, der römisch-katholischen Christen, der Protestanten und in einer eigenen Linie, das Wachstum der Evangelikalen (als eines Sektors des Protestantismus).

Durchschnittliche jährliche Wachstumsrate Muslime und Christen

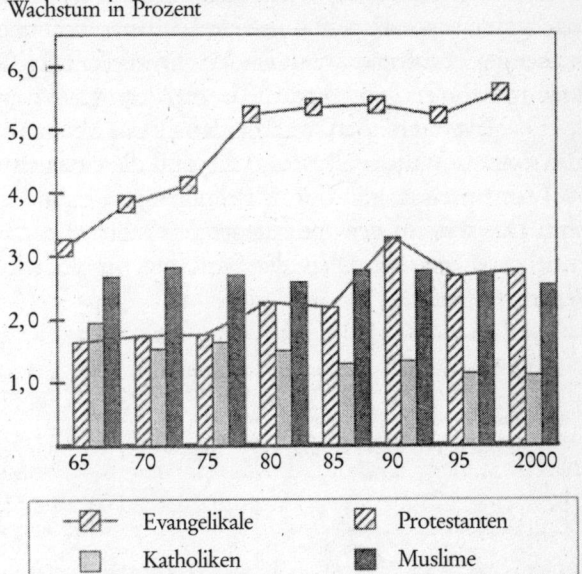

Daraus kann man folgende Schlüsse ziehen:

1. Zwar wächst **das Christentum als Ganzes** langsamer als der Islam, aber die Zahl der Protestanten wächst dafür mit 2,9 Prozent etwas schneller und etwa doppelt so schnell wie die Weltbevölkerung mit 1,7 Prozent.

2. Die **Zahl der römisch-katholischen Christen** wächst langsamer als die Weltbevölkerung, deshalb nimmt ihr prozentualer Anteil an der Weltbevölkerung ab. Das liegt vor allem daran, dass die Römisch-Katholische Kirche ihre Gläubigen in Europa an den Säkularismus verliert und in Lateinamerika an die Evangelikalen.

3. Die **Protestantische Christenheit** wächst etwa zweimal so schnell wie die Weltbevölkerung, was fast vollständig auf das Konto der Evangelikalen geht. Der nichtevangelikale Protestantismus erleidet enorme Einbußen. Die liberale Theologie wird einer schrumpfenden Gemeinde in Kirchen gepredigt, die immer leerer werden.

4. Die **Evangelikalen** wachsen mehr als dreimal so schnell wie die Weltbevölkerung. Sie sind die einzige religiöse Gemeinschaft, die durch Bekehrungen rapide zunimmt. Das wird in der untenstehenden Tabelle deutlich, die auch die Prozentzahlen der Muslime für denselben Zeitraum enthält.

	Evangelikale		Muslime	
Jahr	Bevölkerung in Mio.	Jährliche Wachstumsrate	Bevölkerung in Mio.	Jährliche Wachstumsrate
1960	81	unbekannt	484	unbekannt
1970	114	3,5 %	608	2,7 %
1980	180	4,7 %	788	2,6 %
1990	303	5,3 %	1034	2,8 %
2000	480	4,7 %	1340	2,6 %

Das Wachstum der pfingstkirchlichen und charismatischen Denominationen seit 1960 war eigentlich sogar noch gewaltiger. Diese Tatsache würde noch stärker ins Auge fallen, wenn wir zu diesen Zahlen noch die Zahl der Charismatiker innerhalb der Denominationen addieren, die keiner eigentlichen Pfingstkirche angehören. Leider verfügen wir für den gesamten Zeitraum für eine genaue Aufschlüsselung nicht über genügend Datenmaterial.

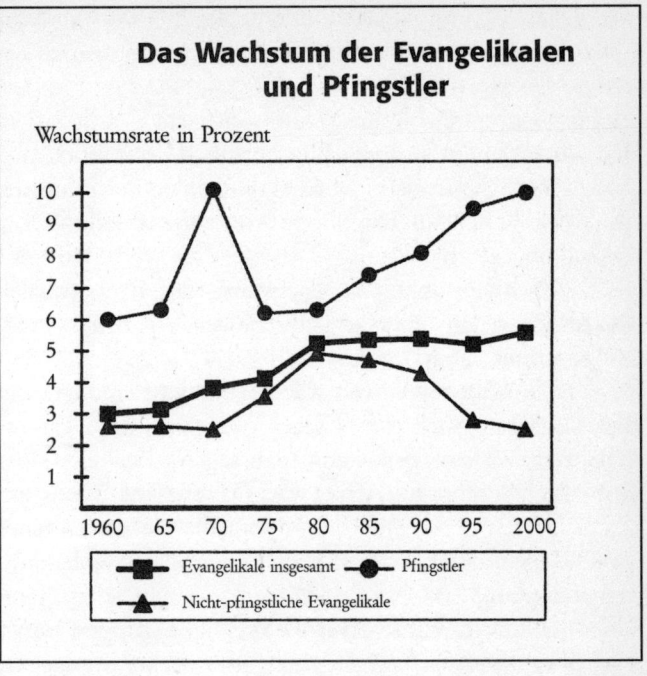

Diese beständig hohen Wachstumsraten sind wirklich ein Phänomen. Zwar wurden diese Wachstumsraten für das nächste Jahrzehnt schon einmal extrapoliert, aber man fragt sich doch, ob diese Wachstumsraten wirklich so beibehalten werden können. Allerdings scheinen die gewagt formulierten Ziele für das zukünftige Wachstum und die dramatische Zunahme der Mitglieder angesichts des Wachstums der Assemblies of God Decade of Harvest oder der Deeper Life Christian Church of Nigeria und vieler weiterer Gemeinden dazu die Berechtigung zu geben. Auf jeden Fall beweist diese Statistik, dass die Evangelikalen in der westlichen Welt im 21. Jahrhundert endgültig auf der Weltbühne des Christentums die Hauptrolle übernommen haben.[160]

Für das ungewöhnlich hohe weltweite Wachstum in den 1960er Jahren konnte ich bisher noch keine Erklärung finden – möglicherweise wurden die Zahlen der Pfingstler im World Christian Handbook von 1962 absichtlich zu niedrig angesetzt![161]

Der Schwerpunkt des Wachstums der Evangelikalen war in den vergangenen 40 Jahren jeweils auf einem anderen Kontinent angesiedelt:

1. **In den 1960er Jahren** war **Afrika** der Kontinent mit dem stärksten Wachstum. Dieses Wachstum hat zwar angehalten, aber trotzdem kann man sagen, dass die 1960er Jahre das Jahrzehnt für Afrika war. Das enorme Wachstum geschah nach dem Ende der Kolonialherrschaft zu einer Zeit, als die meisten afrikanischen Länder die Unabhängigkeit erlangten. Das Christentum wurde eine in der afrikanischen Kultur verwurzelte Größe – einige Gruppen waren stärker synkretistisch ausgerichtet, andere eher evangelikal in der Theologie und charismatisch in der Färbung. Niemals zuvor in der Geschichte hat ein ganzer Kontinent eine solche radikale Umwälzung erlebt. Der Anteil des Christentums erreichte in einem einzigen Jahrhundert über 50 Prozent der Bevölkerung. Leider hat diese Hinwendung zu Gott nicht die Politik Afrikas beeinflusst. Etliche Diktatoren wie Idi Amin in Uganda oder Mengistu in Äthiopien, maßlose Korruption und Misswirtschaft wie in Zaire, schreckliche Kriege wie in Äthiopien, Nigeria, Süd-Afrika und Liberia und der gräuliche Völkermord in Ruanda und Burundi, all das hat sich in Ländern ereignet, in denen es viele aktive Christen gibt. Allerdings ist in vielen Ländern

Afrikas, in denen die Menschen unter den erbärmlichsten Bedingungen leben, die christliche Kirche eine der wenigen stabilen Faktoren, die es noch gibt. Es ist eine traurige Wahrheit, dass es die evangelikalen Gemeinden im Großen und Ganzen versäumt haben, ihren Einfluss geltend zu machen, um auf die politischen Strukturen und die gängigen Auffassungen positiv einzuwirken. Scheinbar ist man in Afrika der Auffassung gefolgt, dass Politik schmutzig ist und die Christen sich deshalb aus der Politik heraushalten sollten. Diese Fehlhaltung fällt auf uns zurück und darauf, mit welchen Vorgaben in der Vergangenheit Menschen in Afrika zu Jüngern gemacht wurden.

2. Die 1970er Jahre waren die Zeit der Evangelikalen in **Lateinamerika**. Dieser Kontinent war über 500 Jahre lang nominell katholisch gewesen. Im Laufe dieses Jahrzehnts jedoch vervielfachte sich die Zahl der Evangelikalen von unter 250 000 im Jahr 1900 auf etwa 40 Millionen Menschen[162] im Jahr 1990 und wahrscheinlich auf über 60 Millionen am Ende des Jahrhunderts. Heute besuchen an einem durchschnittlichen Sonntag mehr Evangelikale einen Gottesdienst als römisch-katholische Christen – und dabei ist Lateinamerika angeblich ein »katholischer« Kontinent. Auch wenn man die neuesten, zurückhaltenderen Schätzungen für die großen brasilianischen Denominationen mit in Betracht zieht, gibt es in Brasilien noch immer mehr Evangelikale als in ganz Europa. In den 1990er Jahren hat sich der christliche Einfluss auch im gesellschaftlichen und politischen Bereich zum Guten ausgewirkt. Die Evangelikalen sind zu einem Faktor geworden, den niemand mehr ignorieren kann.

3. In den 1980er Jahren war **Ostasien** an der Reihe. Das Wachstum der Gemeinde Jesu unter den Südkoreanern, unter den 50 Millionen in Übersee lebenden Chinesen und den Javanesen in Indonesien wurde von dem enormen Wachstum der Gemeinde Jesu in China in der Ära nach Mao abgelöst. Das Ergebnis ist, dass die Evangelikalen in Asien nun zahlreicher vertreten sind als in Nordamerika. Die Gemeinde Singapurs ist die Gemeinde weltweit, die am stärksten auf Mission ausgerichtet ist, wenn man von der Zahl der Missionare ausgeht, die pro 1000 Christen von dort ausgesandt werden. Von den zehn größten evangelikalen Gemeinden der Erde befinden sich sieben in einer einzigen koreanischen Stadt, in Seoul – eine Stadt, in der es vor nur 110 Jahren keine einzige Gemeinde gegeben hat. Heute wird die nächtliche Silhouette der Stadt von Tausenden von roten Neonkreuzen auf Gemeindegebäuden bestimmt. Es gibt noch immer große Gebiete und viele große Volksgruppen in Asien, unter denen es bisher keinen Durchbruch gegeben hat, deshalb trifft dieses positive Bild nur für einen Teil Asiens zu.

4. In den 1990er Jahren geriet **Eurasien** ins Rampenlicht – dieses große Gebiet der Erde, das der ehemals kommunistische Machtblock war. Dort haben die Christen jahrzehntelang ein Randdasein gefristet und wurden oft grausam verfolgt. Als sich der Eiserne Vorhang plötzlich hob, hat das viele große Veränderungen mit sich gebracht. Die alteingesessene einheimische Kirche (zu großen Teilen orthodox) erlebte eine Auferstehung, es entstanden aber auch viele evangelikale Arbeitszweige unter einheimischer und ausländischer Leitung. Zwar wurden die aus dem Ausland kommenden Initiativen häufig engagierter vorangetrieben und waren finanziell besser ausgestattet, ließen dafür aber leider hinsichtlich ihres Einfühlungsvermögens in die entsprechenden Kulturen und der Zusammenarbeit manches zu wünschen übrig, so dass die Arbeit manche unvorhergesehenen negativen Auswirkungen hatte. Die Orthodoxen Kirchen reagierten mit der Forderung nach Begrenzung oder sogar Verbot ausländischer und evangelikaler Initiativen.

Wenn wir zurückschauen, erkennen wir im Wachstum der vergangenen 200 Jahre ein Schema, denn dieses Wachstum beschleunigte sich – ab 1700 wuchs das christliche Zeugnis im Nordatlantik, ab 1800 im Pazifik, in den 1960er Jahren in Afrika, in den 1970er Jahren in Lateinamerika, in den 1980er Jahren in Ostasien und in den 1990er Jahren in Eurasien. Bei dieser eineinhalbmaligen Umrundung der Weltkugel bleibt nun noch das Gebiet im 10/40-Fenster übrig. Zentral- und Südasien und der Nahe Osten sind die verbleibenden großen Gebiete, die für uns eine Herausforderung darstellen. Wo werden die Durchbrüche des ersten Jahrzehnts des nächsten Jahrtausends stattfinden? Werden sich Muslime, Hindus oder Buddhisten in großen Scharen zum Herrn bekehren? Diese Länder sind die übrig gebliebenen Bastionen, in denen der Feind noch über die Menschen herrscht. Die anschwellende Flut des Evangeliums türmt sich immer höher um dieses Gebiet herum auf und schon jetzt erhalten wir einen Vorgeschmack auf diesen Durchbruch, den wir noch erwarten. Ich wünschte, ich hätte hier den Platz und auch die Freiheit, manches von dem zu erzählen, was sich bereits jetzt in diesen scheinbar uneinnehmbaren ideologischen Festungen abspielt. In Teil 5 werde ich mich diesem Thema noch ausführlicher widmen.

Dennoch müssen wir darauf bedacht sein, nicht diejenigen Teile der Weltbevölkerung dieser Generation zu übersehen, die sogar in den »christianisierten« Gebieten der

Erde noch unerreicht sind. Wie steht es mit Europa, das sich so weit vom Evangelium entfernt hat, das ihm doch einstmals in die Wiege gelegt wurde? Was ist mit den Juden, von denen doch prophezeit wurde, dass sie zu ihrem Messias zurückkehren werden, wenn die Vollzahl der Heiden in das Reich Gottes eingegangen ist?[163] Unsere Aufgabe ist noch nicht erfüllt, aber die Ziellinie ist schon in Sicht!

Kapitel 10

Wachstum durch das Eingreifen Gottes

Das 20. Jahrhundert zeichnet sich besonders durch seine schrecklichen Kriege aus, durch seine Hungersnöte, seine Tyrannenherrschaften und seine gewaltigen Naturkatastrophen. Diese Tragödien haben sich in der Geschichte immer ereignet, ihre Zahl und Intensität hat sich jedoch deutlich erhöht. Die Medienberichterstattung trägt mit zu der allgemeinen Weltuntergangsstimmung bei, denn wenn an einer Ecke der Welt etwas geschieht, wird diese Nachricht innerhalb weniger Stunden in jedes Land der Erde ausgestrahlt. Dadurch vervielfachen sich die Schreckensmeldungen, die alle auf unsere Seele einstürmen, in einer Weise, wie es noch nie zuvor der Fall gewesen ist. Und die Nachrichten können wirklich sehr niederschmetternd sein.

Dennoch sind es diese Katastrophen, die mit zur Ernte in Gottes Reich beigetragen haben. Manche Leute fragen sich, ob es einen guten Gott überhaupt geben kann, wenn er solche schrecklichen Dinge »zulässt«. Was sagen wir zu Hitlers Mord an sechs Millionen Juden im Holocaust oder zu der grotesken Ideologie Pol Pots, auf deren Konto in den 1970er Jahren der Tod von zwei Millionen Menschen in Kambodscha ging, wo der Boden durch die schrecklichen Massaker weithin mit Leichen bedeckt war? Was ist mit dem erbarmungslosen Völkermord, der von Hutu-Extremisten begonnen wurde und in den 1990er Jahren eine Million oder mehr Tote unter den Tutsi in Zentralafrika gefordert hat? Aber wir haben aus unserem Blickwinkel im Diesseits gar nicht das vollständige Bild und wir sind auch nicht in der Lage, das »Warum« zu beantworten und alle diese schrecklichen Ereignisse mit logischen Gründen zu erklären.

Wir können nur mit Abraham sagen:[164] »Sollte der Richter aller Welt nicht gerecht richten?« Trotz allem vertrauen wir auf die vollkommene Güte unseres himmlischen Vaters und seine Agape-Liebe zu uns und allen Menschen. Im Licht seiner Liebe werden wir eines Tages die Antworten auf die heute schier unlösbaren Fragen nach dem Grund für den Schmerz und das Leid dieser Welt erfahren, die uns und die ganze Menschheit betreffen. Der Herr Jesus Christus hat uns selbst gelehrt, dass das Versagen der Menschen und die Naturkatastrophen auf das Ende hinweisen:

> »Und Jesus antwortete und sprach zu ihnen: Seht zu, daß euch niemand verführe! Denn viele werden unter meinem Namen kommen und sagen: Ich bin der Christus! Und sie werden viele verführen. Ihr werdet aber von Kriegen und Kriegsgerüchten hören. Seht zu, erschreckt nicht; **denn dies alles muß geschehen**, aber es ist noch nicht das Ende. Denn es wird sich Nation gegen Nation erheben und Königreich gegen Königreich, und es werden Hungersnöte und Seuchen sein und Erdbeben da und dort. Alles dies aber ist der Anfang der Wehen« *(Matthäus 24, 4 – 8).*

Mitten in seiner Rede über geistliche Verführung, Kriege und Naturkatastrophen sagt Jesus: »**denn dies alles MUSS geschehen.**« Alles ist Teil eines umfassenderen Plans, bei dem auch die negativen Seiten ein wichtiger Bestandteil des Ganzen sind. Gottes hat uns aus Liebe heraus erlöst, aber das geschieht inmitten von schrecklichen Dingen um uns herum, die die verhärteten Herzen der Menschen öffnen und die Mauern für das Evangelium niederreißen.

Eines ist mir bei der Zusammenstellung der Informationen aus allen Winkeln der Erde klar geworden: Das, was bei uns im Fernsehen an Nachrichten über die Bildschirme flimmert, ist nicht die ganze Geschichte. Gott wirkt in unseren Tagen, wie es noch nie zuvor der Fall gewesen ist. Er wirkt in seiner Allmacht nicht trotz der Katastrophen, sondern auch *aufgrund* der Katastrophen. Jesus hat in Lukas 17 seinen Jüngern gegenüber diese schrecklichen Ereignisse beim Namen genannt, die seiner Wiederkunft vorausgehen werden und er beendet seine Rede mit folgender rätselhafter Aussage: »Wo das Aas ist, da sammeln sich auch die Geier« (Lukas 17, 37). Hat Jesus hier vielleicht auf die Kameramänner der Fernsehstationen angespielt? Sie sind ganz gewiss immer dort zu finden, wo ein Toter liegt! Aus dem Fernsehen erfahren wir hautnah von Kriegen, Katastrophen, Blutvergießen, von Schmerz und Angst, vom Leid und der Sünde unserer Welt. Leider bleiben die Kameramänner nicht lange genug vor Ort, um selbst zu erfahren und zu berichten, wie sich durch Gottes Gnade das Leben der Menschen verändert, die viel gelitten haben.

Im Jahr 1995 durfte ich in der Kathedrale der Kirche von England in Cape Town, Südafrika, predigen. Einige Jahre zuvor hatte sich etwas Schreckliches an diesem Ort ereignet. Guerillakämpfer waren mitten in einen Sonntagmorgen-Gottesdienst hineingestürmt und hatten die große Versammlung mit Maschinengewehrfeuer überzogen. Viele Menschen starben und noch viel mehr Menschen wurden verletzt. Innerhalb weniger Minuten waren die Fernseh-Kameramänner vor Ort, um von den Schrecknissen zu berichten. In der Zeit nach dem Überfall jedoch, als die Menschen versuchten, ihren Schmerz zu verarbeiten und ihr Gewissen erforschten, machten die Gläubigen tief gehende Erfahrungen mit Gott. Sie konnten nun nicht nur denen vergeben, die sie so verletzt oder ihnen Angehörige entrissen hatten, sondern es wurden auch Menschen zum Leib Christi hinzugetan. Nach einiger Zeit wollten die Leiter dieser Gemeinde der Welt von den großartigen Dingen erzählen, die Gott hier getan hatte, aber die Medien hatten kein Interesse, darüber zu berichten. Kein Wunder, dass uns die Nachrichten derart deprimieren können.

Das ist der Grund, warum es für mich so faszinierend ist, das Wirken der Liebe und der Macht Gottes in unserer Welt heute mit den negativen Ereignissen auf unserem Planeten, die für Gottes Wirken gewissermaßen den Hintergrund darstellen, in Verbindung zu bringen. Ich bin mehr denn je davon überzeugt, dass die Weltgeschichte nur die Kulisse für die eigentliche Geschichte liefert, die Gott macht. Die Historiker begreifen im Regelfall nicht, dass es nur EIN wichtiges Thema in der Weltgeschichte überhaupt gibt – und das ist der Plan Gottes zur Erlösung der Menschheit. Hier nur einige Beispiele für landesweite Erweckungen, die durch verschiedene Katastrophen ausgelöst wurden.

Ich muss hier allerdings noch eine Einschränkung machen. Evangelikale neigen mitunter dazu, bei ungewöhnlichen Geschichten zu übertreiben und das dann um der Wirkung in der Öffentlichkeit oder der Sammlung von Spenden willen auszunutzen. Bei Groß-Evangelisationen hört man dann von obskuren Behauptungen, dass sich Tausende oder sogar Hunderttausende bekehrt hätten. Wenn man ein bisschen genauer nachfragt, kommt heraus, dass vielleicht einige Tausend Menschen am christlichen Glauben Interesse gezeigt haben, das aber sofort mit ihrer Bekehrung gleichgesetzt wurde. Nach dem Zusammenbruch des Kommunismus in Europa hörte man viele Erfolgsmeldungen, so z. B., dass ganze Versammlungen geschlossen auf die Einladung zu Jesus reagiert hätten. Aber diese Menschen hatten lediglich signalisiert, dass ihnen das alte System verhasst war und sie an jeder neuen Weltanschauung interessiert waren, die ihnen die Antworten geben konnte, die der Kommunismus ihnen schuldig geblieben war. Es würde heute in Russland und der Ukraine viel mehr Evangelikale geben, wenn alle, die jemals auf eine Einladung zu Jesus reagiert haben, sich wirklich bekehrt hätten und Jünger Jesu geworden wären. Uns Evangelikalen kann zu Recht nachgesagt werden, dass wir häufig Berichte zugunsten des Evangeliums verfälscht haben.

Kriege

El Salvador ist in der Weltöffentlichkeit ein Begriff geworden, denn die kleine mittelamerikanische Republik ist von einem erbitterten Bürgerkrieg heimgesucht worden, der über zwölf Jahre hinweg tobte und erst 1992 endete. Die Grausamkeiten, die Zerstörungen und die Wellen von Flüchtlingen haben praktisch das ganze Land ins Chaos gestürzt. Allerdings hat bisher kaum jemand zur Kenntnis genommen, wie schnell sich die Zahl der Evangelikalen in diesen Jahren der Verzweiflung während des Krieges vervielfacht hat. Im Jahr 1965 betrug der Anteil der Evangelikalen nur etwa 2,5 Prozent der Bevölkerung, aber bis zum Jahr 1990 stieg dieser Anteil auf fast 20 Prozent. In dieser Zahl sind noch nicht die vielen Evangelikalen El Salvadors mitgerechnet, die als Flüchtlinge in anderen Ländern leben.

Zu Beginn dieses Jahrhunderts war **Argentinien** eines der wohlhabendsten Länder der Erde. Es folgten 80 Jahre der Korruption und der unfähigen Regierungen, die das Land in mehr als einer Hinsicht in die Knie zwangen. Der Tiefpunkt der ganzen Entwicklung war die Entscheidung des argentinischen Militärdiktators, im Jahr 1982 auf die britisch regierten Falkland-Inseln (oder Islas Malvinas) einzumarschieren. Argentinien und Großbritannien haben beide seit zwei Jahrhunderten auf diese unfruchtbaren, von vielen Stürmen heimgesuchten Inseln im Südatlantik Besitzansprüche angemeldet. Die Briten kümmerten sich weder als Kolonialherren noch in der Diplomatie in irgendeiner Weise um die Inseln und diese Tatsache, kombiniert mit dem Nationalstolz Argentiniens und der Wirtschaftsmisere beschwor den Falklandkrieg herauf. Gualtieri schätzte die damalige britische Premierministerin Margaret Thatcher falsch ein, die die Rückeroberung der Inseln mit ihren 2000 Einwohnern und 600 000 Schafen befahl. Die Niederlage Argentiniens führte zu einer Reihe gewaltiger Veränderungen in Argentinien. Die Diktatur wurde von einer Demokratie abgelöst, aber nicht nur das: Auch die lang ersehnten Wirtschaftsreformen wurden durchgeführt und was das Beste war, es wurde eine neue Offenheit für das Evangelium spürbar.

Jahrelang hatten evangelikale Missionare bereits in Argentinien gearbeitet, aber nur wenig Frucht geerntet und die Gemeinden wuchsen nur langsam. Vor Ausbruch des Krieges, im Jahr 1980, betrug der Prozentsatz der Evangelikalen im Land höchstens zwei Prozent, war jedoch bis 1990 auf sieben Prozent angestiegen. Es gibt auch Auffassungen, nach denen diese Zahl eher mit zwölf Prozent angesetzt werden muss.[165] Die Tatsache, dass mein eigenes Land in solch einen unnötigen Krieg verwickelt war, hat mir wirklich Kummer bereitet. Ich fand jedoch Trost bei dem Gedanken, wie viele Menschen dadurch zu einem persönlichen Glauben an Jesus Christus gekommen sind.

Afghanistan hat lange Zeit erbittert jegliche Verkündigung des Evangeliums untersagt. Vor einem Jahrtausend gab es viele nestorianische Christen in diesem Gebiet, aber dann kam der Islam, und die Gemeinde Jesu verschwand von der Bildfläche. In der jüngsten Vergangenheit starb fast jeder bekannte afghanische Konvertit zum Christentum sehr rasch den Märtyrertod. Im Jahr 1978 versuchte die damalige Sowjetunion Afghanistan unter kommunistische Herrschaft zu bringen und marschierte in das Land ein. Es stellte sich heraus, dass die sowjetische Invasion nicht nur erheblich zur Demontage des Kommunismus und der damals noch bestehenden UdSSR beitrug, sondern sich dadurch für die Afghanen auch Möglichkeiten eröffneten, Christen zu werden und eine Gemeinde konnte entstehen. Die schrecklichen Leiden des afghanischen Volkes während des zehnjährigen Krieges mit der UdSSR und die sich daran anschließenden Bürgerkriege haben eine Tür für das Evangelium geöffnet.

Zunächst entsandten die Russen zentralasiatische Truppen nach Afghanistan, die von ihrem kulturellen Hintergrund her muslimischer Abstammung waren und so liefen so viele von ihnen zum »Feind« über, dass sie durch Soldaten von nicht-muslimischem Hintergrund ersetzt wurden. Vielfach wurden evangelikale Christen, die gezwungen wurden, ihren obligatorischen Militärdienst abzuleisten, als »Kanonenfutter« in den Krieg geschickt. Einige dieser Gläubigen konnten den Afghanen Zeugnis von ihrem Glauben geben. Mehr als fünf Millionen afghanische Flüchtlinge ergossen sich über die Landesgrenzen. Über die Hälfte davon floh nach Pakistan, wo christliche Mitarbeiter von Hilfsorganisationen durch ihre Liebesdienste einige Afghanen zu Jesus führen konnten. Andere Mitarbeiter bei Hilfsprojekten schafften es, während der gesamten 20 Kriegsjahre weiter in Kabul oder andernorts bleiben zu können, und so kamen durch ihr Zeugnis noch weitere Afghanen zum Glauben an den Herrn Jesus Christus. Deswegen können wir heute zum ersten Mal in der Moderne von einigen Gruppen evangelikaler Gläubiger in diesem »geschlossenen« Land sprechen, in dem sich durch die Invasion und den Krieg eine Tür für das Evangelium geöffnet hat.

Im **Sudan** hat es, seitdem das Land im Jahr 1956 von Großbritannien und Ägypten unabhängig wurde, nur wenig Frieden gegeben. Schwarze Volksgruppen, Animisten und Christen aus dem Süden wurden in einer unzureichend durchdachten, künstlich geschaffenen Einheit mit den arabischen und muslimischen Volksgruppen im Norden in einem Staat zusammengepfercht. Seit mehr als 40 Jahren tobt nun fast ohne Pause der Krieg zwischen dem Norden und dem Süden. Wer kann noch sagen, wie hoch die tatsächliche Zahl der Opfer ist – insbesondere im Süden, da der muslimische Norden versucht, den sich widersetzenden Süden zu unterwerfen, zu arabisieren und zu islamisieren? Etwa zwei Millionen Menschen sind im Krieg durch Kampfhandlungen oder Hunger umgekommen. Den westlichen Medien wurde der Zugang zu den Kriegsgebieten verwehrt, deshalb dringt über den Völkermord, die Versklavung und die harte Verfolgung der Christen kaum etwas an die Öffentlichkeit.[166] Viele Gemeindegebäude sind bombadiert worden, Versklavungen, erzwungene Bekehrungen zum Islam durch die Verteilung von Nahrungsmitteln ausschließlich an Muslime, Kreuzigungen von Christen und der erbittert geführte Völkermord an den christlichen Volksgruppen des Landes sind Wirklichkeit im Sudan – all das hat sich vor allem in den Nubabergen im Zentrum des Landes zugetragen.

Es gibt aber auch noch eine andere Seite der Medaille. Als der größte Teil der Missionsarbeit im Jahr 1964 im Süden erzwungenermaßen zum Erliegen kam, war der prozentuale Anteil der Christen im Süden recht klein – er lag wohl nicht höher als bei etwa drei bis fünf Prozent. Im Laufe der vergangenen 40 Jahre ist der größte Teil der Bevölkerung Christ geworden – vor allem römisch-katholisch und anglikanisch. Manche wurden aus Protest Christen, aber für viele andere bedeutete die Bekehrung Befreiung und neues Leben. Ganze Kulturen sind von der Kraft des Evangeliums ergriffen und umgestaltet worden. Die Dinka waren lange Zeit für das Evangelium verschlossen und konnten sich nicht dazu entschließen, sich von ihrem Fetischismus und ihrem Götzendienst abzuwenden, aber in den letzten paar Jahren haben viele Menschen sich unter großer öffentlicher Anteilnahme von allen heidnischen Riten distanziert und aus voller Überzeugung die Wahrheit für sich angenommen, dass dem auferstandenen Herrn alle Macht gebührt. Viele Bischöfe der anglikanischen Kirche, die gleichzeitig Evangelisten sind, wirken im Sudan unerschrocken und außerdem unterhält die anglikanische Kirche ein Netzwerk von Buschbibelschulen und hilfreichen

Entwicklungsprogrammen inmitten der wütenden Zerstörung und des Leids.

Die Medien haben auch den **Vietnamkrieg** in unsere Wohnzimmer hineingetragen. Das berühmt gewordene Foto des kleinen Mädchens, das, von einer Napalmbombe schwer verbrannt, nackt die Straße hinunterrannte, während ihm die Qual ins Gesicht geschrieben stand, ist mir noch immer lebhaft in Erinnerung. Mit diesem Bild gewann der Fotograf in den USA den Pulitzerpreis. Gleichzeitig wirkte das Bild daran mit, dass sich die Stimmung einer ganzen Nation gegen den Krieg zu wenden begann. Ich hatte bis dahin noch nie etwas von den Spätfolgen dieses Fotos gehört, bis ich einen Artikel von Charles Colson in »Christianity Today« las.[167] Das kleine Mädchen hieß Phan Thi Kim Phuc und erholte sich schließlich von ihren schrecklichen Verletzungen. Eine Zeitlang wurde sie von der vietnamesischen Regierung zur anti-amerikanischen Propaganda benutzt. Was dann jedoch kam, hat mich sehr bewegt. Als das Mädchen erwachsen geworden war, bekehrte sie sich aufgrund des Zeugnisses einiger vietnamesischer Gläubiger zu Jesus Christus. Als sie später in Kuba studierte, traf sie einen weiteren vietnamesischen Gläubigen. Sie heirateten und konnten auf ihrer Hochzeitsreise nach Kanada fliehen. Im Jahr 1996 legte sie während eines Gedenkgottesdienstes am Kriegerdenkmal für die Veteranen des Vietnamkrieges einen Kranz nieder, und zwar im Gedenken an diejenigen Amerikaner, die ihr Leben in dem Krieg verloren hatten, in dem auch sie so schrecklich verwundet worden war. Sie und ihr Mann träumen nun von der Möglichkeit einer Bibelschulausbildung und einer Arbeit im Reich Gottes.

Das ist bloß ein Einzelschicksal, das sich inmitten der Schrecken des Krieges ereignet hat. Bei den meisten von uns hat sich mit diesem berühmten Photo ein negatives Bild ins Gedächtnis eingegraben. Aber trotzdem hat Gott einen guten Plan mit diesen Ereignissen verfolgt. Er ist nicht nur der Gott, der im Großen seine Pläne zum Ziel bringt, sondern auch im Kleinen mit einzelnen Menschen – und auch mit mir – so handelt. Eines Tages werden wir im Himmel den vielen Menschen begegnen, die auf der Erde – wie wir vielleicht auch – durch Leid hindurchgehen mussten und wir werden erkennen, dass hinter allem der Gott der Liebe stand, der mit uns allen seinen Plan zu unserer Erlösung verfolgte. Keiner wird an diesem Tag mehr behaupten können, dass Gott ungerecht gehandelt hat oder dass er nicht allmächtig wäre.

Tyrannen

Im Alten Testament hat Gott zur Ausdehnung seines Reiches auch heidnische Herrscher gebraucht. Wir müssen uns nur den Pharao zu Zeiten von Mose ins Gedächtnis rufen oder Ahasverus in der Zeit Esthers oder Cyrus in der Zeit Nehemias, dann erkennen wir Gottes Handeln. Warum sollte sich das heute geändert haben? In diesem Jahrhundert gibt es gottlose, böse Menschen in Hülle und Fülle, die in der Hand des Allmächtigen, ohne es zu wollen Werkzeuge sind und in ihrer Gier nach Ruhm und Macht am Ende die Verlierer sind.

Kwame Nkhrumah wurde in Ghana nach Erlangung der Unabhängigkeit im Jahr 1957 der erste Führer seines Landes. Als er seine Herrschaft antrat, ging es der Wirtschaft gut, aber als sein Nachfolger schließlich an die Regierung kam, lag die Wirtschaft völlig danieder und das Volk war arm. In der Hauptstadt Accra hatte sich Nkhrumah selbst ein Standbild errichtet. Auf diesem Denkmal hatte er die gotteslästerlichen Worte eingravieren lassen: »Trachtet zuerst nach der politischen Macht, so wird euch solches alles zufallen.« Ist es ein Wunder, dass er verarmt im Exil starb und sein Land vor dem wirtschaftlichen Ruin stand? Noch 30 Jahre später hat sich Ghana nicht völlig von der Herrschaft Nkhrumahs erholt. Dennoch zeigte sich inmitten der Wirtschaftsmisere des Landes, der geistlichen Armut und des nur noch nominell existierenden Christentums das Wirken des Geistes Gottes. Durch die Arbeit des Bibellesebundes an den Schulen, den Einsatz von »Neues Leben für Alle« (New Life for All), unterstützt vom Evangelisationskomitee Ghanas, erfuhren die traditionell christlichen Denominationen geistlich eine Neubelebung und sie machten sich auf, um die vom Evangelium unerreichten Gebiete und Volksgruppen ihres Landes zu missionieren und eine landesweite Strategie zu ersinnen, damit sich die Zahl der Gemeinden vervielfache.

Ayatollah Khomeini kam im Iran nach einer groß angelegten Medienkampagne bestimmter Kreise der muslimischen Geistlichkeit im Jahr 1979 an die Macht und löste damit die Regierung des Schahs ab.[168] Die theokratische Herrschaft Khomeinis wurde zur Diktatur, die schlimmer war als die Herrschaft, die sie abgelöst hatte. Ein Ergebnis davon war, dass über drei Millionen Iraner aus ihrem Heimatland flüchteten und wer sich bereits im Ausland befand, kehrte nicht mehr zurück. Als die Revolution ausbrach, gab es im ganzen Iran etwa 150 Christen von muslimischem Hintergrund. Seitdem haben sich viele muslimische Iraner sowohl innerhalb des Irans als auch im Ausland von dem von Khomeini gepredigten Islam ab- und Christus zugewandt.

Acht Jahre nach der iranischen Revolution machte ich einen Besuch in der Türkei. Millionen von Flüchtlingen aus dem Iran lebten damals dort oder waren auf der Durchreise. Mehrere kleine Gruppen von iranischen Gläubigen waren in Istanbul entstanden. Ich habe von einer Iranerin gehört, die gesagt haben soll: »Ich danke Gott für den Ayatollah. Ich habe bisher in dem Mann nur Hass gesehen, aber jetzt bin ich davon überzeugt, dass es einen Gott der Liebe geben muss.« Sie fand diesen Gott der Liebe in Jesus Christus. Können wir sagen, dass Khomeini unbeabsichtigterweise mehr Iranern zum Glauben an Jesus verholfen hat als irgendjemand sonst in diesem Jahrhundert? Gott erwählt sich Werkzeuge, die uns ganz unmöglich erscheinen, damit ihm allein die Ehre gebührt.

Mao Tse Tung war ein erbitterter Feind jeglicher Religion und ließ sich selbst mit großem Kult verehren. Es schien unmöglich, dass er der Mann sein könnte, der durch sein Handeln vielleicht mehr Leute zum Reich Gottes hinzugetan hat als jemals ein Mensch zuvor in der Geschichte der Menschheit! Als das Mutterland China schließlich an Maos siegreiche kommunistische Armeen fiel, schien für das Christentum wieder einmal die Totenglocke zu läuten.[169] Im Jahr 1949 gab es etwa 800 000 erwachsene protestantische Kirchenmitglieder, etwa 1,5 Millionen protestantische Kirchgänger und etwa drei Millionen römisch-katholische Christen. Die Christen waren vom Rest der Welt isoliert und viele von ihnen mussten Mitglieder in von der Regierung kontrollierten »Denominationen« sein. Sogar diese Denominationen verschwanden mit dem Beginn der so genannten Kulturrevolution (1966–75) von der Bildfläche. Allerdings diente diese Revolution keineswegs der Kultur; vielmehr fiel ihr jegliches Kulturgut zum Opfer. In der darauf folgenden Schreckenszeit wurden Familien auseinander gerissen, die Wirtschaft ruiniert und alles, was mit Religion zu tun hatte, wurde ausgelöscht und vernichtet. Das Gemeindeleben wurde zum Erliegen gebracht, ausgenommen zweier Vorzeigekirchen, die für neugierige Ausländer offen gehalten wurden.

Viele dachten damals, dass das Christentum in China endgültig untergegangen sei. Aber der Niedergang der politischen Macht Maos im Jahr 1975 und die Neutralisierung seiner extremen Ideologie brachten einen gewaltigen Umschwung des Systems, das so viel Leid angerichtet hatte. Nicht nur ein vitaler, wenn auch rücksichtsloser Kapitalismus brach sich inmitten der kommunistischen Wirtschaftsruinen Bahn, sondern auch neues geistliches Leben. Die im Geheimen existierende Gemeinde trat stärker an die Öffentlichkeit und erhielt auch größere Versammlungsfreiheiten und Möglichkeiten zum Zeugnis, wurde aber noch immer unterdrückt und verfolgt. Noch immer kennen wir die Geschichte des Wachstums der Gemeinde Jesu in China in den vergangenen 20 Jahren nur teilweise, aber es sind dort auf jeden Fall außergewöhnliche Dinge geschehen. Viele Bücher sind über dieses Wirken Gottes geschrieben worden.[170] Mehrere Experten haben versucht, mittels umfangreicher Untersuchungen in Erfahrung zu bringen, was nicht in Erfahrung zu bringen ist – nämlich wie viele Menschen genau in China Christen geworden sind – und so lagen im Jahr 1992 eine ganze Reihe Schätzungen darüber vor, wie viele Glieder die Gemeinde Jesu in China wirklich hat.[171] Diese Schätzungen bewegten sich zwischen 25 und 100 Millionen Menschen. Als ich die letzte Ausgabe von Operation World (Gebet für die Welt) im Jahr 1993 zusammenstellte, erreichte mich interessanterweise ein Bericht:

Durch ein »Leck« innerhalb der Führungsriege des kommunistischen Regimes war die Nachricht von einem geheimen Bericht der Regierung gesickert, der über zwei Jahre hinweg erstellt worden war und in diesem Bericht wurde für 1992 eine Zahl von 63 Millionen Protestanten und zwölf Millionen Katholiken angegeben. Zwar haben wir keine Möglichkeit, diese Angaben zu überprüfen, aber die Zahlen würden gut zu anderen Faktoren passen. Das würde bedeuten, dass die Zahl der Katholiken um das Vierfache und die Zahl der Protestanten um das Vierzigfache zugenommen hat, wobei diese Christen mehrheitlich zu nichtregistrierten Hausgemeinden gehören, die es über das ganze Land verstreut gibt. Heute können wir erkennen, dass wir es hier mit Sicherheit mit dem umfangreichsten Wachstum der Gemeinde überhaupt zu tun haben und einer der Faktoren, der dazu beigetragen hat, war der Kommunist Mao Tse Tung. Die Bibel hat die kleine rote »Mao-Bibel« verdrängt und ist heute das gefragteste, bekannteste Buch in China. Wir können noch nicht erkennen, welchen Einfluss die Gemeinde Jesu in China auf die übrige Welt nehmen wird, denn der wird sich im 21. Jahrhundert bestimmt bemerkbar machen. Ob China zu dem Land werden wird, das die meisten Missionare der Geschichte aussendet?

Naturkatastrophen

Die massive Zunahme der Weltbevölkerung und die rasche Verstädterung in den ärmeren Ländern hat zur Folge, dass die Erdbeben, Taifune und Vulkanausbrüche immer noch mehr Opfer fordern. Jesus selbst hat uns vor diesen Naturkatastrophen gewarnt,[172] denn sie sind ein Kennzeichen des

Zeitalters zwischen seinem ersten und zweiten Kommen. Ich möchte nun einige Beispiele aus den vergangenen Jahren für das Wirken Gottes durch diese Katastrophen anführen.

In **Guatemala** haben sich in den vergangenen 20 Jahren viele Menschen zu Gott bekehrt. Der prozentuale Anteil der Evangelikalen liegt jetzt vielleicht bei 30 Prozent an der Gesamtbevölkerung und das wäre weltweit einmalig. Dieses Gemeindewachstum geht auf die heftigen Guerillakämpfe zurück sowie auf ein verheerendes Erdbeben, das große Teile der Hauptstadt in Schutt und Asche gelegt hat. Ein Faktor, der mit zum Wachstum der Evangelikalen beitrug, war die Liebe und Anteilnahme der guatemaltekischen Gläubigen, die diese den Opfern erwiesen sowie die Hilfeleistungen evangelikaler internationaler Organisationen. So öffneten die Menschen ihr Herz für das Evangelium. Wir können dankbar sein für Organisationen wie z. B. World Vision International in den USA und anderen Ländern, für TEAR Fund in Großbritannien, den Niederlanden und Australien und Hilfe für Brüder in Deutschland sowie viele weitere Organisationen. Ihre umfangreichen Hilfeleistungen und ihre liebevolle Anteilnahme haben viel dazu beigetragen, dass in vielen Gebieten der Erde, in denen große Not herrscht, neue Gemeinden gegründet wurden und bestehende Gemeinden wuchsen.

Ukraine und Tschernobyl: Tschernobyl ist durch den schrecklichsten Nuklearunfall der Geschichte zu zweifelhaftem Ruhm gekommen. Während dieser Nuklearkatastrophe entwichen radioaktive Giftwolken, die über ganz Europa hinwegzogen und in die Atmosphäre gelangten. Große Gebiete der Ukraine und Belorusslands werden für Tausende von Jahren unbewohnbar bleiben, bevor die

Radioaktivität auf ein ungefährliches Niveau gesunken ist. Die Auswirkungen der Kontamination auf die Gesundheit und das Leben von Millionen von Ukrainern, Belorussen und anderen Völkern in der unmittelbaren Umgebung Tschernobyls werden noch jahrzente- oder sogar jahrhundertelang spürbar bleiben. Die kommunistischen Führer machten bei der Bewältigung des schrecklichen Unfalls so viele schwerwiegende Fehler, dass dieses Ereignis entscheidend mit dazu beitrug, dass das Ansehen des Kommunismus grundlegend geschädigt wurde und die Sowjetunion zusammenbrach.

Diese Katastrophe hatte auch Auswirkungen auf das Reich Gottes. Zunächst einmal wurde das Kraftwerk auf jüdischen Massengräbern errichtet, die dort im Jahr 1942 von den Nazis angelegt worden waren. Zweitens bedeutet der Name Tschernobyl im Ukrainischen Wermut und so heißt auch der Stern, den Johannes in der Offenbarung erwähnt:

»Und der dritte Engel posaunte: und es fiel vom Himmel ein großer Stern, brennend wie eine Fackel, und er fiel auf den dritten Teil der Ströme und auf die Wasserquellen. Und der Name des Sternes heißt Wermut; und der dritte Teil der Wasser wurde zu Wermut, und viele der Menschen starben von den Wassern, weil sie bitter gemacht waren« *(Offenbarung 8, 10 – 11)*.

Diese Parallele ist doch wirklich erstaunlich. Ich will damit nicht behaupten, dass diese Katastrophe *genau* das in diesem Bibeltext offenbarte Ereignis gewesen ist, aber es ist doch interessant, wenn man bedenkt, dass das eine Kraftwerk unter 50 Nuklearkraftwerken in der ehemaligen

Sowjetunion gerade das mit dem Namen ›Wermut‹ betroffen war. Hat Gott hier zu uns gesprochen? So haben viele Menschen es in der damaligen UdSSR auf jeden Fall betrachtet. Mit Erstaunen habe ich einige Monate später in der britischen Zeitung Daily Telegraph einen Leitartikel mit dem Titel »Die Russen lesen wegen Tschernobyl die Bibel« gelesen. Der Reporter erklärte die Bedeutung des Begriffs Tschernobyl und berichtete erstaunlicherweise, dass in der gesamten Sowjetunion die Buschtrommeln die Botschaft weiterleiteten: »Tschernobyl kommt in der Bibel vor und spricht vom Zorn Gottes über die Sünder.« In den Buchläden waren die russisch-ukrainischen Wörterbücher vergriffen, denn Bibeln waren in den Buchläden damals nicht frei verkäuflich. Deshalb fragten viele Menschen jene, die eine Bibel besaßen, um die Worte aus der Offenbarung nachzulesen. Ich frage mich, wie viele Menschen wohl wegen der Tschernobyl-Katastrophe zu der himmlischen Schar vor dem Thron Gottes hinzugekommen sind? Unser Gott kann auch die Tschernobyl-Katastrophe dazu benutzen, um die Weltmission wieder ein Stück voranzubringen.

Spanien ist von Drogenproblemen in Europa mit am stärksten betroffen. In Madrid ist der Drogenmissbrauch am schlimmsten und die Zahl der Abhängigen verglichen mit dem ganzen Land am größten. Im Jahr 1984 legte Gott Elliot und Mary Tepper aus den USA und den Australiern Lindsay (und später Myk) MacKenzie eine Last für die Drogenabhängigen Madrids aufs Herz. Sie begannen eine Arbeit unter den Drogenabhängigen und nannten sie Bethel.[173] Innerhalb von zwölf Jahren wuchs die Arbeit enorm und viele Menschen haben auf wunderbare Weise Rettung und Befreiung von ihrer Abhängigkeit erfahren. Viele der ersten Konvertiten wurden selbst Mitarbeiter, später Pastoren und dann die Leiter der Arbeit. Schon bald wurde klar, dass unter den Drogenabhängigen die Rate der AIDS-Erkrankten sehr hoch war. Man schätzt, dass im Jahr 1992 in Spanien 300 000 Menschen von Heroin oder Kokain abhängig waren, von denen 100 000 HIV-positiv waren. Viele von ihnen hatten sich mittlerweile zu Christus bekehrt. In dieser kurzen Zeit sind durch die etwa 20 Rehabilitationszentren über 20 000 Menschen hindurchgegangen. Fast alle, die das ganze Therapiejahr in diesen Zentren ausharrten, sind nicht mehr rückfällig geworden und wiederum viele von ihnen bekehrten sich aus vollem Herzen zu Christus.

Die Ergebnisse sind in diesem Land, das für das Evangelium ansonsten ein sehr harter Boden war, wirklich erstaunlich. Die Gesamtzahl erwachsener evangelikaler Gemeindemitglieder liegt bei nur etwa 60 000 Menschen; dazu kommen 30 000 Roma-Christen hinzu. Durch die Drogenarbeit entstanden eine ganze Reihe von neuen Gemeinden. Die Hauptkirche in Madrid ist heute die größte evangelikale Gemeinde in Spanien mit 400 Mitgliedern und 700 Gemeindebesuchern. Die traurige Nachricht ist, dass möglicherweise bis zu 30 Prozent der Mitglieder Träger des AIDS-Virus sind. Deshalb mussten hier ganz neue Wege gefunden werden, die Gemeinde aufzubauen und die Leiter zu schulen. Die Menschen wollten schnell lernen, denn viele wussten, dass sie vielleicht nicht mehr lange leben würden. Aus dieser Arbeit unter dem Bodensatz der Gesellschaft hat sich eine sensationelle Missionsbewegung entwickelt, aus der spanische Missionare hervorgehen, die nun in ganz Spanien und darüber hinaus im Ausland arbeiten. Bethel hat seine Arbeit nun auf die Drogenabhängigen in Nordafrika, Italien, Frankreich, die USA, Deutschland und

Großbritannien ausgedehnt und gründet weiter Gemeinden. Gott hat sogar die Heimsuchung der Menschen mit AIDS benutzt, um dem Evangelium zu einem einzigartigen Durchbruch zu verhelfen. Gleichzeitig wurde hier ein Arbeitszweig gegründet, der für die übrigen Teile der Welt, in denen AIDS die ganze Bevölkerung bedroht, Vorbildfunktion haben kann. Es ist deshalb nicht erstaunlich, dass Stewart Dinnen seinen Bericht über die Arbeit in Bethel »Rettungsstation im Vorhof der Hölle« nannte.[174]

Ich habe nur einige wenige Beispiele aus vielen anderen ausgewählt, aber ich bin mir ganz sicher, dass wir eines Tages in der Ewigkeit erkennen werden, wie Gott auch durch diese schrecklichen Ereignisse in der Geschichte gewirkt hat, die zu unseren Lebzeiten die Welt erschüttert haben. Wenn das nicht geschähe, weiß ich nicht, ob der Himmel wirklich ein vollkommener Ort wäre! Wir werden dann viel mehr Grund haben zum Lobpreis Gottes als für diese von mir beschriebenen Ereignisse aus dem Diesseits, zu einer Zeit, als unser Wissen nur Stückwerk war.

Kapitel 11

Die Truppe Gottes setzt sich in Bewegung

Wer von meinen Lesern in der westlichen Welt lebt, kennt die Art und Weise, wie neue Missionare für den Dienst gewonnen werden. Die Gesamtzahl der Langzeit-Missionare hat sich nicht erhöht; in manchen Ländern ist sie sogar zurückgegangen. Wir haben uns auch an die Tatsache gewöhnt, dass nur wenige Christen jemals ein Missions-Gebetstreffen besuchen. Nicht so gut bekannt ist dagegen die Zahl der Missionare aus den nicht-westlichen Ländern und die Zahl der Beter dort. Gott hat hier einen neuen Aufbruch geschenkt und beruft sich auf der ganzen Welt seine Boten.

Die Beter

Die weltweite Gebetsbewegung, bei der oft Tausende oder sogar Millionen von Christen auf der ganzen Erde beteiligt sind, sind ebenfalls eine Quelle der Ermutigung. Und darüber hinaus ist der Einfluss des Gebets auf die Erde nicht zu ermessen, denn viele der großen Durchbrüche für das Evangelium können dem Gebet zugeschrieben werden. Die Verbindung zwischen der Fürbitte und den Ereignissen hier auf der Erde können wir aus unserer beschränkten Einsicht heraus nicht immer so leicht herstellen, aber eines Tages werden wir erkennen, auf welche Weise das Gebet die Welt beeinflusst hat. Edwin Orr hat in überzeugender Weise dargelegt,[175] dass die Zweite Große Erweckung im Jahr 1790 eng mit dem ersten großen Durchbruch der protestantischen Missionsarbeit in der Zeit von 1792–1820 verknüpft war, sowie der zweite Durchbruch der protestantischen Missionsarbeit mit der evangelikalen Erweckung, die sich in den Jahren 1858–1860 in Nordamerika und Teilen von Europa Bahn brach. Diesen gewaltigen Durchbrüchen hatten Menschen intensive Gebete vorausgeschickt, die Gott eindringlich um Erweckung angefleht hatten.

In Offenbarung 5–8 lesen wir vom Öffnen der sieben Siegel. Der Abschnitt beginnt mit der wunderschönen Beschreibung des Lammes und des Löwen aus dem Stamm Juda, unserem auferstandenen Herrn, der allein würdig ist, diese sieben Siegel zu öffnen. Das Lied, das vor dem Thron erklingt, wenn das Lamm das Buch nimmt, ist ein Loblied für die Erlösung der Menschen aus jedem Volk, jedem Stamm, jeder Volksgruppe und jeder Sprachgruppe. Das Öffnen der Siegel weist auf das Werk hin, das Gott um der Erlösung willen auf der Erde vollbracht hat und jedes Siegel eröffnet uns eine neue Perspektive seines Wirkens. Die ersten vier Siegel versetzen uns in Staunen und erschrecken uns gleichzeitig. Das erste Pferd steht für Tyrannei und Unterdrückung, das zweite für Kriege, das dritte für Not und Ungerechtigkeit und das vierte für Hunger und Elend. Diese Aufstellung stimmt fast genau mit den Ereignissen überein, wie ich sie im vorausgegangenen Kapitel beschrieben habe. Wenn wir uns aber diesen Abschnitt (Offenbarung 5, 8) genauer anschauen, stellen wir fest, dass hier die Gebete der Heiligen erwähnt werden, die zu Gott aufsteigen. In Kapitel 8, 1–5 wird beim siebten Siegel Feuer beschrieben, das als Antwort auf die Gebete der Heiligen auf die Erde geworfen wird. Der gesamte Abschnitt über die sechs Siegel, die geöffnet werden, wird von dem Hinweis auf die Gebete der Heiligen umrahmt. Wenn Gott eingreift, um Menschen zu erretten – manchmal auch durch schreckliche Geschehnisse – dann sind diese Ereignisse nicht nur ein Zeichen der Allmacht Gottes, sondern auch eine Antwort auf die Gebete der Kinder Gottes. Gott, der Allmächtige, der uns nicht nötig hätte, um seinen Willen zu vollbringen, lässt uns an seinem Heilsplan für die Erde durch Fürbitte und Zeugnis Anteil nehmen, denn das entspricht seinem Willen, die Dinge zu vollenden und zum Ziel zu bringen. Was für ein großes Vorrecht! Aber welche Schande, dass wir so wenig Fürbitte leisten, und wenn wir schon beten, dann oft doch sehr kläglich.

Ein Kennzeichen der heutigen Welt ist die Entstehung von vielen weltumspannenden Gebetsbewegungen, an denen Tausende oder sogar Millionen von Christen beteiligt sind. Ich kann hier nur einige wenige Bewegungen erwähnen – die Lydia Fellowship: Frauen auf der ganzen Welt haben sich zusammengetan, um beharrlich für die Weltmission zu beten; die Bewegung der »Jesus-Marsch«, die in Großbritannien ins Leben gerufen wurde, an dem aber mittlerweile jedes Jahr bis zu 30 Millionen Christen teilnehmen. Die Teilnehmer des Gebetsmarsches beten für die Weltmission. Sodann wären hier die Netzwerke verschiedener einzelner Gebetsinitiativen zu nennen, die mit Peter und Doris Wagner von Global Harvest Ministries verbunden sind,[176] sowie mit der Bewegung AD 2000 and Beyond. Ähnlich wie diese Gebetsbewegungen gibt es noch viele weitere dynamische, aktive Bewegungen wie z. B. die Gebetskonzerte,[177] die von David Bryant in den USA angeregt und initiiert wurden,[178] dann aber in vielen weiteren Ländern aufgegriffen wurden, die Initiative, Gebet zur geistlichen Kampfführung zu nutzen (manche meinen allerdings, dass hier übertrieben wird!),[179] aus Korea wurde das Gebet und Fasten auf Bergen übernommen, sowie die Gebetsmärsche und Gebetsreisen.[180] Zwar gibt es bei diesen neuen Gebetsinitiativen auch Bedenken, aber die Ergebnisse – ein neues Bewusstsein für das Gebet, die Beteiligung vieler Menschen am Gebet und ihre Hingabe – sind im Allgemeinen außergewöhnlich positiv.

Noch niemals zuvor in der Geschichte haben wie in den 1990er Jahren so viele Menschen ganz gezielt für Erweckung gebetet, für die islamische Welt während des Fastenmonats Ramadan, für die Gebetsanliegen der Bewegung AD2000 and Beyond im Zusammenhang mit dem 10/40-Fenster, für die einzelnen Länder der Erde, für die Städte und Völker. Die Erwartung steigt, dass Gott als Antwort darauf ungewöhnliche Dinge bewirken wird. Wir erkennen bereits Anzeichen dafür. Ich möchte einige wenige Beispiele dafür anführen; viele weitere könnten genannt werden:

China war 100 Jahre lang wohl das Land, für das auf der ganzen Welt am meisten gebetet wurde. Große Männer des Gebets wie Hudson Taylor, der Gründer der China Inland Mission, bereiste die christliche Welt und bat die Menschen, für die nicht-evangelisierten Provinzen des Landesinneren in China zu beten. Dieser Aufruf führte dazu, dass ein ganzes Heer von Menschen Fürbitte tat und viele als Missionare nach China gingen. In dem Jahrhundert, bevor die Kommunisten das Mutterland China vereinnahmten, war China als Missionsfeld die Nummer Eins, auf dem etwa 8000 Missionare den Samen mit Tränen ausstreuten. Der Segensstrom staute sich hinter einem mächtigen Damm immer weiter auf, aber dieser Damm hielt eine weitere Generation lang. Wenn er damals gebrochen wäre, wäre das Werk, das Gott in China eigentlich tun wollte, für die vielen Missionsgesellschaften im Land viel zu groß gewesen. So wurden die Missionsgesellschaften in den Jahren 1949 und 1950 von der Szene entfernt. Keine von Menschen geleitete Missionsgesellschaft konnte nun die Ehre für die riesige Ernte nach 1975 für sich in Anspruch nehmen, und der, der dafür verantwortlich war (Mao Tse Tung) wäre entsetzt gewesen, hätte man ihm die Ehre zugesprochen! Die erfolgreichen Gemeindegründer der neuen, nicht-registrierten Gemeinden waren weder die vollmächtigen Prediger Chinas, noch die überwachten Ältesten der offiziellen Gemeinden, sondern häufig zwei junge, unverheiratete Frauen, die zur Gemeindegründung ausgesandt wurden – manche konnten während einer Missionsreise von zwei Jahren unter Gottes Führung bis zu 50 oder noch mehr Gemeinden gründen.[181] Nur die Fürbitte für China konnte den ausgestreuten Samen des Wortes zum Keimen bringen. Und nur die Fürbitte kann bewirkt haben, dass die Gemeindegründungen erfolgreich waren und solch eine Ernte hervorbringen konnten. Hätten die Christen so eifrig für die Evangelisation Chinas gebetet, wenn sie gewusst hätten, dass die Erweckung durch das Leiden unter Maos kommunistischer Herrschaft und seinem Terror bewirkt würde? Gottes Gedanken sind höher als unsere Gedanken und seine Antworten auf Gebet sind nicht immer so sanft, wie wir es gerne gehabt hätten.

Der Zusammenbruch des Kommunismus in Europa und der ehemaligen UdSSR war wohl das plötzlichste und unerwartetste Ereignis dieses Jahrhunderts. Bis zur Mitte der 80er Jahre war jedermann der Ansicht, dass das Kräftemessen zwischen den Supermächten der Erde leicht mit einem Sieg des kommunistischen Blocks enden könnte. Die Morschheit im Innern des kommunistischen Systems war gar nicht so offensichtlich, bis der Zusammenbruch tatsächlich kam. So kann dieses Ereignis nur als Antwort auf Gebet aufgefasst werden. Zwei Männer kommen mir dabei in den Sinn, Männer, die sich diese Gebetslast aufs Herz legen ließen und Gott um den Zusammenbruch des Kommunismus baten.

Bruder Andrew, der Autor des Buches *Die Schmuggler Gottes* forderte die Christen im Januar 1984 auf, einen siebenjährigen Gebetskampf zu führen, auf dass sich der Eiserne Vorhang heben sollte, der Europa in Ost und West teilte. Nach nur fünf Jahren fiel die berüchtigte Mauer in Berlin. Stücke der Mauer wurden als Touristenandenken verkauft. Nach sechs Jahren fiel der Kommunismus in Russland in sich zusammen und nach sieben Jahren hatte die Sowjetunion aufgehört, zu existieren. Das waren vielleicht Antworten auf das Gebet! Deshalb ist es kein Wunder, dass Bruder Andrew mittlerweile die Christen aufgefordert hat, einen zehnjährigen Gebetskampf zu führen, auf dass die Mauern um die Hochburgen des Islam fallen. Nur auf diesem Weg wird sich in diesem Bereich etwas bewegen. Auch der Islam wird eines Tages in sich zusammenfallen, denn groß ist die Macht des Gebets zu unserem allmächtigen Gott!

Professor Zacharias Fomum, Professor für Chemie, Gemeindegründer, Fürbitter und Autor[182] in Kamerun erhielt im Jahr 1987 von Gott eine Last aufs Herz gelegt, für die kommunistisch beherrschten Länder zu beten. Er rief mehrere Hundert Christen zusammen und sie fasteten und beteten mehrere Wochen zusammen und baten Gott um den Zusammenbruch des Kommunismus. Bevor sie wieder auseinander gingen, gab Gott ihnen die Gewissheit, dass ihre Gebete erhört worden waren. Sie beteten und proklamierten den Sieg in Jesus Christus und dann warteten sie gespannt auf die Antwort Gottes. Die ließ nicht lange auf sich warten!

Der Kommunismus war ein unerbittlicher Feind der Religion und insbesondere des Christentums. Aber dennoch ging das Christentum aus diesem Kampf als Sieger hervor. Viele, viele Menschen kehrten in der ehemaligen Sowjetunion in die Gemeinden ihrer Vorväter zurück. Das war normalerweise die Orthodoxe Kirche. All die Jahre der allgegenwärtigen Propagierung des Atheismus und der grausamen Verfolgung der Christen waren ein völliger Fehlschlag. Es war das Gebet der Kinder Gottes, durch das der Sieg errungen wurde.

Zentralasien war meiner eigenen Missionsgesellschaft, dem WEC, lange Zeit ein großes Anliegen. Seit den 1920er Jahren hatte der WEC den Wunsch, in diesen so unzugänglichen Teil der Erde vorzudringen. Das Ziel der Pioniermissionare des WEC war von den 1930er Jahren an eine Arbeit in Tibet, Pakistan, Iran, der Türkei. Wir konnten in der Zwischenzeit die Völker Zentralasiens nur in ganz kleinem Maßstab erreichen. Noch bis in die 1980er Jahre hinein stellten die Völker Zentralasiens einen der am wenigsten erreichten Völkerblöcke der Erde dar. Im Jahr 1980 begann Leslie Brierley, der für die Forschungsarbeit zuständige WEC Direktor, mein Vorgänger und der Mann, der mich für den WEC gewonnen hatte, in seiner Zeitschrift *The Wider Look* eine Gebetskampagne für die NAMMECA-Völker. NAMMECA stand für Non-Arab Muslim Middle East and Central Asia (Der nicht-arabische muslimische

Nahe Osten und Zentralasien). Viele Menschen fingen an, besonders für diese Region der Erde zu beten, insbesondere für die zentralasiatischen Republiken der damaligen UdSSR. Im Jahr 1984 gab Gott uns im WEC die Gewissheit, dass wir in dieser Region mit der Arbeit beginnen sollten. Noch im selben Jahr begannen wir, Langzeitmitarbeiter für Zentralasien zu suchen. Einige Missionsleiter zweifelten am Erfolg unseres Vorhabens, denn sie waren der Meinung, dass sich Zentralasien zu unseren Lebzeiten für Missionare nicht mehr öffnen würde. Aber genau das geschah und es war faszinierend zu beoabachten, wie das nach Zentralasien ausgesandte Team von Gott gesegnet wurde, die Arbeit bis heute wächst und für die Gemeindegründungsarbeit unter den muslimischen Volksgruppen ein Brückenkopf gebildet werden konnte. Es war das Gebet speziell für diese Region, das diese Länder erschloss.

Für 1991 war **die islamische Weltkonferenz in Dakar, Senegal** angesetzt. Einer der wichtigsten Punkte, die die Leiter der verschiedenen islamischen Länder auf der Tagesordnung hatten, war die Frage, wie die einheimischen christlichen Minderheiten in ihren Ländern zum Verschwinden gebracht und die vom Ausland aus betriebene Missionsarbeit in den islamischen Ländern beendet werden könnte. Im Jahr 1990 trafen wir Leiter des WEC International uns zu der alle sechs Jahre stattfindenden Leiterkonferenz in Schottland. Damals baten die Leiter der Missionsarbeit im Senegal uns, mit ihnen dafür zu beten, dass die geplante islamische Weltkonferenz abgesagt würde. Wir beteten mit Inbrunst für dieses Anliegen und während wir noch beteten, wurden wir innerlich von dem Gebet für das Anliegen fortgeführt und wir riefen den Sieg Jesu aus und priesen ihn schon dafür, dass er unser Gebet erhört hatte. Die Antwort kam auf überraschende Weise – einige Monate später überfiel der Irak Kuwait und der Golfkrieg begann. Dieser Krieg spaltete die islamische Welt in zwei Lager, so dass die islamische Weltkonferenz auf das nächste Jahr verschoben wurde. Und als sich die muslimischen Führer schließlich trafen, waren sie durch die Spaltung noch immer so entzweit, dass die meisten Leiter die Konferenz schon vor deren offiziellem Ende verließen und die Konferenz kaum ein Ergebnis hatte. Wir als die Gläubigen halten das Schicksal der Nationen in unseren betenden Händen, wir bestimmen den Verlauf der Geschichte und tragen mit zum Triumph des Reiches Gottes bei.

Die islamische Welt scheint für das Evangelium überhaupt nicht offen zu sein. Ist damit aber schon das Ende der Fahnenstange erreicht? Ein Muslim muss sehr hohe Mauern überwinden, bevor er Christ werden kann. Das liegt an einem falschen Bild von Jesus Christus, das im Koran vermittelt wird, der tief verwurzelten Ablehnung des Christentums aus gefühlsmäßigen, theologischen, geschichtlichen und kulturellen Gründen als auch an dem starken Druck durch Staat, Gesellschaft und Familie, der auf jeden ausgeübt wird, der am Christentum nur Interesse zeigt.

In der jüngeren Vergangenheit hat sich innerhalb des Islam eine Art Fundamentalismus etabliert, der gegen Abweichler aus den eigenen Reihen hart vorgeht. Die meisten Muslime hegen keinerlei Sympathie für den Fundamentalismus, der das christliche Zeugnis weiter erschwert hat. Allerdings hat die Grausamkeit und der blinde Eifer der Extremisten beim Einsatz für die Sache des Islam in Ländern wie Pakistan, Algerien, Ägypten, Sudan, Afghanistan, Iran und Indonesien, sowie die Verklärung des Heiligen

Krieges, des *jihad*, viele fromme Muslime in Angst und Schrecken versetzt. Dadurch begannen viele Muslime, am Islam zu zweifeln und die Zahl derjenigen, die das Christentum deshalb mit anderen Augen zu betrachten beginnt, hat zugenommen. Ein Beispiel dafür sind die Ereignisse in Indonesien in den letzten paar Jahren. Ein zunehmend gewalttätiger Islam hat den Ausbruch erheblicher Unruhen verursacht und auf der Insel Java sind etliche Gemeindegebäude zerstört worden. Im Jahr 1997 wurden viele Gemeindegebäude systematisch von muslimischen Banden zerstört. In einem Fall wurden der Pastor einer Gemeinde und seine Frau in ihrem eigenen Gemeindegebäude abgeschlachtet. Das Ehepaar, das den Märtyrertod starb, betete noch im Tod für ihre Peiniger. Das Ergebnis war, dass mindestens einer der Angreifer zum Glauben an Jesus Christus kam. O wären es doch noch viel mehr!

Die Kosten sind für jeden, der den Islam verlässt und zu Christus kommt, immens hoch, aber die Zahl der Bekehrungen zu Christus steigt dennoch heute immer weiter an, so wie es noch nie zuvor der Fall gewesen ist – allerdings muss man hinzufügen, dass die Gesamtzahl der Konvertiten in der islamischen Welt immer noch recht klein ist. Warum bloß? Ich glaube, dass die Zahl der Christen wächst, weil die geistlichen Nöte der islamischen Welt stärker in der Öffentlichkeit bekannt gemacht und in viel größerem Maße Gebetskalender für die islamische Welt verbreitet werden. Interessanterweise haben viele der Konvertiten, die sich aus ganzem Herzen zu Christus bekehrt haben, eine übernatürliche Offenbarung des Herrn Jesus gehabt oder haben auf spektakuläre, unwiderlegbare Weise Heilung erfahren.[183] Aus der ganzen islamischen Welt hören wir von Einzelpersonen, Familien und ganzen Gemeinschaften, die sich zu Christus bekehren. Nur durch Gebet wird in der islamischen Welt ein Durchbruch geschehen.

Eines Tages schauen wir vielleicht zurück auf das Aufkommen des Fundamentalismus und erkennen ihn als Feuerprobe für die islamische Welt, die letztlich den Untergang des Islam als Ideologie herbeigeführt hat. Ich bin der Auffassung, dass noch vor Jesu Wiederkunft durch große Aufbrüche, Bekehrungen ganzer Gruppen und viele Gläubige, die ein strahlendes Zeugnis für ihre Umwelt sind, offensichtlich werden wird, dass das Evangelium die Kraft Gottes ist und auch Muslime erretten kann, die einstmals in den Stricken der Sklaverei gefangen und von der Furcht in ihrer eigenen Religion geknechtet waren. Der Fundamentalismus ist vielleicht der Funke, der das Feuer in Brand setzt.

Die Arbeiter in der Ernte

Viele Christen waren lange Zeit der Ansicht, dass man eine lange, weiße Nase braucht, um Missionar sein zu können! Zu lange galten westliche Missionare als die Elite auf den Missionsfeldern, und ihnen fiel automatisch das Recht auf Leitung zu. Dass die ›Einheimischen‹[184] genau wie die Weißen Missionare werden, haben noch viel zu wenige Menschen begriffen. Einmal befand ich mich in Südafrika – und die Apartheid hatte gerade ihren Gipfelpunkt erreicht – und nahm mit Beschämung zur Kenntnis, dass die vorherrschende Meinung dort war, dass diese armen Schwarzen doch eigentlich wie Kinder seien; sie würden niemals ihre eigenen Angelegenheiten regeln können und deshalb haben wir, die Weißen, automatisch das Recht, über sie zu regieren. Dadurch wurde die farbige Bevölkerung so entmutigt, dass diese Menschen selbst nicht mehr glaubten, dass sie in der Lage sind, all das zu tun, was die Weißen taten – und noch einiges andere mehr!

Als junger Missionar sollte ich ein Team von afrikanischen Brüdern und Schwestern leiten, die etwa im selben Alter wie ich waren. Ich gebe zu, dass ich aufgrund meines Hintergrundes Vorteile hatte, dass ich mit Technologie und Finanzen vertraut war (obwohl ich persönlich arm wie eine Kirchenmaus war!). Aber ich merkte, dass hier irgendetwas falsch lief und ich sah ein, dass ich umdenken musste. Deshalb ermutigte ich meine Mitarbeiter, sich an den Entscheidungen zu beteiligen und all das zu tun, was ich auch tat. Ich arbeitete einen Zehnjahres-Plan aus, um diesen Geschwistern Stück für Stück die Arbeit zu übergeben. Ich erwartete, dass alles Notwendige für eine Großevangelisation von meinen Mitarbeitern getan wurde. Es war ein schwieriger Prozess und es ging sehr langsam voran, denn wir alle hatten viel zu lernen, aber es ging. Ich merkte, dass durch Gottes Gnade jeder Christ für jegliche Aufgabe im Reich Gottes großes Potential besitzt, wenn er dem Heiligen Geist gehorsam ist.

Durch die Zeltevangelisationen in Simbabwe in den späten 60er und den frühen 70er Jahren lernten viele Menschen Jesus Christus kennen. Zwei von ihnen wurden Missionare und schließlich Leiter bei YWAM (Jugend mit einer Mission).

Saluh Daka lebte in Bulawayo und war Transvestit, bevor der Herr ihn errettete. Ich kann mich noch gut an ihn erinnern, wie er in unser Evangelisationszelt kam und Streitgespräche mit uns bgann. Aber am Ende unseres Einsatzes in diesem Gebiet, am Ende eines ganzen Monats, war er von ganzem Herzen Christ geworden. Später schloss er sich YWAM (Jugend mit einer Mission) an und ging als Missionar nach Mosambik. Im Jahr 1975 wurde er von den Kommunisten verhaftet und verbrachte über ein Jahr im Gefängnis, weil er am Unabhängigkeitstag Bibeln verteilt hatte. Dann konnte er aus dem Gefängnis fliehen. Er schaffte es bis an die Küste, fand dort ein Ruderboot und ruderte hinaus aufs Meer, um so Südafrika zu erreichen. Draußen auf dem Meer geriet er jedoch in Panik, weil er nicht mehr wusste, ob Südafrika links oder rechts von ihm lag. Deshalb ruderte er ans Ufer zurück und stellte sich den Behörden. Nachdem er aus dem Gefängnis entlassen worden war, arbeitete er auf den Philippinen und wurde darauf der Leiter von YWAM (Jugend mit einer Mission) in Kamerun in Afrika. Leider starb er einige Jahre später an einer allergischen Reaktion.

Ein weiteres Beispiel ist Oliver Nyumbu aus Simbabwe, der die YWAM Discipleship Training School in Haywards Heath in England leitete, als wir als Familie im Jahr 1980 nach Großbritannien zurückkehrten. Oliver Nyumbu lud mich zu einem Vortrag an seine Schule ein und stellte mich folgendermaßen vor: »Ich freue mich, dass Patrick heute hier bei uns sein kann! Er weiß zwar nichts davon, aber er ist mein Vater im Herrn!« Vor vielen Jahren hatte ich bei einem Jugendlager vor einer Schar junger Leute gepredigt. Nach der Versammlung hatten er und einige andere junge Leute Interesse an Gott gezeigt und ich konnte ihnen den Weg zu Jesus zeigen. Als ich einen dieser jungen Männer das nächste Mal wiedertraf, arbeitete er als Missionar in meinem Heimatland. Bis heute dient er dem Herrn in England.

Diese beiden Männer waren fast so etwas wie ein prophetischer Vorgeschmack dessen, was zu einem wesentlichen Bestandteil meiner späteren Arbeit wurde. Es wurde meine Aufgabe, Christen in den nicht-westlichen Ländern auf ihre Aufgabe in der Mission aufmerksam zu machen. Dies geschah einmal durch öffentliche Vorträge, zum anderen aber auch durch die Veröffentlichung von *Operation World* (Gebet für die Welt) in vielen weiteren Sprachen. Viele Menschen haben mir dankbar berichtet, wie die Vorträge und *Gebet für die Welt* mit dazu beigetragen haben, dass sie Missionare wurden. Im Jahr 1985 besuchten Jill und ich unser WEC-Team im Senegal. Während unseres Aufenthaltes dort flogen wir mit einem kleinen Flugzeug der New Tribes Mission in die Hauptstadt des Senegal, nach Dakar. Dort warteten zwei Brasilianer auf einen Rückflug in den Süden des Landes. Einer von ihnen sah mich aus dem Flugzeug aussteigen. Er rannte auf mich zu und umarmte mich stürmisch und drückte mich mit einer echten heftigen brasilianischen abraco (Umarmung) ans Herz. Voller Freude erzählte er mir, dass er heute Missionar der New Tribes Mission sei, weil er vor Jahren in Sao Paulo in Brasilien einen Vortrag von mir gehört hatte, in dem ich über den Bedarf an Missionaren im Senegal gesprochen hatte. Der andere Brasilianer rief plötzlich: »Sie sind doch der, der das Buch geschrieben hat, oder? Das Buch ist der Grund, weshalb ich heute hier bin!«

Leslie Brierley vom WEC International besuchte im Jahr 1962 Brasilien. Er wollte herausfinden, inwieweit das Land das Potential zur Aussendung von Missionaren besaß. Allerdings hat es dann noch bis 1972/73 gedauert, bis Brierley and sein Kollege vom WEC, Bob Harvey, begannen, die Bibelschulen zu besuchen und in Seminaren auf die Wichtigkeit der Mission hinzuweisen. Das war der Startschuss für die umfassende Missionsbewegung in Brasilien, die damals ihren Anfang nahm. Bob Harvey wurde infolgedessen »Mr. Mission, Brasilien« genannt, und er arbeitete mit einigen Kollegen zusammen, darunter Jonathan Santos, dem Gründer der Antioch Mission of Brazil.

Von dieser Erfahrung ausgehend begann Brierley, nicht-westliche Länder auf der ganzen Welt bei ihrer Beteiligung an der Missionsarbeit anzuleiten. Brierley bewirkte viel durch seine persönlichen Besuche vor Ort und durch das, was er veröffentlichte, insbesondere in den Zeitschriften *LOOK* und *Wider LOOK*. Beides hatte Auswirkungen in Ländern wie Indien, Taiwan, Singapur, Japan, Indonesien und in Afrika. Einige dieser Christen, die für die Mission gewonnen wurden, gründeten eigene, einheimische Missionsgesellschaften oder schlossen sich bereits bestehenden Missionsgesellschaften an, andere wurden Kandidaten des WEC. Die bisherigen Feldleiter des WEC in Ghana gehörten zu diesen Christen; sie sind Inder.

Die Christen weltweit sind sich ihrer Aufgabe der Mission bewusst geworden. Die ersten Missionare im Pazifik vor fast zwei Jahrhunderten erkannten, dass sich unter den Polynesiern und Melanesiern eine gewaltige Missionsbewegung Bahn zu brechen begann. Der größte Teil der Inselbewohner hörte das Evangelium nicht von Europäern, sondern von Inselbewohnern, von denen einige den Märtyrertod starben. Leider verloren die Christen das Anliegen der Mission über die Jahre etwas aus dem Blickfeld, aber es ist nicht erstaunlich, dass die moderne Missionsbewegung der Evangelical Fellowship of the Pacific das Symbol jener ersten Missionsbewegung in ihrem Namen weiterverwendet und sich **The Deep Sea Canoe Mission** nennt. Das Gleiche gilt für Indien, China und Afrika, allerdings ist die Geschichte dieser im Land selbst entstandenen Missionsbewegungen des 19. Jahrhunderts zu großen Teilen noch nicht schriftlich festgehalten worden.[185]

Erst in den späten 70er und den frühen 80er Jahren dieses Jahrhunderts wurden die nicht-westlichen Missionare im Westen überhaupt zur Kenntnis genommen. Mehrere Bücher von Marlin Nelson, Larry Keyes und Larry Pate[186] haben diese schnell wachsenden Missionsbewegungen beleuchtet. In mancher Hinsicht war 1984 ein Schlüsseljahr. Ich habe keine Ahnung, was sich in diesem Jahr in der geistlichen Welt abgespielt hat, aber plötzlich begann sich die Zahl der nicht-westlichen Missionsgesellschaften zu vervielfachen und viele nicht-westliche Missionare stießen zu den größtenteils westlich geprägten internationalen Missionsgesellschaften hinzu, die bereit waren, sie mit offenen Armen aufzunehmen. Missionsgesellschaften wie OM (Operation Mobilisation), YWAM (Jugend mit einer Mission), OMF (ÜMG), WEC (Weltweiter Einsatz für Christus) und andere Gesellschaften mussten sich rasch darauf einstellen, dass sie nun eine multikulturelle, weltumspannende Missionsgesellschaft waren mit all den Freuden und Sorgen, die diese Entwicklung mit sich bringen kann.[187]

Larry Pate hat in seinem Buch *From Every People* (Aus jedem Volk) eine ermutigende Übersicht aller einheimischen Missionsgesellschaften der nicht-westlichen Länder und Kulturen, über die er Material zusammentragen konnte, zusammengestellt. In diesem Buch wagte Pate die Voraussage, dass der nicht aus dem Westen kommende Anteil an Missionaren größer werden würde als der westliche. Leider leidet das Buch in gewisser Weise darunter, dass Pate nicht in jedem Fall dieselben Kriterien für die Definition des Begriffes Missionar angelegt hat, sowie darunter, dass er etliche Missionsgesellschaften mit aufgenommen hat, die von ihrer Theologie oder Statistik her zu Bedenken Anlass bieten. Die Grundaussage des Buches jedoch ist vollkommen berechtigt, dass nämlich der nicht aus dem Westen kommende Beitrag zur Weltmission so groß werden wird, dass er nicht länger ignoriert werden kann.

Im Oktober 1997 wurde die COMIBAM-Konferenz in Acapulco, Mexiko, abgehalten. Es war eine spezifisch lateinamerikanische Konferenz und ein Beweis dafür, dass die lateinamerikanische Missionsbewegung zur Reife gekommen ist. Ted Limpic erstellte eine groß angelegte Übersicht über die Missionsgesellschaften der hispanischen Welt. Diese Übersicht wurde für die COMIBAM-Konferenz im Ibero-American Handbook veröffentlicht. Dort wurden 397 Missionsgesellschaften und 3498 Missionare aufgeführt.

Für die 1993er Auflage von *Operation World* (Gebet für die Welt) habe ich die Zahlen aller Missionsgesellschaften weltweit zusammengetragen, derer ich irgendwie habhaft werden konnte. Es gibt dort drei Hauptdefinitionen des Begriffs »Missionar« – der nordamerikanische Missionar (der Nordamerika verlässt, um in einem anderen Land zu arbeiten), der europäische und lateinamerikanische Missionar (der in einer jeweils anderen Kultur arbeitet) und der afrikanische und asiatische Missionar (der einen Ruf als Apostel hat und dort evangelisiert oder Gemeinden gründet, wo es noch keine gibt). Wenn man sich die letzte Definition vornimmt und sie weitmöglichst auslegt,[188] stammen etwa 31 Prozent der 138 000 Missionare weltweit aus nichtwestlichen Ländern. Wenn man die engste Definition anlegt, dann arbeiten noch immer zehn Prozent von 76 000 Missionaren in anderen Ländern.

Gelobt sei Gott für die Vielfalt und die Gaben dieser vielen neuen Missionare, die sie in die Missionsarbeit einbringen. Ich bewundere den evangelistischen Eifer der Brasilianer, die Klugheit, mit der die Chinesen mit den für die Mission zur Verfügung stehenden Finanzen umgehen, die zähe Beharrlichkeit, mit dem die Koreaner den Gemeindebau betreiben und den Mut der Nigerianer bei der Evangelisierung der Muslime. Es sieht ganz so aus, als ob die Missionare aus dem Westen eher die Organisatoren und Techniker der Missionsarbeit werden, die den übrigen Missionaren beispringen, wo nötig; aber die ausgeklügeltste Kommunikationstechnologie kann nicht die Stunden ersetzen, die nötig sind, um einem Menschen von Angesicht zu Angesicht Zeugnis zu geben. Vielleicht werden wir eines Tages zu dem Schluss kommen, dass der Computer jeden Bereich der Missions- und Gemeindearbeit beschleunigen kann, ausgenommen die entscheidenden Bereiche, die Evangelisation und Jüngerschulung.

Die Missionsarbeit heute muss im weltweiten Kontext geschehen. Das ist eine Tatsache, egal, ob wir den Gedanken nun begrüßen oder nicht. Je leichter die Länder mit längerer Erfahrung in der Missionsarbeit die Länder als gleichberechtigte Partner akzeptieren, die erst seit kurzer Zeit Missionare aussenden und eigene Missionsgesellschaften haben, um so weniger Reibungsverlust wird es geben. Eine der größten Herausforderungen heute ist die Entwicklung guter Ausbildungsprogramme, um die Missionare aus Lateinamerika, Afrika und Asien auf ihren Dienst vorzubereiten.[189] Informelle und formelle Partnerschaften und Netzwerke auf den Pioniermissionsfeldern der Welt sind unsere Zukunft und ungeachtet aller Schwierigkeiten müssen wir uns ganz dafür einsetzen, dass diese Partnerschaften gut funktionieren.

Kapitel 12

Die Welt mit dem Evangelium erreichen – in unserer Generation

Das Ende dieses Jahrtausends ist ein einzigartiger Wendepunkt, den wir erleben. Dass sich ein Jahrtausend dem Ende zuneigt und wir in ein neues Jahrtausend eintreten, übt auf uns alle eine gewisse Faszination aus. Dieses Datum gibt ganz gewiss auch Spinnern und Scharlatanen die Gelegenheit, die Gefühle anzuheizen und die Erwartungen hochzupeitschen, dass mit dem Anbruch des Jahrtausends ein magisches Datum erreicht ist oder eine schreckliche Katastrophe hereinbrechen wird. Viele Christen werden durch dieses Sperrfeuer irregeleitet, und zwar gerade auf eine Weise, vor der der Herr Jesus Christus uns in Matthäus 24 gewarnt hat. In dem verbleibenden Jahr dieses Jahrtausends werden mit Sicherheit noch einige apokalyptische Entwürfe an die Öffentlichkeit gebracht werden, es werden Nachtwachen abgehalten werden, weil man die Wiederkunft des Herrn Jesus erwartet, Massenselbstmorde werden sich ereignen und andere verrückte Verdrehungen der Lehre der Heiligen Schrift zur Eschatologie werden wir erleben. Eines aber ist ganz sicher – Jesus wird zu einer Zeit kommen, wenn NIEMAND ihn erwartet![190] Es wäre doch zu schön, wenn seine Wiederkunft in die von Dispensationalisten veröffentlichten Schaubilder passen würde, die sieben Zeitalter umfassen! Trotzdem hat es wohl eine gewisse Berechtigung, vermehrt mit der baldigen Wiederkunft des

Herrn zu rechnen, aber sie muss sich keinesweges gerade im Jahr 2000 ereignen.[191] Wir wissen, dass die Zeit nahe herbeigekommen sein muss, aber wir können nicht das genaue Datum voraussagen. Die Wahrscheinlichkeit steigt, je mehr die einzelnen Befehle des Missionsbefehls erfüllt werden.

Seit dem frühen 19. Jahrhundert haben Menschen immer wieder das Anliegen verfolgt, die vor ihnen liegende Aufgabe zu bewältigen, aber diese Gedanken wurden erst ab 1881 in der Missiologie Allgemeingut. Todd Johnson stellt in den Graphiken seines Buches *Countdown to 1900* (Countdown bis 1900) die Bemühungen dar, das Evangelium in den letzten 20 Jahren des vergangenen Jahrhunderts in die ganze Welt hinauszutragen, sowie die um sich greifende Entmutigung, als das Ziel damals nicht erreicht wurde. Zur selben Zeit veröffentlichten David Barrett und Jim Reapsome ein bemerkenswertes Buch mit dem Titel *Seven Hundred Plans to Evangelize the World* (700 Ideen zur Weltevangelisation). Zum ersten Mal zeichneten die Autoren ein so gut wie vollständiges Bild der Vorhaben und Pläne, die in der weltweiten Gemeinde Jesu und in der gesamten Geschichte existierten, um den Missionsbefehl teilweise oder vollständig zu erfüllen. Die Zahl derartiger Pläne hat in den vergangenen 20 Jahren stark zugenommen; deshalb wiesen Barretts Statistiken im Jahr 1998 1290 solcher Pläne auf.

Hier möchte ich Ihnen fünf dieser Pläne vorstellen, die die Missionierung der ganzen Erde zum Ziel haben:

1. Radiomissionsgesellschaften – »The World By 2000«

Christliche Radiomissionsgesellschaften waren jahrelang nicht für ihre enge Zusammenarbeit, sondern eher für ihren Wettstreit um die wenigen verfügbaren Finanzen bekannt. Für die Radioarbeit benötigt man hochentwickelte technische Geräte und deshalb ist die Radioarbeit teuer. Ein neuer Tag für die Weltmission brach an, als die Präsidenten der Far East Broadcasting Company (FEBC), HCJB (Stimme der Anden), World Radio, SIM International und Trans World Radio (deutscher Zweig: ERF) im September 1985 zu folgender Übereinkunft kamen:

> »Wir setzen uns dafür ein, dass jeder Mann, jede Frau und jedes Kind der Erde die Möglichkeit erhält, das Radio anzuschalten und dort das Evangelium von Jesus Christus in einer Sprache zu hören, die dieser Mensch versteht, so dass er ein Nachfolger Jesu Christi und Mitglied einer Gemeinde werden kann. Wir möchten diese Aufgabe bis zum Jahr 2000 erfüllt sehen.«

Seit diesem Zeitpunkt ist FEBA Radio noch zu diesem Zusammenschluss hinzugestoßen. Weitere Missionsgesellschaften, die ebenfalls in der Radioarbeit engagiert sind, wie z. B. Words of Hope, IBRA Radio, Back to the Bible Broadcasts und Galcom sind nach und nach als außerordentliche Mitglieder beigetreten. Die Missionsgesellschaften steckten das bisher angestrebte Ziel für sich noch einmal höher: Bis zum Jahr 2000 sollte täglich eine 30minütige Sendung in jeder dieser Sprachen ausgestrahlt werden. Das ist kein leicht zu erreichendes Ziel, weil dafür sehr viel Arbeit und auch Finanzen nötig sind. Man muss auch dort einheimische Gläubige finden, die in der Lage sind, Sendungen zu machen, wo häufig kaum ein einheimischer Sprecher existiert, der auch Christ ist, man muss beständig ansprechende Programme mit guten Inhalten produzieren und die sich daraus ergebende Nacharbeit gut organisieren, damit Gemeinden von einheimischen Gläubigen entstehen können.

Als diese Gruppe von Radiomissionsgesellschaften sich damals zusammentat, schätzte man, dass es in etwa 140 der größten Sprachgruppen der Welt (die mit über eine Million Sprechern) christliche Radiosendungen gab. Das bedeutete, dass in weiteren 160 Sprachen Sendungen erforderlich waren. Mit dem Fortschritt der Spracherforschung hat man eine Reihe von weiteren großen Sprachgruppen entdeckt.

Zwischen 1986 und 1997 hat der Sender ›World by 2000‹ angefangen, in 75 neuen Sprachen Radiosendungen auszustrahlen – und von diesem Zusammenschluss gehen weiter Anstöße aus, damit sich diese Zahl erhöht, da sich das Jahr 2000 nähert. Im März 1997 waren wohl noch etwa 90 Sprachen übrig, in denen noch mit Radiosendungen begonnen werden müsste. Es bleibt noch viel zu tun, aber das Ziel ist erreichbar. Wenn das Ziel erreicht ist, bedeutet das, dass über 99 Prozent der Weltbevölkerung Zugang zu einer Radiosendung in einer Sprache haben, die sie entweder selbst als ihre Muttersprache sprechen oder die in ihrer Umgebung überall gesprochen wird.

2. Campus für Christus und der Jesus-Film

Der Einfluss dieses Films, der das Leben Jesu nach dem Lukas-Evangelium zeigt, ist eines der größten Medien-Wunder aller Zeiten. Der Gründer von Campus für Christus, Dr. Bill Bright, hat den Plan dieses Films seit 1950 verfolgt. Ein Film, so dachte Bill Bright, der durch die Bilder und den Text die Botschaft Jesu Christi vermittelt, muss ein vollmächtiges evangelistisches Werkzeug sein, das die Botschaft lebendig macht. Der Film hält sich genau an das Lukasevangelium und war nach Ansicht von Dr. Bright geeignet, in die Sprachen der Welt übertragen und entsprechend synchronisiert zu werden. Im Jahr 1978 wurde der Film produziert und kostete damals sechs Millionen Dollar. Paul Eshleman wurde der Leiter dieses Projekts.[192] Man schätzt, dass heute rund 1,5 Milliarden Menschen den Film gesehen haben. Vielleicht 73 Millionen Menschen haben danach eine Entscheidung getroffen. Nacharbeit hat es nicht überall im selben Maß gegeben, deshalb ist es schwer zu sagen, wie viele Menschen zum lebendigen Glauben gekommen sind und danach in eine Gemeinde vor Ort integriert wurden.

Eine ganze Anzahl Länder wie das ehemals kommunistische Russland und das islamische Indonesien haben den Film in landesweit ausgestrahlten Fernsehprogrammen gezeigt. Die Verbreitung des Filmes per Satellit und per Video in den ganz verschlossenen Ländern lassen den Zweck, zu dem der Film ursprünglich produziert wurde, heute viel realistischer erscheinen, als es damals zunächst erschien. Die Tatsache, dass einige islamische Länder den Film offiziell verboten haben, hat dazu geführt, dass heimlich viele Kopien des Videos hergestellt und in diesen Ländern verteilt wurden.

3. Die Bibelübersetzer – Ziele bis zum Jahr 2000

Über diesen Punkt besteht Einmütigkeit – jeder Mensch muss Gottes Wort in einer Sprache zur Verfügung haben, die er versteht. Wenn man Jünger schulen will, braucht man die Bibel. Das Ziel, ›unter jeder Volksgruppe eine Gemeinde‹ zu gründen, schließt mit ein, dass diese Gemeinden eine Bibel zur Verfügung haben. Die meisten Menschen können Gottes Wort, die Lehre über Gott, die geistliche Welt und das, was richtig und falsch ist, nur in ihrer eigenen Sprache begreifen. In der Völkerliste des Josua-Projektes, in der alle unerreichten Volksgruppen aufgeführt werden, werden 559 Sprachen verzeichnet, die noch keinen Bibelteil besitzen. Wenn die Liste der Volksgruppen, die noch eine Bibelübersetzung brauchen, auf die Gruppen mit unter 10 000 Sprechern ausgedehnt wird, dann kommen sicher noch einmal 1000 Volksgruppen zu dieser Liste hinzu. Deshalb muss in der Bibelübersetzungsarbeit noch immer enormes geleistet werden.

Eine Reihe von Missionsgesellschaften, die an der Bibelübersetzungsarbeit beteiligt sind, hat für das Jahr 2000 Ziele formuliert, die auch für die Weltmission als solche von großer Bedeutung sind. Diese ungefähr 13 Missionsgesellschaften arbeiten darauf hin, dass bis zum Ende des Jahres 2000 folgende Ziele erreicht werden:

1. Alle verbleibenden Sprachen mit mehr als fünf Millionen Sprechern sollen die ganze Bibel in ihrer Sprache zur Verfügung haben.

2. Das Neue Testament soll in alle Sprachen mit mehr als 500 000 Sprechern übersetzt werden.

3. Einzelne Bibelteile sollen in jede Sprache mit mehr als 250 000 Sprechern übersetzt werden.

4. In jeder Sprache mit mehr als 100 000 Sprechern soll mit der Übersetzungsarbeit begonnen werden.

Sind das realistische Ziele? Die Antwort lautet: »Ja, und zwar für die nahe Zukunft.« Die Geschwindigkeit, mit der die Bibelübersetzung vorangetrieben wird, hat enorm zugenommen. Im vergangenen Jahrhundert haben 400 Sprachen einen Bibelteil erhalten, in diesem Jahrhundert waren es schon viermal so viele: 1600 Sprachgruppen haben einen Bibelteil in ihrer Sprache erhalten. Tatsächlich haben in den vergangenen 45 Jahren mehr Sprachgruppen einen Bibelteil erhalten als in allen Jahrhunderten vorher zusammengenommen. Was heißt es dann aber, dass die Aufgabe in naher Zukunft erfüllt werden kann? Man muss sich vor Augen halten, dass jede Übersetzung des Neuen Testamentes in eine neue Sprache einen enormen Aufwand an Zeit, Mitarbeitern und Finanzen erfordert – auch wenn man heute auf sehr gute Computerprogramme zurückgreifen kann. Vom Beginn der Arbeit bis zur Veröffentlichung eines Neuen Testamentes dauert es normalerweise zwölf bis 20 Jahre.

4. Das DAWN-Projekt

Das Ziel, das Jim Montgomery auf den Philippinen von Gott vor Augen geführt wurde,[193] lässt einen den Atem anhalten, um es gelinde auszudrücken. Das Ziel lautete: Eine ganze Nation zu Jüngern Jesu machen, indem sich die Zahl der Gemeinden in jeder Volksgruppe vervielfacht. Diese Idee wurde 1974 auf den Philippinen in die Praxis umgesetzt, indem man sich das Ziel steckte, bis zum Jahr 2000 für jeweils 1000 Philippinos eine Gemeinde zu gründen. Das bedeutet, die Zahl der Gemeinden in nur 26 Jahren von

5000 auf 50 000 zu erhöhen. Die Begeisterung der Gemeinden hat tatsächlich zu einem gewaltigen Anstieg der neu gegründeten Gemeinden geführt, und das Ziel scheint in erreichbare Nähe gerückt zu sein.

Das Konzept war eigentlich ganz einfach, jedoch sehr wirksam, weil es richtig angepackt wurde, so dass es nicht verwundern kann, dass diese Idee sich zu einer weltweiten Bewegung fortentwickelte. Die Vorstellung geht dahin, dass jeder Mensch in seiner unmittelbaren Umgebung (in einer Entfernung, die noch zu Fuß bewältigt werden kann, jedoch an die Maßstäbe der jeweiligen Kultur angepasst) eine lebendige Gemeinde mit zeugnishaft lebenden Gläubigen hat. Dieses Anliegen ist in vielen Ländern aufgegriffen worden. Die gesamte Philosophie und Methodik wurde an die jeweilige Situation vor Ort angepasst und unter dem umfassenderen Konzept *Saturation Church Planting (SCP)* (Die völlige Durchdringung eines Gebietes mit dem Evangelium durch zahlreiche Gemeindegründungen) weiterentwickelt, dessen internationaler Präsident Dwight Smith ist. Bis zum Jahr 1997 hatten sich 100 Initiativen in mehreren Ländern gebildet, die versuchen, auf diese Weise 85 Prozent der Weltbevölkerung zu erreichen.[194] Von diesen 100 Initiativen haben 30 DAWN- oder DAWN-ähnliche Projekte begonnen und die übrigen Initiativen planen nationale Kongresse, um in ihrem Land ebenfalls das DAWN-Projekt bekannt zu machen und mit dieser Arbeit zu beginnen.

Durch die gegenwärtige Arbeit von DAWN/SCP wurde bereits ein Teilziel erreicht und drei Millionen neuer Gemeinden gegründet; es müssen jedoch noch weitere vier Millionen Gemeinden entstehen![195]

5. Die Bewegung AD2000 and Beyond

Die Bewegung AD2000 erblickte mit Hilfe von Thomas Wang im Jahr 1988 das Licht der Welt, dem damaligen Direktor der Lausanner Bewegung für Weltevangelisation.[196] Er stand unter dem Eindruck, dass Gott zum Ende des Jahrtausends etwas Außergewöhnliches tun werde. Er verfasste einen folgenreichen Artikel in der Zeitschrift des Lausanner Komitees für Weltevangelisation (LCWE) mit dem Titel *By the year 2000: Is God trying to tell us something?* (Bis zum Jahr 2000: Möchte Gott uns vielleicht etwas mitteilen?) Dieser Artikel wurde viel gelesen und rief ein gewaltiges Echo hervor. Thomas Wang ist der Vorsitzende und Luis Bush aus Argentinien/USA der Direktor der Bewegung AD2000.

Die Ziele dieser Bewegung waren ganz einfach, stellten jedoch eine große Herausforderung dar:

> Eine Gemeinde für jede Volksgruppe
> und das Evangelium für jeden Menschen
> bis zum Jahr 2000

Von all meiner Forschungsarbeit her und der Sammlung aller Informationen bin ich der absolut sicheren Überzeugung, dass wir uns in dem Marathonlauf der Weltmission auf der Zielgeraden befinden. In jedem Einzelnen der oben erwähnten Arbeitszweige – Radioarbeit, Jesus-Film, Bibelübersetzung – steckt das Potential, dass über 99 Prozent der Weltbevölkerung bis zum Ende dieses Jahrhunderts die Botschaft des Evangeliums gehört haben. Das heißt nicht, dass jedermann das Radio auch anstellen wird, um eine christliche Sendung zu hören oder eine Vorführung des

Jesus-Films auch besucht oder auch einen Bibelteil in seiner Sprache in Besitz hat, und es bedeutet auch nicht, dass die Person die Bibel lesen kann, selbst, wenn sie sie in Händen hält.

Das Ziel, das sich die Bewegung AD 2000 gesetzt hat – dass jedem Menschen der Erde bis zum Jahr 2000 das Evangelium verkündigt wird – ist vielleicht doch nicht so wirklichkeitsfremd und verrückt, wie viele geglaubt haben. Dazu kommt das DAWN-Projekt mit dem erklärten Ziel, dass jeder Mensch der Erde die reale Möglichkeit erhält, sich einer lebendigen Gemeinde von Gläubigen anzuschließen. Wir verfügen über die nötigen Strategien und Strukturen, damit diese Visionen Wirklichkeit werden – wenn wir uns nur in Bewegung setzen. Die Bewegung AD 2000 ist so etwas wie eine Dachorganisation geworden, unter deren Führung sich etliche Netzwerke[197] zusammengetan haben, die ihrerseits wiederum mit weiteren großen evangelikalen Netzwerken und Bewegungen verbunden sind, die weltweit, regional oder landesweit arbeiten. Das Ziel, das alle verbindet, ist nichts Geringeres als die Erfüllung aller einzelnen Anweisungen des Missionsbefehls, den unser Herr Jesus Christus uns selbst erteilt hat.

Die Evangelisierung der ganzen Welt — noch in unserer Generation!

Ich möchte die verbleibende Arbeit, die noch getan werden muss, keinesfalls herunterspielen. Mit der verbleibenden Aufgabe werde ich mich in Teil 5 dieses Buches intensiver befassen. Wir können die Tatsache nicht ignorieren, dass heute noch etwa 15–20 Prozent der Weltbevölkerung niemals wirklich die Chance gehabt haben, das Evangelium zu hören. Diese Zahl steht für etwa eine Milliarde Menschen, Männer, Frauen und Kinder. Die islamische, hinduistische und buddhistische Welt mit ihren geistlichen, ideologischen und gesellschaftlichen Mauern muss durch die Macht des Herrn Jesus Christus erst noch überwunden werden.[198] Im überwiegenden Teil der 62 Länder innerhalb des 10/40-Fensters bezeichnet sich nur ein ganz geringer Prozentsatz der Bevölkerung als Christen und in einigen dieser Länder sind die meisten dieser wenigen Christen noch dazu Ausländer und nicht Einheimische. Es gibt noch immer über 3000 Volksgruppen auf der Erde, unter denen der Pioniergemeindebau die erste Priorität hat. Unter etwa 1000 oder mehr Volksgruppen weiß man von keinen Gläubigen vor Ort. Wir haben noch eine gewaltige Herausforderung zu bewältigen. Keiner muss sich überflüssig vorkommen! Jeder Einzelne von uns und jede einzelne Gemeinde ist von großer Bedeutung, damit die Aufgabe, die uns Jesus gestellt hat, wirklich zu Ende gebracht werden kann!

Ich möchte auch nicht die Kosten herunterspielen, die noch aufgebracht werden müssen. Wir können nicht das Kreuz umgehen. Techniken und Technologien sind gute Hilfsmittel, aber nicht der Weg, um geistliche Siege zu erringen. Wie viele Menschen müssen wohl noch ihr Leben um des Evangeliums willen opfern, wie viel muss im Gebet noch gerungen werden, wie viel Finanzen müssen noch geopfert werden und wie sehr muss sich jeder Christ noch in dieser Aufgabe engagieren? Es steht keinesfalls schon fest, dass diese Generation die gestellte Aufgabe bewältigen wird. Der Gründer meiner eigenen Missionsgesellschaft, des WEC, hat dazu Folgendes gesagt:

»Möge niemand sich über unser Ziel falsche Vorstellungen machen, denn der Teufel wird versuchen, so viele wie möglich von ihrem Vorhaben abzubringen.
Unser Ziel ist DIE EVANGELISIERUNG ALLER NICHT-EVANGELISIERTEN GEBIETE DER ERDE. Dafür hat uns Gott Vollmacht geschenkt.
Für alles jedoch, was kürzer greift – und sei es in noch so freundliche, sympathische Worte gekleidet – haben wir keine Autorität, und das ist auch nicht unsere Aufgabe. WIR WÜNSCHEN UNS, DASS JESUS WIEDERKOMMT.
Christus wird in dem Moment wiederkehren, in dem der letzte verbliebene Mensch auf der Erde das Zeugnis von Jesus gehört hat; unser Ziel, dem wir entgegeneilen, ist die Evangelisation dieses letzten Menschen. DIESES ZIEL KANN NUR ERREICHT WERDEN DURCH DAS VOLLMÄCHTIGE WIRKEN UND DIE LEITUNG DES HEILIGEN GEISTES. Es ist nicht entscheidend, wer von uns dieses herrliche Ziel erreicht. Ob wir dazu einen großen Beitrag leisten oder nur einen ganz geringen, spielt keine Rolle. Aber wir dürfen nicht ruhen noch rasten, bis diese Aufgabe erfüllt ist.
Möge Gott jeden Missionar und jede Missionsgesellschaft segnen und ermutigen, damit ein jeder sich mit Leib und Seele dafür einsetzt, die Ernte einzubringen!«[199]

Schlussfolgerungen aus Teil 3

Mein vorrangiges Ziel in diesem Teil war es, unseren Blick von den manchmal entmutigenden Umständen vor Ort fort- und auf die ganze Welt mit all ihrer Not hinzulenken, aber gleichzeitig das Wirken unseres allmächtigen Gottes zu erkennen, denn Gott handelt, die Gemeinde Jesu wächst und die Aufgabe nähert sich ihrer Erfüllung. Ich habe versucht, den Umfang der Ernte, die wir heute einbringen, zu umreißen, aber sie übersteigt das Vorstellungsvermögen und auch die Kenntnis der meisten Menschen. Es gibt viel, über das wir uns heute auf der Erde freuen können und wir können voller Hoffnung in die Zukunft schauen.

Die Gemeinde Jesu IST in Bezug auf ihre Größe viel umfangreicher, als wir vielleicht bisher angenommen haben.

Die Aufgabe, die noch vor uns liegt, ist zu erfüllen, wir wollen uns deshalb dafür einsetzen, dass wir die Generation sind, die sie vollendet. Jesus WIRD wiederkommen, aber nur, wenn die Weltmission zuvor abgeschlossen wurde. Die Mühe, die Schmerzen, die Tränen und selbst der Tod sind es um der vor uns liegenden Freude wert, für den Herrn geopfert zu werden.

Nun müssen wir einen Blick auf die nötigen Strukturen werfen, die für den letzten Vorstoß erforderlich sind, und danach werden wir uns mit der Frage befassen, wie groß die Aufgabe denn eigentlich noch ist.

Teil 4

Die Zukunft Strukturprobleme in der Mission

Jesaja 54, 2

Einleitung

Wir kommen nun zum zentralen Anliegen dieses Buches. In Teil 4 möchte ich die Gründe entfalten, die meiner Auffassung nach grundlegend dafür verantwortlich sind, warum die Gemeinde Jesu den letzten Befehl des Herrn Jesus Christus – den Missionsbefehl – bisher nicht erfüllt hat. Es sind strukturelle Gründe, die hier vorliegen. Während der gesamten Kirchengeschichte haben jeweils die geeigneten Strukturen gefehlt oder es wurde von den bestehenden Strukturen nicht der richtige Gebrauch gemacht, und das hat verhindert, dass wir diesem letzten Befehl Jesu nicht wirklich Folge geleistet haben.

Ich bin mir darüber im Klaren, dass das, was ich hier niederschreibe, Anlass zu Diskussionen geben kann. Manche meiner Leser würden mir vielleicht gerne entgegnen, dass die geistliche Dimension wichtiger ist als die strukturelle; welche Rolle spielt die Fürbitte, und was ist mit Erweckungen und sich rasch entwickelndem geistlichen Leben? Natürlich ist Struktur ohne geistliches Leben, ohne vollmächtige Fürbitte und Gehorsam gegen Gott im Licht der Ewigkeit nur fleischlich und nutzlos und kann sich überdies noch kontraproduktiv auswirken. Das Gegenteil ist ebenso wahr. Erweckungen, die sich nicht auf die bestehenden Strukturen auswirken und neue Strukturen hervorbringen, büßen bald ihre Lebendigkeit ein und bringen in kurzer Zeit keine Frucht mehr. Im Jahr 1904 wurde die Welt durch die Erweckung in Wales gesegnet, aber die Erweckung ging zu großen Teilen an den Gemeindestrukturen in Südwales vorbei. Deshalb liegt ein Jahrhundert später das geistliche Leben in den dortigen Gemeinden sogar mehr danieder als in den übrigen Teilen Großbritanniens. Die ostafrikanische Erweckung (1930er bis 1960er Jahre) revolutionierte große und häufig nur noch nominell bestehende Denominationen. Dort sind die Auswirkungen heute jedoch noch spürbar, weil die Leiterschaft in den Gemeinden an der Erweckung mitbeteiligt war. Wesley und Whitefield waren zwei große Erweckungsprediger des 18. Jahrhunderts. George Whitefield reiste und predigte an vielen Orten und erlebte Tausende von Bekehrungen in großen Versammlungen, aber gegen Ende seines Lebens schaute er mit Bedauern darauf zurück, weil nur wenig sichtbare Frucht geblieben war. John Wesley predigte ebenfalls vollmächtig, aber er sammelte die Bekehrten und schuf Strukturen, damit sie weiter geführt wurden. Ein Jahrhundert nach Wesleys Tod war die Methodistische Kirche eine der dynamischsten Kirchen der Welt im Dienst an der Ausbreitung des Reiches Gottes.

Ich glaube, dass dieses Buch zum Nachdenken herausfordern wird, so dass weitere und bessere Arbeiten zu der wichtigen Frage nach der richtigen Struktur entstehen werden. Denn nur wenn wir die Prinzipien für die Strukturen des Reiches Gottes verstehen, werden wir Mechanismen entwickeln können, um Menschen zu mobilisieren und ihnen die richtigen Aufgaben bei der Erfüllung des Missionsbefehls zuzuweisen. Nur so können wir die Ergebnisse aus unserer Arbeit bewahren und in Gemeinden weiter zur Reife kommen lassen, denen die Mission ein Herzensanliegen ist.

Interessanterweise spricht Jesaja 54, 1 von der gegenwärtigen Ernte, Jesaja 54, 3 dagegen von der Ausbreitung des Reiches Gottes in der Zukunft. Die richtigen Strukturen, um die Ernte auch einbringen zu können, finden wir in Jesaja 54, 2. Die Ernte wird jedoch in unserer Generation nicht eingebracht werden können, wenn wir einem der folgenden drei Bereiche eine zu große oder geringe Bedeutung beimessen und damit ein Ungleichgewicht entstehen lassen: der Versorgung der gläubigen Christen, ihrer Mobilisierung für die Mission und der Schaffung der richtigen Strukturen.

Kapitel 13

Biblische Strukturen für den Leib Christi

Ich habe viele Jahre gebraucht, bis ich verstanden habe, welche Bedeutung für die Weltmission die richtigen Strukturen innerhalb des Leibes Christi haben. In der Theologie und vielen Veröffentlichungen wurde diesem Punkt bisher nur wenig Bedeutung beigemessen. Mittlerweile wird diese Frage etwas häufiger angesprochen, allerdings wird mehr Rauch als Feuer produziert. Für mich geht es hier jedoch um ganz grundlegende Dinge, die ich in diesem Buch entfalten möchte. Wir brauchen, um mit Jesaja zu sprechen, die richtigen »Zelt«-strukturen, also Strukturen, innerhalb derer die Missionsarbeit kanalisiert werden kann.

16 Jahre lang habe ich in meinem Dienst als Missionar immer Zelte für die Evangelisation benutzt. Deshalb hat das Symbol des Zeltes für mich große Bedeutung. Als ich noch Mitarbeiter bei der Dorothea-Mission war, sind wir so etwas wie Stadt-Nomaden gewesen. Wir zogen mit großen Zelten von Stadt zu Stadt, von Dorf zu Dorf, predigten das Evangelium und versuchten, Menschen zum lebendigen Glauben an den Herrn Jesus Christus zu führen. Wir wussten, wie man das Zelt aufbaut, es repariert, wir litten darunter, wenn das Zelt nicht einsatzfähig war, weil es Brandstiftern oder randalierenden Banden zum Opfer gefallen war und einmal war auch das Geld für ein Zelt zu knapp. Ich kann deshalb tiefsinnig sagen, dass ich einer der wenigen echten Zeltmacher-Missionare bin! Natürlich ge-

brauchen wir in symbolischer Weise den Begriff »Zeltmacher« heute für die Missionare, die im Missionsland in ihrem Beruf arbeiten, entweder, um ihren Lebensunterhalt damit zu verdienen oder weil sie offiziell einen Beruf benötigen, um überhaupt in ein Land einreisen und dort unter den Menschen arbeiten zu können, die das Evangelium hören müssen. Ich möchte hier jedoch das Symbol des Zeltes noch mit einer anderen Bedeutung verwenden, um meine Ansichten über die notwendigen Strukturen zu verdeutlichen. Wir kommen auf Jesaja 54, 2 zurück. Dort lesen wir, was der Heilige Geist für uns tut:

»Mache weit den Raum deines Zeltes, und deine Zeltdecken spanne aus! Spare nicht! Mache deine Seile lang, und deine Pflöcke stecke fest!«

Jesaja hat eben gerade die gewaltige Ernte prophezeit, die der Heilige Geist nach der Kreuzigung und Auferstehung des Herrn Jesus durch das Wirken der Gemeinde Jesu einbringen wird. Eine Ernte von solchem Umfang gibt Anlass zu großer Freude. Wir Gläubigen haben guten Grund, zu singen und zu jubilieren. Im vorausgehenden Kapitel habe ich einige Beispiele dafür genannt, was der Herr heute, zu unseren Lebzeiten, tut. Eine solch gewaltige Ernte ermutigt zum Glauben, dass durch die Kraft Gottes auch die letzte Ernte unter denen eingebracht werden kann, die jetzt noch für das Reich Gottes gewonnen werden müssen. Diese Verse fordern uns auch dazu heraus, die richtigen Strategien anzuwenden, um das Einbringen der Ernte zu beschleunigen. Damit das möglich wird, brauchen wir die richtigen Strukturen.

Die 275 Jahre währende Verzögerung der Aufnahme der Missionsarbeit durch die Protestanten ist zu Ende. Es waren die fehlenden Strukturen, die zur damaligen Zeit den Einfluss der wenigen, einsamen Missionsbeförderer und Pioniere einschränkte. William Carey wurde von Gott geführt, im Jahr 1792 in Nottingham vor seinen baptistischen Pastorenkollegen über den erwähnten Vers aus Jesaja zu predigen. Dabei griff er das Thema der fehlenden Strukturen auf. In gewisser Weise hat seine Predigt, die er damals über Jesaja 54, 2 hielt, die Welt seit Pfingsten am nachhaltigsten verändert. In seinem Buch »*An Enquiry into the Obligations of Christians **to use Means** for the Conversion of the Heathens*« (Eine Untersuchung über die Verpflichtung der Christen, **Mittel einzusetzen** für die Bekehrung der Heiden) stellt er ganz deutlich heraus, dass die Verpflichtung der Christen, dem Missionsbefehl Folge zu leisten, nur durch »Mittel« erfüllt werden kann. Die Mittel, die Carey befürwortete, erläuterte er im letzten Kapitel seines Buches mit der Überschrift »An Enquiry into the duty of Christians in general, and what means ought to be used, in order to promote this work« (Eine Untersuchung über die Pflicht der Christen allgemein und welche Mittel benutzt werden sollten, um dieses Werk zu fördern).[200] Man kommt ins Staunen, wenn man liest, wie Carey beschreibt, was der Leib Christi in einer Zeit nötig hatte, in der die einzigen Beispiele, auf die er zurückgreifen konnte, die großen Handelgesellschaften seiner Zeit[201] waren, sowie die vielen religiösen Gesellschaften, die im vergangenen Jahrhundert entstanden waren und ganz unterschiedliche Zielsetzungen verfolgten. Carey schrieb über:

1. Das Gebet

»Eine der ersten und wichtigsten Pflichten, die uns auferlegt sind, ist das ernste und gemeinsame Gebet... Die herrlichsten Gnadenwirkungen, die es je gegeben hat, waren alle eine Antwort auf das Gebet, und wir haben die gewichtigsten Gründe anzunehmen, dass es auf diese Weise sein wird, dass die herrlichen Ausgießungen des Geistes, die wir schließlich erwarten, gewährt werden werden.«[202]

2. Missionsgesellschaften zur Unterstützung der Missionsteams:

»Angenommen, eine Gruppe ernster Christen, Geistliche und Privatpersonen, würden eine Gesellschaft bilden und eine Anzahl von Regeln bezüglich der Organisation und bezüglich der Personen, die als Missionare angestellt werden sollten, und bezüglich der Mittel zur Bestreitung der Kosten usw. ... Von solch einer Gesellschaft müsste ein Komitee eingesetzt werden, dessen Aufgabe es sein sollte, alle für die Sache wichtigen Informationen zu beschaffen, Zuwendungen entgegenzunehmen, den Charakter, das Temperament, die Fähigkeiten und die religiösen Ansichten der Missionare zu untersuchen und sie mit dem auszurüsten, was für ihre Unternehmungen notwendig ist ...« »Ich würde deshalb vorschlagen, dass eine solche Gesellschaft und ein solches Komitee in der Denomination der Partikularen Baptisten gebildet werden sollten ...«[203]

Gebet war das erste Mittel, für das Carey eintrat. Gott sei gedankt, dass das Gebet etwa in den vergangenen 20 Jahren einen größeren Stellenwert erhalten hat. Ich habe im letzten Kapitel dafür einige Beispiele genannt. Stehen wir vielleicht an der Schwelle zur Ausgießung des Geistes, die Carey in seinem Zeitalter prophezeit hat – oder hat die Ausgießung vielleicht schon längst begonnen?

Das zweite Mittel, für das Carey eintrat, war die Bildung von Missionsgesellschaften. Das war in seinen Tagen ein revolutionäres Konzept und es waren die von Menschen beigesteuerten Mittel, durch die im Folgenden die erstaunliche Ernte eingebracht werden konnte. Schon vor Careys Zeit war im Jahr 1699 die Society for Propagation of the Christian Knowledge (SPCK) gegründet worden, aber es handelte sich hier nicht um eine Missionsgesellschaft dergestalt, die Carey vorgeschlagen hatte. Die Herrnhuter Brüder hatten im Jahr 1787 ihre bis dahin wenig strukturierte Missionsarbeit in der Society for the Propagation of the Gospel among the Heathen reorganisiert. Careys Missionsgesellschaft war jedoch der Vorreiter der modernen Missionsgesellschaften schlechthin. Seitdem hat sich die Zahl solcher Missionsgesellschaften vervielfacht. In der 1993er Ausgabe von *Operation World* (Gebet für die Welt) habe ich alle Missionsgesellschaften weltweit aufgezählt, von denen ich erfahren konnte und kam auf über 2500 protestantische Missionsgesellschaften, sowie auf über 4200 Missionszentralen in den einzelnen Ländern, die in etwa 200 der 237 Länder der Erde Missionare aussenden.

Bemerkenswerterweise entwickelte Carey seine Gedanken über die »Mittel« weder aus dem Jesajatext noch aus der übrigen Bibel, sondern leitete die Notwendigkeit zur Gründung von Missionsgesellschaften aus der Tatsache des Bestehens der religiösen Gesellschaften und internationalen Handelsgesellschaften jener Tage ab. Deshalb haftet dem Konzept der Mission und der Missionsgesellschaften noch immer der Geruch der Geschäftemacherei an, der multi-nationalen Körperschaften, des Kolonialismus, des Überstülpens der abendländischen Zivilisation und vor allem der Gedanke, dass Mission unbiblisch ist. Das Erbteil aus dieser Vergangenheit ist der allgemein gebräuchliche, moderne Begriff **para-church** (etwa: neben-gemeindlich im Sinne von ›von einer örtlichen Gemeinde unabhängig‹). Damit wird das ganze Konzept von Mission **para-biblisch** (neben-biblisch) und gehört gar nicht mehr zum wahren Leib Christi dazu. Genau auf diesen Punkt möchte ich hier näher eingehen und aufzeigen, dass es biblisch ist, eine Struktur zu finden, mit deren Hilfe die Mission befördert werden kann. Dann möchte ich weiter ausführen, dass der Leib Christi sich dieser Struktur bedienen kann und muss und sie unauflöslich zum Leib Christi dazugehört.

Noch heute fällt der Schatten der Geschichte der Gemeinde Jesu in der Zeit nach den Aposteln auf uns, als die damals bestehenden Strukturen nicht richtig genutzt wurden. In der Reformationszeit wurden diese Strukturen dann völlig aufgegeben. Die Reformation führte zwar zu einer gesunden Reformation der Theologie, jedoch zu einem zwar unbeabsichtigten, aber tragischen Verlust der Strukturen, die für ein biblisches Modell von Gemeinde richtig gewesen wären. Bei der Bilderstürmerei der Reformation wurde durch die Abschaffung des Mönchtums nicht nur ein System der Vernichtung preisgegeben. Es wurden auch die einzigen bestehenden Kanäle für den Aufbau und die Beförderung der Missionsarbeit gleich mitzerstört. Welche Gründe wir auch immer gegen das Mönchtum vorbringen mögen, müssen wir doch anerkennen, dass das Mönchtum in seinen unterschiedlichen Erscheinungsformen 1500 Jahre lang im Grunde genommen die einzige Kraft war, durch die die Mission vorangetrieben wurde.[204]

Kapitel 14

Das Zelt des Jesaja – Eine Struktur, um die Ernte einzufahren

Ein Zelt hat etwas Dynamisches. Es ist flexibel, für die unterschiedlichsten Gegenden und Bedürfnisse geeignet, denn man kann durch Fortlassen oder Hinzufügen einiger Stoffbahnen das Zelt größer oder kleiner machen. Das Zelt kann leicht überall hin mitgenommen und dort aufgebaut werden, wo es gebraucht wird. Es gibt nur für eine gewisse Zeit Wohnraum; und das ist das Besondere am Zelt. Dieses Konzept der flexiblen, mobilen, vorläufigen Strukturen, das für die Gemeinde Jesu einen so großen Stellenwert besitzt, ist uns verloren gegangen. In der ersten Zeit der Missionsarbeit wurden keine Gebäude errichtet, denn man hielt sie nicht für erforderlich. Im Deutschen – und in einigen anderen europäischen Sprachen – haben wir zusätzlich dadurch Verwirrung gestiftet, dass wir ein und denselben Begriff für das Volk Gottes, das sich zu ihm versammelt, und für das Gebäude verwenden, in dem Gottes Volk zusammenkommt – die Gemeinde. Wenn man das Wort *Gemeinde* oder *Kirche* nur erwähnt, hat man damit die Vorstellung eines alten, muffigen Gebäudes mit einem Friedhof für die toten Heiligen heraufbeschworen, dessen bauliche Instandhaltung enorme Summen verschlingt und nicht die Vorstellung einer lebendigen Versammlung lebender Heiliger, die unabhängig sind von Steinen und Mörtel!

Es ist doch bemerkenswert, dass der Heilige Geist Jesaja das Bild des Zeltes eingab, das das Volk Gottes weit machen soll. Das muss ein Zelt sein, in dem die vielen geistlichen Kinder sich versammeln können. Dort werden sie geistlich ernährt, geschult und dann zum Dienst im Reich Gottes ausgesandt. Es brauchte einen Donald McGavran, »den Apostel des Gemeindewachstums«, damit der Leib Christi aufwachte und das der Gemeindewachstumsbewegung zugrunde liegende Konzept als Evangelisationsstrategie aufgriff.[205] McGavrans Enthusiasmus und Dynamik führten zu einer explosionsartigen Zunahme der Forschungsarbeiten und der Veröffentlichungen über die zahlenmäßige Zunahme der Gemeinden und Christen weltweit. Viele haben McGavran angegriffen, weil er sich so stark auf die Zahlen konzentriert hat und haben daher die Gemeindewachstumsbewegung kritisiert. Dennoch ist nicht zu leugnen, dass ein beträchtlicher Anteil am dramatischen Wachstum der evangelikalen Christenheit auf der ganzen Erde in den vergangenen Jahren darauf zurückgeht, dass McGavran damals die Gemeinde Jesu mit dieser Herausforderung konfrontiert hat. Zahlen sagen vielleicht nicht alles, aber etwas sagen sie doch aus. Die Prophezeiung der Ernte im Jesajatext und die Notwendigkeit, Strukturen zu entwickeln, um diese Ernte einzubringen, haben sich niemals so erfüllt wie in unseren Tagen.

Die Befehle Gottes in Jesaja 54, 2 werden nachdrücklich formuliert: *Mache weit, spanne aus, spare nicht, mache lang, stecke fest.* Dazu werden die Gläubigen aufgefordert, damit die Ernte schnell eingebracht werden kann. Diese Begriffe könnten zwar auch sinnbildlich gemeint sein oder auf die Evangelisation, die Jüngerschulung, den Glauben inmitten des Widerstandes, auf die finanzielle Unterstützung der

Missionsarbeit und auf die Fürbitte angewandt werden, aber darauf möchte ich jetzt nicht vor allem mein Augenmerk richten. Gott gibt uns hier Weisungen, wie die Missionsarbeit zu strukturieren ist. Es gehört mit zu unserer Aufgabe, unsere Strukturen zu durchdenken, damit wir uns derjenigen Strukturen bedienen, die der Aufgabe am meisten entsprechen. Leider trifft das auf die Geschichte der Gemeinde Jesu nicht zu.

Eine biblische Theologie für Gemeindestrukturen

Können wir eine Theologie der Gemeindestruktur erarbeiten? Damit meine ich nicht die Kirchenbezirke mit ihren starren Strukturen, die sich über die Jahrhunderte entwickelt haben. Ich glaube nicht, dass Jesus davon ausging, dass es einige Jahrhunderte dauern würde, bevor die Welt das Evangelium gehört hatte und deshalb Langzeit-Strukturen erforderlich seien. Das Symbol des Zeltes, das hier im Jesajatext Verwendung findet, hat den Charakter des Vorübergehenden, Flexiblen, der eher von pragmatischen Überlegungen bestimmt wird als von unbeugsamen Regeln, die für die ganze Erde Gültigkeit besitzen sollen. Ich denke hier besonders an all die vielen Gemeinden mit Kirchtürmen mit ihren aus dem Mittelalter stammenden Bräuchen und den Roben der Geistlichen, die in viele Teile des ehemaligen Britischen Empires exportiert worden sind! Ich kann mich gut an eine meiner Predigten in einer Pfarrkirche in Colombo, Sri Lanka, vor einigen Jahren erinnern. Das Klima dort war heiß und feucht wie in den Tropen üblich und der Geistliche zog wie vorgeschrieben seine komplette Robe an, die einstmals dazu entworfen worden war, um einen Geistlichen in einem ungeheizten mittelalterlichen Kirchengebäude in Nordwest-Europa warm zu halten. Er drehte sich zu mir um und platzte heraus: »Es ist ganz allein eure Schuld, dass ich dieses Zeug tragen muss!« Ist das nicht ein Bild dessen, was sich in der Kirchengeschichte überaus häufig ereignet hat? Man hat an Äußerlichkeiten festgehalten und die Prinzipien fahren lassen.

Durch die ganze Kirchengeschichte hindurch hat es allerdings noch eine andere, aus den ursprünglichen Wurzeln hervorgegangene Pilgergemeinde Jesu gegeben, die von Anfang an an den Rand gedrängt, verachtet und verfolgt wurde, die aber an der ursprünglichen Flexibilität und dem Ziel festgehalten hat. Broadbent und John Kennedy[206] erzählen die Geschichte dieser Zeugen Jesu, die versucht haben, sich treu an die Vorgaben des Gründers der Gemeinde Jesu zu halten. Wenn wir die erforderlichen Strukturen für den Leib Christi erörtern, müssen wir uns auf die Prinzipien konzentrieren.

Strukturen, derer sich Jesus während seines Wirkens bediente

Jesus hat sich nur wenig dazu geäußert, wie die Gemeinde nach seiner Himmelfahrt organisiert werden sollte. Er hat nicht über Strukturen, noch über Gemeindegebäude gesprochen, wenn man von seiner Aussage absieht, dass die Gemeinde auf einen Fels gebaut sei und die Pforten der Hölle sie nicht überwinden würden.[207] Er sprach häufiger über die Beziehungen zwischen seinen Jüngern als über Regeln und Hierarchien. Er zeigte seinen Jüngern, wie sie mit denen umgehen sollten, die in die Irre gingen, anstatt Kirchenrecht festzulegen oder Abhandlungen mit vielen Regeln zu erlassen.[208] Er ermahnte sie, denen zu dienen, für die sie Verantwortung trugen, anstatt über die Herde mit Päpsten, Bischöfen und hierarchischen Strukturen zu herrschen.[209] Nur in zwei Abschnitten aller Evangelientexte wird das griechische Wort *ekklesia*, das wir mit »Gemeinde« übersetzen, insgesamt dreimal erwähnt. Jesus hat uns, während er hier auf der Erde lebte und wirkte, nicht über äußere Formen belehrt. Er gab uns vielmehr mit seinem Dienst ein Beispiel. Hat er damit den Menschen jedes Zeitalters und jeder Kultur die Freiheit gegeben, die **Form der Struktur** frei zu bestimmen, je nachdem, was am besten in die jeweilige Situation passt?[210]

Wir erkennen, dass Jesus sich dreier grundlegender Strukturen bediente, um seinen Dienst effektiv zu gestalten. Diese Tatsache sollten wir sorgfältig im Auge behalten. Wenn wir von dieser Voraussetzung ausgehen, dann wird deutlich, dass viele der strukturellen Schwächen und falschen Ansätze in der Gemeinde Jesu sowohl in der Geschichte als auch in der Gegenwart behoben werden könnten, wenn wir nur dieselben Strukturen übernehmen würden.

Zu Beginn berief Jesus die Zwölf als seine Jünger. Die Zwölf stellten seine **Jüngerschafts- oder Ausbildungsstruktur** dar. Später sandte er die Zwölf aus, und dann die Siebzig, immer zu zweit. Diese Zweierteams wurden die »Ausgesandten« oder Apostel, die ihren Dienst tun und dann ihrem Meister, der sie ausgesandt hatte, darüber berichten sollten. Was tat Jesus, während seine Jünger durch das Land zogen? Wir wissen es nicht genau, aber Lukas 10,18 könnte darauf hindeuten, dass Jesus für seine Jünger betete. Hier finden wir die **Sendungs- oder Apostelstruktur**. Die dritte Struktur, derer sich Jesus bediente, hatte er nicht selbst ins Leben gerufen: die Synagoge. Jesus pflegte jeden Sabbat zur Synagoge zu gehen, um sich mit Gottes Volk zu versammeln, um Gemeinschaft zu haben, zu beten und Gottes Wort zu hören. Das war die **Versammlungs- oder Gemeindestruktur**. Die Tatsache, dass Jesus die Gewohnheit pflegte, regelmäßig die Synagoge zu besuchen, auch wenn der größte Teil der Synagogenvorsteher sich über ihn ärgerte und ihn und sein Wirken ablehnte, ist doch bemerkenswert und weist darauf hin, dass eine solche Struktur für die Gemeinde von Bedeutung ist.[211] Es kann daher nicht überraschen, dass die Synagoge für die entstehenden örtlichen Gemeinden das Vorbild wurde, nachdem die jüdischen Synagogen die Christen nach Pfingsten an die Luft gesetzt hatten.

Das waren die drei Strukturen, derer Jesus sich während seines Wirkens auf der Erde bediente. Sie bildeten sozusagen ein Dreigestirn miteinander verwobener Strukturen, die der Dreieinigkeit Gottes entspricht; beide Modelle bilden eine Einheit, weisen aber gleichzeitig nach innen von ihrer Funktion her auch Unterschiede auf. Es gibt die eine kämpfende Gemeinde Jesu, die auf drei verschiedenen Wegen auf das eine Ziel der Weltmission hinarbeitet. Dieses Ziel kann man symbolisch als Zielscheibe darstellen:

Die Evangelisation der ganzen Erde

Alle drei Strukturen sind im Dienst Jesu miteinander verwoben. Wenn man in die Zukunft schaut, wäre die Evangelisierung der ganzen Erde das Ziel. Die Evangelisierung der ganzen Erde kann aber nur im Mittelpunkt stehen, wenn alle daran mitwirken und ihre persönlichen Begabungen und Berufungen hier mit einbringen. Keine der drei Strukturen kann alleine für sich gut funktionieren und gleichzeitig das alles überragende Ziel in der Mitte festhalten. Die Struktur der Gemeinde Jesu zu Zeiten des Wirkens Jesu könnte man etwa so darstellen:

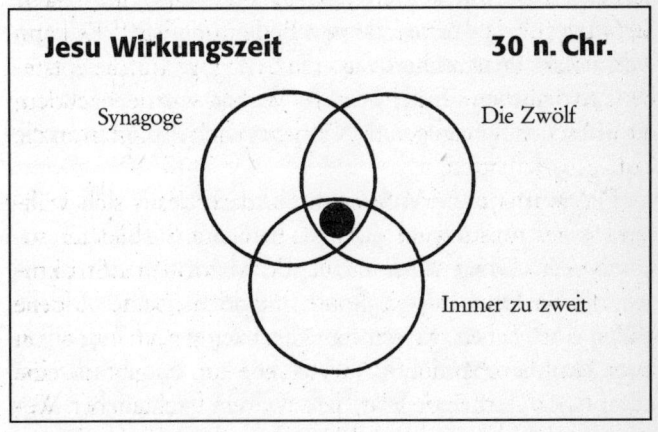

Unser Herr Jesus Christus hat sich aller drei Strukturen bedient und sie in ausgewogener Weise zusammengeführt. Er hätte nicht auf die Weltmission hinarbeiten können, wenn er nur eine oder zwei dieser Strukturen benutzt hätte, denn alle drei Strukturen sind von grundlegender Wichtigkeit.

Strukturen im Alten Testament

Im Alten Testament erkennen wir dieselben Muster, nur ist es noch nicht so weit fortentwickelt. Aber schon vor dem Exil in Babylon und Persien ist die dreiteilige Struktur auch hier erkennbar.

Die erste Struktur ist die Versammlung und die Anbetung Gottes in der Gegenwart des Priesters in der Stiftshütte und im Tempel. Nach dem Exil entstand die Synagoge und wurde sowohl von den aus dem Exil in ihre Heimat zurückgekehrten Juden als auch von den vielen Juden der Diaspora übernommen, die überall in der damals bekannten Welt verstreut lebten.

Getrennt von dieser Struktur gab es noch die Propheten, die größtenteils unabhängig von der Gottesverehrung in der Synagoge wirkten, aber zum Volk Gottes gehörten und in das Volk Gottes hineinwirkten. Darin kamen sie dem Amt der Apostel, wie es im Neuen Testament beschrieben wird, schon recht nahe. Mose war der höchste Prophet oder Apostel (Gemeindegründer?!) des Alten Testamentes. Er war derjenige, der unter Gottes Führung den damaligen Gottesdienst begann, und er ernannte die Priester aus dem Stamm Levi, aus dem auch Aaron stammte. Unter seiner Führerschaft gewannen die verschiedenen Gesetze und Opfervorschriften Gestalt, ebenso wie die Stiftshütte, obwohl Mose selbst niemals Priester war.

Als die Dinge sich beim israelitischen Volk zum Schlechten wandten, waren es die Propheten, die vermittelnd eingriffen und das Volk ermahnten, sich Gott wieder zuzuwenden. Im Falle von Samuel, in einer Zeit, in der die Priester so grundlegend versagt hatten, lesen wir, dass

Samuel viele der Funktionen eines Priesters übernehmen musste, obwohl er kein Levit war.[212] Wenn die Propheten ihr Amt zufriedenstellend erfüllen wollten, mussten sie sich ganz auf die Seite des Volkes Gottes stellen, durften aber gleichzeitig nicht Teil der bestehenden Strukturen sein – sie mussten auf der einen Seite ihren geistlichen Dienst verlässlich versehen, auf der anderen Seite durften sie nicht Teil des Systems selbst werden.

Im Alten Testament gibt es kaum Beschreibungen davon, wie Menschen geschult wurden, obwohl es hin und wieder Hinweise darauf gibt, dass diese Strukturen existierten. Wir lesen z. B., dass Elisa das Eisenstück einer Axt auf dem Wasser schwimmen ließ (2. Könige 6), als die Männer eine Schule für die Söhne des Propheten bauen wollten – war das vielleicht die erste bekannte Bibelschule? Später, nach dem Exil, lesen wir, dass bedeutende Leiter wie Gamaliel Schüler um sich versammelten, wenn sie lehrten.[213] Dass erst Johannes und dann auch Jesus Schüler hatten, die von ihnen lernten, wurde damals als vollkommen normal betrachtet.

Strukturen der Gemeinde Jesu in der Apostelgeschichte

Wir finden dieselbe dreiteilige Struktur in der zweiten Hälfte der Apostelgeschichte. Dort wird diese Struktur zwar niemals ausdrücklich beschrieben, aber der Heilige Geist wirkte in den Herzen der Leiter, so dass sie ein System entwickelten, das dem des Herrn Jesus sehr ähnlich war. In Apostelgeschichte 13 lesen wir von der ersten Gemeinde in Antiochien, die Missionare entsandte und es war der Heilige Geist persönlich, der die Männer Gottes leitete, so dass sie eine eigene apostolische Struktur schufen:

> »Es waren aber in Antiochia, in der dortigen Gemeinde, Propheten und Lehrer ... Während sie aber dem Herrn dienten und fasteten, sprach der Heilige Geist: Sondert mir nun Barnabas und Saulus zu dem Werk aus, zu dem ich sie berufen habe! Da fasteten und beteten sie; und als sie ihnen die Hände aufgelegt hatten, entließen sie sie.«[214]

Dieser Abschnitt ist oft fälschlicherweise zum ›Beweis‹ dafür herangezogen worden, dass die **einzige** gottgegebene Struktur für die Missionsarbeit die Gemeinde vor Ort sei. Ich würde diese Feststellung jedoch gerne teilweise einschränken und nur sagen, dass die Gemeinde vor Ort eine ganz wesentliche Rolle für die Mission spielt, aber nicht, dass die einzige gottgegebene Struktur für die Missionsarbeit die Gemeinde vor Ort ist. Im weiteren Verlauf dieses Kapitels möchte ich diese Frage im Licht unserer heutigen Erfahrungen noch eingehender beleuchten. Damit möchte ich keineswegs die zweifellos sehr wichtige Rolle der Gemeinde vor Ort für die Missionsarbeit schmälern, sondern nur zeigen, dass keine örtliche Gemeinde über die notwendigen Strukturen und Gaben verfügt, um einen erfolgreichen Missionsvorstoß in einer anderen Kultur zu beginnen und aufrechtzuerhalten, wenn die Missionsarbeit nicht mit einer apostolischen Struktur verknüpft ist oder verknüpft wird, verbunden mit der Handlungsfreiheit, die für die Aufgabe vor Ort erforderlich ist. Ich möchte gerne den Beweis für meine Behauptungen führen, indem ich einige Beispiele aus der Schrift heranziehe, bei denen die apostolische Struktur zum Tragen kam:

1. Paulus und Barnabas waren bereits vom Heiligen Geist für ihren Dienst der Evangeliumsverkündigung unter den Heiden berufen worden. Das wissen wir auch aus der Geschichte der Bekehrung des Paulus. Paulus und Barnabas wurden nicht von der örtlichen Gemeinde berufen, sondern die örtliche Gemeinde erkannte an, dass der Heilige Geist sie bereits berufen hatte, und sie ließen sie ziehen.

2. Paulus und Barnabas wurden ausgesondert (und von den Aktivitäten der Gemeinde vor Ort freigestellt). Was ist das anderes als eine weitere Struktur? Wir können lesen, dass Paulus und Barnabas viele Entscheidungen selbständig treffen mussten, die ihre Arbeit betrafen – sie wurden in der Frage, wohin sie sich wenden sollten, vom Heiligen Geist geleitet. Sie entschieden auch, Johannes Markus mitzunehmen – und er wurde der erste Missionar, der für die Arbeit verloren ging.[215] Zwar schweigt die Schrift sich darüber aus, aber wir könnten uns die Frage stellen, ob Paulus und Barnabas mit den anderen Leitern in Antiochien mehr Rücksprache hätten nehmen sollen und vielleicht dadurch dieses Problem hätten vermeiden können!

3. Der Begriff, der für die Aussendung von Paulus und Barnabas verwendet wird, ist sehr aufschlussreich. Wenn die Gemeinde in Antiochien sie als ihre Apostel ausgesandt hätte, dann wäre der von dem Verb *apostello* abgeleitete Begriff verwendet worden. Hier steht im Griechischen jedoch das Wort *apoluo*. Die Bedeutung dieses Wort ist eher ›freigeben, freisetzen, aussenden‹. Im folgenden Vers steht, dass der Heilige Geist die Aussendung von Barnabas und Paulus forderte, denn das nachdrücklichere Wort *ekpempo* wird hier gebraucht, was ungefähr ›durch den Heiligen Geist fort- oder ausgesandt‹ bedeutet. Der Eindruck, den man aus diesen Versen gewinnt, ist, dass hier zwei Männer mit einer Autorität und einer Dringlichkeit entsandt wurden, die nicht von der örtlichen Gemeinde ausging, sondern vom Herrn selbst. Die Gemeinde erkannte das und setzte die beiden Mitarbeiter frei. Sie befahlen sie zu diesem Zeitpunkt dem Herrn mit Fasten und Beten an und mit Sicherheit haben sie auch danach weiter für Paulus und Barnabas Fürbitte geleistet.

4. Die beiden Apostel kehrten nach Antiochien zurück, um über alles, was geschehen war, einen Bericht zu geben. Dann wurden sie wieder in das Gemeindeleben vor Ort integriert. Das bedeutet, dass hier eine separate apostolische Struktur vorhanden war. Innerhalb dieser Struktur waren die Mitarbeiter vom Prinzip her nicht autonom, sondern mussten der Gemeinde, von der sie ausgezogen waren, über ihr Handeln Rechenschaft ablegen, wurden aber, in dem, was sie konkret taten, nicht von der Gemeinde kontrolliert. Sie blieben Mitglieder und Teil der Gemeinde vor Ort, waren ihr Rechenschaft schuldig und wurden später wieder in die Gemeinschaft integriert, denn »sie blieben eine nicht geringe Zeit bei den Jüngern«. Paulus und Barnabas betrachtete man nie als etwas anderes als Glieder der Gemeinde in Antiochien, auch wenn sie durch ihr Wirken an anderen Orten jeweils für recht lange Zeiträume nicht in der Gemeinde präsent waren, weil sie der Heilige Geist zu diesem Wirken beauftragt hatte.

Erst bei der Zweiten Missionsreise des Paulus sehen wir, wie sich die dritte Struktur herausbildet. In Apostelgeschichte 16 lesen wir, dass Paulus Timotheus in seine Mitarbeiterschar aufnahm und, wie der Text impliziert, auch Lukas und noch andere. Paulus war nicht nur ein predigender Evangelist, sondern er schulte auch andere in seinem Mitarbeiterteam. Wenn man die Briefe des Paulus sorgfältig liest, sieht man, dass Paulus gleichzeitig bis zu 40 Leute in seinem Team hatte. Es wäre doch recht überraschend, wenn die Apostel hier nicht dem Vorbild ihres Meisters Jesus gefolgt wären, wenn es darum ging, neue Generationen von Leitern hervorzubringen. Paulus riet später wiederum Timotheus, es ihm gleichzutun.[216]

Es ist deutlich geworden, dass die Urgemeinde ihren Dienst nach den damaligen pragmatischen Erfordernissen organisierte und sich ganz ähnlicher Strukturen wie Jesus selbst bediente. Das unten stehende Schaubild illustriert das Gesagte. Die eigentliche Tragödie ist, dass wir offensichtlich größtenteils nicht mehr in der Lage sind, dieses Gleichgewicht zu halten, das in der Apostelgeschichte noch vorhanden war.

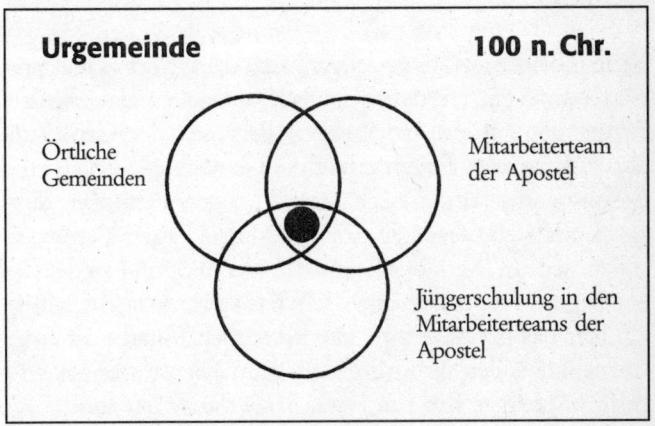

Strukturen in den Lehrbriefen

Hier möchte ich mich auf einen wichtigen Abschnitt im Epheserbrief konzentrieren, in dem Paulus auf dieses dreiteilige Wirken der Gemeinde Jesu hinweist, sowie auf die Beteiligung der gesamten Gemeindeleitung und auf die Verschiedenheit der Gaben:

> »Und er hat die einen als Apostel gegeben und andere als Propheten und andere als Evangelisten und andere als Hirten und Lehrer, zur Ausrüstung der Heiligen für das Werk des Dienstes, für die Erbauung des Leibes Christi, bis wir alle hingelangen zur Einheit des Glaubens und der Erkenntnis des Sohnes Gottes, zur vollen Mannesreife ...«[217]

Viele Bibelübersetzungen fügen nach dem Wort »Heiligen« ein Komma ein, um damit deutlich zu machen, dass die drei Ämter den offiziell eingesetzten Personen der Gemeinde Jesu zukommen. Damit erhält die Gemeinde lediglich eine Beifallspender- und Zuschauerrolle zugewiesen. Der Text sagt jedoch das Gegenteil aus: Alle Mitglieder der Gemeinde sollen sich am Werk des Dienstes in der Welt und an der Erbauung des Leibes beteiligen. Um das zu verdeutlichen, lasse ich hier das Komma fort. Die führenden Mitarbeiter einer Gemeinde sollen ihre Mitglieder zum Dienst anleiten und nicht unbedingt selbst in erster Linie die Arbeit tun.

Wenn der Heilige Geist, der jeden Christen mit Gaben ausstattet, in dreifacher Weise wirken soll, erfordert das eine besondere Struktur, mit deren Hilfe wirksamer Dienst erst richtig möglich wird. In diesem Abschnitt möchte ich darlegen, dass die von mir vorgeschlagene dreifache Struktur des Leibes Christi in der Schrift und in der Theologie Bestätigung findet.

In diesem Modell ist die Struktur zur Ausrüstung der Heiligen die örtliche Gemeinde. In der Gemeinschaft der Gemeinde wachsen die Heiligen in der Gnade Gottes und ihren Beziehungen zueinander. Das erste Amt in der Gemeindearbeit ist das des Pastors und Propheten, dessen Dienst jedoch von den übrigen Gaben ergänzt wird.

Die Struktur für die Gemeindearbeit ist die Evangelisation im weiter entfernten Umfeld oder die Mission – sei es durch Evangelisationen vor Ort oder durch Missionsarbeit in anderen Kulturen. Hier überwiegt die Arbeit des Evangelisten und des Apostels, aber der Text möchte sagen, dass ALLE Heiligen für den Dienst zugerüstet werden sollen. Die Bibel teilt das Volk Gottes nicht in Geistliche und Laien auf – das ist das Erbteil einer nur unvollständig durchgeführen Reformation und eines hierarchischen Systems, das Menschen sich nach den neutestamentlichen Zeiten erdacht haben. Obwohl von evangelikalen Autoren viele Bücher über die Laien und den Laienstand geschrieben worden sind, findet dieser Begriff in der Schrift in diesem Sinne nirgends Verwendung. Jeder, der zum Volk Gottes gehört, sollte am Werk des Dienstes mitarbeiten – manche sind offensichtlich für Leitungsaufgaben oder andere Bereiche wie das Amt eines Apostels, eines Lehrers, eines Hirten o. ä. besonders begabt.

Die Struktur für den Aufbau des Leibes Christi umfasst das ganze Spektrum der Lehre und Ausbildung. In unserer heutigen Zeit würde alles darunter fallen, von der Sonntagsschule bis zur Ausbildung an den akademischen theologischen Seminaren. Das erste Amt für die Ausbildung ist das des Lehrers.

Allerdings überlappen sich diese Begabungen für den Dienst sowohl beim einzelnen Menschen als auch in den entsprechenden Strukturen. Die individuellen Begabungen wirken zu einem Ganzen zusammen, bilden eine nicht-statische Einheit mit gegenseitigem Austausch und Ergänzung; dasselbe gilt für die grundlegenden Strukturen, wenn der Heilige Geist am Leib Christi wirkt. Diese Flexibilität ermöglicht nicht nur, die Wirkungsweise der Dienstgaben innerhalb einer örtlichen Versammlung zu erkennen, sondern auch im viel größerem Rahmen. Robert Brow nennt in seinem Buch *The Twenty Century Church*[218] (Die Gemeinde Jesu im 20. Jahrhundert) **zwei** sich gegenseitig ergänzende Strukturen für die Gemeinde Jesu und vergleicht sie sehr anschaulich mit dem Körper (die Gemeindestrukturen) und dem Blutkreislauf (Strukturen für die Missionsarbeit); die eine Struktur ist unflexibel und starr; die andere ist flexibel und dient der ganzen Gemeinde.

Welchen Nutzen man daraus zieht, wenn man den Leib Christi aus dieser Perspektive betrachtet, wird rasch deutlich, wenn wir einen kurzen Blick auf die Bereiche in der Geschichte werfen, in denen die Gemeinde versagt hat. Gerade dieses Versagen hat den Beitrag der Gemeinde Jesu zur Missionsarbeit erheblich geschmälert. Eine der entstehenden Schwierigkeiten – sofern man in der Gemeinde Jesu nicht die dreistrahlige Struktur zur Anwendung bringt – ist die, dass alle Dienste der Gemeinde, wie sie in Epheser 4, 11–13 und in 1. Korinther 12, 28 aufgeführt werden, in die eine Struktur hineingepresst werden müssen, die örtliche Gemeinde. Wo hat in der Gemeinde Jesu heute der Apostel, der Evangelist oder auch der Prophet seinen Platz? Calvin versuchte, dieses Problem zu umgehen, indem er davon ausging, dass die Funktionen des Apostels und des

Evangelisten in ihrem ursprünglichen Sinne nicht mehr existierten,[219] aber im Nachhinein erkennen wir, dass diese Auffassung nicht der Wirklichkeit entspricht. Der wahrscheinlichere Grund dafür, dass die Apostel, Evangelisten und Wanderlehrer von der Bildfläche verschwunden sind, ist, dass die dafür erforderlichen, umfassenderen und anpassungsfähigeren Strukturen nicht mehr vorhanden sind, innerhalb derer sich diese Ämter entfalten könnten. Diese Ämter waren für die Unbeweglichkeit einer statischen, hierarchisch organisierten Leiterschaft zu unbequem und wurden deshalb abgeschafft. Wir haben heute immer noch Schwierigkeiten, diese Ämter in die Strukturen unserer heutigen »Gemeinden« zu integrieren.

In den vergangenen beiden Jahrhunderten sind in dem Versuch, diesen offensichtlich bestehenden Mangel an Aposteln zu beheben, verschiedene Bewegungen entstanden. Einige besondere Beispiele sind etwa die Katholisch-Apostolische Gemeinde (Irvinianer) im letzten Jahrhundert und in der jüngeren Vergangenheit, in diesem Jahrhundert, Teile der Pfingstbewegung, in der die Apostel die Leiter einer theokratischen Gemeindeleitung wurden. Allerdings ist der springende Punkt nicht die Notwendigkeit, das Apostel- oder Prophetenamt in die Gemeinden vor Ort oder in die entsprechenden Denominationen wieder einzuführen, sondern die Notwendigkeit, eine apostolische Struktur neben der örtlichen Gemeinde oder Denomination zu schaffen.

In den vergangenen Jahren hat der Dienst des Evangelisten durch große Männer wie Billy Graham zwar wieder weithin Anerkennung erfahren, aber allgemein gesprochen werden Evangelisten als unkontrollierbar und gefährlich eingestuft, die einfach tun, was sie möchten. In welches

Schema passen sie hinein? Den Tiefpunkt dieser Entwicklung haben wir in den letzten paar Jahren erreicht, als einige negative Beispiele von Fernsehevangelisten bekannt wurden, die der Sünde des Stolzes, der Gier und der Unmoral zum Opfer fielen, denn sie mussten in der Gemeinde Jesu heute niemand gegenüber Rechenschaft ablegen, sie mussten sich nirgends einfügen und nirgends einen Beitrag zum Gemeindeleben leisten.

Wenn das ganze Spektrum der in der Bibel erwähnten Dienste in einem biblischen Rahmen zum Tragen kommen soll, dann müssen wir zum biblischen Modell der richtigen Strukturen zurückkehren. Ich trete damit nicht für eine Rückkehr zum Modell der neutestamentlichen Gemeinde ein, denn dieses Modell ist vor allen Dingen auf die damalige Kultur zurückzuführen, sondern ich fordere eine Rückkehr zu den Prinzipien, die diesem Modell unterliegen. Die eigentlichen Strukturen werden in jedem Abschnitt der Geschichte und in jeder Kultur wieder die an die jeweiligen Umstände angepassten Züge aufweisen. Auch heute sind die Modelle der westlichen Missionsgesellschaften, die sich seit der Zeit Careys entwickelt haben, für die brasilianischen, chinesischen oder ukrainischen Missionsgesellschaften im 21. Jahrhundert möglicherweise nicht das Optimale, aber das Prinzip, dass Strukturen für die Missionsarbeit erforderlich sind, ist gleichermaßen gültig geblieben. In gleicher Weise haben sich die westlichen theologischen Ausbildungssysteme bereits in Lateinamerika und Afrika als zu starr und zu kostspielig erwiesen, und andere Alternativen wurden entwickelt – aber das Prinzip, dass es Strukturen für die Jüngerschaftsschulung und Ausbildung geben muss, ist von dem jeweiligen Jahrhundert und der jeweiligen Kultur unabhängig.

Ich habe dieses Konzept lediglich in Bezug zu einem einzigen Abschnitt der Bibel entwickelt, der sich mit der neutestamentlichen Gemeinde beschäftigt. Ich könnte meine Gedanken aus anderen Abschnitten der Apostelgeschichte, den Lehrbriefen, dem Hebräerbrief und der Offenbarung weiter ausführen. George Peters behandelt in seinem Buch *A Theology of Church Growth*[220] einige dieser Dinge, allerdings nicht umfassend. Auf diesem Gebiet muss mit Sicherheit noch weitere Forschungsarbeit geleistet werden!

Kapitel 15

Gemeindestrukturen zwischen der Zeit der neutestamentlichen Gemeinde und der Reformation

Es ist erstaunlich, wie schnell das Konzept der reisenden Apostel, die in bis dato nicht evangelisierten Gebieten Gemeinden gründeten, sich wandelte und man sich für vor Ort wohnende Älteste und später für Bischöfe entschied, die jeweils für ein bestimmtes Gebiet zuständig waren. Das Modell, dessen sich der Herr Jesus Christus und Paulus für die Missionsarbeit bedienten, wurde fallen gelassen und die Gemeinde Jesu wurde rasch eine institutionalisierte Kirche, die stärker damit beschäftigt war, sich gegen Häresien zu verteidigen als die Mission voranzutreiben. David Bosch kommentiert das zutreffend:

»Es kann kein Zweifel daran bestehen, dass sich schon gegen Ende des ersten Jahrhunderts die Auffassung davon, was Gemeinde Jesu ist, veränderte. In der Tat spiegeln einige der neutestamentlichen Texte bereits eine Situation wider, in der der Reisedienst der Apostel, Propheten und Evangelisten zu Ämtern vor Ort wohnender Bischöfe (Älteste) und Diakone umgestaltet wurde. Die schöpferische Spannung zwischen diesen beiden Kräften im Dienst der Gemeinde Jesu ging Stück für Stück zugunsten der zweiten Alternative verloren.«[221]

In den folgenden Jahrhunderten wurde die Gemeinde Jesu immer mehr mit den komplexen, unflexiblen, nach geographischen Gesichtspunkten organisierten Verbänden der über die Landesgrenzen hinausgreifenden Kirchenbezirke mit ihren Erzbischöfen in den Provinzen, ihren Bischöfen in den Diözesen und ihren Priestern in ihren Pfarrbezirken gleichgesetzt. Die Missionsarbeit der Kirche war in immer kleinerem Maß die Missionsarbeit des Herrn Jesus Christus.

Erst mit dem Aufkommen des Mönchtums im dritten Jahrhundert entstand ein weiterer Apparat, von dem Missionsarbeit ausging, so unvollkommen er auch immer gewesen sein mag. Der Grund dafür, dass das Mönchtum solchen Aufschwung erhielt, war schwerlich, dass man die Notwendigkeit zur Missionsarbeit erkannte, sondern vielmehr häufig der Wunsch, der bösen Welt zu entfliehen. Es war dieser Wunsch, sich von der Welt abzusondern, der diese Männer und Frauen häufig davor bewahrte, sich mit den politischen Gegebenheiten, dem ganz offensichtlichen fleischlichen Lebenswandel und den fehlenden geistlichen Zielsetzungen, die die institutionalisierte Kirche kennzeichnete, abfinden zu müssen; gleichzeitig ermöglichte die Institution des Mönchtums sein missionarisches Wirken. Diese Struktur wurde – eher aufgrund von Versäumnis als durch Planung – Nachfolger der apostolischen Struktur des frühen Christentums. In den folgenden 1500 Jahren war das Mönchtum fast die einzige Struktur, in der noch irgendwelche Missionsarbeit geschah – sei es nun im östlichen Christentum, bei den Orthodoxen, den Kelten oder der Römisch-Katholischen Kirche gewesen. Fast jeder bedeutendere Missionsvorstoß über die Grenzen des Römischen Reiches hinaus und sogar die Konsolidierung der christlichen Kirche innerhalb seiner Grenzen ist dem unerschrockenen Wirken vieler einzelner Mönche oder Mönchsorden zuzuschreiben.

In unserem pluralistischen Zeitalter können wir kaum noch nachvollziehen, welch ein totalitäres Gepräge die christliche Kirche des Mittelalters in den Ländern hatte, in denen das Christentum die offizielle Religion der Herrscher war. Jeder Lebensbereich im christlichen Europa wurde von der Kirche bestimmt. Die Kirche hatte die totale Kontrolle über das damalige Erziehungswesen. Vom Ende des 11. Jahrhunderts[222] an schloss das auch die Universitäten ein, die in erster Linie Lehrinstitute der Theologie waren und die zukünftigen Kirchenführer ausbilden sollten. Also existierte damals eine Art Struktur zur Jüngerschulung, obwohl der Inhalt der Lehre und die Erwartungen an das geistliche Leben der Kandidaten schon lange nicht mehr der biblischen Norm entsprachen.

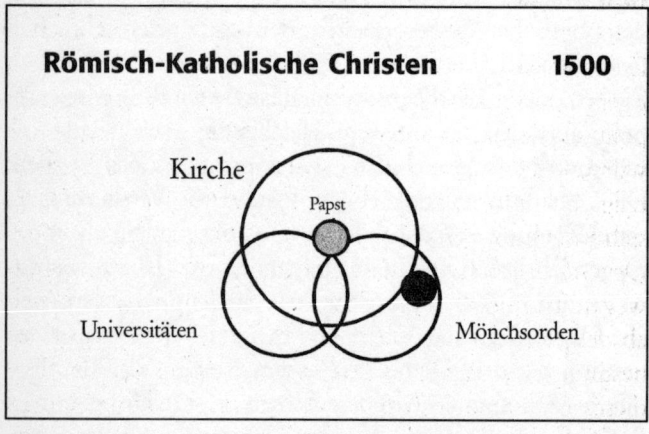

Im Mittelalter hatte sich in den östlichen und insbesondere in den westlichen Kirchen eine funktionierende dreistrahlige Struktur herausgebildet, die Parallelen zum neutestamentlichen Modell aufwies.[223] Diese Struktur verkrustete jedoch und setzte die Lehren des Neuen Testamentes durch die Befolgung von Traditionen, Menschengeboten und der Vermischung mit dem Heidentum außer Kraft. Die Terminologie hatte sich zwar geändert, aber die oben verwendeten Kreise für die neutestamentliche Zeit blieben dieselben, allerdings in umgedeuteter Form. Man beachte, dass der Schwerpunkt der Kirche der Schwerpunkt ihres obersten Herrn wurde, sei es ein Papst (P), ein Katholikos oder ein Metropolit; das wichtigste Ziel war nicht die Weltmission, sondern der Zuwachs an Macht im Zentrum des Kirchenreiches.

Gemeindestrukturen zwischen der Reformation und William Carey

Es musste sich etwas ändern; allerdings war es sehr schwer, irgendeine Veränderung herbeizuführen, die nicht von den politischen Machthabern jener Zeit erschnüffelt werden würde. Jeder Bürger musste sich nach außen mit der Staatsreligion konform zeigen. Diese Konformität entwickelte sich ausgehend von der Lehre des Augustin in seinem Werk *Der Gottesstaat* (De civitate Dei) über die Jahrhunderte hinweg und mündete unerbittlich in die berüchtigte Inquisition ab dem Vierten Laterankonzil im Jahr 1215. Im Jahr 1232 bestimmte der Papst die Dominikaner zu den Herren über dieses grausame Instrument der Unterdrückung. Gegen Ende des 15. Jahrhunderts erreichte die Inquisition ihren Scheitelpunkt. Ihre Macht war in den römisch-katholischen Ländern Italien und Frankreich und ganz besonders in den von Spanien beherrschten Gebieten[224] am größten, und Spanien war die absolute Supermacht der damaligen Welt. Dass die Reformation in dieser Welt der weit verbreiteten Bigotterie und des Fanatismus in diesem Zeitalter nicht unterging, ist ein Wunder.

Die Reformation war bitter nötig. Zwar war man von der Theologie her größtenteils reformiert, aber die damaligen, nur unzureichenden Strukturen funktionierten nicht mehr. Wie wichtig es gewesen wäre, die bestehenden Strukturen zu reformieren, scheint man inmitten des Bemühens, sich von den Institutionen zu befreien, die Werkzeuge der Unterdrückung und der Gottlosigkeit waren, nicht bemerkt zu haben. Der neue Wein hätte in neue Schläuche gefüllt werden müssen, man behielt jedoch die alten Schläuche bei.

Das Modell der Kirchenreiche, an dem die Kirche so lange festgehalten hatte und das die Reformatoren übernahmen, wurde kaum in Frage gestellt. Das römisch-katholische Konzept eines Staates oder einer Staatskirche gepaart mit dem Bischofs- und Parochialsystem wurde von den Lutheranern und den Anglikanern beibehalten, ebenso behielten die Reformatoren in Genf das Parochialsystem bei. Es ist genau dieses Modell, das unser Verständnis des eigentlichen Wesens und der Struktur der Gemeinde verdunkelt und das Volk Gottes fälschlicherweise in eine geistliche Aristokratie – die Geistlichkeit – und niedrigere, gewöhnliche Leute – die Laien – unterteilt.

Die Mönchsorden, die in den vorausgegangenen 1200 Jahren so viel zu der Ausbreitung der Kirche beigetragen hatten, wurden in den Ländern, in denen sich die Reformation durchsetzte, abgeschafft. Ihre ausgedehnten Ländereien und ihre Gebäude wurden vom Staat enteignet oder von wohlhabenden Einzelpersonen übernommen. Die flackernde Kerze der Missionsarbeit als eine Komponente der Kirche wurde für die nächsten drei Jahrhunderte in weiten Bereichen des Hauptstroms protestantischen Denkens und Lebens ausgelöscht. Wie ich in Kapitel 3 aufgezeigt habe, war die Reformation, sowie die koloniale Expansion Portugals und Spaniens über Europa hinaus für die Katholiken ein Ansporn, ihre missionarischen Mönchsorden am Leben zu erhalten und weiter fortzuentwickeln. Das Ergebnis davon war ein enormes Wachstum der Römisch-Katholischen Kirche in der Neuen Welt und in vielen Teilen Asiens zu einer Zeit, in der die Protestanten fast völlig untätig blieben.

Nach der Reformation wurden die Universitäten, an denen man Theologie studieren konnte und wo Pastoren und Diener der Kirche ausgebildet wurden, in immer größerem Maß von der Kirche unabhängig. Jetzt entfiel die berechtigte Verpflichtung, gegenüber der Kirche als Ganzer über ein geheiligtes Leben Rechenschaft abzulegen; außerdem geriet das Hauptziel der theologischen Ausbildung aus dem Blickfeld. Unter dem Einfluss der Aufklärung durchliefen diese Universitäten einen Prozess der Säkularisierung, die theologische Lehre war nun durchsetzt vom Humanismus und erhielt eine liberale Ausrichtung. Ein bedauernswerter Auswuchs davon war, dass sich eine Ansicht durchsetzte, die heute immer noch unsere Auffassung ist: dass es bei der theologischen Ausbildung vor allem um die Erlangung akademischer Grade geht und weniger um die Ausbildung der nächsten Generation zu gottesfürchtigen Leitern zum Dienst am Leib Christi. Der Teil der Kirche, dem die Schulung und Ausbildung am meisten am Herzen lag, war im Leib Christi de facto nicht mehr vertreten.

Die dreistrahlige Struktur der Kirche existierte innerhalb des Protestantismus nun nicht mehr. Als man die Forderung nach einer allein auf der Bibel basierenden Theologie erhob, verlor man aus den Augen, wie notwendig ein ausgewogenes, biblisches Strukturmodell für die Gemeinde ist, und kein Mensch hat das scheinbar bemerkt. Diese unsolide Grundlage hat mit dazu beigetragen, dass der Blick für die Mission in weiten Bereichen des Christentums einfach nicht existierte und die protestantische Kirche sich viele Male spaltete. Wenn man das eine, alles überragende, einigende Ziel miteinander im Gebet vor Gott gebracht und missionarisch tätig geworden wäre, hätte die Christen das so zusammengeschweißt wie es kein anderer Faktor hätte bewirken können. Das ist für mich eine der gewaltigen Tragödien des halben Jahrtausends, das seit dem Beginn der Reformation vergangen ist. Unten finden wir eine Darstellung der unzureichenden Strukturen der Kirche im Protestantismus, in der 300 Jahre der Missionsbefehl ignoriert und nicht befolgt wurde. Das ist wahrlich ein schweres Vergehen.

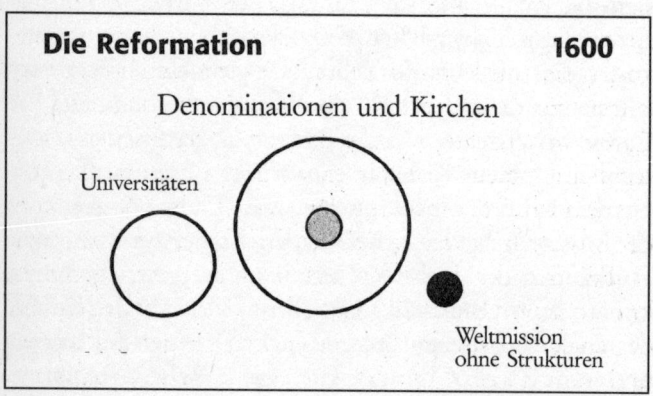

Beachten Sie, dass die Weltmission sich außerhalb aller existierenden Kreise befindet, die jeweils eine Struktur darstellen. Gleichzeitig steht der Kreis für die Jüngerschulung für sich allein, ist unabhängig von den anderen und nur noch ein Schatten dessen, was er eigentlich sein sollte. Die verbleibenden Strukturen verfolgten andere, untergeordnete Ziele wie Stabilität und Kontinuität oder akademische Bildung. Es existiert kein Kreis mehr für eine apostolische Struktur und damit auch nicht mehr für die Mission im Protestantismus. Es gab nur wenige, von den Institutionen abgekoppelte Ausnahmen in diesen 300 Jahren der Wüstenwanderung, die erst vor 200 Jahren zu Ende ging.

Die Reformation der Strukturen beginnt

William Carey empfahl, wie wir zu Beginn dieses Abschnitts bereits besprochen haben, **Mittel** für die Bekehrung der Heiden einzusetzen. Diese Mittel waren erstens das eifrige, gemeinsame, eindringliche Gebet für die Mission in den Gemeinden und zweitens: »Wir dürfen uns aber nicht mit dem Beten zufrieden geben, ohne uns anzustrengen, die Mittel zu gebrauchen, um die Dinge zu erlangen, für die wir beten.«[225] Die ›Anstrengung‹, auf die Carey hier abzielte, war die Bildung einer Missionsgesellschaft mit einem Komitee engagierter Christen, die von Gemeinden und einzelnen Christen bei der Aussendung der Missionare an die Enden der Erde unterstützt wurden.

Die einzigen Vorbilder, auf die Carey zurückgreifen konnte, waren einmal die religiösen Gesellschaften, die Teil des anglo-sächsischen kulturellen Erbes jener Zeit waren und zum Zweiten die säkulare und äußerst erfolgreiche

East India Company der Niederlande und Großbritanniens. Carey begriff damals möglicherweise noch nicht, wie biblisch sein Vorschlag war, aber auch wie weitreichend die Konsequenzen waren. Was er vorschlug, war die Wiederherstellung des fehlenden Strukturkreises – nicht das römisch-katholische Modell des Mönchtums, sondern ein Modell, das dem paulinischen Modell in Apostelgeschichte 13 ff. erheblich näher kam. Er hätte sich Missionsgesellschaften gewünscht, die von allen Denominationen unterstützt werden, räumte jedoch ein:

»Ich will damit nicht sagen, dass ich die Aufgabe in irgendeiner Weise auf eine [bestimmte] christliche Denomination beschränke. Ich wünsche von ganzem Herzen, dass jeder, der unseren Herrn Jesus Christus ernsthaft liebt, sich in der einen oder anderen Weise daran beteiligen möge. Aber beim gegenwärtigen gespaltenen Zustand der Christenheit scheint es eher dem Guten zu dienen, wenn jede Denomination sich für sich am Werk beteiligt, als wenn sie es gemeinsam in Angriff nehmen. Es ist genügend Platz für uns alle vorhanden, ohne dass wir uns gegenseitig in die Quere kommen ...«[226]

Das waren weise und prophetische Worte, ausgesprochen zu einer Zeit, in der keine einzige Denomination mit einem solchen Unternehmen überhaupt begonnen hatte. Es war auch noch lange vor der Zeit, in der die nicht-denominationellen Missionsgesellschaften gegründet wurden – die London Missionary Society im Jahr 1795[227], The American Board for Foreign Missions im Jahr 1810, die Basler Mission in der Schweiz im Jahr 1815 und die Rheinische Mission in Deutschland im Jahr 1827. Die Entstehung der zahlreichen interdenominationellen »Glaubens«-missionen lag noch immer zwei Jahrzehnte in der Zukunft.

Die evangelikale Erweckung des 18. Jahrhunderts und die Entstehung der Missionsgesellschaften erwies sich als der Hauptfaktor für die massive Zunahme der Evangelikalen in der heutigen Welt. Das habe ich im vorausgehenden Kapitel beschrieben. Diese Tatsache ist allerdings nur wenig bekannt. Viel zu viele Christen haben ein negatives Bild von der Mission. Die kleinen und offensichtlich unbedeutenden Anfänge tragen heute ganz erstaunliche Früchte. Ich möchte nur ein Beispiel nennen: SIM International ist zu einer der größten Missionsgesellschaften weltweit geworden, die in der Gemeindegründungsarbeit tätig sind. Durch die Arbeit ihrer 2000 Missionare und ihrer Vorgänger sind viele Gemeinden entstanden, zu denen etwa vier bis fünf Millionen Christen gehören, und damit wäre die SIM International eine der größten evangelikalen Denominationen der Erde – wenn man eine solche Kategorie aufstellen würde! Allerdings sprengen die historische Entwicklung der Missionsarbeit, die Aufzählung der Fehler, die gemacht und die Lektionen, die gelernt wurden, sowie die Strategien, die man erdachte, den Rahmen dieses Buches. Ich möchte mich auf die Strukturen und die sich daraus ergebenden Konsequenzen für den Leib Christi konzentrieren.

Parallel zu den Missionare entsendenden Missionsgesellschaften entstanden auch eine Vielzahl evangelikaler Organisationen, die sich der verschiedenen sozialen und geistlichen Nöte in der Gesellschaft und der ganzen Welt annahmen. Dann entstand im 20. Jahrhundert eine erstaunlich große Zahl der unterschiedlichsten Bibelschulen und Jüngerschaftskurse, die das Gegengewicht zur liberalen Theologie, ihrem trockenen Intellektualismus und der

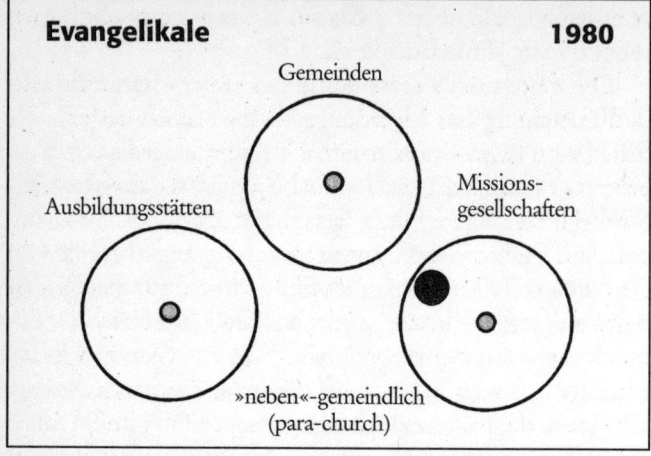

geistlichen Leblosigkeit in den staatlichen theologischen Lehranstalten bildeten. Man muss nur in die Gelben Seiten einer beliebigen Stadt der Erde oder in Großbritannien in das britische *UK Christian Handbook*[228] (Das christliche Handbuch für Großbritannien) hineinschauen, um zu erkennen, wie viel Frucht diese Bemühungen getragen haben. Einige dieser Missionsgesellschaften und Organisationen sind multinationale Unternehmen geworden, deren Einnahmen im Millionenbereich liegen. In diesen beiden Jahrhunderten hat man sich zwar erneut auf die drei biblischen Strukturen besonnen, allerdings nicht auf die gegenseitigen Wechselbeziehungen dieser Strukturen, wie es eigentlich erforderlich wäre, denn darauf gründet sich die Einheit der Gemeinde Jesu, in der alle drei Strukturen vorhanden sein müssen, wenn die Gemeinde wirklich funktionieren soll. Was jedoch entstanden ist, sind drei autonome Strukturen, mit ihren jeweils ihnen untergeordneten Zielen (was durch die grauen Kreise symbolisiert wird). Ich möchte dazu Folgendes erläutern:

Diese bedauernswerte Aufspaltung der Gemeinde Jesu in drei Bereiche hat zur Schaffung eines neuen Begriffs geführt, dem Begriff **neben-gemeindlich** (im Sinn von ›von einer örtlichen Gemeinde unabhängig‹) (**para-church**). Wenn dieser Begriff Verwendung findet, dann liegt dem eine Reihe gefährlicher, unhaltbarer Annahmen zugrunde:

1. Dass die Gemeinde aus der Gesamtsumme der Gläubigen besteht, die in den örtlichen Gemeinden und Denominationen zusammenkommen.[229] Zwar gilt das für alle einzelnen Christen, aber umgekehrt kann man nicht schließen, dass die einzig annehmbare, biblische Struktur die örtliche Gemeinde oder zu Denominationen zusammengefasste Gruppen örtlicher Gemeinden ist.

2. Dass jegliche Struktur außerhalb der örtlichen Gemeinden und Denominationen als ›neben-biblisch‹ (para-biblisch) und ›neben‹-gemeindlich (para-church) bezeichnet werden muss. Das Präfix **para** (über, hinaus, abweichend, gegen, neben) hat eine negative Konnotation. Das stülpt Gemeinden, die nicht die Gläubigen vor Ort sammeln sowie denominationellen Organisationen das Urteil über, unbiblisch zu sein. Mit derselben Berechtigung könnte man auch behaupten, dass die örtlichen Gemeinden und Denominationen ›neben‹ den Missionsgesellschaften her existieren!

3. Dass alle ›neben‹-gemeindlichen Organisationen nur geduldet werden, bis die Gemeinden vor Ort oder die Denominationen sich soweit zusammengerauft haben, dass sie die Sache übernehmen können, wie es eigentlich von Anfang an ihre Aufgabe gewesen wäre. Alle ›neben‹-gemeindlichen Organisationen sollten nur für eine Zeit als

unvermeidliches Übel akzeptiert, dann aber so schnell wie möglich abgeschafft werden.

Im weiteren Verlauf des Buches werde ich auf die Schwierigkeiten und Gefahren eingehen, die sich ergeben, wenn einzelne Gemeinden oder Gemeindezusammenschlüsse die gesamte Verantwortung für die Ausbildung der Missionare und für die eigentliche Missionsarbeit übernehmen. Einige der neueren Gemeinden – besonders Gemeinden charismatischer Prägung – gehen noch einen Schritt weiter und schaffen alle Strukturen ab, die ihre Bewegungen als unbiblisch und in ihrem apostolischen Dienst als völlig überholt verurteilen. Eine solch arrogante Haltung wird früher oder später von der Realität der Komplexität der Missionsarbeit in weiter Ferne in einer fremden Kultur eingeholt.

4. Die ›neben‹-gemeindlichen Organisationen haben Aufgaben an sich gerissen, die eigentlich einer örtlichen Gemeinde zukämen. Das ist oft die traurige Wahrheit und sollte rückgängig gemacht werden. Diese Grenzüberschreitung geschieht häufig, weil die Gemeinden ihrer ihnen von der Bibel zugewiesenen Aufgabe in der Missionsarbeit nicht gerecht werden. Es gibt dafür etliche Beispiele, ich kann jedoch nur ein paar wenige nennen:

* Missionare werden oft zu »Leibeigenen« ihrer Missionsgesellschaften. Es wird nicht beachtet, dass die Pflicht zur Rechenschaft auf der einen Seite Seelsorge auf der anderen Seite bedingt und beides Hand in Hand gehen muss.

* Der Unterricht der Kandidaten in Missionskunde, sowie ihre Anwerbung und Ausbildung wird meist

der Missionsgesellschaft überlassen, und man erkennt nicht, dass dies in den Aufgabenbereich der örtlichen Gemeinde fallen würde, auch wenn dabei die Hilfe einiger spezialisierter Organisationen in Anspruch genommen werden würde.

* Heimataufenthalte können fast vollständig der Kontrolle der Missionsgesellschaft unterliegen, und häufig bleibt zu wenig Zeit für den erneuten Kontakt des Missionars mit seiner Heimatgemeinde.

Fast immer liegt Polarisierung und sogar Konfrontation zwischen den örtlichen Gemeinden und den Missionsgesellschaften in der Luft, wenn immer beide Begriffe auch nur erwähnt werden. Wenn jemand in meiner Gegenwart den Begriff ›neben‹-gemeindlich (para-church) erwähnt oder meint, dass ich ein ›neben‹-gemeindlicher (oder von der Gemeinde unabhängiger) Mitarbeiter sei, weil ich Mitglied einer Missionsgesellschaft bin, dann greife ich das Thema auf und weise auf eine mehr der Bibel entsprechende Perspektive hin, wenn sich dafür eine gute Gelegenheit ergibt.

Es gibt aufgrund der Entwicklungen, wie sie nun einmal gelaufen sind, wirklich Grund zu Enttäuschung und Besorgnis bei allen Beteiligten – häufig sind die, die angesichts der bestehenden Verhältnisse mahnend den Zeigefinger heben, nicht gleichzeitig auch diejenigen, die im Gebet nach Lösungen suchen; gleichzeitig hat man nicht begriffen, wie wichtig die Einheit des Leibes Christi ist, um den richtigen Leitern eine fundierte Ausbildung zukommen zu lassen und ihnen die Weltmission ans Herz zu legen. Wir stolpern herum und suchen nach Lösungen, indem wir bei der Pflanze oben die Blüten abhauen, anstatt das Problem unten an der Wurzel zu packen. Was sind also die Ergebnisse davon?

1. Dynamische, aktive Missionsgesellschaften mit klaren Vorstellungen von dem, was sie erreichen möchten, sind häufig von der Trägheit und Beschränktheit der Gemeinden enttäuscht worden. Sie sind davon enttäuscht, dass sie von den Gemeinden bei der Weltmission nicht mehr Unterstützung bekommen. Deshalb haben sich viele Initiativen völlig unabhängig vom Leib Christi entwickelt.

2. Gemeindeleiter sind entsetzt von der Vielzahl der Missionsgesellschaften, die um die Gunst und die Unterstützung der Gemeinden wetteifern. Deren als aufdringlich empfundenes Vorgehen wird als Raub der besten Mitarbeiter und der Ausplünderung der mageren Finanzen der örtlichen Gemeinden betrachtet. Viel zu oft werden die Gemeinden ermahnt, großzügig zu sein, aber den Gebern gegenüber legen die Empfänger der Gaben keine Rechenschaft ab. Die ›neben‹-gemeindlichen Organisationen werden deshalb als Wilderer betrachtet, die die Gemeinden nur als Rohstofflieferanten für ihre eigenen Ziele »schröpfen« und bei diesem Vorgehen steht der Missionsbefehl nicht immer an erster Stelle. Hier habe ich versucht, in einem Schaubild die Strukturen aus der Sicht der örtlichen Gemeinden darzustellen, die sich von den anderen Strukturen nur benutzt und manchmal sogar missbraucht vorkommen. Leider enthalten diese Vorwürfe auch ein gutes Teil Wahrheit.

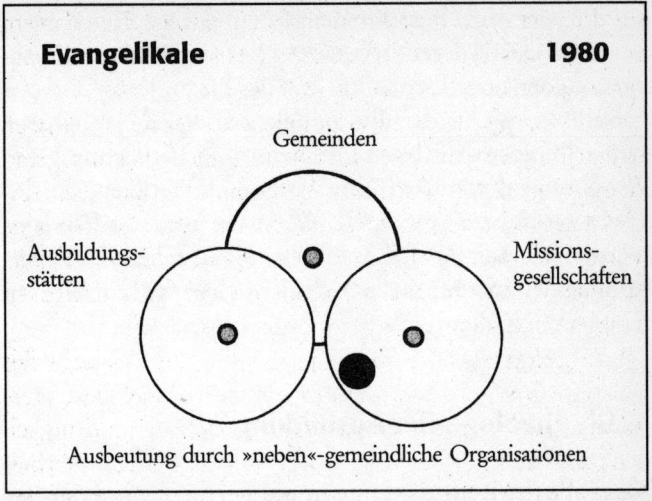

Ohne es wirklich zu begreifen sind alle Opfer eines jahrhundertelang währenden grundlegenden falschen Verständnisses des Wesens der Gemeinde Jesu geworden und aller drei voneinander unabhängigen Strukturen, die für die Gemeinde erforderlich sind, damit sie ihre Aufgabe erfüllen und die ganze Welt missionieren kann. So wie die Gemeinde viele verschiedene Dienste braucht, braucht sie auch verschiedene Strukturen, innerhalb derer die unterschiedlichen Dienste am besten zum Tragen kommen können. Leider charakterisieren Unabhängigkeit und Wettbewerb die heutige christliche Welt weitaus stärker als gegenseitige Verflechtung, Zusammenarbeit und Achtung voreinander im Dienst der Mission, zu der Gott uns beauftragt hat.

Wir müssen wieder zu der grundlegenden Wahrheit zurückkehren, dass der Leib Christi größer ist als die Gesamtsumme der einzelnen Gemeinden und Denominationen und dass alle, die irgendwo in einer der drei Strukturen tätig sind, zu der einen Gemeinde Jesu des Herrn Jesus Christus gehören. Das erfordert Einmütigkeit in den Zielen, gegenseitige Verantwortlichkeit im Dienst und Verflechtung der Beziehungen, wenn wir ein wirksames Werkzeug in der Hand Gottes sein möchten. Wenn wir nicht so handeln, werden wir nur in beschränktem Maße Dinge erreichen können. Ich möchte unseren Blick noch einmal auf die drei Strukturen lenken:

1. Die theologische Ausbildung

Das Erbe der Reformationszeit war ein theologisches Ausbildungssystem, das nur allzu oft akademische Qualifikationen vor einem geistlichen Lebenswandel prämierte und dabei außer Acht ließ, ob die gelernten geistlichen Prinzipien auch im täglichen Leben angewandt wurden. Diese Kluft zwischen der theologischen Ausbildung und den Institutionen, die die Absolventen später übernehmen, ist so tief geworden, dass es lange dauern wird, bis diese Entwicklung wieder rückgängig gemacht werden kann. Die akademische Freiheit hat zu geistlicher Anarchie geführt. Theologiestudenten, deren geistliches Leben unterentwickelt ist und deren Gaben und Berufung nicht weiter geprüft wurden, beschäftigen sich ausführlich mit vielen Themen, die für den Bereich, in dem sie später arbeiten, entweder gar nicht von großer Bedeutung oder für ihren späteren Dienst nicht geeignet sind, oder aber das Thema Weltmission kaum berühren. Durch diese Entwicklungen geriet das ganze theologische Ausbildungssystem ins Fahrwasser des Formalismus, des Synkretismus mit der gängigen akademischen Kultur und sogar der Irrlehre. Das Aufkommen des theologischen Liberalismus in den theologischen Fakultäten der Universitäten im 19. Jahrhundert schränkte die geistliche Durchschlagskraft der Mehrheit der Hauptdenominationen ein, denn diese Art der Ausbildung trug bittere Früchte. Wir leiden immer noch unter den Folgen dieser Art des Glaubensabfalls.

Die evangelikalen theologischen Institutionen haben in der Vergangenheit ebenfalls keinen Ruhm erworben, wenn es darum ging, Rechenschaft gegenüber ihren »Endverbrauchern« abzulegen, also gegenüber den Gemeinden, den verschiedenen Organisationen und Missionsgesellschaften, bei denen die Absolventen später arbeiteten. Hier sind jedoch in den vergangenen Jahren Veränderungen zum Besseren eingetreten.

Unsere theologischen Institute sind möglicherweise der wichtigste Faktor bei der Verschleppung der Missionssache! Das mag zwar eine grobe Verallgemeinerung sein, die unnötig hart klingt, aber es liegt doch viel Wahrheit darin. Es wäre einmal interessant, herauszufinden, welche Personen im Einzelnen den größten Beitrag zur Weltmission geleistet haben und wie ihre theologische Ausbildung gelagert war, wenn sie überhaupt eine genossen haben. Außerdem wäre es interessant, herauszufinden, wie viele Pastoren Unterricht in Missiologie genossen haben, bevor sie in den Gemeindedienst entlassen wurden. Die Ergebnisse wären sicher ernüchternd und würden uns die Frage aufzwingen, ob die theologische Ausbildung in einer beliebigen Schule eine Hilfe oder ein Hindernis für die Weltmission ist. David Bosch hat sich zur Stellung der Missiologie innerhalb der Theologie folgendermaßen geäußert:[230]

»... die Missiologie benimmt sich wie eine wild gewordene Fliege im Haus der Theologie, sie schafft Unruhe und wirkt der Selbstzufriedenheit entgegen, sie widersetzt sich jedem Streben nach Selbsterhaltung der Kirche, dem Wunsch, so zu bleiben, wie sie ist, sie verhindert jegliche Neigung zum Provinzialismus und Parochialsystem, sie wirkt jeder Aufteilung der menschlichen Gesellschaft in regionale und ideologische Blöcke entgegen, jeglicher Ausbeutung eines Teils der Menschheit durch einen Macht-, Religions-, Ideologie- oder Kultur-Imperialismus, sowie jeglicher Erhebung des Dünkels eines Einzelnen über andere Menschen oder über andere Teile der Schöpfung.«

Ist es da ein Wunder, dass die theologischen Schulen solche wild gewordenen Fliegen nicht haben möchten, die die dort fest verwurzelten Ansichten, die starren Strukturen und die selektiv vermittelte Theologie ins Wanken bringen und in Frage stellen?

Dennoch findet in vielen Schulen auf der ganzen Welt ein lobenswerter Wandel statt. Man versucht, wieder unabhängig zu werden, die Studenten sorgfältig auszusuchen und auch den Lehrplan auf die Frage hin zu überprüfen, ob er auf die spätere Tätigkeit vorbereitet. Aber trotzdem ist noch viel mehr Flexibilität und Anpassungsfähigkeit in der Fakultät und dem Lehrplan nötig, in der Art und Weise, wie Dinge gehandhabt werden, in der gegenseitigen Anrechnung von erzielten Leistungen und der Vielfalt von Lernmöglichkeiten, die einen Abschluss auch denjenigen ermöglichen, die bereits im Reich Gottes tätig sind und denen die Mission sehr am Herzen liegt. Diese Ziele werden Wirklichkeit werden, wenn wir uns alle als wichtigen

Beitrag zu dem einen Leib Christi betrachten und einander dienen.

Während der Weltweiten Evangelisations-Konferenz in Pretoria in Südafrika im Jahr 1997 verabschiedeten 250 Schulleiter und Dekane theologischer Ausbildungsstätten eine Deklaration. In diesem bemerkenswerten Dokument verpflichtete sich erstmals in der Geschichte eine größere Gruppe solcher Leiter dazu, der Mission in ihrem Planen für die Schule und in ihrem Lehrplan den ersten Rang einzuräumen. Der Text der Deklaration findet sich in Kapitel 18.

2. Missionsgesellschaften

Das Aufkommen der religiösen Gesellschaften im 17. und 18. Jahrhundert in Großbritannien und andernorts war ein Phänomen, das durch die allgemeine Passivität und den Mangel an geeigneten Strukturen in der Gemeinde der damaligen Zeit ausgelöst wurde. Es wurde rasch deutlich, dass diese Gesellschaften nicht nur Lückenbüßer waren, um den Denominationen der damaligen Zeit bei der Aussendung von Missionaren behilflich zu sein, sondern dass die religiösen Gesellschaften einen wichtigen Beitrag zu leisten hatten, wenn die Weltmission Fortschritt machen sollte. Dass einzelne Christen sich durch Gebet und finanzielle Opfer so stark in diese Gesellschaften einbrachten, ist ein Anzeichen dafür, dass diese Strukturen als gut und richtig akzeptiert wurden.

Ralph Winter schrieb im Jahr 1971 in Evangelical Missions Quarterly einen zukunftsträchtigen Artikel mit dem Titel *Churches need missions because modalities need sodali-*

ties.[231] Er stellte das gesamte Konzept in Frage und behauptete, dass Missionsgesellschaften veraltet und nur noch anachronistische Dinosaurier eines vergangenen Zeitalters der Kirchengeschichte seien, die man so schnell wie möglich wie ein Gerüst abbauen sollte, wenn die Gemeinden sich endlich einmal aufraffen und handeln könnten. Er bewies zwingend, dass die Gemeinde Jesu sowohl *modalities* (strukturierte Einzelgemeinden) als auch *sodalities* (Vereinigungen, Gemeinschaften, Missionsgesellschaften) unbedingt braucht. Wenn jemand einen Teil davon wegnimmt – sei es in der Heimat (und die Missionsgesellschaften abschafft) oder in Übersee (und die einheimische Gemeinde die Missionsarbeit absorbiert), dann leidet die Weltmission, und das Anliegen und das Ziel der Arbeit stirbt einen raschen Tod.

Es ist interessant, zu beobachten, dass die denominationellen Missionsgesellschaften in dem Maße erfolgreich waren und neue Wege beschritten, in dem ihnen Handlungsfreiheit zugestanden wurde. Die Tendenz ging in den sendenden und den Missionsländern über die Jahrzehnte hinweg in Richtung der denominationellen Strukturen, um die Missionsarbeit unter Kontrolle zu behalten und diese Freiheit zu untergraben. Viele der älteren denominationellen Missionsgesellschaften sind heute kaum mehr als ein Kanal für Mitarbeiter oder Gelder, die an die Kirchen der Länder transferiert werden, die auf den früheren Missionsfeldern gegründet worden sind. Dasselbe Muster prägte sich im interdenominationellen Bereich aus, nachdem der Internationale Missionsrat im Jahr 1961 in den Weltkirchenrat integriert worden war – diese Umkehrung, oder man kann auch sagen, dieser Verrat an der Mission zog den Schlussstrich unter eine Entwicklung, die zu einem früheren Zeitpunkt des Jahrhunderts mit einem tatkräftigen Vorstoß in der Weltmission begonnen hatte. Eine Gemeindestruktur kann niemals Herr über ein Missionsunternehmen sein, ohne die Handlungsfreiheit des Missionars dafür zu opfern, ohne die aber der Missionar seine Aufgabe nicht erfüllen kann. Die Missionsgesellschaften sind nicht nur für eine begrenzte Zeit zweckmäßig und deshalb für den Moment hinnehmbar, sondern ein wichtiger Bestandteil der Gemeinde Jesu, um die Gemeinde so zu unterstützen, dass sie ihrer von Gott gegebenen Aufgabe gerecht werden kann. Das ist der Grund, weshalb wir auf eine bessere Zusammenarbeit und gegenseitigen Austausch und Verantwortlichkeit in der Missionsarbeit im 21. Jahrhundert hinarbeiten müssen.

Die denominationellen Missionsgesellschaften sind durch ihren Charakter dazu gezwungen, den Denominationen gegenüber Rechenschaft abzulegen, denn die Denomination ist normalerweise ihre hauptsächliche oder sogar einzige Quelle für Finanzen und Mitarbeiter. Allerdings besteht hier die Gefahr, dass die Unterstützung von den Personen getrennt wird und eine Verpflichtung besteht, die Unterstützung in das jährliche Budget einzuschließen. Viele denominationelle Missionsgesellschaften versuchen, diese Entwicklung zu korrigieren, indem sie einzelne Missionare an einzelne Gemeinden anbinden.

Die interdenominationellen Missionsgesellschaften kennen diese Beschränkungen nicht, aber in ihrer größeren Freiheit, in der sie Denominationen oder Gemeinden gegenüber nicht direkt Rechenschaft ablegen müssen, können sie in ihrem Vorgehen zu unabhängig und undurchsichtig werden. Sie können umgekehrt ein institutionalisiertes, zum Scheitern verurteiltes Relikt einer einstmals erfolgreichen Arbeit werden. Es gibt viele Missionsgesellschaften, die ihre Tore schon vor langer Zeit hätten schließen und ihre Bestände an andere hätten übergeben sollen, die eher in der Lage sind, mit einem neuen Paradigma der Missionsarbeit zurechtzukommen. Aber wenn kein Austausch stattfindet, wer wird ihnen das dann sagen? Und in unserer christlichen Welt gibt es solche Missionsgesellschaften wirklich im Überfluss.

Weil es eine durchaus komplizierte Aufgabe ist, in einem weit entfernten Land in einer fremden Kultur eine Missionsarbeit aufzubauen und zu unterhalten, hat die Bedeutung der Missionsgesellschaft derartig zugenommen, dass die Missionsgesellschaft auch in Bereiche eingreift, die eigentlich der örtlichen Gemeinde vorbehalten wären. Das Ergebnis war, dass sich die örtlichen Gemeinden entweder aus ihrem Verantwortungsbereich zurückzogen oder sich gegen die offensichtliche räuberische Plünderung ihrer Finanzen, Ressourcen und ihrer besten Mitglieder in den Gemeinden wehrten.

Im 20. Jahrhundert hat sich die Zahl der Missionsgesellschaften, die in der Heimat und im Ausland arbeiten, ganz massiv erhöht. Wir sind in dieses Jahrhundert mit unter 200 bekannten Missionsgesellschaften eingetreten, aber am Ende des 20. Jahrhunderts werden wir Zehntausende Missionsgesellschaften haben, die in fast jedem Land der Erde anzutreffen sind. Die Ansammlung von Macht und Finanzen in solchen Missionsgesellschaften ist für die Gemeinden bedrohlich, aber gleichzeitig auch für die Missionsgesellschaften selbst gefährlich, wenn keine wirklich guten Verbindungen zwischen den einzelnen Strukturen existieren und die Missionsgesellschaften nicht ebenfalls Rechenschaft ablegen müssen.

Veränderungen waren unausweichlich. Die moderne Kommunikation, die rasche Überbrückung von Entfernungen zwischen der Heimatgemeinde und dem Missionsfeld mit dem Flugzeug und die Tatsache, dass Gelder leichter einzunehmen sind, zwingen diese Änderungen herbei. Diese Veränderungen bestärkten viele Heimatgemeinden in dem Wunsch, bei der Auswahl der Missionare, ihrer Unterstützung, ihrer seelsorgerlichen Betreuung und auch bei der Entscheidungsfindung auf dem Missionsfeld mehr Mitspracherecht einzufordern. Manche Gemeinden sind sogar noch einen Schritt weitergegangen, haben versucht, die Missionsgesellschaften ganz zu umgehen und entsandten ihre Missionare direkt aufs Missionsfeld.

Diejenigen Missionsgesellschaften, die diese Entwicklungen nicht erkennen, werden Verluste erleiden. Sie müssen in aller Demut ihr in unbeabsichtigter Weise unabhängig gewordenes Handeln und ihre Ausplünderung der Ressourcen der örtlichen Gemeinden aus der Vergangenheit korrigieren und die Notwendigkeit erkennen, einen neuen Weg der Zusammenarbeit mit den Gemeinden zu suchen, bei der alle an der Erfüllung des Missionsbefehls beteiligt werden.

Wie steht es aber mit dem unabhängigen Missionar? Warum soll man sich über Missionsgesellschaften überhaupt den Kopf zerbrechen? Warum soll man nicht allen Bürokratismus und alle Kontrollen einfach über Bord werfen? Gordon Olson nennt in seinem Buch[232] *What in the World is God Doing?* (Was Gott alles tut) überzeugende Argumente für unabhängig arbeitende Missionare, weist aber gleichzeitig auf die schwerwiegenden Mängel hin, die in dieser Arbeitsweise mitbegründet liegen. Er war während seines ersten Einsatzes auf dem Missionsfeld als unabhängiger Missionar tätig. Ich habe bereits dargelegt, dass der Einzelkämpfer in der Mission eher die Ausnahme als die Regel sein sollte. In unserer Missionsgeschichte finden wir erfolgreiche Pioniere, die allein gearbeitet haben, wie Mary Slessor in Calabar und George Hunter in Xinjiang, es gibt aber viel mehr Missionare, die allein ausgezogen sind und deren Arbeit bestenfalls mittelmäßig, schlimmstenfalls als katastrophal für sie selbst und andere bezeichnet werden muss. Das biblische Modell ist die Teamarbeit. Beim unabhängigen Missionar fehlt es normalerweise an Kontinuität in seiner Arbeit, er erhält vor Ort keine Anleitung für seinen Dienst, er tauscht sich mit niemand aus und hat auf dem Missionsfeld keine Seelsorge. Es gibt kein Sicherheitsnetz, wenn der unabhängige Missionar krank wird, ihm ein Unglück zustößt, er auf moralischem Gebiet versagt oder seine logistische oder finanzielle Unterstützung für die Situation vor Ort nicht ausreicht. Er erhält keine Hilfe in praktischen Angelegenheiten wie der Visumsbeschaffung, seinem Auftreten bei den Behörden, bei der kulturellen Anpassung auf dem Missionsfeld und der Suche nach Vertretung, wenn er auf Heimaturlaub nach Hause zurückkehrt. Kurz gesagt, dieses Konzept ist zum Scheitern verurteilt.

3. Örtliche Gemeinden

»Die örtliche Gemeinde ist die Abschussrampe für die Missionsarbeit« ist ein geflügeltes Wort geworden, das häufig von Leslie Brierley verwendet wurde, meinem verehrten Vorgänger als Internationaler Direktor des WEC für Forschungsarbeit. Das ist zwar eine äußerst zutreffende Feststellung, entspricht aber nur selten der Wirklichkeit. Die überwältigende Mehrheit der Gemeinden, in denen das Evangelium gepredigt wird, habt niemals einen einzigen Missionar ausgesandt, niemals für die Missionare auf den Missionsfeldern der Erde gebetet und sich auch niemals in nennenswerter Weise am Gebet für die Weltmission beteiligt. Das Prinzip ist zwar richtig, aber Tatsache ist, dass es nur sehr wenige solcher Abschussrampen überhaupt gibt, und die, die es gibt, arbeiten oft nicht sehr effektiv. Ich nenne im Folgenden einige Zahlen für den protestantischen Bereich aus der Ausgabe von 1993 von Operation World (Gebet für die Welt), um das Gesagte zu untermauern:

Land	Gemeinden	Missionare	Anzahl der Missionare pro Gemeinde
Singapur	393	567	1,44
Norwegen	2 341	1 654	0,71
Finnland	1 965	1 317	0,87
Neuseeland	3 730	1 701	0,46
Schweden	8 332	1 749	0,21
USA	383 328	59 074	0,15
Großbritannien	46 262	7 012	0,15
Deutschland	23 487	3 510	0,15
Indien	97 796	11 284	0,12
Japan	6 581	407	0,06
Korea	37 985	2 237	0,06
Brasilien	148 976	2 755	0,02
Gesamtzahl	761 176	93 267	0,12

Diese Übersicht verdeutlicht die erstaunliche Tatsache, dass von all den größeren Ländern, die Missionare aussenden, nur in Singapur die protestantischen Gemeinden mehr Missionare ausgesandt haben, als es dort Gemeinden gibt. In den großen Ländern, die Missionare aussenden und die hier aufgezählt werden, gibt es fast die Hälfte aller protestantischen Gemeinden der Erde, aber in diesen Gemeinden wird durchschnittlich nur ein Missionar pro acht Gemeinden ausgesandt. In vielen Fällen stellt sich die Lage noch viel schlechter dar: in Wirklichkeit senden weniger Gemeinden Missionare aus, weil die Gemeinden, die Missionare aussenden, meist mehr als einen Missionar aussenden. Ich würde schätzen, dass in der westlichen Welt 90 Prozent aller protestantischen Gemeinden keine Verbindung mit einem lebenden Missionar haben oder einen ihnen bekannten Missionar unterstützen. Die Mission ist zu einem schwer fassbaren Begriff geworden, der jetzt fast alles einschließt, was die Gemeinde tut. Wenn sich diese Aktivitäten in Übersee abspielen, dann bedeutet Mission nur wenig mehr als die Unterstützung von humanitären Projekten oder eine jährliche Spende an den Missionsarbeitskreis der Denomination.

George Verwer von Operation Mobilisation (OM) und Pari Rickard von Jugend mit einer Mission (JWEM) sind Leiter von »Mobilizing New Missionaries Network«. Ihre Botschaft, die sie mit Hingabe vortragen, lautet: Wir brauchen 200 000 neue Missionare bis zum Jahr 2000, um die Aufgabe zu Ende zu bringen.[233] Diese Zahl scheint im Bereich des Unmöglichen zu liegen, aber wenn man bedenkt, wie wenige Gemeinden überhaupt jemals einen Missionar ausgesandt haben, dann könnte diese Zahl von 200 000 Missionaren erreicht werden, wenn die Gemeinden nur erst mobilisiert würden.

Die Mehrheit der protestantischen Gemeinden beteiligt sich nicht an der vorrangigen Aufgabe der Gemeinde Jesu – entweder weil sie sie nicht kennen oder aber keinen Blick dafür haben. Nur wenige dieser Gemeinden, die Missionare aussenden und unterstützen, haben eine richtige Struktur und Strategie für ihr Mitwirken entwickelt, mit der sie das Optimale daraus machen können. Während ich dieses Buch schrieb und um die Welt gereist bin, habe ich nach Vorbildern von Gemeinden Ausschau gehalten, die ihre weltweite Missionsarbeit in die Gemeinde integriert und ein effektives Programm für die Evangelisation vor Ort entwickelt haben. Aber diese Gemeinden sind sehr selten!

Bei der Lektüre des Buches *Churches that Obey, taking the Great Commission Seriously*[234] (Gehorsame Gemeinden greifen den Missionsbefehl auf) erkannte ich, dass alle dort angeführten 21 Beispiele von Gemeinden ihre positiven Seiten hatten, aber nur wenige waren ein wirkliches Vorbild, das ich zur Nachahmung andernorts empfehlen würde und einige dieser Gemeinden haben sich seit der Abfassung meines Buches bereits wieder umorientiert. Es müssten mehr Berichte über beispielhafte erfolgreiche, missionsorientierte Gemeinden auf der ganzen Welt verfasst werden.

Auch bei den örtlichen Gemeinden, die sich in der Mission engagieren, findet man oft keine zeitliche Konsistenz. Große, missionsorientierte Gemeinden der Vergangenheit haben dieses Erbe nicht immer bewahrt, oder sie haben sich umorientiert und engagieren sich nur noch in Teilbereichen wie der Unterstützung von Einheimischen oder arbeiten nur noch in einem bestimmten Gebiet oder in einem bestimmten Arbeitszweig. Man staunt, wenn man herausfindet, wie wenige Gemeinden sich über Jahrzehnte und mehrere Generationen von Pastoren hinweg erfolgreich und beständig in der Mission engagiert haben. Plötzliche Änderungen im Kurs der Missionsarbeit, willkürliche Änderungen hinsichtlich der Unterstützung der Missionare, die mit einem Wechsel in der Leiterschaft zusammenhängen können oder Probleme vor Ort stürzen oft Missionare auf den Missionsfeldern in eine Krise, in der sie machtlos sind und keine Stimme haben, aber die doch grundlegend ihre Zukunft betrifft.

Bei der Aussendung von Missionaren gehören zu den eifrigsten Gruppen die Zeugen Jehovahs, die Mormonen und andere Gruppen, die für sich in Anspruch nehmen, allein die »Wahrheit« gepachtet zu haben. Es ist eine Schande für uns, dass ein solches Engagement in evangelikalen Gemeinden nur schwer zu finden ist. Wie steht es damit in Ihrer eigenen Gemeinde? Es gibt viele Bücher und viel Material, auf das Sie zurückgreifen können.[235] In Kapitel 17 nenne ich einige Möglichkeiten, wie dieses Thema in Angriff genommen werden kann.

Kapitel 16

Wer sendet den Missionar aus?

Hier kommen wir zu einer ganz zentralen Frage. Wird der Missionar von der örtlichen Gemeinde, den Leitern der jeweiligen Denomination, der Missionsgesellschaft, der Bibelschule oder sogar von Gott selbst ausgesandt? Ich könnte hier viele Beispiele für jede dieser Möglichkeiten anführen – und zwar sowohl für Missionsunternehmungen, die im höchsten Maß erfolgreich wie auch solche, die erbärmliche Fehlschläge waren. In der jüngsten Vergangenheit haben sich die Stimmen gemehrt, die eines der Modelle als einzig richtiges angepriesen haben – nämlich die örtliche Gemeinde als einzig biblische Struktur. Das war eine Reaktion auf die in der Geschichte wurzelnde Tatsache, dass die Missionsgesellschaft nur allzu oft nicht nur die Struktur war, die die Aussendung ermöglichte, sondern in der Praxis die einzige Struktur darstellte, durch die überhaupt Missionare ausgesandt wurden. Die örtliche Gemeinde wurde dabei ignoriert oder sogar ihre Mitarbeit zurückgewiesen.

Zu Beginn muss betont werden, dass es innerhalb des Leibes Christi nicht nur eine einzige Struktur**form** zur Aussendung von Missionaren gibt – weder in der Bibel noch in der Geschichte ist das so gewesen. Man staunt, wenn man die Vielfalt der Strukturen betrachtet, die Gott gebraucht hat, um die Weltmission voranzutreiben. Vor dem Jahr 1700 waren es apostolische Teams, Wandermönche, päpstliche Gesandte, Bettelorden, Truppen des Militärs, Truppen der Jesuiten, Kolonialherren, umherziehende

Missionsgemeinschaften, die das Christentum in nichtchristlichen Gebieten und unter nicht-christlichen Völkern ausbreiteten. Nach 1700 entstanden die missionarisch wirkenden Denominationen wie die Herrnhuter Brüdergemeine, die denominationellen, interdenominationellen und nicht-denominationellen Missionen, die Glaubensmissionen, die unmittelbar aussendenden Gemeinden usw.[236] Sie hatten alle ihre Bedeutung für die jeweilige Zeit und Kultur, in der sie wirkten; sie hatten alle ihre Schwächen und Mängel – manche dieser Schwächen waren sehr ernster Natur, aber das Evangelium oder Teile davon wurden trotzdem verkündigt und das Reich Gottes breitete sich aus, trotz aller Fehler und Schwächen. Allerdings war das **Prinzip** – dass nämlich die Notwendigkeit bestand für eine Missionsstruktur parallel zu einer gemeindlichen und denominationellen Struktur in Verbindung mit einer effektiven Struktur für die Ausbildung der Leiter zu Hause und in den neu entstehenden Gemeinden – für den bleibenden Erfolg aller dieser Modelle von grundlegender Bedeutung. Das Maß, bis zu dem dieses dreistrahlige Zusammenwirken zum Fortschritt der Missionsarbeit gefördert wurde, bestimmte die Früchte der entsprechenden Missionsbewegung.

Wer sendet also den Missionar wirklich aus? Ist es die örtliche Gemeinde, die Missionsgesellschaft oder sogar die Ausbildungsstätte? Haben wir hier aufgrund des falschen Blickwinkels der Gemeinde Jesu eine Polarisierung erlebt? Man könnte aus der Heiligen Schrift für alle drei Organe (örtliche Gemeinde, Missionsgesellschaft und Ausbildungsstätte) gute Gründe anführen:

1. **Die Jüngerschulungs-/Ausbildungsstruktur:** Jesus sandte die Zwölf aus und dann auch die 70, die er zuvor unterwiesen hatte. Paulus machte es ebenso. In gleicher

Weise verfuhr man durch die Zeitalter, wenn Mönchsorden ihre Missionare aussandten. In der Moderne haben auch Ausbildungsstätten einige bedeutsame Missionsvorstöße gemacht – zum Beispiel die Bethany Fellowship in Minneapolis, Minnesota in den USA, die Betel Brasiliero in Joao Pessoa, Brasilien und die Indonesische Missionsgemeinschaft in Batu, Java, Indonesien. Das Ergebnis war häufig die Entstehung einer neuen Missionsgesellschaft, sowie einer nationalen Denomination in den Ländern, in denen die Gemeindegründung vonstatten ging. Die problematischen Seiten waren folgende:

* Die Tendenz zu zentraler Kontrolle durch den Leiter
* Unzureichende Verbindungen mit den örtlichen Gemeinden zu Hause
* Die Herausbildung einer Leiterschaft innerhalb des Teams und in der Gemeinde, sowie neue Wege in der Arbeit wurden behindert
* Die Unterordnung der nationalen Gemeinden unter die Ziele und finanziellen Möglichkeiten der gründenden Institution.

2. Die Gemeindestruktur: Die Gemeinde in Antiochien kann hier als biblisches Beispiel dienen. Diese Gemeinde sandte Paulus und Barnabas aus *(apelusan)* und später auch die beiden Teams Paulus mit Silas[237] und Barnabas mit Markus. Allerdings muss betont werden, dass das griechische Wort *apoluo* kein so starkes Verb ist wie *apostello* – es hat mehr die Bedeutung von freisetzen, loslassen oder die Erlaubnis zur Abreise erteilen. Hier liegt eher das Bild eines ungeduldigen Pferdes im Stall zugrunde, das aufs Feld hinausgaloppiert, sobald sich die Tür öffnet. Bei diesem Wort liegt die Betonung stärker auf dem innerlichen Bewusstwerden, dass Gott einen Menschen aussenden möchte. Die

Herrnhuter Brüdergemeine war den größten Teil des 18. Jahrhunderts eine unmittelbar sendende Denomination, kam aber dann zu dem Schluss, dass eine von der Gemeinde unabhängige Struktur, durch die die Missionsarbeit aufrechterhalten wird, erforderlich war. Im 19. Jahrhundert entwickelten einige Gemeinden ein ausgefeiltes System, wie sie Missionare unmittelbar auf das Missionsfeld aussenden konnten – nennenswerte Beispiele dafür sind die Brüderbewegung und die Churches of Christ. In der jüngsten Vergangenheit haben eine zunehmende Zahl von Gemeinden in Singapur, den USA und Großbritannien selbst Missionare ausgesandt, was allerdings mit unterschiedlichem Erfolg und vielen Fehlschlägen verbunden war. Wo liegen die Schwächen dieses Modells?

a. Die Gemeindeleiter zu Hause sind mit der Lösung von Problemen und heiklen Fragen, die durch die Missionsarbeit aufgeworfen werden, und den Gemeindeproblemen zu Hause überfordert. Entweder wird der eine Bereich oder der andere leiden. Normalerweise wird eine interne Krise zu Hause die Aufmerksamkeit des Gemeindeleiters vom Missionsfeld ablenken und die Arbeit dort wird ineffektiv werden oder sogar scheitern. Die Gründung eines geeigneten, fähigen Missionskomitees oder eines Vorstands, der größtenteils von der Gemeindeleitung unabhängig arbeitet, kann hier Abhilfe schaffen – und damit ist dieses Komitee de facto zu einer Struktur innerhalb der Gemeinde geworden, die Missionare aussendet.

b. Wenn die Gemeindeleitung von zu Hause Anweisungen für das Missionsfeld erteilt, führt das dazu, dass diese Entscheidungen den Missionaren vor Ort das Leben schwer machen oder sogar die Entwicklung der Arbeit auf dem Feld unmöglich machen.

c. Normalerweise werden die Leiter zu Hause nicht über die entsprechenden Gaben zur Missionsarbeit in einer fremden Kultur und auch nicht über die nötige Erfahrung verfügen, um die Missionare auszubilden und auf ihren Dienst vorzubereiten.

d. Die Seelsorge an denen, die auf dem Missionsfeld arbeiten, wird kaum in ausreichender Weise geübt werden oder sie kommt in Krisenzeiten nicht rechtzeitig.

e. Die Gemeindepolitik zu Hause und die Kultur des Heimatlandes belasten die neu entstehenden Gemeinden auf dem Missionsfeld mit unnötigen Beschränkungen oder den heimatlichen kulturellen Verhaltensweisen.

f. Die eingeschränkte, an das Gemeindesystem gebundene Unterstützungsbasis begrenzt den Kontakt zur weltweiten Gemeinde Jesu mit ihren vielschichtigen Strukturen und kann vorteilhaften Partnerschaften im Wege stehen, die sich auf dem Feld mit anderen Missionaren und Missionsgesellschaften entwickeln können.

g. Es ist kaum möglich, zu Hause ein Team aufzubauen, das stark genug ist, in einer Krisensituation dem Missionsfeld ausreichend Unterstützung zukommen zu lassen.

3. Die apostolische Struktur: Es ist interessant zu beobachten, dass, nachdem die Gemeinde Jesu Paulus und Barnabas die Hände aufgelegt hatte, sich das Team um die Apostel vergrößerte, die Markus hinzugewonnen hatten.[238] Später gewann Paulus noch viele weitere Mitarbeiter hinzu – Silas,[239] Lukas, Timotheus und andere. Wir lesen auch, dass Paulus Mitarbeiter nach Korinth und Tychikus nach Ephesus sandte *(apostello)*.[240] Allerdings wird dieser Begriff nur zweimal im ganzen Neuen Testament im Zusammenhang mit der Aussendung durch Menschen gebraucht. Es ist interessant, dass im Niederländischen und in Afrikaans der Begriff *Mission* mit *Zending* oder *Sending* übersetzt wird. Die Sendung war auch bei den Mönchsorden tief verwurzelt – insbesondere bei den Franziskanern und den Jesuiten, ebenso wie später bei den interdenominationellen Missionsgesellschaften von der Mitte des 19. Jahrhunderts an.

Der griechische Begriff *apostello* wird etwa 130 Mal im Neuen Testament verwendet und in allen Fällen bis auf zweimal bezieht er sich darauf, dass Gott handelt und jemanden sendet. In den zwei verbleibenden Fällen wird der Begriff vom Apostel Paulus als Missionsleiter in der bereits oben erwähnten Stelle verwendet. Der Begriff wird jedoch niemals von einer örtlichen Gemeinde gebraucht. Manchmal wird das Beispiel der Gemeinde in Antiochien soweit ausgezogen, dass man vertritt, die Leiter einer Gemeinde sollten aktiv nach Missionskandidaten Ausschau halten, sie anwerben und dann auch aussenden. Das ist zwar eine löbliche Einstellung, aber auch eine gefährliche und beschreibt mit Sicherheit nicht das, was sich in Apostelgeschichte 13 abspielte, wo der Heilige Geist gesprochen hatte.[241] Wenn nicht die klarere und tiefer gehende Gewissheit besteht, dass der Heilige Geist einen Missionar berufen und gesandt hat, dann können der Druck und die Anfechtungen auf dem Missionsfeld dazu führen, dass die Missionsarbeit scheitert und zusammenbricht. Erst vor kurzem hielt ich mich im Nahen Osten auf. Dort erzählte man mir von einer Gemeinde, die Missionare ausgesandt hatte, um auf diesem harten Boden Tochtergemeinden zu gründen. Einige Mitarbeiter, die ausgesandt worden waren, waren von der Gemeinde für die Arbeit angefragt und als ihre Missionare ausgesandt worden, ohne dass die Auserwählten zuvor von Gott für die Arbeit berufen worden waren. Ich war nicht überrascht, zu hören, dass von denjenigen, die auf diese Weise zu dieser Arbeit hinzugestoßen waren, kaum einer länger als ein Jahr auf dem Missionsfeld ausgehalten hatte, bevor er ausgebrannt nach Hause zurückgekehrt war.

Letzten Endes müssen wir daran festhalten, dass es Gott, der Heilige Geist ist, der zum Apostelamt beruft – wie Paulus es zu Beginn von neun seiner 13 Briefe bezeugt.[242] Die Gemeinde hört die Stimme des Heiligen Geistes und wirkt als nachgeordnete sendende Kraft.

Dennoch spielt die Gemeinde als Ganze eine wichtige Rolle bei der Aussendung der Missionare. Sollten wir die Aussendung nicht als Angelegenheit betrachten, an der alle drei Strukturen der EINEN Gemeinde Jesu beteiligt sind, die sich partnerschaftlich gegenseitig zuarbeiten und in der jeder gegenüber jedem verantwortlich ist? Das ist die Bitte, die ich hier vortragen möchte. Jede der drei Strukturen, die sich zu der WAHREN sendenden Struktur aufschwingt, wird mit Sicherheit erkennen, dass die negativen Seiten im Normalfall die positiven überwiegen werden. Das ist keine Frage von entweder – oder, sondern alle drei Strukturen müssen an der Sendung des Missionars beteiligt sein, wobei jeder Teil des Leibes Christi einen anderen Beitrag zur Sendung leisten kann. Keine der drei Strukturen reicht als Einzelne für sich genommen aus, um die Aussendung von Missionaren wirklich gut zu bewältigen. Ich möchte für meine Behauptung einige Beispiele anführen:

1. Die Stärken der **interdenominationellen Glaubensmissionen** waren die Pioniermission und die Gemeindegründung, ihre Schwächen lagen jedoch bei den neu gegründeten Gemeinden häufig auf der Ekklesiologie. Auch meine eigene Missionsgesellschaft stellt hier keine Ausnahme dar. Unsere Mitglieder kommen von ganz unter-

schiedlichem Gemeindehintergrund, von episkopalen Kirchen bis hin zu Brüdergemeinden, deren Theologie von reformiert bis pfingstkirchlich variiert. Viel zu lange haben wir mit einer Gemeindeleitung gelebt, die den kleinsten gemeinsamen Nenner bezüglich Struktur und theologischer Lehre gesucht hat. Die Ergebnisse waren unterschiedlich. Bis 1984 hat der WEC auf vielen seiner Missionsfelder mit dem WEC assoziierte Gemeinden gegründet (wir haben sie nicht ›Denominationen‹ genannt, obwohl sie nichts anderes waren!), zu denen etwa insgesamt 300 000 Menschen gehörten. In Liberia wurden Gemeinden durch den WEC gegründet, die zur United Liberia Inland Church wurden. An der Küste gründeten die ersten Missionare Gemeinden unter den Bassa, die wie baptistische Gemeinden Pastoren und Diakone hatten, die Inlandgemeinden unter den Gio und Mano jedoch hatten Älteste, aber keine Pastoren wie die Brüdergemeinden, und das Ganze war mit einer Struktur verbunden, die eine Mischung aus presbyterianisch und baptistisch war! Im Jahr 1984 begannen wir unter Schmerzen, Prinzipien und Richtlinien für die Gemeindegründung festzulegen, die als Ergebnis gründlich gelehrte und gut geleitete Gemeinden mit evangelistischen und missionarischen Arbeitszweigen hervorbringen sollten.[243] Das hätten wir schon lange vorher tun sollen, aber wir hatten nicht erkannt, wie wichtig die Gemeinde und die ihr zugrunde liegende Struktur eigentlich ist.

2. Die Brüderbewegung ist eine bemerkenswerte Bewegung, die in Großbritannien in den 1830er Jahren ihren Anfang genommen hat. J.N. Darby, George Müller, Anthony N. Groves im Irak (1828–1832) und Indien (1832–1853), sowie Fred Arnott in Zentralafrika sind berühmte Repräsentanten dieser Bewegung. Aus der Brüderbewegung – insbesondere aus den Offenen Brüdern – gingen viele Missionare hervor, die direkt von ihren Versammlungen ausgesandt wurden. Auch heute haben die Brüder mit einer weltweiten Anhängerschaft von etwas über einer Million Gläubigen etwa 1400 Missionare entsandt. Die Ergebnisse waren unterschiedlich, um es milde auszudrücken. Die negativen Seiten waren, dass die direkt von den Versammlungen ausgesandten Missionare vor ihrer Ausreise nur wenig für die Arbeit in einer fremden Kultur ausgebildet waren und man auf dem Missionsfeld innerhalb des Teams aller Missionare nur wenig Austausch pflegte. Es gab einige herausragende Erfolge, viele Kämpfe und nicht gerade wenige Verluste. In nur vergleichsweise wenigen Ländern konnte ein stabiles Netzwerk einheimischer Versammlungen aufgebaut werden. Nur zu oft dachten die Missionare, dass sie neutestamentliche Gemeinden gründeten, aber vieles davon, was dabei herauskam, war ein Abklatsch des angelsächsischen evangelikalen Christentums des viktorianischen Zeitalters mit all seinen Skurrilitäten und Schwächen.

3. Das keltische Christentum im Frühmittelalter hatte die Bedeutung von Wissenschaft und Ausbildung erkannt, litt aber an einer unterentwickelten Ekklesiologie. Als die Auseinandersetzung mit den hierarchischen Strukturen des Römischen Katholizismus kam, geriet das keltische Christentum ins Wanken und verschwand schließlich von der Bildfläche. Das ist keine Lobrede auf die streng hierarchische katholische Struktur, sondern nur eine Beschreibung der Tatsache, dass die Kelten angesichts der immensen organisierten Macht und der Ressourcen Roms nur wenig Chancen hatten, *weil* sie keine stabile Struktur aufzuweisen hatten.

Die Zahl der Missionare aus Singapur hat enorm zugenommen. Die Evangelikalen haben ihren Stadtstaat, was die Aussendung von Missionaren betrifft, zur Nummer eins unter allen Ländern der Erde gemacht. Das Besondere an diesen Missionaren ist, dass etwa 60 Prozent von ihnen direkt von ihren Gemeinden ausgesandt werden. Ich durfte einmal mit dabei sein, als Lawrence Khong, der Pastor der Faith Community Baptist Church in Singapur bei der Global Conference on World Evangelization in Pretoria im Jahr 1997 einen ganz ergreifenden Bericht gab. Seine Gemeinde ist eine der besser bekannten Zellgemeinden, die das Ziel verfolgt, Zellgemeinden überall auf der Welt zu gründen. Pastor Khong begann seine Rede damit, sich bei den Missionsgesellschaften für seine Arroganz und seinen Stolz zu entschuldigen, mit dem er sie als traditionelle Strukturen bezeichnet hatte, die längst veraltet und überholt seien. Aufgrund dieser Einstellung hatte er sich dafür entschieden, die Sache allein in die Hand zu nehmen und seine Missionare allein in fremde Länder auszusenden. Aber das Unternehmen entwickelte sich schlecht und in ihrer Verzweiflung versuchten die Beteiligten, ihr Ziel noch entschlossener zu verfolgen. Ich war über Avery Willis gerührt, einen der Vorstandsmitglieder des Missionsausschusses der Southern Baptist International Mission. Er ging zu Lawrence Khong, umarmte ihn und betete für ihn. Das rief eine erstaunliche Reaktion bei den Missionsgesellschaften hervor und sie baten für ihre Eigenmächtigkeit und Unsensibilität im Umgang mit den örtlichen Gemeinden um Vergebung, die sie als Milchkühe benutzten, um Geld und Mitarbeiter abzusahnen, dabei aber gleichzeitig nicht bereit sind, über die Mittel Rechenschaft abzulegen, die sie beanspruchen oder die Gemeinden dazu auffordern, mit ihnen partnerschaftlich zusammenzuarbeiten.

Das war ein guter Anfang auf dem langen Weg zurück zu wirklichem Vertrauen und echter Partnerschaft in der Missionsarbeit zwischen den drei der Gemeinde Jesu von Gott verordneten Strukturen. Sicher müssen Menschen noch manchmal gedemütigt werden, um Vergebung bitten und zwischen den drei Strukturen echte Partnerschaften entstehen lassen, wenn Vertrauen, Zusammenarbeit, Partnerschaft, gegenseitige Verantwortlichkeit, Frucht für die Ewigkeit und die Vollendung der Weltmission erreicht werden wollen.

Ich bin bereits auf die Rolle der örtlichen Gemeinde als *Abschussrampe für die Missionsarbeit* eingegangen. Die örtliche Gemeinde ist die grundlegende Strukturkomponente der Gemeinde Jesu für die Weltmission. Ohne örtliche Gemeinden, die sich aktiv in der Missionsarbeit engagieren, ist die Weltmission ein Ding der Unmöglichkeit. Das Konzept der Abschussrampe ist gut, aber zu begrenzt: Abschussrampen verhalten sich passiv. Heute rufen viele engagierte Gemeinden danach, dass sie an der eigentlichen Missionsarbeit stärker beteiligt sein wollen. Das ist gut und richtig und die Missionsgesellschaften sollten diesem Wunsch Beachtung schenken. Allerdings sollten wir eher von einer dreiphasigen Rakete sprechen, die zum Abschuss eines die Erde umkreisenden Satelliten benötigt wird. In diesem Bild wäre die örtliche Gemeinde sowohl die Abschussrampe *als auch* die erste Phase des Raketenflugs. Die Ausbildungsstrukturen entsprächen dann der zweiten Phase und die Missionsstrukturen der dritten. Der Satellit oder die Missionare müssen weiter den Kontakt zur Bodenstation halten, wenn sie in ihrer Mission Erfolg haben wollen. Das Bild gerät allerdings in eine Schieflage, wenn es daran geht, dass die Kommunikation vom Satelliten aus mit allen drei

Strukturen gepflegt werden muss – jede Struktur spielt ihre Rolle, damit die Arbeit und die Gaben des Missionars in seinem Leben im Dienst für den Herrn die bestmöglichen Ergebnisse zeigen. Aber vielleicht trifft diese Analogie doch zu. Wie viele Missionare sind schon zerschlagen von einem harten Einsatz vom Missionsfeld heimgekehrt und fanden dort heraus, dass ihre Rundbriefe und Mitteilungen in ihrer Heimatgemeinde nicht einmal an die Mitglieder weitergegeben wurden, so dass die Gemeinde fast nichts von ihrer Arbeit wusste und demnach auch nicht für sie beten konnte?!

In der Missionsarbeit ist enge Zusammenarbeit innerhalb des ganzen Leibes Christi erforderlich, nicht nur in Teilen davon. Eine der wichtigsten Entwicklungen heute ist in der Pionierevangelisation die überaus große Bedeutung von Partnerschaften und Netzwerken zwischen den ausländischen Mitarbeitern und den Missionsgesellschaften sowie den neu berufenen Leitern der einheimischen Gemeinden auf dem Missionsfeld. Der nächste Schritt besteht darin, sicherzustellen, dass die Partnerschaft noch erweitert wird und auch die aussendende Gemeinde und die Ausbildungsstruktur als grundlegende Komponente des Ganzen erfasst wird. Wir werden alle gebraucht, wenn wir die Aufgabe zu Ende führen wollen.

Gleichzeitig müssen wir praktische Überlegungen anstellen. Wenn wir das Prinzip der Einheit der Gemeinde Jesu mit seiner dreiarmigen Struktur verstehen, dann verstehen wir auch die Rechte, Vorrechte und Begrenzungen der Gemeinde Jesu in jedem Bereich in der Praxis der Aussendung und der Unterstützung der Missionsarbeit. In den folgenden drei Kapiteln möchte ich für jeden Bereich einige praktische Vorschläge unterbreiten.

Kapitel 17

Wie kann eine örtliche Gemeinde eine missionsorientierte Gemeinde werden?

Es gibt kein Patentrezept dafür! Viele Gemeinden, die prinzipiell daran interessiert sind, dem Missionsbefehl Folge zu leisten, verhalten sich wie gehorsame Zuschauer bei einem Sportwettkampf, der von anderen ausgetragen wird. Trotzdem nimmt die örtliche Gemeinde eine zentrale Rolle beim gesamten Missionsunternehmen ein: Die örtliche Gemeinde sollte »das Treibbeet für die Missionsarbeit« sein.[244] Wie weit sind wir von diesem Ideal abgewichen! Wie können die Gemeinden wieder ihren rechtmäßigen Platz einnehmen und grundlegendes zur Weltmission beitragen?[245] Nur wenn die örtliche Gemeinde erkennt, dass ihre Existenzberechtigung in der Mission begründet liegt – sei es Mission auf örtlicher oder landesweiter Ebene, Mission unter einem anderen Volk oder in einem anderen Land – kann sie eine wirklich biblische Gemeinde sein.

Die Gemeinde muss auf allen Ebenen neu erzogen werden, vom Pastor bis zum jüngsten Mitglied der Sonntagsschule. Mit den Leitern der Missionsgesellschaften und der theologischen Ausbildungsstätten muss ein intensiver Dialog stattfinden. Die Rechte und der Verantwortungsbereich der örtlichen Gemeinde müssen in jedem Abschnitt der Vorbereitung, der Seelsorge und der Arbeit der betreffenden Missionare klar bestätigt und berücksichtigt werden.[246]

Damit dieser Wunsch Wirklichkeit wird, wird ein weiteres Leiterteam innerhalb der Struktur der Gemeinde benötigt, das unabhängig von den Pastoren, Ältesten und Diakonen arbeitet, wie es in den meisten Denominationen üblich ist. Dieses Leiterteam wird normalerweise Missionskomitee genannt. Das Buch Churches that obey – taking the Great Commission seriously[247] (Gehorsame Gemeinden greifen den Missionsbefehl auf) enthält einige wertvolle Fallstudien über örtliche Gemeinden auf der ganzen Welt, die bei sich eine Umstrukturierung vorgenommen haben, um die Mission wieder in den Mittelpunkt ihrer Gemeinde zu rücken. In Bill und Amy Stearns' Buch Catch the Vision 2000 (Das Ziel: Das Jahr 2000) findet sich eine hilfreiche Liste von Ideen und Vorschlägen, was man tun kann, um einer örtlichen Gemeinde die Mission wieder ins Bewusstsein zu rücken.[248]

Die erfolgreichsten Gemeinden in Bezug auf die Aussendung von Missionaren durch ein Missionskomitee denken ständig darüber nach, was man ändern oder neu an die Erfordernisse anpassen muss, was aufgegeben und was neu aufgegriffen werden muss, weil diese Sache möglicherweise besser funktionieren könnte. Dennoch möchte ich auf einige grundlegende Elemente hinweisen, die in einer erfolgreichen örtlichen Gemeindestruktur vorhanden sein sollten, wenn eine erfolgreiche Langzeit-Missionsstrategie entwickelt werden soll. Im Folgenden nenne ich einige Schlüsselkomponenten. Sie sind von so großer Bedeutung, dass ich sie in Kästen gesetzt habe, um sie noch deutlicher hervorzuheben. Diese Liste ist allerdings bei weitem nicht vollständig:

1. Existieren klare Ziele in Bezug auf die Mission? Jedes Mitglied sollte wissen, dass die Mission ein wichtiges Anliegen der Gemeinde ist. Wenn die Mission, sowohl vor Ort als auch weltweit, in der Gemeinde keine Rolle spielt, handelt es sich nicht um eine biblische Gemeinde. Ein klares Ziel weist eine Marschrichtung an, schenkt Motivation und stellt für alle Beteiligten eine Aufgabe dar.

2. Ist den Pastoren die weltweite Missionsarbeit ein Anliegen? Wenn die Gemeindeleitung die Weltmission ignoriert oder seine Bedeutung herunterspielt oder im besten Fall die Verantwortung für die Missionsarbeit in der Gemeinde an andere delegiert, die nicht zum inneren Leitungskreis gehören, dann ist das Missionsanliegen verraten und verkauft. Dem Pastor muss die Weltmission ein wichtiges Anliegen sein und er muss seine Gemeinde mit dieser Sicht anstecken, damit sie ihm folgt – andernfalls wählen Sie diesen Mann nicht als ihren Gemeindepastor. Diese Haltung muss sich in einem regen privaten und öffentlichen Gebetsleben in der Gemeinde zeigen, im Gebet für die Mission, im Inhalt der Predigt, im Zeitumfang, mit dem man sich der weltweiten Situation in den sonntäglichen Gottesdiensten widmet, in der aktiven Unterstützung des Missionskomitees, in der Beteiligung an der Auswahl, Vorbereitung, Seelsorge und der tatsächlichen Arbeit auf dem Missionsfeld, auf dem die Missionare dieser Gemeinde arbeiten. Die Gemeinde sollte ihren Pastor dazu ermutigen, die Missionare der Gemeinde auf dem Missionsfeld zu besuchen, die nötigen Gelder für solch einen in Abstimmung mit der Missionsgesellschaft arrangierten Besuch der Missionare auf dem

Missionsfeld an den Orten und zu den Zeiten, an denen es angebracht ist, zur Verfügung stellen.[249]

3. Existiert in der Gemeinde eine Struktur für die Missionsarbeit? Das kann ein Missionskomitee oder ein Missionsvorstand sein. Der Pastor kann diesem Komitee nicht vorstehen und das kann auch keine andere Einzelperson – aber in vielen Gemeinden ist genau das der Fall. Der Vorsitzende sollte ein Mitglied des inneren Leitungskreises der Gemeinde sein und der Pastor sollte *von Amts wegen* als ein Mitglied des Komitees dabeisein. Bei Beals findet man eine sehr gute zusammenfassende Darstellung der Zusammenstellung und der Pflichten eines Missionskomitees.[250] ACMC, Advancing Churches in Mission Commitment,[251] ist eine nordamerikanische Organisation, die einen guten Ruf in der Beratung von Gemeinden erworben hat, wie innerhalb einer Gemeinde mit Hilfe von Seminaren, gutem Material, der Gründung von Missionskomitees und der Sammlung von Spenden eine funktionierende Struktur für den Beginn einer Missionsarbeit entwickelt werden kann.

4. Existieren Richtlinien für das Missionskomitee, die eine Arbeitsbeschreibung für den Leiter/den Vorsitzenden, den Geschäftsführer und die Mitglieder enthalten? Diese Richtlinien müssen ständig überarbeitet und weiterentwickelt werden. Der Sinn dieser Richtlinien ist, dass man sich nachprüfbare Ziele für die Förderung der Missionsarbeit setzt, für die Sammlung und Verteilung von Spenden, für die Heranbildung und die Unterstützung von Missionaren und für die beiderseitige Kommunikation mit den Missionaren und der Gemeinde.

5. Wird die ganze Gemeinde systematisch über das Thema Mission belehrt? Das sollte im sonntäglichen Gottesdienst, in der Sonntagsschule, den Hauskreisen und den Jugend- und Kindergruppen geschehen.

6. Die Mission sollte ein unaufgebbarer Bestandteil jedes Arbeitszweiges der Gemeinde sein. Ist das der Fall? Die Mission ist nicht nur ein Betätigungsfeld für diejenigen, die daran von selbst interessiert sind. Die Missionsarbeit ist auch nicht ein Arbeitszweig der Gemeinde so wie andere Gruppen innerhalb der Gemeinde wie etwa der Chor, der Treff jung verheirateter Paare oder der Frauenkreis. Der Bereich Mission ist von grundlegender Wichtigkeit, wenn jeder einzelne Arbeitszweig der Gemeinde funktionieren soll. Es ist die Aufgabe des Missionskomitees, die Gemeinde für die Mission zu interessieren. Ich finde es sehr tragisch, dass so viele Gemeinden davon ausgehen, dass die Mission für Kinder und Jugendliche kein Thema ist. Junge Leute können in vielen unserer evangelikalen Gemeinden heranwachsen und haben niemals etwas über Mission gehört oder sie sind noch nie einem Missionar begegnet! Ich sollte einmal in einer Gemeinde in Australien über das Thema weltweite Mission sprechen, aber zu meiner Bestürzung merkte ich, dass der Pastor für die Jugendlichen ein Alternativprogramm organisiert hatte, weil er der Meinung war, dass das für sie interessanter sei. Die meisten Missionare, die heute auf dem Missionsfeld arbeiten, erhielten den ersten Anstoß zur Mission in ihrer Jugendzeit, viele von ihnen wurden schon damals von Gott in die Mission berufen. Wir müssen den Jugendlichen – wie auch den Erwachsenen – in unseren Gemeinden ein Ziel vor Augen stellen, anstatt ihnen ein Unterhaltungsprogramm zu bieten!

7. Wird über Mission häufig öffentlich gesprochen sowie über die Projekte, die Missionsgesellschaften und die Missionare, mit denen die Gemeinde eng verbunden ist? Das sollte nicht nur bei einer vielleicht jährlich stattfindenden Missionskonferenz oder an einem besonderen Wochenende geschehen, sondern während des ganzen Jahres, wobei die Mission auf viele verschiedene Arten zur Sprache gebracht werden sollte – durch Aushänge an einer Pin-Wand etwa, durch Weltkarten, durch die Einladung von Missionaren für einen Vortrag, durch die Betreuung und Aufnahme von Missionaren im Heimataufenthalt, durch die Durchführung von Kurzzeiteinsätzen auf dem Missionsfeld, durch Gebetsmärsche, Besuche auf dem Missionsfeld usw.

8. Hat sich die Gemeinde fest verpflichtet, regelmäßig für die Mission zu beten? Das sollte nicht nur in der wöchentlichen Gebetsstunde geschehen, zu der sich stets die wenigen Getreuen versammeln. Das Gebet für die Mission sollte mit dem gesamten Gemeindeleben verwoben sein und im sonntäglichen Gottesdienst und bei jeder Gemeindezusammenkunft irgendwie vorkommen.

9. Gibt es Programme, mit deren Hilfe zukünftige Mitarbeiter und Missionare gewonnen und ausgebildet werden können? Der Herr Jesus Christus hat uns befohlen, für Arbeiter in der Ernte zu beten.[252] Aber wie viele Gemeinden tun das wirklich? Die Gemeinde sollte aber nicht nur dieses Gebet sprechen, sondern dann auch diejenigen fördern, schulen und vorbereiten, die eine Erhörung dieses Gebets sind, damit sie erfolgreiche Missionare werden. Nur wenige Gemeinden tun das, es gibt allerdings auch einige ausgezeichnete Beispiele dafür.

10. **Wie realistisch sind die Vorsätze der Gemeinde, was ihre Spenden zur Unterstützung der Mission und der Missionare betrifft?** Das Evangelium in ein weit entferntes Land hineinzutragen, ist ein teures Unternehmen, auch wenn die Missionare selbst nahe an der Armutsgrenze leben. Reisen, die Ausbildung der Missionarskinder, die nötige Ausstattung (in gewissem Rahmen!) sind in der Anschaffung und dem Unterhalt kostspielig, ganz abgesehen von den Kosten, die die Missionsarbeit selbst verursacht. Jede Gemeinde, die einen Missionar aussendet, sollte sich über die Kosten realistische Vorstellungen machen und dem Missionar und der aussendenden Missionsgesellschaft die richtigen Fragen stellen. Wie viele Gemeinden tun das jedoch?

Nun folgt eine Übung zum Realitätsbewusstsein! Denken Sie einmal darüber nach, was es wirklich kostet, ein Ehepaar nach Übersee zu entsenden und sie so lange zu fördern und zu unterstützen, bis sie gereifte Mitarbeiter für die Arbeit in einer fremden Kultur auf dem Missionsfeld geworden sind. Diese Zurüstung wird etwa elf bis 13 Jahre dauern! Diese Zeit gliedert sich auf in drei Jahre der theologischen Ausbildung, ein Jahr der Orientierung mit Hilfe der entsprechenden Missionsgesellschaft, ein bis zwei Jahre zum Aufbau eines Spenderkreises, ein bis zwei Jahre Sprachstudium und dann fünf bis sieben Jahre der kulturellen Eingewöhnung und Einarbeitung auf dem Missionsfeld.

Auch wenn die finanzielle Unterstützung in diesen Jahren der Ausbildung im Heimatland und der Orientierungsphase auf dem Missionsfeld nicht sehr hoch ist – gehen wir einmal von etwa 60 000 DM pro Jahr aus (viele Missionare werden allerdings mehr benötigen). Diese 60 000 DM summieren sich im Laufe von zwölf Jahren auf etwa 720 000 DM und danach sind wahrscheinlich die wirklich großen Ausgaben fällig: Die Schulgebühren für die weiterführenden Schulen der Missionarskinder (die oft unerträglich teuer sind) und so sind die Eltern gezwungen, gerade zu dem Zeitpunkt aus Geldmangel nach Hause zurückzukehren, nachdem sie gerade begonnen haben, die Frucht ihrer jahrelangen Vorbereitungen zu ernten. Es wäre realistischer, die Unterstützung für ein paar Jahre zu verdoppeln, damit die höheren Kosten gedeckt werden können und so aus den Jahren der Vorbereitung, in die so viel Zeit und Geld investiert wurde, das Optimale herausgeholt werden kann. Leider denken in den Heimatgemeinden aber nur wenige in diesen Größenordnungen.

11. Halten sich die Pionierarbeit und die weitere Fortentwicklung der Arbeit, die geistliche und soziale, die im Ausland und die vor Ort durchgeführte Arbeit die Waage? Die Mitwirkung der Gemeinde in der Mission sollte in allen diesen Bereichen ausgewogen sein.

12. Die Sicherstellung der seelsorgerlichen Betreuung der Missionare und ihrer Kinder. Das gilt sowohl für die Zeit, die der Missionar auf dem Missionsfeld verbringt, als auch für den Heimataufenthalt, für die Zeiten der Weiterbildung, aber auch dann, wenn

> der Missionar vom Feld zu einem Heimataufenthalt, für die Suche nach einem neuen Arbeitsplatz oder zur Pensionierung vom Feld zurückkehrt.

Schon viele Bücher wurden geschrieben, um örtlichen Gemeinden zu helfen, das Thema Mission anzugehen.[253] Dieses Thema ist viel zu umfangreich, als dass ich es hier erschöpfend behandeln könnte. Neal Pirolo führt in seinem Buch eine lange Liste von Büchern, Lehrmaterial, Videos, Seminaren, Möglichkeiten für Kurzzeiteinsätze in Übersee und vieles mehr an.[254]

Zum Schluss möchte ich noch ein heißes Eisen ansprechen:

Darf eine örtliche Gemeinde ihre Missionare direkt nach Übersee entsenden? Weite Teile der evangelikalen Christenheit halten nachdrücklich daran fest, dass das der richtige Weg ist (vgl. Kapitel 16). Ich würde dem vorsichtig zustimmen, allerdings einige Warnungen aussprechen, die beachtet werden sollten. Es hat hier schon viel zu viele mutige, verwegene Experimente gegeben, die für das Reich Gottes und bei den Beteiligten mehr Schaden verursacht als Gutes bewirkt haben. Die Frustrationen, die die örtlichen Gemeinden mit den Missionsgesellschaften erleben, können zwar auf diese Weise umgangen werden, aber zu welchem Preis?

1. Überprüfen Sie die Motivation, die hinter der direkten Aussendung der Missionare auf das Missionfeld steht. Ist es Stolz, der Wunsch, den Einflussbereich der Gemeinde zu vergrößern oder der Versuch, zu beweisen, dass die Gemeinde diese Aufgabe bewältigen kann? Leider kennen sich diejenigen, die durch diese Gründe motiviert werden, nur selten in der Missionsgeschichte aus – sie lehnen die

Vergangenheit als altmodisch ab und betrachten die neuen Wege, die beschritten werden, als ›vom Heiligen Geist geleitet‹, sind aber dadurch dazu verurteilt, die schlimmen Fehler der Vergangenheit zu wiederholen. Ist es die klare Weisung des Herrn?

2. Sind in der Gemeinde die erforderlichen Begabungen und Erfahrungen für die Missionsarbeit in einer fremden Kultur vorhanden, um Kandidaten auszuwählen, sie für den Einsatz auf dem Feld vorzubereiten, ihnen gute Ratschläge zu erteilen, sie zu unterstützen und sie auf dem Feld seelsorgerlich zu betreuen? Die meisten Gemeinden, die diesen Weg gegangen sind, sind sehr enttäuscht worden und waren am Ende frustriert, weil die Gaben, die in ihrer Gemeinde vertreten waren, nicht den Erfordernissen entsprachen. Direkt von der Gemeinde ausgesandte Missionare sind meist vor Ort ausgebildet worden; ist das von der Qualität und der Bandbreite her die Ausbildung, die in der heutigen Welt erforderlich ist? Die missiologische Ausbildung ist heute sehr komplex und von großer Bedeutung.

3. Existiert innerhalb der Gemeinde eine eigenständige Struktur für die Missionsarbeit, die eigene Leiter hat und wo man sich wirklich in der Mission engagiert? Wenn diese Struktur nicht existiert, dann wird das Unternehmen, einen Missionar auszusenden, sicher scheitern. Heute einen Missionar auszusenden, ist ein äußerst komplexes Unternehmen – Informationen sind nötig, Visa, Reisen, Beziehungen zu anderen christlichen Organisationen auf dem Missionsfeld, Seelsorge und die Betreuung der Arbeit um den halben Globus herum. Außerdem muss die Lage auf dem Missionsfeld gründlich erforscht werden, die geeignete Strategie für die Arbeit gefunden und die Ekklesiologie festgelegt werden. All das braucht sowohl Zeit als auch Sachverstand. Nur wenige Gemeinden können all diese Aufgaben zufriedenstellend meistern.

4. Sind die Bedingungen auf dem zukünftigen Missionsfeld ausreichend erforscht worden? Es gibt nur noch sehr wenige Länder und Völker auf der Erde, wo überhaupt keine christliche Arbeit geschieht. Die oberste Priorität sollte sein, Missionsapostel dorthin zu senden, wo es noch kein christliches Zeugnis gibt. Bei etlichen Unternehmungen, bei denen ein Missionar direkt von seiner Gemeinde als Apostel ausgesandt wurde, hat es sich eigentlich nur um den Besuch eines Landes gehandelt, in dem zu großen Teilen englisch gesprochen wird (mit der entsprechend geringen Erfordernis, fremde Sprachen zu erlernen oder in andere Kulturen einzutauchen) und in dem es normalerweise bereits etliche Gemeinden gibt. Die »Mission« gerät so zu einer Umverteilung der bereits vorhandenen Heiligen, so dass diese nun Mitglieder einer Gemeinde werden, deren Muttergemeinde in Übersee beheimatet ist – und manchmal müssen dazu noch Gelder fließen, damit die Umverteilung der Gläubigen vonstatten gehen kann.

5. Existiert eine gute Zusammenarbeit mit anderen christlichen Organisationen im Heimatland und im Ausland? Die Tage des einsamen Pioniermissionars und des isoliert wirkenden apostolischen Teams sind für immer vorbei. Viele der am wenigsten evangelisierten Teile der Welt liegen nicht in den großen Städten, in denen normalerweise bereits einheimische oder ausländische Christen mit einer Arbeit begonnen haben. Die direkte Entsendung eines Missionars auf das Missionsfeld wird bei den meisten Missionaren nur gut gehen, wenn sie auf dem Missionsfeld mit anderen Missionaren im Austausch stehen, die oft vielen verschiedenen Missionsgesellschaften angehören.

6. Welche Art von Gemeinde soll gegründet werden? Die Gemeinden, die ihre Missionare direkt aussenden, sind häufig kulturell sehr unsensibel, wenn es darum geht, in einem anderen Land Gemeinden zu gründen. Meist ist der Wunsch sehr groß, eine Gemeinde zu gründen, die der sendenden Gemeinde mit all ihren Schwächen recht ähnlich ist und deshalb auch all ihre Merkwürdigkeiten, dieselbe Gottesdienstform, dieselbe Bibelübersetzung, dieselbe Leitungsstruktur und dieselben Auffassungen über Frauen, Kleidung und den Einsatz von Zeit hat und diese Auffassungen haben im besten Fall für die fremde Kultur vor Ort keine Bedeutung, im schlimmsten Fall werden sie in der fremden Kultur als anstößig empfunden.

7. Wie viel Kontrolle soll in der alltäglichen Arbeit auf dem Missionsfeld von der Heimatgemeinde ausgeübt werden? Die Selbstständigkeit im Handeln, die Paulus und Barnabas, William Carey und Hudson Taylor anstrebten und erwarteten, steht überhaupt nicht zur Debatte. Die Lektionen, die aus Hunderten von Jahren der Missionsgeschichte und Missionsarbeit gelernt werden könnten, werden nicht zur Kenntnis genommen.

Diese Überlegungen führen uns noch einen Schritt weiter: **Sollte** eine örtliche Gemeinde wirklich Missionare direkt auf das Missionsfeld entsenden, ohne eine Partnerschaft mit einer Missionsgesellschaft eingegangen zu sein? Ich persönlich hege meine Zweifel, ob das ein guter Weg ist, wenn das bedeutet, dass die vielen Begabungen, die Ratschläge, die Erfahrung und die Sachkenntnis, die in einer Missionsgesellschaft versammelt sind, einfach beiseite geschoben werden. Die Einheit der Gemeinde Jesu in der

Mission wird so nicht bewahrt. Keiner kann heute für sich allein arbeiten, wir brauchen einander. Gemeindegründung ist Teamarbeit – normalerweise Teamarbeit innerhalb der sendenden Organisation, aber immer mehr auch Teamarbeit mehrerer Organisationen und Gemeinden. Leider haben die Missionsgesellschaften häufig die Zusammenarbeit mit Interessierten verweigert, denen hätte geholfen werden können und dafür müssen diese Missionsgesellschaften Buße tun – das ist das Thema eines späteren Kapitels.

Kapitel 18

Wie kann eine Bibelschule oder ein theologisches Seminar eine missions- und gemeindeorientierte Ausbildungsstätte werden?

Im Juli 1997 durfte ich an einer ganz besonderen Konferenz mit fast 5000 christlichen Leitern teilnehmen – der Global Consultation On World Evangelization oder der GCOWE-97. Die Konferenz bestand im Wesentlichen aus drei intensiven Tagen mit zehn Konsultationen von Spezialisten, die alle dazu dienen sollten, die Ziele der Bewegung AD2000 zu fördern: *Eine Gemeinde für jede Volksgruppe und das Evangelium für jeden Menschen bis zum Jahr 2000.* Ich nahm an der Konsultation der Schulleiter und akademischen Dekane der theologischen Ausbildungsstätten der ganzen Erde teil. Ich glaube, das war das erste Mal, dass solch eine Konsultation überhaupt abgehalten wurde und die Frage, die dort erörtert wurde, lautete: Wie können die theologischen Ausbildungsstätten mehr zur Weltmission beitragen?

Dr. David Kim vom Torch Centre (Fackelzentrum) in Seoul, Korea, war einer der Leiter dieser Konsultation, und er begann seine Rede mit den aufrüttelnden Worten: »*Wir sind gefährliche Leute.*« Er erläuterte die Doppelbedeutung dieses Satzes: Viele Theologen sind mit ihren Irrlehren, die ganze Generationen von Pastoren in die Irre geleitet haben, für die Gemeinde Jesu eine Gefahr gewesen, wohingegen andere einen tief greifenden, positiven Einfluss auf die Weltmission genommen haben, indem sie ihr Herzensanliegen, die Weltmission, durch intensive Jüngerschulung an die Studenten ihrer Seminare und Bibelschulen weitergegeben haben. Die Geschichte der theologischen Schulen in Europa und Nordamerika zeigt, dass die Studenten dieser Schulen unwahrscheinlich leichtgläubig sein können, wenn es darum geht, diese Irrlehren zu übernehmen. Durch den Glaubensabfall in den theologischen Ausbildungsstätten kamen immer zuerst die Gemeinden theologisch auf Abwege, dann war die ganze Denomination betroffen und schließlich auch die Arbeit auf den Missionsfeldern.

In einem vorherigen Kapitel haben wir Teile der Entstehungsgeschichte der theologischen Ausbildungsstätten verfolgt und die Umstände betrachtet, die dazu führten, dass sich die geistliche Entwicklung und die akademische Ausbildung unabhängig von den Gemeinden abspielen, in die die Absolventen später wieder zum Dienst zurückkehren. Möglicherweise ist ja die eigentliche Ursache für die Verdrängung der Mission in den vergangenen Jahrhunderten unser System der theologischen Ausbildung gewesen. Das geistliche Leben und die Mission wurden im Namen der akademischen Freiheit und der akademischen Standards geopfert. Die Rechenschaft gegenüber den ›Abnehmern‹ der Absolventen darüber, welche Fächer in den Lehrplan aufgenommen wurden, welche Theologie für die Richtige gehalten wurde und die Frage nach der Qualität des geistlichen Lebens der Studenten blieb dabei unbeantwortet.

Diese Entwicklung hat sich im negativen Einfluss auf diejenigen fortgesetzt, die Gott zu neuen Pionieraufgaben berufen hat. Sie haben häufig das Modell einer vollen theologischen Ausbildung abgelehnt, weil sie geistliche Fehlentwicklungen und die Unverwertbarkeit des Gelernten befürchteten. Diese Befürchtungen haben häufig zu einer Beschränkung des Blickwinkels geführt, zu einer oberflächlichen Evangelisation und einer verkümmerten Ekklesiologie mit dem Ergebnis, dass die neu entstehende Gemeinde ärmer und weniger dazu in der Lage ist, den arglistigen Anläufen des Teufels zu widerstehen. Die entstehende nichtwestliche Missionsbewegung ist von dieser Entwicklung in gleicher Weise betroffen. Viel flexiblere und breiter angelegte Wege müssen beschritten werden, um die theologische Ausbildung ›benutzerfreundlicher‹ zu machen. Bill Taylor von der Weltweiten Evangelischen Allianz hat unermüdlich auf die Notwendigkeit hingewiesen, die theologische Ausbildung an die Erfordernisse einer späteren Arbeit in einer fremden Kultur anzupassen, da dieser Einsatzort überall auf der ganzen Welt sein kann.[255] Eine theologische Ausbildung, die wirklich der Sache der Mission dient, ist für das Reich Gottes von unschätzbarem Wert.

Der Schlüssel für die Mobilisierung der örtlichen Gemeinden für die Mission liegt bei unserer theologischen Ausbildung und bei den Pastoren, die diese Ausbildung durchlaufen. Es ist schon mehr als tragisch, dass das ganze Fach der Missiologie an den meisten Schulen völlig aufs Abstellgleis geschoben wurde und eine ganz unbedeutende Rolle spielt. Das ist wirklich eine sträfliche Vernachlässigung. Wenn ein Pastor in seinem Dienst erstmal mit Arbeit eingedeckt ist und mit allen Verpflichtungen, die diese Arbeit mit sich bringt, dann ist – wenn der Same nicht sorgfältig ausgestreut und schon im Seminar zum Keimen gebracht wurde – schon ein Wunder Gottes nötig, damit Gott diesem Pastor das Herz für die Mission öffnet. In meinen Augen schien die Umorientierung der Seminare eine unlösbare Aufgabe zu sein, denn es existiert keine akademische Interessengruppe auf der Erde, die auf die normalen theologischen Schulen Druck ausüben würde, damit sie etwas ändern. Ich erinnere mich noch gut daran, dass ich einmal eine Konferenz für ausgewählte Leiter aus ganz Europa mitleitete. Einige der Leiter wollten in die von der Konferenz verabschiedete Erklärung auch aufnehmen, dass die Mission in der theologischen Ausbildung im Zentrum stehen und grundlegender Bestandteil jedes Faches werden sollte. Ich saß in der Arbeitsgruppe, die einen Entwurf für die Erklärung erstellte, zusammen mit einem Direktor eines sehr bekannten europäischen evangelikalen Seminars. Er kämpfte mit Zähnen und Klauen, um diese Aussage etwas abzumildern. Wir saßen über dem Entwurf die ganze Nacht, denn an dieser Aussage blieben wir einfach hängen. Das Ende vom Lied war zu meinem Bedauern eine Erklärung, die einen Kompromiss darstellte. Die Dynamik und die Herausforderung, die die Erklärung eigentlich hätte beinhalten sollen, waren verloren gegangen.

Ich gebe mich keinen Illusionen darüber hin, dass Veränderungen nur schwer herbeizuführen sein werden. Allerdings glaube ich, dass die GCOWE-Konsultation in Pretoria schon ein erster Schritt dazu war, denn dort herrschte bei der Abfassung der folgenden Deklaration Einmütigkeit unter allen Delegierten. Ich möchte diese Deklaration vollständig abdrucken, denn sie enthält Aussagen von 250 theologischen Leitern, die den entsprechenden Inhalt viel besser formuliert haben, als ich das jemals hätte tun können!

Deklaration in 10 Thesen
RESOLUTION

250 Schulleiter und akademische Dekane, die theologische Schulen aus 53 Ländern repräsentierten, kamen in der Zeit vom 1. bis 3. Juli 1997 in der Doxa Deo Church in Pretoria, Südafrika, zusammen, um darüber zu beraten, welchen Beitrag ihre Schule dazu leisten könnte, damit unter »jeder Volksgruppe eine Gemeinde entsteht und jeder Mensch das Evangelium hört«. Theologische Lehrer können viel Segen bewirken, aber auch der Gemeinde sehr schaden; sie können entweder zur Erfüllung des Missionsauftrags beitragen oder ihm aber im Wege stehen.

Aus den Bibelarbeiten, den Plenarvorträgen, den Workshops, den Zeugnissen, den Gebeten, den Diskussionen und den informellen Zusammenkünften schälten sich die folgenden zehn Thesen heraus:

1. Es muss erkannt werden, dass der Missiologie im Bemühen um die Weltmission in den Lehrplänen der theologischen Schulen der erste Rang eingeräumt werden muss.

2. Partnerschaftliche Zusammenarbeit auf allen Ebenen und auf jede erdenkliche Art und Weise ist von grundlegender Bedeutung, wenn die unerreichten Völker der Erde erreicht werden sollen.

3. Klassische, alternative und personenbezogene Ausbildungsformen müssen als gegenseitige Ergänzung betrachtet werden, sollen aber nicht im Wettstreit miteinander liegen.

4. Im Inhalt der theologischen Ausbildung muss die Einzigartigkeit Jesu Christi bewahrt werden und die Notwendigkeit des persönlichen Glaubens an ihn als Herrn und Retter. Das ist insbesondere im Licht des zunehmen-

den Pluralismus unerlässlich, der sich Bahn gebrochen hat durch das Erstarken der nicht-christlichen Religionen, die dem Fortschreiten des Evangeliums ablehnend gegenüberstehen, durch die Auflösung des historischen Christentums in der westlichen Welt und durch die Tatsache, dass der Säkularismus fast überall absolut vorherrschend ist.

5. Die Ausbildung zum vollzeitlichen Dienst muss darauf abzielen, Menschen auszubilden, die in der Kraft des Heiligen Geistes vollmächtig wirken, auf die Wirkung des Gebets bauen und dem Wort Gottes absolutes Vertrauen entgegenbringen.

6. Für jegliche Ausbildung zum geistlichen Dienst ist bei den Studenten die Erziehung des geistlichen Menschen und des Charakters von grundlegender Bedeutung, was teilweise durch das Vorbild des Lehrers erleichtert wird.

7. Geistliche Ausbildung muss den ganzen Ratschluss Gottes berücksichtigen, der je nach den jeweiligen Umständen verkündigt werden muss. Dieser Ratschluss Gottes muss von den örtlichen und landesweiten Strukturen aufgenommen und weitergegeben werden.

8. Die akademische Akkreditierung einer Schule kann dazu dienen, die Kontrolle über die Qualität der Ausbildung sicherzustellen und ein Anreiz dazu sein, die Ausbildung möglichst effektiv zu strukturieren. Gleichzeitig darf die Akkreditierungsfrage nicht die geistliche und missiologische Durchschlagskraft der theologischen Ausbildung behindern. Es muss jede nur denkbare Anstrengung unternommen werden, damit die Akkreditierung mit dazu beiträgt, dass das Engagement der Schule in der Weltmission gefördert wird.

9. Es sollte ernsthaft überdacht werden, wie bei Ehepaaren beide Partner, Mann und Frau, so ausgebildet wer-

den können, dass ihr gemeinsamer Dienst in gegenseitiger Ergänzung Frucht trägt. Ebenso sollte überdacht werden, wie allen der Zugang zu einer Ausbildung ermöglicht wird, die daraus Nutzen ziehen können.

10. Die theologische Fortbildung für Schulleiter und akademische Dekane (PAD) sollte in die Bewegung AD 2000 integriert werden. Es sollte eine weitere Konsultation abgehalten werden.

> In der Zukunft werden wir uns an die Direktoren, Schulleiter und akademischen Dekane wenden und uns der Aufgabe widmen, dass das Ziel, dass unter »jeder Volksgruppe eine Gemeinde gegründet und jedem Menschen das Evangelium verkündet« wird, ins Zentrum der Ausbildung gerückt wird. Wir beschließen, gemeinsam nach neuen Paradigmen der Partnerschaft in der theologischen Ausbildung zu suchen, damit die Ausbildungsstätten untereinander Austausch pflegen und sich gegenseitig unterstützen und das Ziel der Weltmission erreicht werden kann. Wir werden uns weiterhin mit ganzer Kraft für das Reich Gottes einsetzen und das um so mehr, je mehr wir der Vollendung des Zeitalters und dem Kommen unseres Herrn in der Herrlichkeit Gottes entgegeneilen.

Ich war innerlich bewegt, als ich das hörte, denn das war eine Gebetserhörung. Zum ersten Mal in der Geschichte entschloss sich eine größere, repräsentative Gruppe von theologischen Lehrern dazu, eine Struktur für gegenseitigen Austausch und Unterstützung zu schaffen, damit die jeweiligen Schulen Ausbildungsstätten werden, bei denen der Missionsbefehl im Zentrum steht. Es ist mein Gebet, dass diese Erklärung in der theologischen Welt große Auswirkungen hat, so wie es bei der Lausanner Verpflichtung für die Evangelikalen seit 1974 der Fall war. Es wäre sehr hilfreich, wenn diese Erklärung eine Art Gütesiegel für Schulen und in jeder ihrer Verlautbarungen erwähnt würde. Das wäre mein dringlicher Wunsch.

Wenn ich mir die Erklärung so anschaue, vermisse ich einen wichtigen Punkt – nämlich die Verpflichtung zur Rechenschaft der theologischen Institutionen gegenüber den Gemeinden. Dieser Gedanke liegt zwar Punkt 2 der Erklärung zugrunde, müsste aber noch deutlicher formuliert werden. Die Organisatoren und der Lehrkörper der Ausbildungsstätten müssen sich denen gegenüber verantworten, die später ihre Absolventen beschäftigen werden – das sind die verschiedenen Denominationen, die örtlichen Gemeinden und die Missionsgesellschaften. Dieser Aspekt hat in den vergangenen Jahrhunderten völlig gefehlt. Die schriftlichen Verlautbarungen aller theologischen Ausbildungsstätten sollten ausdrücklich darauf hinweisen, dass die Schulen sich als Diener der Gemeinde Jesu betrachten und der Gemeinde gegenüber Rechenschaft ablegen möchten, was die Qualität und den Inhalt ihrer Lehre und den geistlichen Wandel ihres Lehrkörpers und ihrer Studenten betrifft.

Die Zeiten des unabhängigen Schaltens und Waltens der theologischen Seminare sind für immer vorbei. Wir müssen zu der Erkenntnis kommen, dass die Seminare nicht neben der Gemeinde her existierende und von ihr unabhängige Organisationen sind (para-church), sondern Teil des Leibes Christi; deshalb müssen sie auch dem Leib Christi gegenüber Rechenschaft ablegen. Der gesamte Lehrplan, die Jüngerschaftsschulung und die Praktika müssen auf den von den Studenten anvisierten Dienstbereich abgestellt werden. Das bedeutet radikale Veränderungen, weg von dem alten Stil der Akademie mit seiner Abschottung im Elfenbeinturm während des Studiums. Es wird ein sehr ungemütliches und unangenehmes Unterfangen werden, aber es ist unbedingt nötig, größere Flexibilität zu entwickeln, um im akademischen Bereich und weltweit bessere Möglichkeiten zur gegenseitigen Anrechnung von Leistungen zu erreichen, eine kombinierte Studienzeit, die sich mit praktischen Einsätzen abwechselt, wobei die jeweils behandelten Fächer mit den folgenden Abschnitten der Praktika verzahnt werden sollten. Wir haben in der theologischen Ausbildung ein neues Paradigma erreicht, und wir müssen uns auf ein lebenslängliches Lernen für einen lebenslangen Dienst einstellen. Das wird aber nur Wirklichkeit werden, wenn wir die Gemeinde Jesu in ihrem Gesamtbild und die Notwendigkeit zur partnerschaftlichen Zusammenarbeit zwischen den einzelnen Strukturen der Gemeinde Jesu begreifen. Die Zeit der Einzelkämpfer auf der Karriereleiter ist sowohl auf dem säkularen als auch auf dem christlichen Gebiet ein für alle Mal vorbei. Es wird zum Beispiel viel leichter möglich sein, Pastoren auf das Missionsfeld oder in eine theologische Schule zu berufen und umgekehrt. Sind wir bereit für die nötigen Veränderungen in unseren Schulen, damit diese Dinge Wirklichkeit werden? Sind wir bereit, unsere heiligen Kühe zu schlachten, unsere Traditionen zu opfern, unsere akademische Freiheit und unseren Stolz darauf, dass wir die Dinge immer so getan haben, wie wir es für richtig hielten? Um Christi willen und um der Ausbreitung seines Reiches willen sollten wir dazu bereit sein.

So wie im vorhergehenden Kapitel habe ich eine Art Prüfliste angelegt, anhand derer deutlich wird, welchen

Platz die Mission in einer bestimmten theologischen Institution einnimmt. Diese Liste ist nicht vollständig und kann noch weiterentwickelt werden. Es ist mein Wunsch, dass die Liste eine Hilfe ist und neue Anstöße vermittelt.

> 1. **Hat die Schule einen klaren Blick für die Notwendigkeit der Mission und/oder verfolgt sie die erklärte Absicht, zur Erfüllung der Missionsaufgabe beizutragen?** Solange die Mission nicht einen der ersten Plätze einnimmt, wird sie automatisch durch anders gewichtete Lehrpläne an den Rand gedrängt werden.
>
> 2. **Besteht genügend Austausch mit dem Rest der theologischen Welt, damit die Mission auch weiterhin einen wichtigen Platz in der Lehrinstitution einnimmt?** Es ist mein Gebet, dass ab 1997 das von der GCOWE initiierte Netzwerk der Schulleiter und akademischen Dekane eine Plattform für diesen Austausch bietet. Die Gründung eines Missionskomitees, das in der Schule eine zentrale Rolle spielt, wäre ein guter Beginn.
>
> 3. **Hat man erkannt, dass die Schule ein Teil des Leibes Christi ist** und deshalb gegenüber den Gemeinden und Missionsgesellschaften Rechenschaft ablegen muss, nicht nur bezüglich der Frage, ob die Schule eine gute Theologie vermittelt, sondern auch hinsichtlich der Entwicklung des Lehrplans, der Anerkennung, die die Schule erstrebt, in Bezug auf das geistliche Leben der Lehrenden und der Studenten, sowie im Hinblick auf den angestrebten Dienst des jeweiligen Studenten?
>
> 4. **Enthält jeder der angebotenen Kurse als einen Grundbestandteil einen Bezug zur Missiologie?**

Nicht jeder Student wird in die Arbeit in einer fremden Kultur berufen werden, aber jeder Student muss mit der Missiologie gründlich vertraut sein, wenn sein Dienst Frucht tragen soll, auf welchem Gebiet auch immer er später arbeiten wird.

5. Sind alle, die zum Lehrkörper der Schule gehören, über ihre Einstellung zur Mission befragt worden? Ist es ihr konkreter Wunsch, in ihrem Fach die Mission in den Mittelpunkt zu stellen, weil Mission Gottes Herzensanliegen ist? Jedes Fach, das für die Mission keine Bedeutung hat, ist kein Fach, das die Bibel im Zentrum hat.

6. Hat die Schule den Absolventen gegenüber die Arbeit in der Mission als ehrenvolle Tätigkeit schmackhaft gemacht? Häufig herrscht hier unausgesprochen ein elitäres Denken, dass diejenigen, die in ihrer Heimat nicht zum Pastor geeignet sind, überlegen sollten, ob sie nicht in die Mission gehen können und dass alle, die Missionare werden, zur zweiten Garde gehören. Diese Haltung führt oft dazu, dass Männer zu Hause bleiben und mehr Frauen nach Übersee gehen.

7. Ist das geistliche Leben des Lehrkörpers und der Studenten die oberste Priorität der Schule? Menschen, die Gott kennen und um die Macht des Gebets wissen, die mit dem Heiligen Geist ausgerüstet sind und keine Furcht kennen, wenn es darum geht, dem Feind entgegenzutreten, aber gleichzeitig Wunder von Gott erwarten, werden für den Dienst des Herrn in der Heimat und im Ausland gebraucht.

8. Inwieweit ist die Schule bereit, die Möglichkeiten, die zu einem Abschluss führen, zu erweitern und neben den gewohnten auch neue Wege zu beschreiten, Einsätze im Heimatland und im Ausland zu honorieren und andernorts erworbene Leistungsnachweise vermehrt anzuerkennen?

Kapitel 19

Wie kann eine Missionsgesellschaft eine gemeindeorientierte Organisation werden?

Der Institution der Missionsgesellschaft liegt ein biblisches Konzept zu Grunde. Trotzdem kann die Arbeitsweise einer Missionsgesellschaft sich weit von der Schrift entfernt haben, wie wir bereits gesehen haben. Über die Jahre hinweg haben unsere unbiblischen Auffassungen ihren Niederschlag in der Natur der Missionsgesellschaften gefunden. Die Missionsgesellschaften haben viele der Funktionen übernommen, die rechtmäßig eigentlich den örtlichen Gemeinden zukämen. Falsche Haltungen haben zu Missverständnissen geführt und zu Konfrontationen zwischen Gemeinden und Missionsgesellschaften.[256] Wie können wir wieder zur rechten Balance zurückfinden und in der Weltmission als Partner zusammenarbeiten?

Es gibt einige grundlegende Prinzipien, über die wir uns zunächst einig werden müssen:

1. Die Gemeinde ist von Gott zur Weltmission bevollmächtigt worden. Ich meine hier die weltweite Gemeinde Jesu. Der griechische Begriff ekklesia meint sowohl die weltweite Gemeinde als auch die örtliche Versammlung oder Gemeinde. Wenn man nur die zweite Bedeutung des Begriffs gelten ließe, würde das bedeuten, dass die örtlichen Gemeinden allein die volle Verantwortung für die Weltmission trügen.

2. Die Gemeinde Jesu umfasst drei Strukturen, die ihr Handeln ermöglichen. Sie befinden sich in gegenseitiger Abhängigkeit voneinander und müssen bei der Weltmission zusammenwirken; die örtlichen Gemeinden, die Ausbildungsstätten und die sendenden Missionsgesellschaften.

3. Das apostolische Team oder die Missionsgesellschaft ist Gottes Werkzeug zur Gemeindegründung in nicht-evangelisierten Gebieten. Wie ich bereits oben gezeigt habe, erfordern die komplexen Verhältnisse und das erforderliche große Engagement für das Langzeitziel der Gemeindegründung in einer fremden Kultur die Mitwirkung einer Missionsgesellschaft, auch wenn die Strukturform im Einzelfall je nach Kultur, Zeit und Arbeitsschwerpunkt sehr unterschiedlich ausfallen kann.

4. Dass die örtliche Gemeinde für die Weltmission die erste Stelle einnimmt, ist von ganz grundlegender Bedeutung. Die örtliche Gemeinde allein stellt die grundlegenden Ressourcen für die Missionsarbeit zur Verfügung – die Finanzen, die Menschen, die Fürbitte und die finanzielle Unterstützung. Eine kürzlich erstellte Studie der Weltweiten Evangelischen Allianz bewies,[257] dass einer der häufigsten Gründe für die vorzeitige Rückkehr von Missionaren ist, dass sie nicht in einer örtlichen Gemeinde fest verwurzelt waren. George Peters bemerkt zu diesem Umstand:

»Wir glauben, dass wir uns nicht außerhalb neutestamentlicher Vorstellungen befinden, wenn wir feststellen, dass die örtliche Gemeinde der Gläubigen eine einzigartige Beziehung zu Christus hat und dass die örtliche Versammlung zum Bindeglied und zur autoritativen Sendungsorganisation des neutestamentlichen Missionars wird. Das ist ein grundlegendes biblisches Prinzip und wir dürfen das nicht abschwächen, herabmindern oder außer Acht lassen.«[258]

Trotzdem gibt es für die Missionsarbeit in einer fremden Kultur für eine örtliche Gemeinde Grenzen, denn die örtliche Gemeinde kann auf die Welt im weiteren Radius nur in der Zusammenarbeit mit anderen Strukturen Einfluss nehmen wie bei der Ausbildung und Aussendung des Missionars – sei es innerhalb der eigenen Gemeinde oder, noch besser, in der partnerschaftlichen Zusammenarbeit mit anderen Gemeinden oder Missionsgesellschaften.

5. Die Missionsgesellschaft ist in Sachen Weltmission gleichzeitig Diener und Partner der örtlichen Gemeinden. Dieser Geist des Dienens und der aufrichtige Wunsch, gegenüber den örtlichen Gemeinden Rechenschaft abzulegen, ist verloren gegangen, ebenso wie der Gedanke der partnerschaftlichen Zusammenarbeit.

Wenn wir über diese Prinzipien Übereinstimmung erzielen, dann ergeben sich daraus eine Reihe von Folgeschritten.[259] Wieder füge ich sie in einen Kasten ein, um damit deutlich zu machen, wie wichtig sie mir sind:

Verhalten der örtlichen Gemeinde gegenüber der Missionsgesellschaft:

> **1. Seien Sie dazu bereit, die Initiative zu ergreifen.** Schon viel zu lange haben sich die örtlichen Gemeinden passiv verhalten und erwartet, dass die Missionsgesellschaften die Führungsrolle bei der Anwerbung und Ausbildung der Missionare übernehmen. Bei vielen Gemeinden beschränkt sich die Mitarbeit in der Mission auf die Zuschauerrolle. Die örtlichen Gemeinden

sollten viel stärker daran beteiligt werden, wenn der zukünftige Missionar zum ersten Mal mit der Missionsgesellschaft Kontakt aufnimmt. Außerdem sollten sie konkret daran beteiligt werden, die Arbeit des Missionars auf dem Missionsfeld fördernd zu begleiten.

2. Erwarten Sie Rechenschaft von den Missionsgesellschaften. Wenn das Geld der Gemeinde und ihre Mitarbeiter von einer Missionsgesellschaft gebraucht werden, damit sie ihrer Funktion gerecht werden kann, dann ist es unerlässlich, dass die Missionsgesellschaft der Gemeinde gegenüber zu jedem Zeitpunkt verantwortlich ist. Allerdings gilt auch das Umgekehrte, dass nämlich die Gemeinde dem Missionar und der Missionsgesellschaft gegenüber Rechenschaft schuldig ist, und auch dieser Punkt darf nicht vernachlässigt werden.

3. Bestehen Sie auf einer partnerschaftlichen Zusammenarbeit. Das bedeutet, dass sich die Vertreter der Missionsgesellschaft mit den Leitern der örtlichen Gemeinde zusammensetzen und die gegenseitigen Erwartungen, Verpflichtungen, die beiderseitigen Verantwortungsbereiche, die Finanz- und Lehrfragen, die Richtlinien, die Frage der seelsorgerlichen Betreuung und viele andere Dinge erörtern müssen.

4. Stellen Sie sicher, dass die Annahme des Missionskandidaten ein gemeinsamer Beschluss der örtlichen Gemeinde und der Missionsgesellschaft ist, wobei auf beiden Seiten völlige Übereinstimmung hinsichtlich der Annahme des Kandidaten und der folgenden Schritte in Richtung Missionsland erwartet wird.

**5. Stecken Sie die Mitwirkung der örtlichen Gemeinde am Dienst Ihres Missionars auf dem Missi-

onsfeld ab. Zu viele Missionsgesellschaften erwarten, dass die aussendende Gemeinde auf alle Mitsprache am Dienst und der Seelsorge an ihrem Missionar verzichtet. Es ist richtig, dass die Aufsicht über die Arbeit selbst beim Missionsteam liegt, aber das bedeutet nicht, dass die Verpflichtung zur Rechenschaft der einzelnen Mitglieder des Teams ihrer aussendenden Gemeinde gegenüber erloschen wäre. Einige Missionsgesellschaften haben beschlossen, als eine Art Kanal oder auch Dachorganisation zu wirken, unter der ein örtliches Gemeindeteam wirken kann, das in einer fremden Kultur unter einem unerreichten Volk eine Gemeinde gründen möchte. Dieses Modell hat seine Vorteile, aber ich persönlich bin mir nicht sicher, ob es sich in der Praxis tatsächlich verwirklichen lässt.

6. Erkennen Sie die vorhandenen Ressourcen, Gaben und Fähigkeiten der Missionsgesellschaft auf den Gebieten an, auf denen sie über die Gaben und Fähigkeiten der Mitglieder der örtlichen Gemeinden hinausgehen. Es sollte klar sein, dass die Gemeinde ihre Autorität für die Zeit ihrer Zusammenarbeit auf dem Missionsfeld an die Missionsgesellschaft delegiert. Das bedeutet aber auch, dass die Missionsgesellschaft ihre Verpflichtung zur Rechenschaft gegenüber der aussendenden Gemeinde anerkennen muss.

Verhalten der Missionsgesellschaft gegenüber der örtlichen Gemeinde:

1. Seien Sie demütig und erkennen Sie an, dass die Missionsgesellschaften sich aus einer falschen Haltung heraus Funktionen angeeignet haben, die in den Zuständigkeitsbereich der örtlichen Gemeinde fallen. Fassen Sie den Entschluss, diese Entwicklung zurückzudrehen – auch wenn das bedeutet, ein Eingeständnis des eigenen Fehlverhaltens in der Vergangenheit zu machen.

2. Erkennen Sie die zentrale Rolle der örtlichen Gemeinde für die Mission an. Arbeiten Sie auf jede erdenkliche Weise daran mit, diese Rolle wieder zum Tragen zu bringen – durch Beratungen mit den entsprechenden Leitern, der Bereitschaft, der Gemeinde durch Belehrung über die entsprechenden Prinzipien zu dienen, sowie im praktischen Bereich etwa durch die Gründung eines Missionskomitees und der Verwaltung der Finanzen für die Missionsarbeit.

3. Arbeiten Sie darauf hin, örtlichen Gemeinden zu dienen. Ihr Ziel sollte sein, für andere ein Segen zu sein, anstatt zu erwarten, durch den Empfang von Finanzen oder Mitarbeitern selbst gesegnet zu werden! Der Beitrag, den eine Missionsgesellschaft leisten kann, kann von grundlegender Bedeutung sein, seien es die Informationen, über die die Missionsgesellschaft verfügt, die Möglichkeiten für Kurz- und Langzeiteinsätze oder die Erfahrung in einer Arbeit in einer fremden Kultur. Den anderen mit allem zu dienen, was man hat, ist der beste Weg, um die nötige Unterstützung zu erhalten.

4. Kontaktieren Sie taktvoll und weise diejenigen Gemeinden, die sich entweder nicht der evangelikalen Theologie verpflichtet wissen oder nicht von der Notwendigkeit der Missionsarbeit in der heutigen Zeit überzeugt sind. Wir müssen realistisch bleiben und uns eingestehen, dass die meisten Punkte in diesem Abschnitt für evangelikale Gemeinden gelten, in denen die Mitglieder bereits einiges über Mission wissen und sich hier auch einbringen möchten. Ein großer Teil der europäischen Gemeinden befindet sich in dieser Situation. Wenn eine Missionsgesellschaft aber gegen den Willen der Gemeinde Mitglieder aus der Gemeinde abwirbt, damit sie Missionare werden oder die Mission unterstützen, dann wird sich die Missionsgesellschaft bei der widerstrebenden Gemeindeleitung wahrscheinlich nicht sehr beliebt machen.

5. Ordnen Sie sich der örtlichen Gemeinde unter, wenn es um Belange wie die Gewinnung ihrer Mitglieder für die Missionsarbeit geht. Keine Missionsgesellschaft sollte mit möglichen Missionskandidaten über ihre Annahme verhandeln, ohne sicherzugehen, dass die sendende Gemeinde bei diesem Prozess in allen Belangen, in denen es möglich ist, aktiv beteiligt ist. Kein Missionar sollte als Kandidat angenommen werden, wenn nicht in allen Bereichen, in denen es möglicherweise zu Konflikten kommen kann, Harmonie und Verständnis hergestellt wurden – da wäre z. B. die finanzielle Unterstützung, die Finanzierung der Ausgaben der Missionsgesellschaft im Heimatbüro, die Einteilung der Zeit vor der Ausreise und im Heimataufenthalt, die Übereinstimmung in Lehrfragen und Richtlinien und der gegenseitige Austausch zwischen der örtlichen Gemeinde und der Leitung des Missionswerkes.

6. Sprechen Sie schwierige Themen an – so wie z. B. persönliche seelsorgerliche Probleme, heikle Themen innerhalb des Teams der Missionare auf dem Missionsfeld, das Maß der gewünschten Einmischung

> der Gemeinde in die Angelegenheiten auf dem Missionsfeld oder mögliche Besuche der Gemeindeleiter auf dem Missionsfeld. Der ganze Bereich der Sicherheit und Vertraulichkeit, mit der Informationen in Ländern behandelt werden müssen, die für die Mission eigentlich nicht offen sind, müssen erörtert werden.
>
> **7. Bringen Sie der Partnerschaft der örtlichen Gemeinde Wertschätzung entgegen**, und zwar bei allem, was seitens der Missionsgesellschaft unternommen wird und was sich auf den Dienst des Missionars auswirkt. Schnelle, zuverlässige Kommunikation seitens der Missionsleitung auf dem Missionsfeld oder dem Heimatbüro mit der örtlichen Gemeinde in jeder dringenden oder wichtigeren Angelegenheit ist eine verständliche Erwartung. Wie oft wird sie jedoch wirklich erfüllt?
>
> **8. Versuchen Sie eine kompetente Heimatleitung sicherzustellen**, die Anfragen zugänglich ist und die die Kommunikation zwischen der örtlichen Gemeinde und der Missionsgesellschaft gewährleistet. Ich bin mir darüber im Klaren, dass, wenn diese Aufgabe ernst genommen wird, der Verwaltungsaufwand und die Kosten unter Umständen steigen, aber die Langzeitauswirkungen auf die örtliche Gemeinde, für die Missionsgesellschaft und die Missionare wären die Bemühungen allemal wert.

George Peters hat einmal sehr weise geschrieben:

> »Die Missionsgesellschaft sollte Werkzeug und ausführender Arm der Gemeinde sein, damit die gestellte Aufgabe gut bewältigt werden kann. Die Missionsgesell-

schaft kann weder die Gemeinde verdrängen noch sie ersetzen, auch wenn sie manchmal an Stelle der örtlichen Gemeinde handeln muss.«[260]

Die Missionsgesellschaften müssen sich darüber klar werden, dass ihre Beziehungen zu den örtlichen Gemeinden sehr leicht zerbrechen können, wenn die gegenseitige Kommunikation schlecht, die Leiterschaft unnahbar ist oder die Missionsgesellschaften zu große Geheimniskrämer sind. Ich kann mich daran erinnern, dass ich einmal bei einem Seminar für Pastoren darüber gesprochen habe, dass die Missionsgesellschaften mehr Informationen herausgeben müssen, wenn es um die seelsorgerliche Betreuung geht. Dabei sprang ein Pastor plötzlich auf und erzählte den anderen tief bewegt, welche Sorgen er sich über einen ihrer Missionare gemacht hatte. Der Missionar stand eines Tages an der Tür des Gemeindebüros und war ein physisches und psychisches Wrack und brauchte dringend seelsorgerliche Hilfe. Der Pastor berichtete, dass er sich wie bei der Belagerung einer Festung vorkam, als er versuchte, aus den Leitern der Missionsgesellschaft herauszubekommen, was auf dem Missionsfeld geschehen war. Der Pastor war berechtigterweise entrüstet. Er hatte wirklich das gute Recht, über alle Ereignisse vollständig ins Bild gesetzt zu werden, aber das geschah nicht.

Eines der ermutigenden Anzeichen für Fortschritt in Sachen Weltmission ist das Ausmaß, in dem heute örtliche Gemeinden auf der ganzen Welt eine aktivere Rolle in der Mission übernehmen möchten – sei es beim Gebet für bestimmte Länder und Völker, beim persönlichen Engagement bei bestimmten Projekten oder Einsätzen, sei es bei dem Wunsch, selbst Missionare auszusenden oder auch bei der unmittelbaren Missionsarbeit selbst. All das wird überhaupt erst ermöglicht, weil es heute so einfach ist, zu reisen und miteinander zu kommunizieren. Wer hätte sich vor 20 Jahren vorstellen können, dass wir uns heute per e-mail unterhalten oder Ferngespräche per Telefon führen und so dem Missionar ermöglichen, vom anderen Ende der Erde im Sonntagsgottesdienst zu seiner Gemeinde zu sprechen, die ihn ausgesandt hat? Die Missionsgesellschaften müssen Veränderungen anpacken, und zwar rasch, um den Herausforderungen des 21. Jahrhunderts zu begegnen. Eine dieser Herausforderungen wird ganz sicher die enge partnerschaftliche Zusammenarbeit mit den örtlichen Gemeinden sein.

Schlussfolgerungen aus Teil 4

Dieser ganze Teil hat sich mit den Strukturen für die Weltmission befasst. Wir haben erkannt, dass es biblisch gerechtfertigt ist, dass es mehrere Strukturen innerhalb des einen Leibes Christi, der Gemeinde Jesu, gibt. Wir haben auch gesehen, wo in der Geschichte Verirrungen vorgekommen sind, die verhindert haben, dass die Gemeinde ihrem Missionsauftrag gerecht wurde. Wir müssen die Gemeinde wieder in ihrer Ganzheit herstellen, so dass die Aufgabe der Weltmission vollendet werden kann.

Das ist das Modell, das ich vorschlage. Wir erkennen hier eine dreifache Verzahnung zwischen den drei grundlegenden Strukturen – den Gemeinden, den theologischen Ausbildungsstätten und den apostolischen Sendungsorganisationen. Jede Struktur ist gut und biblisch und jede hat ihre eigenen Stärken und Gaben, um damit zum Gesamtbild beizutragen, aber keine kann den Missionsbefehl alleine ohne Mitwirkung der beiden anderen Strukturen erfüllen.

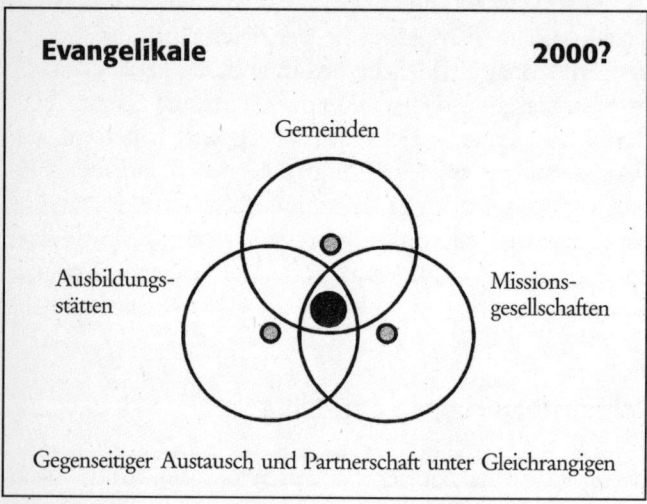

Ich befürworte hier also eine gegenseitige Partnerschaft im Dienst, so dass die Gemeinde Jesu zu dem wird, was Gott sich immer gewünscht hat – eine vollkommene Braut für seinen Sohn, um mit ihm in der Ewigkeit zusammen zu regieren. Wir sind von diesem Ideal weit abgekommen, deshalb müssen wir jede nur denkbare Anstrengung unternehmen, um die abgebrochenen Brücken des Verständnisses und der Gemeinschaft wieder aufzubauen, und in der Praxis auf jeder Ebene gute Beziehungen zueinander aufbauen, so dass wir, die Gemeinde, in Liebe, in der Kraft des Heiligen Geistes und mit dem Ziel, eine verlorene Welt zu erreichen, wieder vereint sind.

Die Gemeinde Jesu weltweit verfügt auch von ihrer STRUKTUR her über mehr Möglichkeiten, als gemeinhin angenommen wird.

Teil 5

Die Vollendung
Die Verwirklichung
des Zieles

Jesaja 54,3

Einleitung

Wir haben wirklich guten Grund, aufgrund dessen, was Gott in der Welt tut, uns ermutigen zu lassen; allerdings müssen wir gleichzeitig im Blick behalten, dass noch viel zu tun bleibt und dass uns doch erheblicher Widerstand entgegengesetzt wird. Die Vollendung der Weltmission ist in Sicht, aber es gibt, bevor Jesus wiederkommt, noch hohe Mauern zu überwinden und Festungen einzunehmen.

Jesaja verheißt die riesige geistliche Ernte in Vers 1 von Kapitel 54 und ermahnt uns dann, die richtigen Strukturen und Strategien zur Anwendung zu bringen, um Vers 2 in die Tat umzusetzen. In Vers 3 lesen wir die Verheißung:

»Denn du wirst dich nach rechts und links ausbreiten, und deine Nachkommen werden die Nationen[261] beerben und die verödeten Städte besiedeln.«

Jesaja verwendet hier Worte, die dem Volk Israel zu Zeiten des Alten Testamentes vertraut waren, aber wie schon bei den vorhergehenden Versen dieses Abschnitts deutlich wurde, umfassen diese Worte weit mehr und haben sogar neutestamentliche Anklänge. Diese Verse enthalten eine Vorschattung auf die Weltmission. Viele Übersetzungen verwenden den Begriff *berauben* anstelle von *beerben*, womit leider die Anwendung der Verse auf den alttestamentlichen Kontext Israels und die Einnahme des verheißenen Landes beschränkt wird; ich bin jedoch überzeugt, dass die Verse noch weiter ausgelegt werden müssen und sich auch auf unsere Zeit beziehen.

Die drei Aussagen in diesem Vers weisen auf drei große missiologische Herausforderungen hin, denen wir uns stellen müssen, wenn wir die Aufgabe der Weltmission erfüllen wollen. Diese Herausforderungen beziehen sich auf die **Geographie** – das Vordringen des Evangeliums in jeden bewohnten Teil der Erde – auf die **Ethnien** – jede Volksgruppe soll erreicht werden – und auf den **städtischen Bereich** – die heutige Herausforderung der Großstadt-Evangelisation. Hierzu möchte ich drei weitere Herausforderungen hinzufügen, die im Verlauf von Jesaja 54 erwähnt werden, die **ideologische**, **soziologische** und **geistliche** Herausforderung.

Diese sechs Herausforderungen werde ich in den folgenden sechs Kapiteln zu der unerfüllten Aufgabe in Beziehung setzen, die im 21. Jahrhundert noch vor uns liegt.

Kapitel 20

Die geographische Herausforderung

Die Verheißung des Jesaja lautet, dass das Volk Gottes sich nach rechts und nach links ausbreiten wird, oder wie wir auch sagen können, nach Norden und nach Süden, nach Osten und nach Westen. In jedem bewohnten Fleckchen Erde muss das Evangelium des Herrn Jesus Christus verkündigt werden. Das ist eine geographische Herausforderung. Schwierige Aufgaben liegen vor uns, aber für Missionare, die diese Gegenden erreichen möchten:

* ist kein Tal zu abgelegen – wie das entlegene unevangelisierte Königreich von Mustang an der nördlichen Grenze Nepals,
* keine Insel zu weit entfernt – wie die bisher noch unerreichten maledivischen Inseln im Indischen Ozean,
* kein Wald zu undurchdringlich – wie der Dschungel des Kongo, in dem die Pygmäen leben,
* kein Berg zu unzugänglich – wie die entlegenen, rauen Hochplateaus Tibets in Zentralasien,
* keine Stadt uneinnehmbar – wie Mekka, eine Stadt, in die kein Christ seinen Fuß setzen darf und
* keine Wüste zu unwirtlich – wie die Oasen der Sahara in Algerien, wo die Mzab-Berber leben.

Ich nenne hier einige der geographischen Herausforderungen:

Das 10/40-Fenster

In großen Gebieten der Erdoberfläche gibt es noch immer kein einheimisches christliches Zeugnis. Die Karte in Kapitel 9 zeigt, bis wohin sich das Evangelium bereits ausgebreitet hat. In der Karte von 1995 werden die größten Lücken deutlich sichtbar. Sie finden sich vor allem in Nordafrika und Asien, wo der Islam, der Hinduismus und der Buddhismus normalerweise die vorherrschenden Religionen sind. Die Karte auf der folgenden Seite stellt diesen Teil der Erde in den Mittelpunkt. Auf dieses Gebiet müssen sich in den nächsten zehn Jahren oder für längere Zeit unsere größten Anstrengungen in der Pioniermission konzentrieren. Dieses Gebiet ist gleichzeitig bis vor kurzem am stärksten vernachlässigt worden.

Jahrelang habe ich diese Gegend als Gürtel des Widerstands gegen das Evangelium bezeichnet. Seit 1990 hat sich der von Luis Bush von der Bewegung AD 2000[262] geprägte Begriff **Das 10/40-Fenster** durchgesetzt. Es wird damit ein Gebiet zwischen dem 10. und 40. Breitengrad nördlich des Äquators bezeichnet, das zwischen dem Atlantik und dem Pazifik liegt. Dieses Gebiet so unter einem gemeinsamen Namen zusammenzufassen, ist ein guter Gedanke. Auf diese Weise konnte dieses Gebiet auch einer breiteren Öffentlichkeit leichter näher gebracht werden – auch wenn das bezeichnete Rechteck nur ungefähr die Gebiete bezeichnet, in denen die größte geistliche Not herrscht.[263] Grob gesprochen umfassen die kaum evangelisierten Länder im oder nahe beim 10/40-Fenster nur 35 Prozent der Erdoberfläche, werden aber von 65 Prozent der Bevölkerung bewohnt. Die Karte (S. 347) zeigt innerhalb des markierten Rechtecks das 10/40-Fenster, während die schraf-

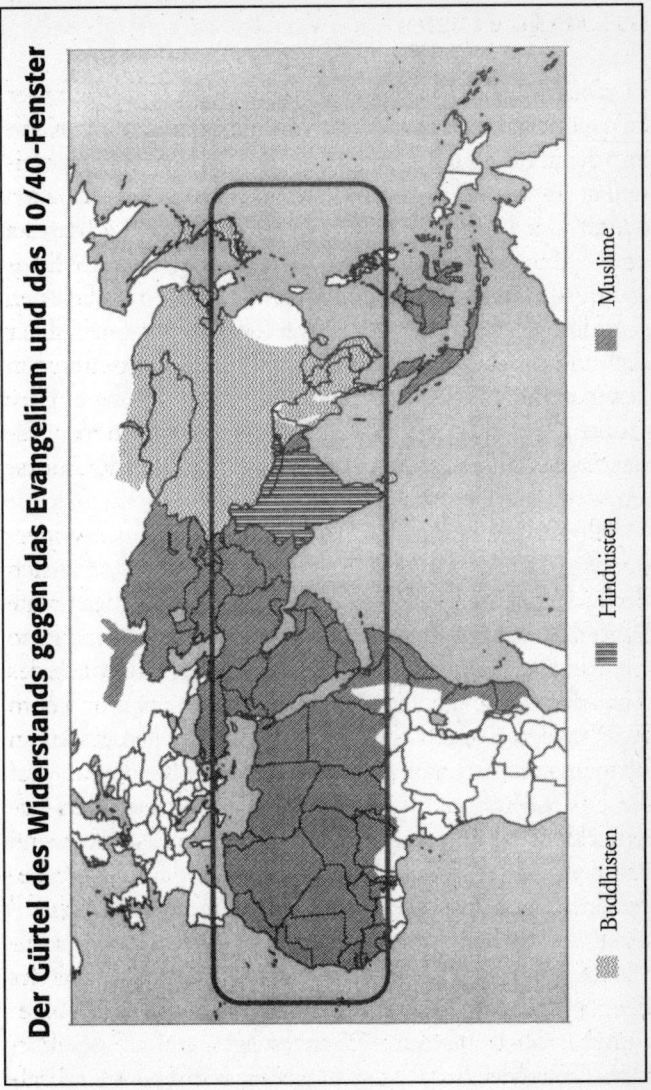

fierten Flächen den Gürtel des Widerstands gegen das Evangelium bezeichnen.

Die reine Zahl der Menschen, die im 10/40-Fenster lebt, ist entmutigend. Von den sechs Milliarden Menschen, die auf der Erde im Jahr 2000 leben werden, schätze ich, werden 1, 2 bis 1, 4 Milliarden Menschen niemals die Chance erhalten, das Evangelium zu hören[264] und über 95 Prozent dieser Menschen leben im 10/40-Fenster. Wie können wir so selbstgefällig sein und eine so große Zahl von Menschen ignorieren, die die Ewigkeit ohne Christus zubringen werden und keine Möglichkeit haben, die Frohe Botschaft zu hören und die Liebe Gottes zu erfahren, so wie sie in Jesus Christus offenbart wurde? Welche Herausforderung für unseren Glauben, für das Gebet und auch für unser Handeln – wir sind dazu verpflichtet, zu **handeln**, denn die Liebe Christi drängt uns.[265]

Die Herausforderung ist umso größer, wenn man bedenkt, dass über 90 Prozent der ärmsten und benachteiligtsten Menschen der Erde im 10/40-Fenster leben; ebenso die Kinder, die am meisten leiden und die überwiegende Zahl der Analphabeten. Das sind die Gebiete, in denen Krankheiten wie AIDS, Tuberkulose und Malaria weitgehend ungehindert wüten und es auch keine Behandlung dafür gibt. Gleichzeitig sind diese Gebiete für die offenkundige Missionsarbeit am wenigsten zugänglich, sei es entweder, weil die Politik und Religion, die Geographie oder die Lebensweise der Menschen in diesen Ländern die Ausbreitung des Christentums verhindern. So leben z. B. fast alle Nomaden der Erde in diesem Gebiet. Wir sehen uns hier mit der größten Herausforderung der Weltmission konfrontiert. Die Flut des Evangeliums ist angestiegen und hat sich über zwei Drittel der Erde ergossen und sie reicht bis an das eine

Drittel heran, wo die letzten Bastionen und Festungen Satans noch eingenommen werden müssen. Wir sollten die vor uns liegende Aufgabe nicht verniedlichen, aber uns durch die Größe der Aufgabe auch nicht entmutigen lassen.

Das folgende Diagramm zeigt die Zahl und die Verteilung der Christen, der Nicht-Christen, die die Gelegenheit haben, das Evangelium zu hören und die gänzlich unevangelisierten Nicht-Christen im 10/40-Fenster und dem Rest der Erde.

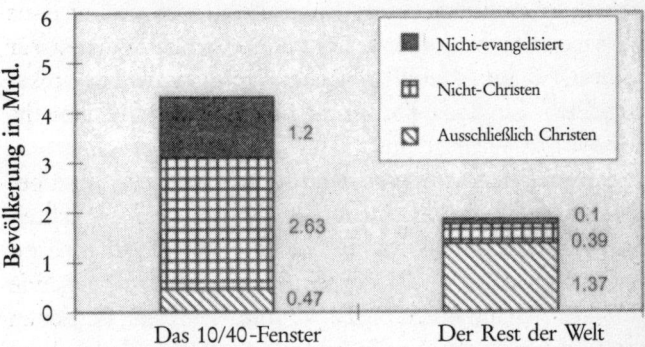

Die nicht-evangelisierten Länder der Erde

Die Kolonial- und Territorialreiche von vor 80 bis 100 Jahren existieren heute so gut wie nicht mehr. Wo ist das chinesische, japanische, russische, äthiopische, niederländische, britische, französische, deutsche, italienische, portugiesische, spanische, dänische, österreichisch-ungarische, türkische und auch das amerikanische Reich[266] heute? Dennoch kontrollierten oder beherrschten im Jahr 1914 diese 15 Mächte – nur eine Handvoll Staaten – direkt oder indirekt die ganze Welt.[267] Fast alle diese Reiche brachen zusammen oder existierten nach den Umwälzungen des 20. Jahrhunderts durch zwei Weltkriege und den Zusammenbruch des Kommunismus nur noch als Schatten ihrer selbst weiter. Die enorme Zunahme der Staaten, die ihre Unabhängigkeit erlangt haben und die Zunahme der Mitgliederstaaten bei den Vereinten Nationen sind Ergebnisse dieser Entwicklungen. Ob wir auch über die Überheblichkeit unserer eigenen Nation empört sein mögen oder ob wir Groll hegen wegen der politischen und kulturellen Unterwerfung, die unsere eigene Nation über andere Menschen brachte oder unter der unsere Nation vielleicht selbst gelitten hat, so hat sich doch durch die Existenz mancher dieser Reiche eine Tür für die Verkündigung des Evangeliums geöffnet.

Das vermehrte Bewusstsein für die eigene Volkszugehörigkeit und die weltweite Kommunikation im letzten Jahrzehnt hat die Macht der Ideologien vermindert und Schritt für Schritt die Machtposition der Nationen-Staaten untergraben. Dennoch bleibt der moderne Nationen-Staat noch immer ein wichtiger Faktor im heutigen Leben und das wird auch in der Zukunft so bleiben. Diese Staaten erlassen komplexe Handelsbeschränkungen oder verbieten Völkerwanderungen, räumen aber gleichzeitig korrupten Bürokratien Machtpositionen ein, die Reisenden und Dienern Gottes das Leben recht schwer machen. Als junger Missionar reiste ich einmal im Jahr 1963 die 4200 Kilometer von Pretoria in Südafrika nach Nairobi in Kenia. An den vier Grenzübergängen musste ich lediglich meinen Pass vorzeigen. Das war 20 Jahre später aufgrund der Apartheid, verschiedenen Sanktionen, der Notwendigkeit, Visas zu erwerben und verschiedenen Kriegen unmöglich geworden. Heute müssen Missionare damit leben, dass sie in Indonesien und Europa ein Visum beantragen müssen und mit ihren Anträgen immer im Ungewissen zwischen Himmel und Erde hängen, sie müssen mit den Reisebeschränkungen leben, die Reisenden in einigen der ehemals kommunistischen Ländern auferlegt werden oder auch mit den häufigen Straßensperren und den Verzögerungen an den Grenzen, die sich auf bestechliche Grenzbeamten und Einwanderungsbehörden in Afrika zurückführen lassen.

Es ist die Landes-, Religions-, Wirtschafts- und Kulturpolitik dieser Länder, durch die die Bedingungen für die Einreise und die Arbeitsmöglichkeiten der Menschen festgelegt werden, die in diesen Ländern leben und ein Zeugnis für Christus sein möchten. Der Nationen-Staat wird nicht seine Bedeutung verlieren, bevor nicht der aktive und manchmal auch gewalttätige völkische Nationalismus solcher Völker wie der Karen in Burma, der Kashmiri in Indien, der Basken in Spanien, der Kelten in Nordirland, der Tuareg in Mali und der Quechua in Peru und Ecuador verschwindet. Es sind zu viele einflussreiche Leute an diesen Dingen beteiligt und es werden zu viele Eigeninteressen verfolgt. Deshalb ist es für uns umso wichtiger, für die Herrscher dieser Erde zu beten, so wie es Paulus dem Timotheus empfahl.[268]

Im Jahr 1998 gab es 237 Länder auf der Welt. Das ist auch die Zahl, die ich 1993 in *Operation World (Gebet für die Welt)* genannt habe. Es hat zwar seitdem einige Veränderungen gegeben – Nevis hat sich von St. Kitts auf den Westindischen Inseln unabhängig erklärt und Hongkong ist mittlerweile unter chinesische Regierung zurückgekehrt, aber das ist nichts gegen die Umwälzungen, die sich zwischen 1990 und 1993 ereignet haben, als 23 neue Länder entstanden sind!²⁶⁹

Inwieweit ist das Christentum das Bekenntnis der Menschen in diesen Ländern? Die nachstehende Graphik zeigt ein verblüffendes Bild für 1998, das ich im Folgenden erläutern möchte:

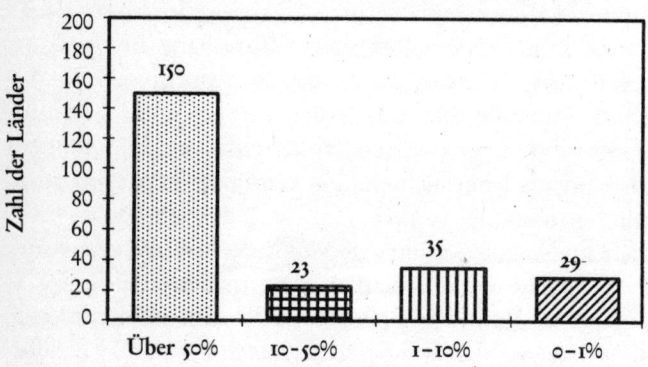

Länder und ihre christliche Bevölkerung

Prozentualer Anteil der Christen

Ich möchte gerne auf Folgendes besonders hinweisen:

1. Es gibt 150 Länder, in der die Mehrzahl der Einwohner sich in einer oder der anderen Form zum Christentum bekennen. Diese Zahl scheint hoch zu sein, erklärt sich aber sehr rasch. Etwa 70 dieser 150 Länder sind 27 Inselstaaten oder Kleinstaaten im Pazifik, 25 in der Karibik und 18 andernorts. Die Gesamtbevölkerung dieser Länder liegt bei unter zehn Millionen Menschen. Eine der geringsten Bevölkerungszahlen finden wir auf den Pitcairn Inseln mit 34

Einwohnern und diese Inseln sind mindestens aus vier Gründen berühmt: 1. Sie sind der letzte Kolonialbesitz Großbritanniens im Pazifik (unter den Fittichen von Neuseeland); 2. Die Inseln sind der einzige Staat der 7-Tage-Adventisten; 3. Die Hauptquelle für ausländische Devisen sind Briefmarken, und 4. Die Pitcairn Inseln sind das isolierteste Land der Erde!

2. Die verbleibenden 87 Länder liegen fast alle im oder nahe beim 10/40-Fenster. In der zweiten Kolumne werden 23 Länder genannt, von denen einige große Zahlen sehr aktiver Christen aufzuweisen haben wie z. B. Nigeria, der Tschad, der Sudan, Indien, Südkorea, Singapur, Hongkong und China. Alle diese Länder liegen innerhalb des 10/40-Fensters, aber nicht innerhalb des Gürtels des Widerstands gegen das Evangelium (vgl. die Karte auf S. 347). Möglicherweise findet man in dieser Länderkategorie die größte Zahl aktiver Christen und das größte Wachstum der Gemeinde Jesu. In den meisten dieser Länder gibt es jedoch noch immer große Gebiete, wo es in der Tat nur sehr wenige Christen gibt, was im nächsten Abschnitt näher erläutert wird.

3. Zu den 35 Ländern, in denen es nur ein bis zehn Prozent Christen gibt, gehören einige der größten Länder der Erde wie China, Indien und Pakistan. In diesen drei Ländern leben allein 2,25 Milliarden Menschen oder über ein Drittel der Weltbevölkerung! Die großen christlichen Minderheiten in einigen Gebieten dieser Länder dürfen uns nicht für die riesigen Zahlen von Menschen in diesen Ländern den Blick verschleiern, die niemals die Möglichkeit hatten, das Evangelium zu hören.

4. Erstaunlicherweise bleiben nur 29 Länder übrig, in denen unter ein Prozent Christen an der Gesamtbevölke-

rung leben. Ich nenne im Folgenden einige der Länder, die mit die größten Herausforderungen darstellen:

Für Ausländer schwer zu erreichende Volksgruppen oder gefährliche Länder	Länder, in denen Ausländer als Zeltmacher arbeiten können	Länder, in denen christliche Mission in gewissem Umfang möglich ist
Algerien Bhutan Iran Malediven Nordkorea Saharawi Somalia	Afghanistan Bangladesh Komoren Mauretanien Marokko Tunesien Jemen Libyen	Kambodscha Mongolei Nepal Niger Thailand Türkei

Die kleine Zahl dieser Länder mag für manche überraschend sein. In einigen Ländern leben viele ausländische Christen, aber es gibt nur wenige einheimische Christen – so wie auf der Arabischen Halbinsel und in den Golfstaaten und diese Tatsache erhöht die Zahl der Christen im Land auf über ein Prozent.

Die erstaunliche Tatsache unserer Zeit ist, dass es in jedem der 29 Länder der letzten Kategorie bereits eine Gruppe von Gläubigen gibt, die Jesus Christus dienen möchten. Ich muss diese Aussage ein wenig korrigieren, denn in Libyen, auf den Malediven, unter den Saharawi und vielleicht auch in Afghanistan besteht diese Gruppe der Gläubigen vor allem aus Ausländern und es gibt nur wenige einheimische Gläubige. Es gibt gar keine Länder mehr, die absolute Pionierländer sind. Das war vor 20 Jahren noch nicht der Fall, trifft aber heute zu. Daraus ergeben sich erstaunliche Folgerungen. Das bedeutet nämlich, dass jegliche Missionsaktivitäten zusammen mit oder zumindest unter Wahrnehmung der in den jeweiligen Ländern bereits vorhandenen Gläubigen geplant werden müssen. Dazu folgende Beispiele:

Etliche islamische Länder wurden für Kurzzeiteinsätze ausgesucht, bei denen auch öffentlich gepredigt und Traktate auf den Straßen verteilt wurden. Diese Christen kalkulierten bewusst Risiken für sich ein – aber das Risiko, für einige Tage ins Gefängnis zu müssen und des Landes verwiesen zu werden, ist nicht mit den Folgen für die Gläubigen vor Ort zu vergleichen. Es hat Zeiten gegeben, in denen Leiter eingesperrt und schlecht behandelt wurden, und die vorsichtige Arbeit von Jahren wurde durch diese Kurzzeiteinsätze schwer in Mitleidenschaft gezogen. Diese kulturelle Unsensibilität seitens der Ausländer kann schwere Verfolgung nach sich ziehen und für die Gläubigen vor Ort sogar den Märtyrertod bedeuten.

Viele europäische Länder sind heute geistlich sehr verarmt. Große Teile der Bevölkerung sind niemals Mitglied in einer Kirche gewesen und haben keine Ahnung vom eigentlichen Inhalt des Evangeliums. Wenn aber Nordamerikaner nach Europa kommen und ein Bild vom »heidnischen« Europa im Kopf, aber dafür keine Ahnung von Geschichte und dem Einfluss des Christentums in der Vergangenheit haben, dann fühlen sich Europäer oft vor den Kopf gestoßen. Die Reformation begann in der Tschechischen Republik, Calvin war Franzose, die Waldenserkirche wurde in Italien gegründet, noch bevor Luther seine Thesen an die Schlosskirche in Wittenberg nagelte. Die deutsche Kirche hat einige der größten Theologen überhaupt hervorgebracht (allerdings auch einige der allerschlimmsten!).

Fast jedes in kultureller Hinsicht katholische Land in Europa weist eine Geschichte auf, in der die Gläubigen um ihres Glaubens willen zu Tode verfolgt wurden.

Der Zusammenbruch der UdSSR eröffnete erstaunliche Möglichkeiten für Ausländer, das ideologische und geistliche Vakuum zu füllen, das der Kommunismus hinterlassen hatte. Im Jahr 1997 gab es etwa 6000 protestantische Missionare in der ehemaligen UdSSR und viele Tausend weitere Missionare haben im Land einen Kurzzeiteinsatz absolviert. Allerdings haben das mangelnde kulturelle Einfühlungsvermögen und die fehlende Demut mancher Missionare, die sie davon abhielt, auf die Gläubigen vor Ort zu hören und bereitwillig von ihnen zu lernen, die doch viele Jahre der kommunistischen Unterdrückung erlebt hatten, dem Reich Gottes Schaden zugefügt. Die sich daraus ergebende Abwehrhaltung gegen diese Art von geistlichem Imperialismus hat eine Welle neuer Religionsgesetze nach sich gezogen, die die aus dem Ausland betriebene Missionsarbeit in Russland und andernorts verboten und den Aktivitäten der einheimischen evangelikalen Gläubigen und ihrem Zeugnis starke Beschränkungen auferlegt haben.

Welche Nöte auch immer in einem Land bestehen mögen, wenn eine ausländische Missionsgesellschaft in einem Land arbeiten möchte, ist es von grundlegender Bedeutung, dass sie mit der einheimischen Gemeinde so weit wie irgend möglich die Gemeinschaft und Zusammenarbeit sucht – auch wenn in der jeweiligen Weltanschauung und dem Schriftverständnis Unterschiede bestehen. Allerdings kann auch die Situation angetroffen werden, dass eine kleine, auf sich selbst ausgerichtete Gruppe von Gläubigen sich nicht der großen Nöte in Teilen ihres Landes bewusst ist. In diesem Fall kann ihre Haltung nicht der einzige Faktor sein, der darüber entscheidet, ob Ausländer ins Land kommen und dort arbeiten sollen. Im Jahr 1990 begab ich mich auf eine Reise nach Bulgarien, um dort die Lage zu erkunden. Ich hatte den Wunsch, eine Arbeit des WEC zu besuchen, die unter der etwa eine Million Menschen umfassenden türkischsprechenden Minderheit begonnen wurde. Ich war von der stark ablehnenden Haltung der bulgarischen christlichen Leiter überrascht, die jegliche Missionsarbeit in einer anderen Sprache als bulgarisch als unnötig empfanden, obwohl unter den Millet-Türken gerade ein Aufbruch spürbar wurde. Heute nimmt man an, dass es unter dieser Volksgruppe über 16 000 neue Christen gibt. Lob sei Gott, trotz dieser Einstellung konnte eine fruchtbare Arbeit in Kooperation mit anderen bulgarischen christlichen Leitern begonnen werden.

Die Liste der Länder in der Übersicht oben stellt eine beträchtliche Herausforderung dar. Bitte nehmen Sie sich eine Ausgabe von *Operation World* (Gebet für die Welt) zur Hand und arbeiten Sie sich durch die Liste, lesen Sie die wichtigen Dinge über diese Länder nach: Gott kann Ihr Herz anrühren. Hier kann ich nur einen kleinen Einblick in die große Herausforderung geben, indem ich einige geistliche Nöte und Herausforderungen aufzähle:

Bhutan ist ein von außen isoliertes buddhistisches Königreich im Himalaya, das die Zahl und die Aktivitäten von Ausländern innerhalb des Landes stark beschränkt. Die wenigen Christen finden sich vor allem unter den ethnischen Minderheiten und diese Minderheiten haben oft viel zu leiden, werden unterdrückt oder werden sogar des Landes verwiesen. Es gibt lediglich eine Handvoll einheimischer bhutanesischer Gläubiger.

Libyen wird von dem Außenseiter Ghaddafi regiert, der seit Jahrzehnten vielen Nationen ein Dorn im Fleisch ist. Aber sein Land gehört zu den verschlossensten Ländern überhaupt, wenn es um das christliche Zeugnis geht, und es gibt wahrscheinlich weniger als zehn einheimische Gläubige und keine einzige Gemeinde, wo sich die libyschen Christen zum Gottesdienst versammeln und Gemeinschaft miteinander haben können.

Die Malediven sind eine kleine muslimische Republik im Indischen Ozean. Die Malediven gehören zu den verschlossensten Ländern der Erde. Die 150 000 Malediver haben kaum die Gelegenheit, das Evangelium zu hören, egal, auf welche Weise. Es sind arme Menschen, die nur wenig Zugang zu Technologien haben, und es existieren auch keine christlichen Radiosendungen. Alle Versuche, auf der Insel Bibeln zu verteilen, haben zur Folge gehabt, dass die Polizei sofort alle Bibeln eingezogen hat. Man weiß nur von einer Handvoll maledivischer Gläubiger auf der ganzen Welt.

Nordkorea ist eine Paria-Nation, die sich unter ihrer wahnwitzigen kommunistischen Herrschaft zu Tode hungert.[270] Seit 50 Jahren ist kein christliches Zeugnis oder irgendeine Form von christlichem Gemeindeleben möglich. Die Gruppen, die bisher überlebt haben, sind alle im Untergrund. Allerdings haben viele Christen, besonders die Christen Südkoreas, schon Pläne gefasst, wie sie die Nordkoreaner erreichen und das Land evangelisieren können, sobald sich Nordkorea für das Evangelium öffnet.

Die Saharawi sind ein muslimisches Wüstenvolk, das von Marokko regiert wird, aber für einen eigenen Staat kämpft. Fast die gesamte Bevölkerung lebt in Flüchtlingslagern in Algerien. Nur wenige Menschen hatten jemals die

Chance, das Evangelium zu hören. Wo sind die Christen, die sich auf die Arbeit unter diesen Menschen vorbereiten, um damit zu beginnen, sobald es möglich ist? Lob sei Gott, es gibt einige.

Saudi-Arabien ist vielleicht die größte Herausforderung überhaupt. Saudi-Arabien ist das Herzstück der islamischen Welt und beherbergt die beiden heiligsten Städte, Mekka und Medina. Saudi-Arabien ist extrem feindlich gegenüber jeglicher christlicher Präsenz und jeglichem christlichen Zeugnis eingestellt. Die recht große ausländische christliche Gemeinde wird streng überwacht und kontrolliert. Saudis, die Christen geworden sind, werden hingerichtet, wenn man ihrer habhaft wird. Ausländer, die bei Versammlungen mit anderen Gläubigen ergriffen oder der Mission beschuldigt werden, werden des Landes verwiesen, wenn sie aus dem Westen stammen. Sie können auch enthauptet werden, wenn es sich um Philippinos handelt. Aber es gibt Menschen, die für dieses Land beten, damit es sich öffnet. Diese Menschen suchen nach Wegen und Mitteln, um den Saudi-Arabern das Evangelium zu bringen.

Somalia ist eine streng islamische Nation, aber innerlich durch Kämpfe zwischen den rivalisierenden somalischen Clans zerrissen. Somalia war auch das Land, in dem 1994/95 die UN-Friedenstruppen gedemütigt wurden und die einzige größere Gruppe somalischer evangelikaler Christen zerstreut und vernichtet wurde, die sich einst in der mittlerweile geplünderten und zerstörten Hauptstadt Mogadischu versammelt haben. Wer ist dazu bereit, alles zu riskieren und diesem stolzen, kriegerischen Volk das Evangelium zu bringen?

Weitere Länder könnten dieser Liste hinzugefügt werden, aber das ist noch nicht das vollständige Bild. In vielen größeren Ländern gibt es größere Zahlen von Christen und Gemeinden, aber gleichzeitig sind große Teile des Landes noch unevangelisiert. Hier einige Beispiele dafür:

Indien könnte bis zum Jahr 2025 das bevölkerungsreichste Land der Erde werden. Indien ist zugleich das Land, das die größte Vielfalt an Rassen, Sprachen und Kasten aufweist, aber auch die Zahl der Christen ist innerhalb des Landes sehr ungleich verteilt. Die Bundesstaaten Nagaland und Mizoram in Nordost-Indien sind vielleicht die evangelikalsten Staaten der Erde, aber in den riesigen Gangesebenen in Nordindien leben die meisten nicht-evangelisierten Völker der Welt. So leben z. B. im Bundesstaat Uttar Pradesh in Nordindien etwa 180 Millionen Menschen, wovon die Christen gerade 0,1 Prozent der Bevölkerung ausmachen, und die Zahl geht noch zurück – das sind gerade einmal 180 000 Menschen. Nordindien wird möglicherweise zum Prüfstein für Erfolg oder Misserfolg bei der Vollendung der Weltmission in unserer Generation.

Russland ist das größte Land der Erde. Es weist gleichzeitig eine enorme Vielfalt auf. Unter den Russen gibt es, allgemein gesprochen, vielleicht nicht mehr als 0,5 Prozent evangelikaler Christen; die Mehrheit ist russisch-orthodox, aber nur etwa zwei Prozent der Bevölkerung besuchen einen Gottesdienst. Aber in vielen Regionen des Landes wie dem Nordkaukasus, dem nördlichen Sibirien und den autonomen Republiken wie Tatarista, Tuva, Buryatien und Kalmykien (der Heimat des einzigen einheimischen buddhistischen Volkes in Europa) gibt es nur ganz wenige oder überhaupt keine evangelikalen Christen, und wenn es Christen gibt, dann sind es normalerweise russische Christen, die nicht auf Dauer im Land leben.

Die Türkei verbindet Europa und Asien, war einst ein

christliches Land, ist heute aber muslimisch (wobei die Türken die angestammten Volksgruppen wie die Galater, Bythnier, Kurden, Armenier, Georgier, Griechen u. a. aufschlucken). Das Land hat fast 100 Provinzen, aber noch nicht einmal in 15 gibt es ein langfristiges evangelikales Zeugnis, und in noch weniger Provinzen existiert eine lebendige Gemeinde türkisch sprechender Gläubiger.

Europa ist nominell christlich, aber für die meisten Menschen bildet das Christentum nur noch einen schwachen kulturellen Hintergrund für die im höchsten Maß säkularisierte Gesellschaft. Karten, die die Konzentration der Evangelikalen in den einzelnen Gebieten Europas ausweisen, zeigen, in wie vielen Gebieten Spaniens, Portugals, Frankreichs, Italiens, Griechenlands, Polens, Serbiens, Mazedoniens und Deutschlands es nur ganz wenige oder gar keine Gruppen von evangelikalen Christen gibt.

Nigeria und der **Tschad** sind Länder, in denen die Gemeinde Christi dramatisch gewachsen ist, aber dieses Wachstum geschah fast ausschließlich im Süden und im Zentrum des Landes. Viele Volksgruppen im muslimischen Norden sind nicht evangelisiert.

Der Sudan ist von dem etwa 30 Jahre währenden Bürgerkrieg völlig zerrissen, einem Krieg, in dem bereits über drei Millionen Menschen umgekommen sein sollen. Der Krieg wurde begonnen, um den nicht-islamischen Süden zu islamisieren. Dieser Versuch schlug fehl und führte dazu, dass sich der größte Teil der Bevölkerung des Südens trotz all dem Leid dem Christentum zuwandte. Dennoch gehören der Norden und die Provinz von Darfur im Westen zu den am wenigsten evangelisierten Gebieten Afrikas.

Große Regionen im Gebiet des 10/40-Fensters warten noch immer auf die Botschaft des Lebens. Unsere Aufgabe ist noch lange nicht erfüllt, und wir sind noch fern von dem Punkt, an dem wir sagen könnten, dass jeder Mensch Zugang zum Evangelium hat. Die vielen Arbeitszweige, die das Evangelium über die Medien verbreiten, sind gute Hilfsmittel, aber vor allem werden Gläubige gebraucht, die vor Ort ein Zeugnis für Jesus sind und Menschen zu Jüngern machen können, wenn der Gemeindebau erfolgreich betrieben werden soll.

Kapitel 21

Menschen als Herausforderung

Jesaja verkündet uns auch: »*Deine Nachkommen werden die Nationen (Völker) beerben*«; auch das ist eine Herausforderung für uns. Die Betonung liegt hier auf dem ethnischen bzw. linguistischen Aspekt. Jesus hat im Missionsbefehl in Matthäus 28,19 klar herausgestellt, dass wir unter allen Volksgruppen Menschen zu seinen Jüngern machen sollen. Das bedeutet, dass es nicht ausreicht, dass es an jedem **Ort** Christen gibt, sondern es muss auch unter jedem **Volk** Nachfolger Jesu geben.

In Kapitel 8 habe ich dargelegt, wie die Völker dieser Welt mehr und mehr ins Bewusstsein der Christen gerückt sind. Wir haben gemeinsam einen Blick auf den ungeheuren Fortschritt der Weltevangelisation unter den Völkern dieser Erde geworfen. Wir träumen nicht nur davon, jedem Volk der Erde das Evangelium zu verkünden, sondern wir können die Verwirklichung dieses Traums zu unserer Zeit herannahen sehen.

Es gibt mehrere wichtige Arbeitszweige, die noch weiter ausgebaut werden müssen, wenn die Jüngerschulung der Menschen aller Völker Wirklichkeit werden und dauerhaften Erfolg haben soll:

Forschungsarbeit

Wir müssen zunächst die Fakten kennen, wenn wir alle Völker zu Jüngern machen wollen. Forschungsinformationen sind deshalb von grundlegender Bedeutung. Während dieses ganzen Jahrhunderts ist viel Forschungsarbeit geleistet worden. Die Geschwindigkeit, mit der die Völker der Welt erforscht worden sind, hat sich in den letzten 20 Jahren beträchtlich erhöht. Wir müssen wissen, um welche unerreichten Völker es geht, wo sie leben und ob sie überhaupt schon mit dem Evangelium in Kontakt gekommen sind. Bei der Global Consultation on World Evangelization in Pretoria im Juni 1997 wurde ein recht vollständiger Überblick über die unerreichten Völker am Ende des 20. Jahrhunderts vermittelt.

In den Monaten vor dieser Konferenz wurde viel Arbeit in die Erstellung der Listen investiert, die alle Völker der Welt umfassen sollten. Schon einige Jahre zuvor war entschieden worden, dass für die verbleibenden Jahre dieses Jahrtausends eine Auswahl unter den Völkern getroffen werden musste, und so wurde die Grenze bei einer Größe von 10 000 Volkszugehörigen und einem Anteil von unter fünf Prozent Christen oder zwei Prozent Evangelikalen gezogen; ebenso legte man sich auf die Definition fest, dass die Völker nach ihrer ethnischen Zugehörigkeit oder Sprache voneinander unterschieden wurden.[271] Die Grenzen, die hierfür gezogen werden mussten, waren zwar vernünftig, aber doch irgendwie willkürlich. Die Schwierigkeit, über die kleineren Volksgruppen verlässliche Informationen zu erhalten, war ein ganz wesentlicher Beweggrund für diese Entscheidung.[272] Diese Entscheidung reduzierte die Zahl der Volksgruppen von strategischer Bedeutung, die noch am wenigsten mit dem Evangelium erreicht sind, von etwa 3000 auf 1500. Die weiter gehende Forschungsarbeit widmete sich der Frage, welche Missionsgesellschaften sich welche Volksgruppen dieser Liste auserkoren hatten, und so wurde deutlich, dass von den 1500 Volksgruppen nur 500 übrigblieben, unter denen keine Arbeit bekannt war.[273] Aus anderen Quellen ist mir bekannt, dass unter etlichen dieser Volksgruppen bereits mit einer Arbeit begonnen worden war, über deren Stand wir aber keine exakten Auskünfte erhalten konnten.

Wir merkten auch, dass eine lange Liste mit 1500 Volksgruppen – wenn man sie sorgfältig liest, die Aufgabe begreift und dann auch etwas Effektives unternehmen möchte – einen zunächst etwas einschüchtern kann. Deshalb haben wir die Volksgruppen in zwei Kategorien eingeteilt:

Die Kategorie verwandter Völker: Wir legten hier zwölf unterschiedliche Kategorien fest. Alle 1500 Volksgruppen haben wir einer der zwölf Kategorien zugeteilt. Auf S. 368 finden Sie eine Karte, die elf dieser zwölf Kategorien aufzählt.[274] Die zwölfte Kategorie umfasst die Juden,[275] die auf der ganzen Welt verstreut leben und deshalb auf dieser Karte nicht aufgeführt sind. Die 13. Gruppierung ist eigentlich keine richtige Kategorie, sondern eine Sammelkategorie für alle nicht miteinander verwandten Volksgruppen auf der ganzen Erde, die nicht in die übrigen zwölf Kategorien hineinpassen. Diese elf nach regionalen Gesichtspunkten eingeteilten Kategorien werden durch ihre sprachliche, geschichtliche oder kulturelle Verwandtschaft definiert. Alle elf Kategorien befinden sich innerhalb des oder nahe beim 10/40-Fenster. Es ist eine interessante Tatsache, dass alle die am wenigsten erreichten Volksgruppen, die irgendwo auf der Erde leben, aus dem Siedlungsgebiet dieser elf Kategorien ausgewandert sind und nun in Europa, Amerika oder Australien leben.

Volkseinsprengsel: Innerhalb dieser Kategorien verwandter Völker gibt es weitere, kleinere Volkseinsprengsel, die häufig einen gemeinsamen Namen oder eine gemeinsame Identität mit anderen Gruppen aufweisen, sich aber durch politische Grenzen, Unterschiede im Dialekt oder durch andere Merkmale voneinander unterscheiden. Wir haben etwa 150 dieser Volkseinsprengsel identifiziert, die etwa 80 Prozent der 1500 Volksgruppen auf der Liste des Josua-Projektes umfassen. Ich nenne im Folgenden etwa 50 der besser bekannten Beispiele dieser kaum erreichten Volkseinsprengsel innerhalb der verschiedenen Kategorien verwandter Völker:

Afrikanische Sahelbewohner: Fula, Mandingo, Wolof, Hausa, Kanuri

Kuschiten: Nubier, Somali, Beja

Muslime der Arabischen Welt: Araber Algeriens, Kabylen, Riff-Berber, Araber Libyens

Iranische Völker: Kurden, Farsi Sprechende, Tajiken, Pathanen, Balochen, Luri

Turkvölker: Türken, Azeri, Kasachen, Tataren, Usbeken, Uighuren

Südasiaten: Bengalen, Bihari, Hindi Sprechende, Urdu Sprechende, Gond

Tibetische Völker: Lhasa-Tibeter, Amdo, Bhutanesen, Khampa

Ostasiaten: Hui, Mongolen, Japaner

Südost-Asiaten: Burmesen, Thai, Zhuang, Laoten, Dai

Malayen: Minangkabau, Acehnesen, Sundanesen, Maduresen

Eurasier: Tschechen, Tscherkessen, Bosnier, Sibirische Gruppen

Diese Volksgruppen werden in der unten stehenden Tabelle in Kategorien unterteilt:

Die Kategorien verwandter Völker Bezeichnung	Zahl der Volkseinsprengsel	Zahl der Volksgruppen in den Kategorien
Afrikanische Sahelbewohner	19	395
Kuschiten	4	37
Muslime der Arabischen Welt	19	271
Iranische Völker	12	181
Indo-Iraner (Südasiaten)	30	449
Turkvölker	12	256
Tibetische Völker	5	197
Ostasiaten	6	70
Südost-Asiaten	14	93
Malayen	18	175
Eurasier	5	44
Juden	1	56
Gesamtzahlen (Schätzwerte)[276]	145	2224

Ein Buch mit dem Titel Praying Through The Window III[277] wurde für eine gleichnamige Gebetsinitiative im Oktober 1997 vorbereitet. Dieses Buch beschreibt 128 dieser Volkseinsprengsel in aller Kürze und nennt Gebetsanliegen.[278] Man nimmt an, dass wohl bis 50 Millionen Christen auf der ganzen Erde dieses Material zum Gebet im jeweiligen Monat benutzen – das ist möglicherweise die größte Gebetsinitiative, die jemals auf der Erde in Gang gesetzt wurde. Gott wird unter diesen Volksgruppen, die scheinbar so schwer zu erreichen sind, einen Durchbruch schenken!

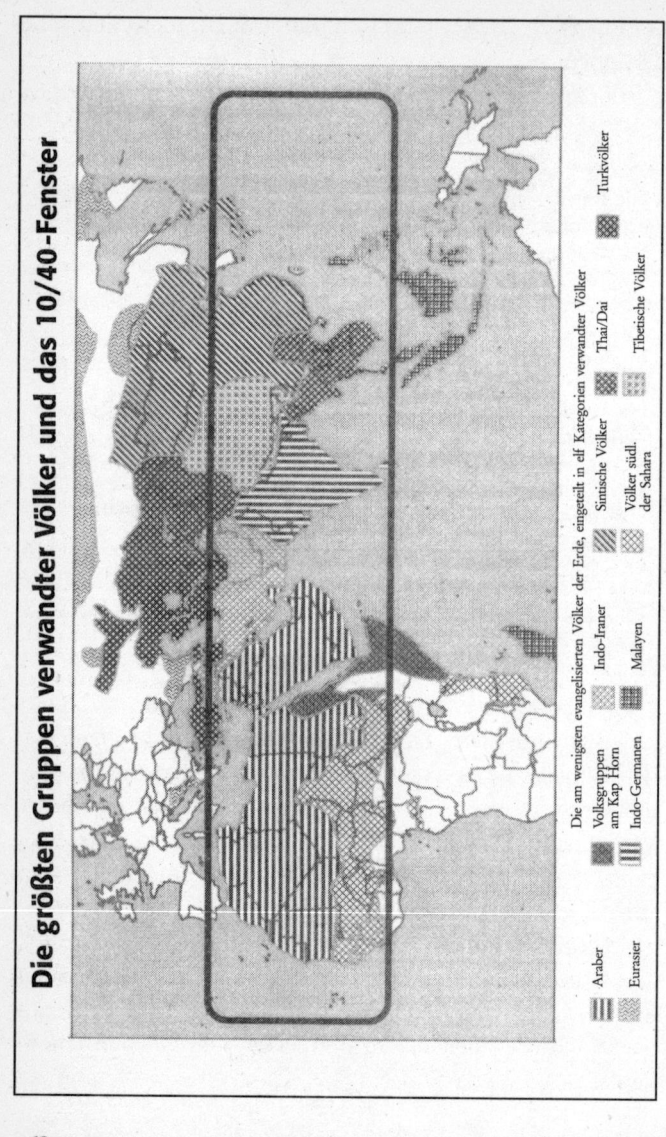

Zum ersten Mal in der Geschichte verfügen wir über einen einigermaßen vollständigen Überblick über die Völker der Erde und das Ausmaß, in dem sie bisher evangelisiert worden sind. Nur dadurch wird der nächste Schritt zur Gemeindegründung überhaupt ermöglicht.

Gemeindegründung

Werden wir wirklich noch in unserer Generation erleben, dass Gemeindegründungsinitiativen unter all diesen Volksgruppen entstehen? Mancher mag das hinterfragen. Als Antwort darauf möchte ich berichten, was sich aus der GCOWE-Konsultation im Jahr 1997 ergab:

Luis Bush, Direktor der Bewegung AD2000, versuchte während der GCOWE-Konsultation die anwesenden Missionsgesellschaften und die vielen Delegierten der einzelnen Länder zu ermutigen, diese verbleibenden 500 Volksgruppen als Ziel anzuvisieren. Am Ende der GCOWE-Konsultation verblieben nur 172, die von den Anwesenden nicht konkret »adoptiert« worden waren. Allerdings muss noch hinzugefügt werden, dass wir noch etliche kleinere Volksgruppen kennen (ungefähr 1000 an der Zahl), bei denen die Zahl der Volkszugehörigen unter 10 000 liegt, die dieselbe Aufmerksamkeit verdienen und auch unter das Gebot Jesu fallen, alle Völker zu Jüngern zu machen, aber in diesen ganzen Listen noch nirgends enthalten sind.

Die Folgerungen, die sich daraus ergeben, sind immens und zugleich spannend. Daraus folgt nämlich, dass uns wirklich die Volksgruppen auszugehen beginnen, unter denen es noch keine Pionierarbeit gibt, die bereits begonnen oder zumindest geplant wurde. Diesen Punkt erreicht zu haben, ist wirklich ein ganz besonderer Moment in der Missionsgeschichte! Dadurch wird umso deutlicher, wie notwendig der Aufbau von Netzwerken und die Zusammenarbeit mit anderen ist, damit sichergestellt wird, dass der beste Weg zur Erfüllung der Aufgabe beschritten wurde.

Die Gründung einer Gemeinde in einem kleinen Stamm von 1000 Menschen kann weit reichende Auswirkungen haben, aber eine Gemeinde unter den sechs Millionen Tibetern oder einige Gemeinden unter den 200 Millionen Bengali ist weniger als ein Tropfen auf den heißen Stein. Unser Ziel sollte mindestens die Gründung einer Gemeinde unter jedem Volk sein, aber das ist natürlich nur der Anfang. Das ist der Grund, weshalb der Gedanke von Jim Montgomery, eine ganze Nation zu Jüngern zu machen (Discipling a Whole Nation) seine Berechtigung hat. Wir müssen dafür sorgen, dass jeder Mann, jede Frau und jedes Kind auf der Welt leicht Zugang zu einer lebendigen Gruppe von Gläubigen hat, die Kinder Gottes sind. Ich schätze, dass es heute etwa drei Millionen Gemeinden jeglicher Ausrichtung auf der Erde gibt. Montgomery hat ein herausforderndes Buch geschrieben mit dem Titel *7 000 000 Churches to Go!* (Wir brauchen noch sieben Millionen Gemeinden!), um die Aufgabe zu erläutern, die noch vor uns liegt.[279] Die DAWN-Bewegung, die von Montgomery ins Leben gerufen wurde, hat in etlichen Ländern auf der Erde dadurch manches in Gang gesetzt, dass man sich landesweit und über die Denominationen hinweg Ziele für den Gemeindebau gesetzt hat, um das Endziel zu erreichen.

Der Gemeindebau ist durch viele unterstützende Dienste und die Medienarbeit, durch die das Evangelium in kulturell und sprachlich angepasster Form verkündigt wurde, erheblich befördert worden. In diese Arbeitszweige wird viel investiert und durch alle diese Arbeitszweige wäre es möglich, der Bevölkerung der ganzen Erde und allen Völkern das Evangelium zu verkünden. Hier möchte ich in aller Kürze die Möglichkeiten und Ziele einiger dieser im großen Stil tätigen Arbeitszweige erläutern:

Bibelübersetzung

Es ist fast unmöglich, sich eine fest gegründete Gemeinde unter einer Volksgruppe vorzustellen, die kein Wort der Bibel in ihrer Muttersprache besitzt. Die fehlende Bibelübersetzung in die Berbersprachen in Nordafrika hat wesentlich mit dazu beigetragen, dass die einstmals so große Gemeinde in Nordafrika zwischen dem Aufkommen des Islam in dieser Region im Jahr 698 und dem 12. Jahrhundert überraschend schnell dahinschwand. Dasselbe gilt für die nubischen Völker am Oberen Nil, die schließlich den Islam annahmen, nachdem sie 1500 Jahre lang Christen gewesen waren; die Bibel war niemals in die nubischen Sprachen übersetzt worden.

William Carey hielt die Bibelübersetzung für so wichtig, dass er auf dieses Gebiet seine Hauptanstrengungen konzentrierte. Er wollte die Grundlage für gesunde indische Gemeinden für seine Nachfolger auf dem Missionsfeld legen. Der Einfluss der Bibelübersetzung wird in der Pionierarbeit der London Missionary Society (LMS) in Madagaskar deutlich: Die LMS setzte die Übersetzung des Neuen Testamentes ins Malagassische an die erste Stelle. Schon bald danach brach eine schreckliche Verfolgung unter der Königin Ranavalona aus. Die Missionare wurden des Landes verwiesen, aber trotzdem hat die Gemeinde überlebt und ist sogar erheblich gewachsen.[280]

Wir können Gott nur loben und ihm für die Arbeit der Bibelgesellschaften auf der ganzen Welt danken, die die Zahl der Sprachen, in die die Bibel übersetzt worden ist, immer weiter erhöht hat. In der jüngeren Vergangenheit berief Gott die Wycliffe-Bibelübersetzer (WBÜ), die sich das Ziel gesetzt haben, das Neue Testament in jede Sprache zu übersetzen, die noch ohne Bibelübersetzung ist. Die WBÜ sind mittlerweile eine der größten Missionsgesellschaften der Welt, die unter fremden Kulturen arbeiten. Die Mitarbeiter von Wycliffe hatten bis zum Jahr 1997 die Bibel in 420 Sprachen übersetzt und an weiteren 965 Sprachen wird gearbeitet. Die Zunahme der Bibelübersetzungen in neuen Sprachen wird aus dem folgenden Schaubild rasch deutlich:

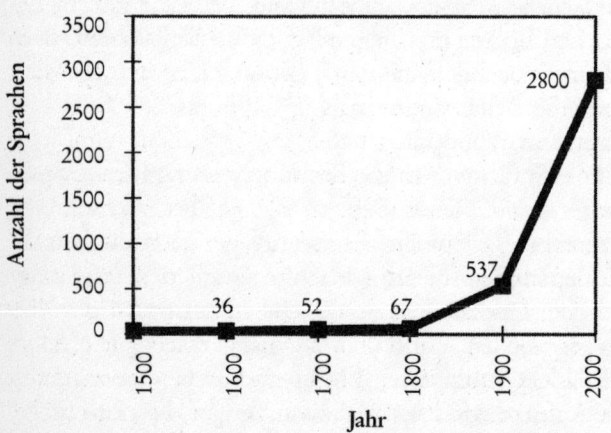

Im Jahr 1992 bildete sich ein Forum der Missionsgesellschaften, die in der Bibelübersetzungsarbeit tätig sind. Dadurch wurde die Arbeit von 17 Missionsgesellschaften, die Bibelübersetzungen erstellen und Bibeln verteilen, gebündelt. Die Ziele, die sich dieses Forum gesteckt hat, sind kühn formuliert und stellen wichtige Gebetsanliegen dar. Diese Ziele wurden im Jahr 1993 folgendermaßen angegeben:

1. Die Übersetzung der ganzen Bibel in alle Sprachen bis zum Ende des Jahres 1999, die von fünf Millionen oder mehr Menschen gesprochen werden. In diese Kategorie gehörten 33 Sprachen.

2. Die Übersetzung des Neuen Testamentes in alle Sprachen bis zum Ende des Jahres 1998, die von über 500 000 Menschen gesprochen werden. In diese Kategorie gehörten 77 Sprachen.

3. Bibelteile in gesprochener oder geschriebener Form für alle Sprachen bis zum Ende des Jahres 1997, die von über 250 000 Menschen gesprochen werden.

4. Der Beginn der Übersetzungsarbeit in alle Sprachen bis zum Ende des Jahres 1997, die von über 100 000 Menschen gesprochen werden.

Von den 6703 Sprachen der Erde brauchen mindestens noch 925 Sprachen – möglicherweise sogar über 2000 Sprachen – eine Übersetzung des Neuen Testamentes. Die Mehrzahl dieser Sprachen werden in der afrikanischen Sahelzone, am Kap Horn, von den iranischen, zentralasiatischen, den kaukasischen, chinesischen und indischen Völkern gesprochen. Wir sollten unbedingt rasch eine größere Zahl fähiger, motivierter Bibelübersetzer gewinnen, damit diese Aufgabe erfüllt werden kann. Es gibt hier noch so viel zu tun, dass man eine ganze Armee von Übersetzern eine Generation lang oder länger beschäftigen könnte.

Literaturarbeit

Dass die nichtchristliche Literatur die Macht hat, Millionen von Menschen negativ zu beeinflussen, ist hinreichend bekannt. Man braucht nur einen Moment an die zerstörerische Kraft denken, die Hitlers Programmschrift *Mein Kampf* entfaltete, an die verdrehten Theorien von Marx in *Das Kapital* oder auch an Mao Tse Tungs Hetztiraden in seiner *Maobibel*.

Die Macht, die auch christliche Literatur ausüben kann, sollte nicht unterschätzt werden. Es gibt Schätzungen, nach denen über die Hälfte aller evangelikalen Christen ihre Bekehrung zumindest teilweise christlicher Literatur zuzuschreiben hat.

Heutzutage wird eine ungeheure Menge an christlicher Literatur produziert und als Ergänzung zu der Arbeit der Bibelgesellschaften – z. B. der Bibelgesellschaft, der Scripture Gift Mission, den Gideons, dem Taschenbibelbund und vielen anderen – verbreitet. Ich möchte an dieser Stelle nur auf die Literaturarbeit der Organisation Aktion in Jedes Haus (AJH) eingehen, deren Ziel es ist, auf der ganzen Welt Literatur zu verteilen. Der Gedanke ist eigentlich ganz einfach, aber die Ausdehnung und die Auswirkungen dieser Arbeit waren wirklich unwahrscheinlich.

Bei der Arbeit von Aktion in Jedes Haus wird unter Gebet in jeden Haushalt und jede Einrichtung in jedem Land der Erde eine Schrift verteilt, die das Evangelium einfach, aber ansprechend erklärt. Durch AJH wurden systematisch fast zwei Milliarden Schriften weltweit verteilt, die jede mit einer Entscheidungskarte versehen und in Sprachen verfasst waren, die 95 Prozent der Weltbevölkerung sprechen. Analphabeten werden mit Videos und Blinde mit einem Traktat in der Brailleschrift versehen. Über 19 Millionen dieser Entscheidungskarten wurden an 80 Büros weltweit zurückgesandt. Von dort aus wurden an alle Absender dieser Karten vierteilige Bibelfernkurse versandt. Das Ziel ist, dass jeder, der auf diese Möglichkeit reagiert, mit einer Gruppe gläubiger Christen in Kontakt kommt.

Die übrigen Statistiken sind ebenso beeindruckend. Im Jahr 1997 arbeiteten fast 2000 vollzeitliche Mitarbeiter in 80 Ländern mit, um 10 000 freiwillige Helfer anzuleiten, die eine Woche lang Traktate verteilten. Im Durchschnitt verteilten diese Helfer jeweils an sieben Tagen das Evangelium an 350 000 Haushalte oder an 50 000 Haushalte pro Tag. Wenn man im Weltdurchschnitt von 5,2 Personen pro Haushalt ausgeht, dann bedeutet das, dass durch die Arbeit von AJH jeden Tag 250 000 Menschen Zugang zur Botschaft des Lebens erhielten.

In den Gebieten, in denen es keine bibelgläubigen Gemeinden jeglicher Ausrichtung gibt, werden die Bekehrten dazu ermuntert, sich zu versammeln, die Bibel zu lesen und Gott in kleinen Gruppen – genannt »Christus-Treffs« – anzubeten. Diese Gruppen entwickeln sich manchmal zu richtigen Gemeinden. Bis heute sind auf diese Weise weltweit etwa 15 000 Christus-Treffs entstanden; die Mehrheit davon in Ländern wie Indien, Indonesien, Nepal, Afrika, dem Süd-Pazifik und der ehemaligen Sowjetunion. Nach einem erst kürzlich übersandten Bericht aus Afrika hat gerade ein Christus-Treff in der Nähe von Kinshasa in der Republik Kongo den Sprung zu einer richtigen Gemeinde geschafft. Sie hat in weniger als zwei Jahren über 2000 Mitglieder gewonnen. In einer Stadt in der Ukraine wuchs ein Christus-Treff in nur 18 Monaten auf über 3000 Besucher an.

Seitdem AJH die Arbeit im Jahr 1953 in Japan aufgenommen hat, wurde die systematische Traktatverteilung in über 166 Ländern durchgeführt. In 75 Ländern wurde mindestens einmal Material flächendeckend im ganzen Land verteilt. Andere Länder wie Singapur, Hongkong und Taiwan haben sogar mehrmals im ganzen Land Schriften verteilt. Andere Länder wie Indien und die Philippinen haben die Aktion zweimal durchgeführt und haben gerade mit einer dritten Verteilaktion begonnen. Die Arbeit von AJH wird zur Zeit in 80 Ländern fortgeführt, darunter in vielen Gebieten wie der ehemaligen Sowjetunion, dem frankophonen Afrika, Asien und im Pazifik zum ersten Mal. Bis zum Jahr 1997 wurden durch AJH über 1,78 Milliarden Schriften in Hunderten von Sprachen verteilt.

Man kann gar nicht umhin, von der Reichweite und den Ergebnissen dieser Arbeit beeindruckt zu sein – auch wenn die oben genannten Zahlen nichts über die Enttäuschungen und Fehlschläge berichten, die es natürlich auch gegeben hat. Aber als Ergebnis bleibt auf jeden Fall, dass auf diesem Weg sogar in solch einem riesigen, komplexen Land wie Indien mit der größten Konzentration nicht-evangelisierter Menschen auf der ganzen Erde wohl fast alle Haushalte zweimal besucht worden sind!

Evangeliumsschallplatten und -kassetten

Die Geschichte von Joy Ridderhof und der von ihr gegründeten Missionsgesellschaft Gospel Recordings (in Deutschland: Internationale Schallplattenmission) ist eine der bewegendsten Berichte dieses Jahrhunderts.[281] Diese Idee, sich die nötigen Hilfsmittel auszudenken, um einfache

Evangeliumsbotschaften mit viel Mühe zunächst auf Schallplatten, später auch auf Kassette und CD aufnehmen zu können, auch in Sprachen, wo es noch keinen Gläubigen und auch keinen Missionar gibt, war einfach brillant. Mit Hilfe dieses Mediums konnten für eine Vielzahl von Sprachen und Dialekten recht schnell Evangeliumsbotschaften hergestellt werden. Diese Idee, verbunden mit der Herstellung ganz einfacher handbetriebener Schallplattenspieler aus Pappe oder handbetriebener Kassettenrecorder ohne Strom und Batterien, versetzte Missionare in die Lage, eine Botschaft zurückzulassen, die immer wieder abgespielt werden konnte. Analphabetentum, das Fehlen von Gläubigen vor Ort oder Missionaren, die die Sprachen der Menschen sprechen, machen es dann nicht mehr unmöglich, dass Menschen zum ersten Mal in ihrem Leben von der Wahrheit des Evangeliums hören. Die Schallplatten bzw. Kassetten waren oft die ersten »Missionare« unter Völkern, die bis zu diesem Zeitpunkt noch niemals das Evangelium gehört hatten.

Gospel Recordings ist zu einem internationalen Netzwerk von Missionsorganisationen unter dem Dach Global Recordings Network (GRN) herangewachsen und hat mittlerweile in 30 Ländern Arbeitszweige. Es werden **evangelistische Kassetten** in vielen Sprachen der Länder der Erde produziert und verteilt. Im Jahr 1997 konnte GRN eine Evangeliumsbotschaft in der 5000. Sprache herausbringen![282]

Einer der Vorteile der Kassetten ist, dass der Aufwand an Material und Zeit, die dafür benötigt werden, so gering ist, dass auch für die kleineren Völker Aufnahmen erstellt werden können, für die sonst keine Radiosendungen produziert würden und in deren Sprache auch die Bibel wohl noch lange nicht übersetzt werden wird. Ein Bibelübersetzer muss aufgrund des enormen Aufwandes und der zehn bis 15 Jahre, die er in die Übersetzung eines Neuen Testamentes investieren muss, genau überliegen, ob der Aufwand für vielleicht nur 300 Sprecher dieser Sprache gerechtfertigt ist, aber eine Kassette oder auch eine Kassettenserie kann ohne Bedenken auch für ein Volk mit unter 50 Sprechern hergestellt werden.

GRN hat ein Projekt unter dem Namen **Schlusslichter** (Tail-enders) ins Leben gerufen – damit sind die Menschen gemeint, unter denen zuletzt eine Arbeit begonnen werden wird, wenn es überhaupt jemals dazu kommen sollte. Gospel Recordings/Global Recordings Network hat sich zur Aufgabe gemacht, gerade den ›Schlusslichtern‹ das Evangelium zu bringen, die sonst überall übersehen werden. Das Ziel ist, für jede existierende Sprachgruppe und jeden Dialekt der Erde eine Evangeliumsbotschaft zu produzieren. Das wären schätzungsweise 16 000 Aufnahmen.[283]

Es ist hier nicht der Raum, von den vielen anderen Missionsgesellschaften zu berichten, die es ebenso verdienen würden. Sie haben sich auf die Verbreitung der Evangeliumsbotschaften auf Kassette o. ä. für die Evangelisation und Jüngerschulung spezialisiert – sei es auf Bibeltexte auf Kassetten, Lehrkassetten und vieles andere mehr. Ich wollte hier lediglich auf das Potenzial dieses Mediums der Kassette hinweisen, das zur Evangelisation der am wenigsten erreichten Völker der Erde viel beitragen kann, insbesondere bei den Volksgruppen, die von anderen Arbeitszweigen nicht abgedeckt werden, weil sie zu klein sind oder zu isoliert leben. Dadurch kommen wir unserem Ziel, jede Rasse, jeden Stamm, jedes Volk und jede Sprache zu unseren Lebzeiten zu erreichen, wieder ein Stückchen näher.

Der Jesusfilm und andere Videos

Das Jesusfilmprojekt habe ich bereits erwähnt. Die möglichst wortgetreue Darstellung des Lebens Jesu nach dem Lukasevangelium hat sich als eines der wirksamsten evangelistischen Werkzeuge der jüngsten Vergangenheit und als der am häufigsten gesehene Film der Geschichte erwiesen.[284]

Das Ziel für das Jahr 2000 ist, dass der Film zumindest in allen 300 Sprachen, die von mehr als einer Million Menschen gesprochen wird, zugänglich und im Umlauf ist, am besten jedoch auch in allen Sprachen, die von mehr als 75 000 Menschen gesprochen werden, sowie in vielen der kleineren Sprachgruppen. Als Zwischenziel wurde die Fertigstellung von 271 Übersetzungen bis zum Ende des Jahres 1993 definiert. Bis Ende 1998 wurde der Film in 450 Sprachen übersetzt und er wird gerade in weiteren 103 Sprachen produziert.

Die Anstrengungen, die dafür unternommen werden müssen, die Planungen und die Finanzen, die erforderlich sind, um diesen Film in so vielen Sprachen produzieren zu können, sind wahrhaft unfassbar. Viele Tausende christlicher Mitarbeiter in vielen Missionsgesellschaften arbeiten eifrig daran, neue Übersetzungen herzustellen oder sind unterwegs, um den Film vorzuführen. Dieser Film hat zur Weltmission einen erheblichen Beitrag geleistet.

Radioarbeit

Die christliche Radioarbeit blickt auf eine außergewöhnliche Geschichte zurück und konnte einige bemerkenswerte Erfolge feiern, wo lange gehegte Vorurteile gegen das Evangelium ausgeräumt werden konnten. Die Radiosendungen haben auch wesentlich zur Belehrung und Schulung der Christen beigetragen, und zwar insbesondere zur Schulung christlicher Leiter, denen teilweise keine anderen Quellen zur Verfügung standen, aus denen sie hätten schöpfen können.

Die besten Ergebnisse hat das Radio als Werkzeug der Evangelisation dort gezeigt, wo regelmäßig kulturell adaptierte Sendungen in Gebiete ausgestrahlt wurden, die für die Missionsarbeit eigentlich verschlossen sind. Justin Long des Global Evangelization Movement, Mitarbeiter der *World Christian Encyclopedia* (Enzyklopädie der weltweiten Christenheit) schätzt, dass etwa drei Millionen Menschen aufgrund von Radio- und Fernsehsendungen Christen geworden sind. Von diesen Menschen sind ungefähr 400 000 isoliert oder leben gar als heimliche Gläubige in Gebieten, in denen es keine Gemeinde gibt. Es ist fast unmöglich, solche Zahlen zu belegen, aber aus Russland, China, Indien und vielen Teilen des Nahen Ostens haben uns erstaunliche Berichte erreicht, wo viele Gemeinden gegründet wurden, die sich fast ausschließlich von christlichen Radiosendungen geistlich ernähren müssen. Die Arbeit von HCJB (Stimme der Anden) in Ecuador, von Trans World Radio (deutscher Zweig: ERF), Far East Broadcasting Company & Association (FEBA), Radio IBRA und vielen anderen Werken haben Frucht getragen, die weit über das hinausging, was frühere Kritiker erwartet haben.

In den vergangenen Jahren haben sich etliche dieser weltweiten Arbeitszweige unter dem Dach *The World by 2000 International Network* (Internationales Netzwerk zur Weltevangelisation bis zum Jahr 2000) zusammengeschlossen. Das Ziel lautete, alle Menschen mit dem Evangelium durch das Radio zu erreichen. Oder, präziser gesagt, es sollten alle Menschen, die zu den großen Sprachgruppen gehören (also Sprachen mit über einer Million Sprechern) täglich eine halbstündige Radiosendung mit der Botschaft des Evangeliums erhalten. Das bedeutet, dass mehr als 99,5 Prozent der Weltbevölkerung die Gelegenheit hätte, das Evangelium in einer Sprache zu hören, die ihnen verständlich ist. Die dahinterstehende Logik ist, dass fast alle Menschen, die eine Sprache mit weniger als einer Million Sprechern beherrschen, zumindest teilweise noch eine zweite Sprache sprechen und mit einer weit verbreiteten Sprache so weit vertraut sind, dass sie die Botschaft des Evangeliums verstehen. Natürlich werden in vielen Gebieten nur wenige Menschen überhaupt Radiosendungen hören, aber in anderen Gebieten werden Radiosendungen dafür sehr viel gehört. So schätzte man z. B. vor wenigen Jahren, dass 15 Prozent der Bevölkerung des islamischen Süd-Jemen die christlichen Radiosendungen von FEBA hören, die von der Radiostation auf den Seychellen im Indischen Ozean ausgestrahlt werden.

Zu der Zeit, als das Netzwerk World by 2000 sich das Ziel steckte (das ich bereits auf Seite oben näher erläutert habe), täglich Sendungen von mindestens 30 Minuten in jede Sprache mit über einer Million Sprechern auszustrahlen, schätzte man, dass bis zu diesem Zeitpunkt bereits in etwa 140 der größten Sprachen weltweit christliche Radiosendungen ausgestrahlt wurden. Das bedeutete, dass in weiteren 160 Sprachen Sendungen erforderlich waren. Mit Hilfe von weiterer Forschungsarbeit wurden aber auch noch etliche andere große Sprachgruppen bestimmt.

Seitdem diese Ziele formuliert wurden, hat das Netzwerk World by 2000 Sendungen in 75 neuen Sprachen ausgestrahlt – und die Arbeit wird ständig erweitert, denn das Jahr 2000 ist schon sehr nahe. Es verbleiben noch etwa 90 Sprachen, in denen die Produktion von Sendungen anvisiert wird.[285]

Es ist wirklich erstaunlich, wenn man sich die Fortschritte anschaut, die hier schon in Richtung auf das große Ziel gemacht worden sind. Allerdings scheinen die Schwierigkeiten bei den verbleibenden Volksgruppen fast unüberwindbar zu sein und es wird hier viel Erfahrung miteinfließen und Geld aufgebracht werden müssen; außerdem müsste ein bisher kaum oder gar nicht vorhandenes Netz für die Nacharbeit aufgebaut werden und es müssten genügend Christen zur Verfügung stehen, die die entsprechende Muttersprache beherrschen, die so viel geistliche Reife aufweisen, dass sie die Programme produzieren können. Ich nenne einige Beispiele, um die Herausforderung zu verdeutlichen, die hier noch vor uns liegt:

* **Die drei Millionen Luri im Iran** gehören zu den unerreichtesten Völkern der Erde. Soweit bekannt ist, arbeiten die Christen im Iran nicht direkt unter den Luri. Einige wenige Luri leben in anderen Ländern, wo sie leichter erreichbar sind. Wie können dann aber Radiosendungen produziert werden, wenn es keinen Christen gibt, der die Botschaft ins Radiomikrophon hineinsprechen könnte?

* Seit Jahrzehnten arbeiten SUM, SIM und andere Missionsgesellschaften unter den **vier Millionen Kanuri im Niger, in Nigeria und im Tschad**, aber nach all dieser intensiven Arbeit können die Christen unter diesem muslimischen Volk an Händen und Füßen abgezählt werden. Es gibt keine Gemeinde unter den Kanuri und nur wenige christliche Leiter, die für die Radioarbeit eingesetzt werden

könnten, aber selbst wenn das der Fall wäre, würden diese wenigen Leiter möglicherweise an anderen Stellen gebraucht, um wichtige Arbeitszweige zu leiten. Wenn man täglich eine 30-minütige, inhaltlich gute, evangelistische Radiosendung machen will, dann braucht man ein ganzes Team von engagierten Mitarbeitern für die Radioarbeit selbst und dann auch weitere Leute, die sich um die Nacharbeit kümmern.

* **Die 1,5 Millionen Kham-Tibeter in China** haben keine Radiosendungen in ihrer Sprache und es gibt nur wenige Christen unter ihnen. Der größte Teil der Christen lebt im Westen Chinas entlang der Grenze zu der autonomen Region Tibet. Ein großer Teil des tibetischen Gebiets ist aufgrund der chinesischen Versuche, die dortigen separatistischen Bestrebungen zu unterdrücken, noch immer in Aufruhr. Gibt es Christen unter den Kham, die in der Lage wären, bei der Produktion der Radiosendungen zu helfen, wo könnte dies geschehen und würden sie sich und ihre Verwandten in Schwierigkeiten bringen, wenn die Behörden ihre Stimmen wiedererkennen würden?

Kommunikation per Satellit

Die rasch voranschreitende Entwicklung der über Satellit ausgestrahlten Fernsehsender und die weite Verbreitung der immer noch kleiner werdenden Satellitenschüsseln hat unsere Welt radikalen Veränderungen unterworfen – leider häufig nicht zum Guten, wenn man z. B. an die allgegenwärtigen Programme denkt, die aus den niedrigsten Instinkten des Menschen Kapital schlagen. Aber auch dieses Medium eröffnet erstaunliche Wege zur Verkündigung des

Evangeliums in den Ländern, die bisher für das Evangelium so gut wie unzugänglich waren.

Für einige Länder ist die Erfindung der Satellitentechnologie ein Segen, weil damit zum einen umgangen werden kann, das landesweite Telefonnetz mit teuren Kabelverlegungen aufbauen zu müssen und man zum Zweiten auch die Errichtung von kostspieligen Fernsehsendern auf dem Boden einspart. Das bedeutet, dass sich auch die wenig entwickelten Länder mit einem Sprung in die Technologie des 21. Jahrhunderts hineinkatapultieren können. Armut spielt nicht mehr notwendigerweise die erste Rolle, wenn es darum geht, ein High-Tech-Kommunikationsnetz aufzubauen. Deshalb können wir erwarten, dass die christliche Fernseharbeit, die unter Gebet aufgebaut und in Weisheit verwaltet wird, auf viele Menschen großen Einfluss nehmen wird, die andernfalls wohl kaum einmal das Evangelium hören würden.

Etliche islamische Länder haben die zerstörerischen, verführerischen Auswirkungen auf die Moral und den Glauben der Menschen durch die leicht zugänglichen Programme über Satellit, über die sie keine Kontrolle ausüben können, sehr wohl registriert. Einige Länder haben den Versuch unternommen, die Satellitenschüsseln ganz zu verbieten, haben aber keinen Erfolg damit gehabt – die Satellitenschüsseln werden jedes Jahr kleiner und können leichter versteckt werden. Man schätzt, dass im Jahr 1997 80 Prozent aller Haushalte in Saudi-Arabien Satellitenschüsseln besaßen und in Teheran werden jeden Monat über 100 000 Satellitenschüsseln installiert. Der Wunsch nach Satellitenschüsseln wird noch durch die Langeweile verstärkt, die von den eintönigen islamischen Programmen ausgeht. Wenn ein muslimischer Gelehrter vor einer Kamera sitzt und den Koran rezitiert, dann werden leicht andere Kanäle bevorzugt.

Das christliche Engagement in diesem Bereich hat sehr stark zugenommen. Im Jahr 1997 nahmen die christlichen Fernsehorganisationen SAT-7 (Zypern), **The Bible Channel** (Großbritannien) und **The Miracle Network** (Norwegen) ihre Arbeit auf. Sie alle benutzen den Satelliten AMOS und haben so alle Zugang zum ganzen Nahen Osten. Die Reaktion auf die christlichen arabischen Fernsehsendungen übertrafen bis zum Ende des Jahres 1997 die Erwartungen der Produzenten bei weitem. Bis zum September 1997 konnte in Indien 25 Millionen Menschen pro Woche das Evangelium über Satellitenfernsehen verkündigt werden, aber diese Zahl wird bis zum Januar 1998 noch auf über 50 Millionen Menschen in elf Sprachen ansteigen. Es wurden bereits große Pläne für die Errichtung solcher Satellitennetzwerke für Lateinamerika und Ostasien gemacht.

Die starke Zunahme der verfügbaren »Bandbreite« in den Medien schafft die Möglichkeit, mehr evangelistische Radiosendungen und darauf abgestimmte Schulungsprogramme auszustrahlen oder zu senden, und zwar mittels Computern und Satelliten entweder per e-mail, per Radio oder Fernsehen. Das eröffnet über die Satellitenverbindungen den Weg für die individuelle Jüngerschulung in jeder Sprache. Dass manche Grenzen geschlossen sind, wird immer unwichtiger und stellt für die Arbeit ein immer geringeres Hindernis dar. Wir können uns heute kaum vorstellen, was wohl in zehn Jahren alles Wirklichkeit geworden ist – so könnte z. B. ein Missionar, der in Deutschland lebt, Gläubige der Mantsi in Nordsibirien schulen, ein aus Korea stammender theologischer Fernkurs könnte für die Bewohner der Insel Mauritius auf Arabisch von Seoul aus versandt werden oder eine Gruppe von geflüchteten Hmong in Französisch-Guyana könnte sich mit ebenfalls gläubigen Hmong in Laos austauschen! Hier wird ein immenses Potenzial für die Missionsarbeit bis an die Enden der Erde freigesetzt werden und diese Missionsarbeit kann von einer örtlichen Gemeinde mit ihren Möglichkeiten betrieben werden.

Diese Entwicklungen eröffnen auch die Möglichkeit, die Arbeit dort fortzusetzen, wo den Missionaren verwehrt wird, länger vor Ort zu bleiben. Sind wir darauf vorbereitet, die uns zur Verfügung stehenden Technologien für unsere Zwecke zu nutzen?

Schlussfolgerungen

Wir dürfen uns von den Wundern der Technik nicht blenden lassen und nicht davon ausgehen, dass sich die eindringliche Fürbitte damit erübrigt, dass es kein Kreuz und Leid mehr zu tragen gibt oder aber die Bedeutung der kulturellen Anpassung und Eingliederung der ausländischen Missionare in die jeweilige Kultur ihre Bedeutung verlieren würde. Die Technologie beseitigt lediglich unsere ausschließliche Abhängigkeit von der Gegenwart eines Menschen und den direkten persönlichen Kontakten, macht sie aber keineswegs überflüssig. Jedes Volk der Erde muss mit dem Evangelium erreicht und für das Reich Gottes gewonnen werden, aber die Zahl der Möglichkeiten, der Mittel und Wege dazu hat sich vervielfacht. Wir sollten deshalb diese Möglichkeiten dort nutzen, wo sie uns dienlich sind.

Jeder Zweig der Medienarbeit deckt einen anderen Bereich der Weltmission ab. Nicht durch jeden Arbeitszweig kann jeder Mensch gleichermaßen erreicht werden, aber das Zusammenwirken der verschiedenen Arbeitszweige und der geballte Einsatz der Medien gibt uns Grund zu der berechtigten Hoffnung, dass die uns gestellte Aufgabe wirklich erfüllt werden kann, wenn wir alle vorhandenen Kräfte der Gemeinde mobilisieren.

Kapitel 22

Die Herausforderung der Städte

Die Worte in Jesaja 54,3 sind ergreifend: »und sie werden die verödeten Städte besiedeln.« Der dritte Teil dieses Verses nennt eine weitere Herausforderung: die Städte. Im Alten Testament wird häufig von Städten berichtet, die vollkommen zerstört wurden. Der Aufschrei Jeremias aus seinem zerrissenen Herzen heraus über die Zerstörung Jerusalems durch die Hand der Babylonier ist wohl das ergreifendste Beispiel dafür.[286] Die Stadt Jerusalem wurde in der Folgezeit wieder aufgebaut und Gottes Volk wohnte wieder in der Stadt. Allerdings bezieht sich der Vers aus Jesaja 54,3 auch auf das Neue Testament und die Weltmission, wie wir bereits gesehen haben.

Die massive Verstädterung im vergangenen Jahrhundert nahm inmitten oder vielleicht sogar aufgrund der schrecklichen Verwüstungen durch Kriege, Erdbeben, des ökologischen Niedergangs durch das Wachstum der Bevölkerung und die Verderbtheit des Menschen seinen Fortgang. Diese Verwüstungen, die auf die Sünden der heutigen Gesellschaft zurückzuführen sind, brauchen die Heilung durch das Evangelium. Verbrechen, Drogenhandel und Missbrauch, Alkoholismus, Prostitution und die Spur der Verwüstung, die diese Dinge nach sich gezogen haben, haben in ihrer Tiefe Ursachen, die nur auf geistlichem Weg beseitigt werden können.

Die großen Städte der Erde nehmen bei den Herausforderungen für die Missionsarbeit im 21. Jahrhundert eine

Schlüsselposition ein. Wir ignorieren die Städte zu unserem eigenen Schaden. Die großen Städte der Erde sind die Quelle des größten Teils unseres Reichtums und unseres Elends, unserer Weisheit und unserer Verderbtheit, unserer neuen Errungenschaften und unserer Sünde. Gesellschaftlicher Wandel geht von den Städten aus und man kann sich diese Kräfte des Wandels zunutze machen, so dass sie auch das Wachstum des Reiches Gottes vorantreiben. Lassen Sie uns einmal die folgenden Überlegungen anstellen:

Die Zunahme der Verstädterung

Das 21. Jahrhundert wird eine Welt der Städte sein, so wie die vorausgegangenen 20 Jahrhunderte der Christenheit sich in der ländlichen Welt abgespielt haben. Das Ende des zweiten Jahrtausends ist gleichzeitig das Ende der Zeit, in der die Mehrheit der Menschen auf dem Land gelebt hat, denn dann werden über 50 Prozent der Weltbevölkerung in Städten leben. Die folgende Grafik veranschaulicht die Entwicklungsgeschichte der vergangenen beiden Jahrhunderte mit einem Ausblick bis zum Jahr 2100.

Vor zwei Jahrhunderten war die Welt eine ländliche Welt, die Verstädterung lag bei vier Prozent und es existierte lediglich eine Megastadt – Peking mit 1,1 Millionen Einwohnern.[287]

Bis zum Jahr 1900 stieg die Verstädterung auf 14 Prozent, es gab 18 Megastädte und zwei Superstädte – London und New York. Bis zum Jahr 2000 wird die Verstädterung 51 Prozent erreichen, es wird 20 Super-Gigantenstädte geben – und nur eine davon wird sich in Europa oder Nordamerika befinden; es werden dann 79 Superstädte und 433

Megastädte sein. Der Trend wird sich fortsetzen, so dass bis zum Jahr 2100 die Zahl der Menschen, die noch auf dem Land lebt, vielleicht nur noch bei zehn Prozent der Weltbevölkerung liegen wird. Die Städte sind für die zukünftige Missionsstrategie von weit größerer Bedeutung, als sie es in den Zeiten von Paulus waren.

Die Zunahme der Stadtbewohner 1800–2100

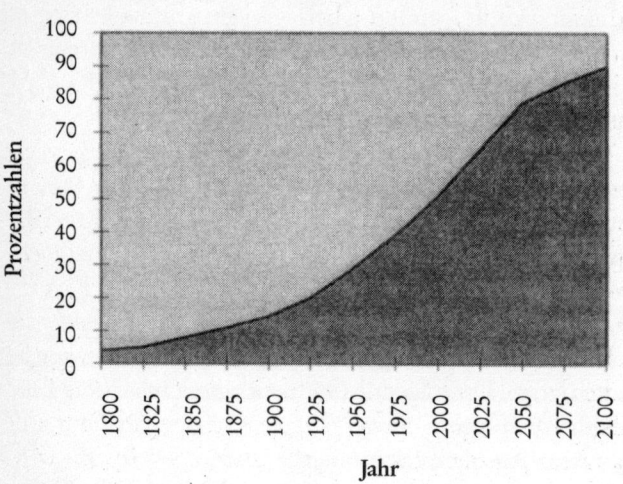

Die Zunahme der nicht-evangelisierten Stadtbewohner

Pioniermissionsarbeit im 20. Jahrhundert bedeutete Arbeit unter unerreichten Volksgruppen; ein Prozess, dessen Abschluss in greifbare Nähe gerückt ist. Im 21. Jahrhundert rückt die Pionierarbeit in den großen Städten der Erde an die erste Stelle – das bedeutet ein viel komplexeres und vielschichtigeres Kaleidoskop an Nöten. Wenn im 20. Jahrhundert Pionierarbeit auf dem Missionsfeld geleistet wurde, dann war es Missionsarbeit im ländlichen Bereich. Deshalb muss hier ein Umdenkungsprozess beginnen und wir müssen uns auf die Städte als das Missionsfeld der Zukunft konzentrieren.

In den vergangenen beiden Jahrhunderten wurde die Missionsgeschichte vor allem auf dem Land geschrieben und dort wurden auch die Erfolge verbucht, während in den Städten in Afrika und Asien teilweise keine Erfolge zu erzielen waren – und gerade in den Städten ist die Pionierevangelisation heute nötiger denn je.

Wir haben die ländlichen Gebiete für Christus gewonnen und dabei die Städte verloren und während der ganzen Zeit ist unsere Zielgruppe in die Städte abgewandert. Die folgende Graphik enthält Zahlen aus Barretts herausforderndem Buch *World-class Cities and World Evangelization*[288] (Weltstädte und Weltmission) und sie zeigt, wie die massiven Abwanderungsbewegungen vom Land in die Städte die Zahl der Megastädte beständig anwachsen lässt. Dieser Trend muss umgekehrt werden, indem wir der Evangelisation der Städte viel mehr Aufmerksamkeit widmen und unsere Anstrengungen vermehrt auf die Städte ausrichten. Mit der Arbeit im Dschungel, im Gebirge, in der Wüste oder auf einer einsamen Insel verbindet man romantische Vorstellungen und dort scheint für die Heimatgemeinde die »echte« Missionsarbeit stattzufinden, aber wenn man in einem Betondschungel lebt oder in einem schmutzigen Elendsquartier, dann scheint das bei weitem nicht so attraktiv und für den Beginn einer Missionsarbeit nicht der richtige Ort zu sein. 1980 lagen 55 Prozent der Megastädte der Erde in den Entwicklungsländern, aber bis zum Jahr 2050 wird sich dieser Anteil auf 81 Prozent erhöht haben, wie die folgende Grafik zeigt:

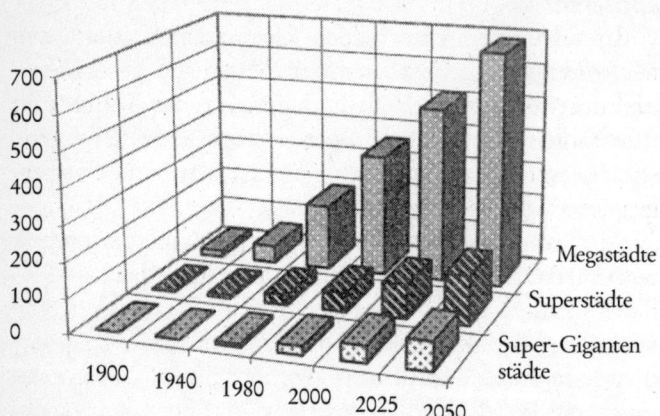

Die Zunahme der Weltstädte 1900–2050

Die Städte in den entwickelten und wohlhabenderen Teilen der Erde, wo die Verstädterung weitgehend abgeschlossen ist, haben tote Innenstädte, in denen Verwahrlosung und Schmutz, Verbrechen und Prostitution, Drogen und Gewalt regieren – und die Städte werden eine Heimat für ethnische Minderheiten, die entweder aus dem Land selbst stammen oder zugewandert sind. Und in den Entwicklungsländern, wo die Verstädterung noch explosionsartig voranschreitet, siedeln sich die Zuwanderer in Barackensiedlungen riesigen Ausmaßes rings um die Städte an.[289]

Westliche Missionare haben die Bedeutung der massiven Verstädterung, die heutzutage voranschreitet, noch nicht richtig erfasst. Die meisten Menschen, die heute in die

Städte abwandern, tun das aus wirtschaftlichen Gründen, weil sie auf dem Land verarmt sind, geraten aber in den Städten häufig in noch größere Armut. Eine riesige, aufnahmebereite, verzweifelte, am absoluten Existenzminimum lebende Volksmenge braucht dringend Hilfe und es sind keine Christen da, um mit der lebendigen Botschaft von Jesus Christus Hoffnung, eine bessere Zukunft und neues Leben anzubieten. In der Vergangenheit richteten sich die Missionsbemühungen häufig auf die Mittel- und Oberschicht aus und der Großteil der Gemeinden wurde unter diesen nach oben strebenden Gesellschaftsschichten gegründet. Die Theorie lautete, dass, wenn diese »Macher« sich zu Jesus bekehrten, das Evangelium mit der Zeit schon zu den ärmeren Leuten durchsickern würde.[290] Das ist jedoch kaum der Fall gewesen. Vermögende chinesische Christen in Bangkok, Thailand oder zu Wohlstand gekommene ghanesische Christen in Accra hießen die armen Zuwanderer in den Städten in ihren Gemeinden auch nicht enthusiastischer willkommen als die aus der Mittelschicht stammenden viktorianischen Methodisten vor einem Jahrhundert die Konvertiten aus der Arbeit von William Booth unter den Stadtstreichern von London.

Die verarmten Massen in den Städten sind sehr offen für Neues. Gleichzeitig sind sie die am wenigsten evangelisierte Schicht überhaupt. Sie zu erreichen, ist von strategischer Bedeutung, denn das Evangelium kann einzelnen Menschen sowie ganzen Gruppen Wege aus ihrem Elend weisen. Wenn sich viele Menschen auf einmal zu Jesus bekehrt haben, dann brach sich diese Bewegung immer zuerst unter den Armen Bahn. Das trifft schon auf die Apostelgeschichte zu,[291] auf das Römische Reich, auf die Aufbrüche in Indien und Pakistan in den vergangenen beiden Jahrhunderten und auf die Pfingstbewegung in Lateinamerika; weitere Beispiele könnten angeführt werden. Normalerweise bekehren sich zuerst die Unterdrückten und die Ausgestoßenen der Gesellschaft, allerdings hat sich dieses Muster verändert. Die Gemeinde büßt oft viel von ihrer Stoßkraft und ihrer geistlichen Anziehungskraft ein, wenn die Reichen und Mächtigen Christen werden!

Einer der Menschen, der mit am nachdrücklichsten für die Nöte der Armen in den Städten eingetreten ist, ist Viv Grigg. Als ich ihn zum ersten Mal traf, lebte er in einer verwahrlosten Vorstadt Manilas. Gerüche und Lärm begleiteten uns auf unserem Weg durch sein Wohngebiet. Wir mussten eine Leiter hinaufklettern und durch eine Bodenklappe einsteigen, um ihn in seiner Wohnung zu besuchen und mit ihm Tee zu trinken. Sein weniger Besitz war in einem winzigen, heißen, stickigen Raum verstreut. Ich verstand, dass er sich das Recht verdient hatte, mit Leidenschaft für die Armen in den Städten einzutreten. Mit seinen Büchern provozierte Grigg die Gemeinde und forderte sie auf, sich dieser Herausforderung zu stellen.[292] Grigg hat bei der Entwicklung von vier Arbeitszweigen als spezialisierte Dienste unter den Armen der Städte Pate gestanden. Es sind wahrhaftig keine milden Worte, die er in Bezug auf die vor uns liegende Herausforderung für die Missionsarbeit an uns richtet:

> »... wir müssen unsere Leute in die Welt hinausschicken, so wie es die geistlichen Gemeinschaften des 12. Jahrhunderts mit ihren predigenden Brüdern getan haben oder wie die irischen Wandermönche, die zwischen dem fünften und neunten Jahrhundert Nordeuropa bekehrten... In unserem Fall müssen wir ganze Gruppen

von Männern und Frauen, verheirateten Paaren und Singles aussenden, die als Arme unter den Armen leben möchten, um ihnen das Reich Gottes zu predigen und eine Gemeinde in diesen gewaltigen Elendsvierteln zu gründen ...«[293]

und

»Gott bietet den westlichen Missionsgesellschaften die Möglichkeit an, sich auf ihren biblischen Auftrag zu besinnen und zu den Armen zu gehen und dort bei ihnen zu leben, so wie Missionare es eigentlich tun sollten. Die Sache ist dringend: Wir brauchen mehrere Tausend Katalysatoren in den Slums der vielen Städte der Dritten Welt, die in jeder Stadt einen Aufbruch bewirken können. Zwei Milliarden Menschen rufen um Hilfe.«

Es ist interessant, dass die indische Regierung im Jahr 1997 beim Tod von Mutter Theresa, der römisch-katholischen Missionarin in Kalkutta, ein Staatsbegräbnis für diese außergewöhnliche Frau anordnete, die ihr Leben dafür hingab, Sterbenden unter den Ärmsten der Armen in Kalkutta, der vielleicht ärmsten Stadt weltweit, ihre letzten Lebensmonate zu erleichtern. Das stille Zeugnis dieser Arbeit öffnete auf ganz besondere Weise die Herzen der Menschen und rührte das Gewissen der Reichen und Mächtigen dieser großen Nation an.

Viv Grigg hat einige nüchterne Statistiken zusammengestellt, um das explosionsartige Anwachsen der Elendsviertel im Umkreis der großen Städte im Verlauf der vergangenen 60 Jahre zu illustrieren, denn in diesem Zeitraum sind die Barackensiedlungen so groß geworden. Der ganze

Prozess wurde durch den Zweiten Weltkrieg ausgelöst, sowie durch die massive Ausbreitung der Industrialisierung in viele nicht-westliche Länder. Im Laufe dieser 60 Jahre bis zum Jahr 2000 ist die Zahl der Armen in den sterbenden Innenstädten und den riesigen Barackensiedlungen um die Städte herum auf etwa eine Milliarde Menschen angestiegen und entspricht damit ungefähr der Zahl aller Muslime auf der Welt. Von den zwei Milliarden Menschen, die im Jahr 2000 in den Städten der Dritten Welt leben werden, werden – so schätzt man – etwa 40 Prozent sehr arm sein.

Grigg hat auch auf den tiefen Graben zwischen Arm und Reich hingewiesen, wenn es darum geht, wo Missionare ihre Arbeit aufnehmen. Ich möchte das anhand von drei Beispielen erläutern:

1. **Manila auf den Philippinen** besaß im Jahr 1988 8,5 Millionen Einwohner. Von diesen 8,5 Millionen lebten 30 Prozent in Slums. Es gab damals 677 evangelikale Gemeinden in der Stadt, aber nur 51 Gemeindegründungsinitiativen waren auf die Slums ausgerichtet.

2. **Bangkok in Thailand** besaß im Jahr 1986 5,4 Millionen Einwohner. Gut über eine Million Menschen lebte in den 1020 Slums der Stadt. Von den 97 evangelikalen Gemeinden Bangkoks befanden sich nur drei innerhalb der Elendsviertel.

3. **Kalkutta in Indien** besaß im Jahr 1988 zwölf Millionen Einwohner. 66 Prozent der Bewohner waren Familien, die nur in einem Raum lebten. Drei Millionen Menschen leben in Slums und etwa eine weitere Million Menschen auf der Straße. In der Stadt gab es damals 132 Gemeinden, von denen einige auch Mitglieder aus den armen Schichten der Gesellschaft hatten, aber nur EINE Gemeinde war eine

echte Armengemeinde und arbeitete auch unter den Armen der Stadt.

In den vergangenen 20 Jahren hat man sich erfreulicherweise verstärkt darauf besonnen, in den Städten ganzheitlich zu arbeiten. Die Veröffentlichungen von Roger Greenway, Harvie Conn, Ray Bakke,[294] Ed Silvoso und vielen anderen haben das Anliegen der Gemeindegründung in den Städten in die Öffentlichkeit hineingetragen und sowohl Mut gemacht für dieses Unternehmen als auch praktizierbare Modelle für die dortige Arbeit entworfen, die auf vielschichtige Situationen in unseren Städten anwendbar sind. Für mich sind die jungen Leute heutzutage eine Ermutigung, die sich in die Städte aufmachen und unter Drogenabhängigen, Straßenkindern, Prostituierten und Obdachlosen arbeiten möchten. Ich bin der Meinung, dass für die Arbeit in den Städten ein neuer Tag anbricht. Was sind wohl im Angesicht des herannahenden 21. Jahrhunderts die wichtigsten Punkte, die wir bei unserem Vorgehen beachten müssen? David Barrett hat dazu viele Vorschläge gemacht. Ich nenne hier einige, die ich aus Barretts und anderen Veröffentlichungen zusammenfasse:

1. Organisieren Sie Gebetstreffen für christliche Leiter, bei denen Sie gemeinsam für die Stadt und füreinander beten. Alle ethnischen Gruppen und Denominationen sollten dabei vertreten sein. Dieses Anliegen hat Ed Silvoso aus Argentinien nachdrücklich und auf überzeugende Weise auf der ganzen Welt propagiert.[295] Dort, wo die Bedeutung von Versöhnung und Einheit um der Evangelisation der Stadt willen betont wurde, konnte bei gemeinsamen Aktionen viel Frucht eingebracht werden.

2. Erforschen Sie die ganze Stadt und finden Sie die Bereiche der Stadtbevölkerung und die Gegenden der Stadt

heraus, die noch unerreicht sind, motivieren Sie die Gemeinden vor Ort, etwas zur Evangelisierung dieser Menschen zu tun. In den vergangenen Jahren ist ein guter Teil wertvoller Forschungsarbeit für einige Städte wie Mexiko City, Lima in Peru, Nairobi in Kenia, Singapur und andere Städte geleistet worden.

3. Initiieren Sie unter Zusammenarbeit von Gemeinden und Missionsgesellschaften über die Denominationengrenzen hinweg Evangelisationseinsätze in der ganzen Stadt. Diese Einsätze sollten unter Zuhilfenahme aller verfügbaren Medien durchgeführt werden – sei es das Radio, das Fernsehen, Videos, Literatur – und vieler verschiedener Arbeitszweige für die Arbeit unter den Armen, den Benachteiligten, den kulturell isoliert lebenden Menschen und unter denen, die im Dunkel der Städte ihren sündhaften Geschäften nachgehen. Ich war beeindruckt davon, wie nachdrücklich der Evangelist Billy Graham immer darauf bestand, dass die Gemeinden einer Stadt ihn gemeinsam einladen und untereinander zusammenarbeiten mussten, bevor er einer Einladung folgte und eine Evangelisation in dieser Stadt abhielt.

4. Bringen Sie Gemeindeleiter aus jedem gesellschaftlichen Spektrum miteinander in Kontakt: Leiter von der reichen Oberschicht bis hin zur armen Unterschicht, damit sie gute Beziehungen zueinander aufbauen können und wirtschaftliche Nöte sich zum Guten verändern, dass die Leiter geschult und Mittel und Wege gefunden werden, wie die Armen sich selbst aus ihrer Armut befreien können. Setzen Sie sich dafür ein, dass es Gemeinden gibt, die den Aufstrebenden Heimat bieten, die sich aus den Fängen der Armut befreien. Es ist nicht leicht, dies zu erreichen, ohne gönnerhaft zu wirken.

Wenn man das Prinzip der »homogenen Einheit«[296] verfolgt – die Aufmerksamkeit richtet sich auf einen speziellen Sektor der Gesellschaft und alle anderen werden links liegen gelassen – dann birgt das seine Gefahren, und zwar insbesondere dann, wenn es um das wohlhabendere Spektrum der Bevölkerung geht. Zwar kann das Modell bei der anfänglichen Sammlung der ersten Konvertiten zur Jüngerschulung hilfreich sein, aber es wird dann gefährlich, wenn man es theologisch untermauert und soweit institutionalisiert, dass die Kräfte nach innen wirken und man sich nur noch um sich selber dreht – indem man Menschen dieses gesellschaftlichen Sektors aus den umliegenden Gemeinden abzieht und damit den Blick für die Notwendigkeit der evangelistischen Arbeit unter anderen Gesellschaftsschichten verliert.

5. Unternehmen Sie nachdrücklich den Versuch, die ethnischen Minderheiten in der Stadt zu erreichen – und zwar insbesondere die Minderheiten, deren Zahl sich durch Zuwanderung erhöht. In den ersten fünf Jahren, die die Menschen in der Stadt leben, gibt es noch die Möglichkeit, sie zu erreichen. So sind z. B. aus dem ganzen frankophonen Afrika enorm viele Einwanderer nach Abidjan in der Elfenbeinküste zugewandert und haben zum Wohlstand der Stadt beigetragen. Zwar liegt die Stadt in einem Waldgebiet und hat ursprünglich nur sehr wenige einheimische Muslime gehabt. Heute aber sind über die Hälfte der vier Millionen Einwanderer Muslime. Die meisten Einwanderer waren bei ihrer Ankunft Muslime, aber viele andere bekehrten sich innerhalb der ersten sechs Monate nach ihrer Ankunft ebenfalls zum Islam, denn als sie ankamen und kein Dach über dem Kopf hatten und ihnen keiner half, boten ihnen die Muslime an, vorübergehend in den Moscheen

zu wohnen, bis sie eine eigene Wohnung gefunden hatten. Die Christen verpassten diese Gelegenheit, weil sie nicht zur richtigen Zeit am richtigen Ort waren, um den Zuwanderern in der Zeit ihrer Not beizustehen.

6. Bilden Sie Missionsteams, die zusammen in den Elendsquartieren leben und arbeiten mit dem Ziel, hier einheimische Gemeinden mit eigenen Leitern zu gründen, die ebenso gut funktionieren wie die Gemeinden in ihrer Umgebung. Es besteht hier immer die Gefahr, dass diese Mitarbeiter, auch wenn sie einen einfachen Lebensstil haben, mit ihrem relativen Wohlstand, eine Art Strohhalm werden, an dem sich die Menschen festklammern, um der Armut zu entrinnen – oder um ein Visum zu bekommen und dann im Westen zu leben oder zu studieren.

7. Christen müssen sich zur Zusammenarbeit entschließen, um die misslichen Strukturen ihrer Gesellschaft zu verändern, durch die die Armen ihrer Würde beraubt, sie noch weiter in die Armut getrieben und ausgebeutet werden.

8. Christen aus städtischen Gemeinden sollten die Möglichkeit zu Missionseinsätzen in anderen Städten und Ländern erhalten. Alle Arbeitszweige der örtlichen Gemeinde sollten sich an diesem Programm beteiligen.

9. Setzen Sie sich klare Ziele für die Evangelisation und Gemeindegründung und überwachen Sie, ob Zwischenziele erreicht werden.

Unsere verödeten Städte sind eine immense Herausforderung. Der Herr hat uns verheißen, dass sein Volk in diesen Städten wohnen wird.

Kapitel 23

Die Herausforderung der Gesellschaft

Jesaja hat über die Sünde des Einzelnen und des Volks Israel viel zu sagen. Ganze Kapitel warnen eindringlich vor Gottes Gericht, das sowohl über die Sünde des einzelnen Menschen als auch über die Sünden der Gesellschaft kommen wird und über ihre Gewalttaten, ihren Alkoholismus, ihre Bestechung, ihre Unmoral, ihre Unterdrückung und ihren Götzendienst.[297] Sogar der Abschnitt, der in diesem Buch eingehend beleuchtet wird, benennt die beiden Ebenen, auf denen Sünde begangen wird – vom Einzelnen (s. Jesaja 52 und 53) und von der Gesellschaft (s. Jesaja 54). Die von der Gesellschaft begangene Sünde weist darauf hin, dass die Strukturen dieser Gesellschaft verderbt sind, sich ihre Städte im Niedergang (Vers 3) und ihre Familien im desolaten Zustand befinden (Vers 4), Unterdrückung herrscht (Vers 14) sowie das organisierte Verbrechen (Vers 15). Die Schrift macht deutlich, dass beide Ebenen, auf denen Sünde begangen wird, der Heilung bedürfen. Im 21. Jahrhundert müssen wir in der Missionsarbeit unbedingt auch die verzweifelten gesellschaftlichen Nöte anpacken und nicht nur die Notwendigkeit der persönlichen Errettung verkündigen.

Große evangelikale Erweckungen sind in der Vergangenheit immer von vielen evangelikalen Initiativen begleitet worden, durch die die Bedingungen für die Unterprivilegierten in einer Gesellschaft zum Guten hin verändert wurden. Dies gilt insbesondere für die Erweckung des 18. Jahrhunderts, an der Wesley und Whitefield mit beteiligt waren, sowie für die Große Erweckung in der Mitte des 19. Jahrhunderts. Das gesamte Rechtswesen wurde damals neu überdacht und umgestaltet, Gefängnisse reformiert, die Sklaverei abgeschafft, arme Kinder wurden unterstützt, die Möglichkeiten zum Universitätsstudium erweitert und die Rechte der Arbeiter verankert. Der Hauptfaktor, der zu diesen Verbesserungen in Europa und Nordamerika beitrug, war das Bewusstsein der Evangelikalen für die herrschenden gesellschaftlichen Zustände.[298] Im vergangenen Jahrhundert betonten die Missionare, wie notwendig Bildung, Gesellschaftsreformen und die Einführung von Gesundheitsprogrammen seien und betrachteten diese Bemühungen als wesentlichen Bestandteil der Vermittlung der Botschaft des Evangeliums in den Kolonialländern der westlichen Welt.

Es ist eine traurige Wahrheit, dass in großen Teilen dieses Jahrhunderts die Evangelikalen davon Abstand genommen haben, die Missionsarbeit mit besonderen Sozialprogrammen zu verbinden, und zwar vor allem deshalb, weil theologisch liberale Kirchen und Missionsgesellschaften diesen Punkt derartig überbetont haben und dort die Verkündigung des Evangeliums hinter den Sozialprogrammen total in den Schatten trat.[299] Diese Art der Evangelisation wurde deshalb verächtlich »das soziale Evangelium« genannt. Es muss hier festgehalten werden, dass durch das ganze Jahrhundert hindurch die evangelikalen Missionare wenig geredet, aber im Erziehungswesen, im medizinischen und sozialen Bereich als wichtigem Bestandteil ihrer Missionsarbeit viel getan, jedoch nicht viel darüber gesprochen haben.

Dass Evangelikale sich selbst als Evangelikale begriffen haben, dazu hat der Internationale Kongress für Weltevangelisation in Lausanne in der Schweiz im Jahr 1974 wesentliches beigetragen. Die Lausanner Verpflichtung, die bei dieser Konferenz formuliert wurde, hat sich als Sammelpunkt für den Glauben und die Missionsarbeit der Evangelikalen innerhalb der evangelikalen Gemeinden und Strukturen wie auch innerhalb der konziliaren, pluralistischen Denominationen erwiesen.

Soziale Verantwortung der Christen

»Wir bekräftigen, dass Gott zugleich Schöpfer und Richter aller Menschen ist. Wir müssen deshalb Seine Sorge um Gerechtigkeit und Versöhnung in der ganzen menschlichen Gesellschaft teilen. Sie zielt auf die Befreiung der Menschen von jeder Art von Unterdrückung. Da die Menschen nach dem Ebenbild Gottes geschaffen sind, besitzt jedermann ungeachtet seiner Rasse, Religion, Farbe, Kultur, Klasse, seines Geschlechts oder Alters eine angeborene Würde. Darum soll er nicht ausgebeutet, sondern anerkannt und gefördert werden. *Wir tun Buße für dieses unser Versäumnis und dafür, dass wir manchmal Evangelisation und soziale Verantwortung als sich gegenseitig ausschließend angesehen haben.* Versöhnung zwischen Menschen ist nicht gleichzeitig Versöhnung mit Gott, soziale Aktion ist nicht Evangelisation, politische Befreiung ist nicht Heil. Dennoch bekräftigen wir, dass *Evangelisation und soziale wie politische Betätigung gleichermaßen zu unserer Pflicht als Christen gehören.* Denn beide sind notwendige Ausdrucksformen unserer Lehre von Gott und dem Menschen, unserer Liebe zum Nächsten und unserem Gehorsam gegenüber Jesus Christus ...«[300] [Hervorhebungen vom Autor]

Den überwiegenden Teil des 20. Jahrhunderts sind die gesellschaftlichen Veränderungen nur als *Folge* aus der Evangeliumsverkündigung betrachtet worden, aber nicht als einer seiner *wesentlichen Bestandteile*. Wenn der Missionsbefehl so aufgefasst wird, dann gibt es zwischen der evangelistischen und der gesellschaftlichen Verantwortung keine Verbindung, denn letzterer wurde ein unbedeutender Platz zugewiesen. Eine Folge davon war, dass die evangelikalen Auffassungen weiterem Wandel unterworfen waren. Im Jahr 1983 fand eine Konferenz der Weltweiten Evangelischen Allianz statt, bei der das Gleichgewicht zwischen Evangelisation und gesellschaftlichem Engagement wieder gefunden wurde. Daraus entwickelte sich das Wheaton ›83 Statement‹. In Paragraph 26 wurde formuliert:

»Das Böse wohnt nicht nur im Herzen der Menschen, sondern findet sich auch in den von Menschen erdachten Strukturen ... Die Missionsarbeit der Gemeinde umfasst sowohl die Verkündigung des Evangeliums als auch seine Umsetzung. Wir müssen deshalb evangelisieren, auf die Nöte der Menschen eingehen und gleichzeitig auf gesellschaftliche Veränderungen hinwirken.«

Mit dieser Deklaration im Rücken fühlten sich die Evangelikalen nun viel freier, die vielen verschiedenen Initiativen zu begründen, mit deren Hilfe sie sich auch den sozialen Nöten widmen konnten, deren Linderung nun auch als

Bestandteil des Missionsbefehls begriffen wurde. Damit möchte ich nicht sagen, dass die Diskussion beendet gewesen wäre oder auch nur die Argumente ausgegangen wären, sondern dass ein neues Bewusstsein für die soziale Verantwortung die Missionsarbeit der Gemeinde Jesu ganzheitlicher gemacht hat. Im Rückblick erkennen wir, dass das Zögern der Evangelikalen, auch auf gesellschaftliche Veränderungen hinzuwirken nur eine vorübergehende Verirrung war, gewissermaßen als Reaktion auf andere Fehlentwicklungen. Die Gefahr, dass das Pendel zu sehr nach der anderen Seite ausschlägt, muss man immer im Blick behalten.

In den letzten beiden Jahrzehnten konnten wir beobachten, wie sich die Zahl der Missionsbemühungen in Verbindung mit der Linderung von Hungersnöten, der Versorgung von Waisen und dem Aufbau von Missionsgesellschaften wie World Vision, TEAR Fund und *Hilfe für Brüder* um ein Vielfaches erhöht hat. Daraufhin entwickelten sich groß angelegte Initiativen und Netzwerke, die sich der Drogenabhängigen, Prostituierten, AIDS-Opfer, Kinder in Not, der Armen in den Städten und der Opfer von Landminen annahmen und diese Arbeitszweige sind teilweise in der Öffentlichkeit sehr bekannt geworden. Das 21. Jahrhundert wird noch größere Herausforderungen bereithalten, die unseren Einfallsreichtum und unsere Ressourcen arg strapazieren und unsere Liebe und unsere Opferbereitschaft bis an ihre Grenzen auf die Probe stellen werden. Ich kann hier nur einige wenige Bereiche nennen, in denen christliche Arbeitszweige eine wichtige Rolle spielen könnten und es auch sollten:

Kinder in Not

Wenn man auf das 20. Jahrhundert zurückschaut, dann wundert man sich darüber, wie wenig dafür getan wurde, Kinder zu erreichen, und zwar sowohl, was die Anwerbung von Kindermissionaren, die Behandlung des Themas auf internationalen Konferenzen und die Verwendung der Finanzen betrifft. Auf dem großen Lausanner Kongress 1974 wurde die Lausanner Verpflichtung verabschiedet, die wirklich einen Meilenstein darstellt. Aber die Lausanner Verpflichtung erwähnt die Kinder und die Jugendlichen überhaupt nicht, wenn man von der Formulierung absieht: *»Der Mensch wurde nach Gottes Ebenbild geschaffen ... unabhängig von seinem Alter.«* Das Lausanner Komitee für Weltevangelisation (LCWE) in Thailand im Jahr 1980 behandelte 23 Themen, von denen sich 18 mit dem Zeugnis unter Flüchtlingen, mit den Städten und den großen Religionsblöcken auseinandersetzen, aber die 35 Prozent der Weltbevölkerung unter 15 Jahren kommen in diesem Papier nicht einmal vor. Lob sei Gott, dass sich das bei der GCOWE in Pretoria im Jahr 1997 geändert hat. Dort widmete sich einer der Paragraphen speziell der Kinderarbeit und zwei andere der Jugendarbeit.

Seit Mitte des Jahrhunderts ist die Arbeit von Missionsgesellschaften wie der Child Evangelism Fellowship und des Bibellesebundes bekannt geworden, spielt aber im Denken der meisten christlichen Gemeinden und Missionsgesellschaften keine Rolle. Fast noch erstaunlicher als diese Tatsache ist der Umstand, wie wenig die vielen Millionen Kinder Beachtung finden, die unter entsetzlichen Bedingungen leben müssen: in den Kriegen und Hungersnöten, als Verwahrloste in den Städten, beim Erleiden von

Missbrauch, der Ausbeutung durch Arbeit und in der berüchtigten Sexindustrie.

Diese Zustände haben sich erst im letzten Jahrzehnt langsam geändert, als die Menschen sich über die Verletzlichkeit der vernachlässigten, armen Kinder bewusst zu werden begannen. Die Medien brachten Reportagen über schreckliche Ereignisse und Situationen wie z. B. der häufige sexuelle Missbrauch von Kindern durch Kinderbetreuer im Westen, die Massaker an Straßenkindern in Lateinamerika, die grausame Ausbeutung von vertraglich verpflichteten Kinderarbeitern in Indien und Pakistan, die Tragödie der in den Bürgerkriegen unter Drogen gesetzten Kindersoldaten in Liberia und Sierra Leone oder die kriminelle Ausbeutung von Kinderprostituierten in Bangkok und Manila für den Sextourismus. Wir haben dafür einen neuen Begriff geprägt: *Kinder in Not*. Wie konnten wir nur so blind sein und unsere Arbeit unter Erwachsenen fortsetzen und dabei nicht bemerken, dass so wenig für die nächste Generation getan wird und wie viele Kinder durch alle mögliche Umstände in Not sind – es gibt Schätzungen, nach denen über 800 Millionen Kinder durch verschiedene Umstände zum Teil sehr schwer leiden.

Lassen Sie uns einmal folgende Tatsachen betrachten:[301]

Abtreibungen: Jedes Jahr werden 40 Millionen oder 29 Prozent aller ungeborenen Kinder abgetrieben *[die Vereinten Nationen]*.

Kinderprostitution: Man schätzt, dass etwa zehn Millionen Kinder zur Prostitution gezwungen werden, und eine Million Kinder pro Jahr hinzukommen *[World Vision]*.

Durch **Unterernährung** sterben jeden Tag 35 000 Kinder unter fünf Jahren *[World Vision]*.

Die Zahl der **Straßenkinder** liegt bei über 100 Millionen. Unter Straßenkindern versteht man Kinder, die auf den Straßen der großen Städte leben und/oder arbeiten *[UNICEF]*.

Kriegsopfer – über 1,5 Millionen Kinder sind zwischen 1984 und 1994 in den verschiedenen Kriegen umgekommen, weitere vier Millionen Kinder trugen eine körperliche oder geistige Behinderung davon, wurden verstümmelt oder erblindeten; zwölf Millionen Kinder verloren ihr Zuhause. In diesem Zeitraum waren 35 Länder bekannt, die Kinder zum Dienst in ihren Armeen zwingen *[Save the Children 1994]*.

AIDS-Opfer – 1993 hatten sich über 1,5 Millionen Kinder mit AIDS infiziert [UNICEF 1994]; seitdem hat sich diese Zahl noch einmal stark erhöht.

Sklaverei und Kinderarbeit: Hier geht es nach Schätzungen um 100 bis 200 Millionen Kinder, die häufig unter erbärmlichsten Bedingungen leben *[UN Children's Fund]*.

Es gibt Bewegungen, die versuchen, diese Entwicklungen aufzuhalten. Das Viva Netzwerk[302] ist als ein Koordinierungszentrum für eine erstaunliche Vielzahl von Arbeitszweigen entstanden, die für die Millionen von vernachlässigten Kindern eintreten. Im Jahr 1997 schätzten die Mitarbeiter des Viva Netzwerkes, dass über 110 000 christliche Mitarbeiter an 20 000 einzelnen Projekten beteiligt waren, die sich um eine Million Kinder kümmerten, um ihnen täglich in den Situationen beizustehen, in denen sie all diesem Leid ausgesetzt sind. Sowohl die Latin America Mission als auch SIM haben erkannt, dass die Arbeit unter Kindern in den kommenden Jahren zu ihren vorrangigen Aufgaben gehören wird.

Phyllis Kilborn ist eine meiner Kolleginnen beim WEC. Sie war von den Auswirkungen des von 1990 bis 1997 tobenden Bürgerkrieges in Liberia, ihrem früheren Wirkungsfeld, so erschüttert, dass sie drei Bücher über notleidende Kinder verfasste, die nüchterne Tatsachen nennen und dabei sehr aufrüttelnd geschrieben sind.[303] Sie wurden von MARC, World Vision veröffentlicht. Daraufhin entstand unter dem Namen Rainbows of Hope ein neuer Arbeitszweig, der sich besonders der notleidenden Kinder auf der ganzen Welt annimmt.[304]

Zuletzt rücken die Kinder dieser Welt doch noch in den Blickpunkt der Missionsarbeit. Das schenkt uns für die Gemeinde von heute als auch für die Gemeinde von morgen größere Hoffnungen.

Die christliche Arbeit im 21. Jahrhundert wird größerem Druck ausgesetzt sein und in einer dicht bevölkerten Welt getan werden, in der sich die Zahl der Armen in den Städten exponential vervielfachen wird. Das kann für die Kinder nur Schreckliches bedeuten und die Zahl derer, die so sehr verwundbar sind, wird noch schneller zunehmen. Die christliche Kinderarbeit sollte und wird sich vor allem auf diese Kinder konzentrieren.

Drogenabhängigkeit

Die massive Zunahme des Anbaus, der Verarbeitung und des Handels mit Drogen ist zu einem der weltweit größten, aber immer noch illegalen Industriezweige geworden. Ganze Nationen wie Afghanistan, Myanmar, Kolumbien und einige Staaten in der Karibik sind in ihren Einnahmen fast vollständig von den Erlösen aus dem Drogenhandel abhängig und werden gleichzeitig durch den Drogenhandel korrumpiert. Ganze Heere von Polizeibeamten und die

Militärstreitkräfte sind damit beschäftigt, die Drogengeschäfte einzudämmen, allerdings werden sie aufgrund der enormen Gewinne, die aus der Zusammenarbeit mit den Drogenlieferanten zu ziehen sind, selbst nur allzu leicht in die schmutzigen Geschäfte verwickelt. Der Transfer von vielen Milliarden Dollar ruft das organisierte Verbrechen auf den Plan, verwickelt Finanzinstitute in schmutzige Geschäfte und zerstört das Leben unzähliger Menschen – nicht nur im Westen, sondern auch in den Ländern, in denen die Drogen hergestellt werden. In vielen westlichen Ländern hat die Mehrheit der Jugendlichen heute mindestens einmal verbotene Drogen ausprobiert, doch leider werden viele davon abhängig mit allen negativen Folgen.

Die Missionsarbeit des 21. Jahrhunderts kann dieses Problem nicht ignorieren. Es wird in unseren Städten so allgegenwärtig sein, dass die Drogenarbeit einer der wichtigsten Arbeitszweige überhaupt werden wird und wenn dieser Dienst sinnvoll mit einer Gemeindegründungsarbeit verbunden wird, dann wird hier auch viel Frucht entstehen. Möglicherweise werden sich in diesem Bereich in vielen Teilen der islamischen Welt, in Asien und auch im Westen große Durchbrüche für das Evangelium ereignen.

Krankheiten

Große Fortschritte in der Medizin in diesem Jahrhundert haben zu der optimistischen Auffassung geführt, dass die moderne Medizin in der Lage ist, jede Krankheit zu besiegen, aber diese Annahme hat sich als Trugschluss erwiesen. Groß angelegte Impfprogramme haben Krankheiten wie die Pocken ausgelöscht und schlimme Krankheiten wie

Kinderlähmung, Lepra, Masern und Scharlach so eingedämmt, dass sie heute nicht mehr Geißeln der Menschheit, sondern nur noch selten auftretende, vermeidbare Krankheiten sind. Die Entdeckung des Penicillin und die allgegenwärtigen Antibiotika dämmten die lebensbedrohlichen Krankheiten auf wunderbare Weise stark ein, so dass Lungenentzündung und Gehirnhautentzündung heilbar wurden. Die häufigsten Parasitenkrankheiten wie Bilharziose und Malaria waren bereits im Rückzug begriffen. Viele Krebsarten sind heute besser zu behandeln und die Überlebensrate der Betroffenen stieg ständig an. Es schien nur noch eine Frage der Zeit und der weiter gehenden Forschung zu sein, bis alle Viren, alle Krebsarten und sogar genetisch bedingte Krankheiten nur noch in der Erinnerung der Menschen existierten.

Aber so weit sollte es nicht kommen. In den vergangenen 20 Jahren haben viele der altbekannten Krankheiten ein alarmierendes Come-back gefeiert und viele neue Krankheiten sind aufgetaucht. Wir haben erkannt, dass Ärzte Fehler machen und dass jede Behandlung Grenzen hat – auch wenn Ärzte manchmal den Eindruck vermitteln, dass ihr Wissen und Können unbegrenzt ist.

1. **Tuberkulose** war vor hundert Jahren eine häufige Todesursache; heute ist in vielen Teilen der Erde Tbc fast vollständig verschwunden. Die langsame Herausbildung von resistenten Tuberkulose-Bakterienstämmen wurde durch das Aufkommen des HIV in den 1980er Jahren beschleunigt. AIDS-Patienten wurden zu einer wichtigen Brutstätte für Tuberkulose-Bakterien. So ist die Tuberkulose heute in beängstigendem Ausmaß wieder zurückgekehrt, aber dieses Mal sind die einstmals hochwirksamen Medikamente kaum noch von Nutzen, weil der Tuberku-

losebazillus neue Formen entwickelt hat, die gegen die früheren Medikamente resistent sind.

a. Über 30 Millionen Menschen zogen sich die Krankheit in den 90er Jahren zu – die meisten von ihnen in den unterentwickelten Ländern. Über 26 Prozent der vermeidbaren Todesfälle in der Dritten Welt sind auf Tuberkulose zurückzuführen und ein Drittel dieser Todesfälle steht mit AIDS im Zusammenhang.

b. Im Jahr 1997 wurde bekannt, dass in Russland aufgrund einer Amnestie 400 000 Gefangene aus den Gefängnissen freikamen. Allerdings wird geschätzt, dass 70 Prozent der Gefängnisinsassen mit Tbc infiziert sind. Die medizinische Versorgung in Russland ist ohnehin schon in desolatem Zustand, denn es fehlt an Geldern und Ressourcen, um die Bevölkerung medizinisch zu versorgen. Die Folgen für die Bevölkerung sind beängstigend. Viele andere Länder haben ähnliche Probleme. Wer außer den Christen kann sich solcher Patienten langfristig mit der nötigen Liebe und Fürsorge annehmen, die sie dringend brauchen?

2. Malaria ist in den tropischen und auch in einigen Ländern mit gemäßigterem Klima lange Zeit eine Geißel der Menschheit gewesen. Malaria war eine der Hauptgründe für die verzögerte Entwicklung Afrikas und die hohe Todesrate unter den Missionaren in Westafrika im 19. Jahrhundert. Das kleine Verschen »Hab Acht, hab Acht auf die Bucht von Benin, kaum jemand kommt 'raus, aber viele geh'n hin« entsprach der grausamen Realität. Der Gebrauch von Chinin und eine Reihe von prophylaktisch verabreichten Malariamedikamenten, sowie die groß angelegte Überwachung der Wirtstiere der Moskitos drängten die Malaria-Gebiete immer weiter zurück und führten gleichzeitig zu einer Abnahme der tatsächlichen Malariaerkrankungen. Seitdem viele Länder Afrikas die Unabhängigkeit erlangt haben, ist die Malaria wieder mit geballter Kraft zurückgekehrt, da viele Regierungen in ihren Anstrengungen nachgelassen haben, die Malaria unter Kontrolle zu halten, so wie es die Kolonialmächte einst getan haben. Einige Stämme des Parasiten wurden mittlerweile gegen jegliche Prophylaxe resistent.[305] Diese Entwicklung ist auf weniger dichte Kontrollen aufgrund von Wirtschaftskrisen und auf die globale Erwärmung zurückzuführen. Völkerwanderungen führen dazu, dass die Krankheit sich erneut in Gebieten ausbreitet, in denen sie gerade besiegt war und so griff die Krankheit auch auf Länder über, die seit Jahrhunderten malariafrei waren. Heute sind über 105 Länder von Malaria betroffen.

Im Jahr 1996 starben über drei Millionen Menschen an dieser Krankheit, darunter waren eine Million Kinder. Man schätzt, dass sich die Zahl der Malariaopfer zwischen 1994 und 2010 verdoppeln wird. Diese Entwicklung stellt uns vor zwei große Herausforderungen – sind wir dazu bereit, das Risiko für unseren Herrn einzugehen und ihm in einer Gegend zu dienen, in der die Malaria grassiert? Sind wir bereit, an der Bekämpfung der Malaria mitzuarbeiten und uns dafür einzusetzen, dass die weitere Ausbreitung der Malaria verhindert und den Betroffenen geholfen wird?

3. Krebs: Zum gegenwärtigen Zeitpunkt ist in der westlichen Welt jeder dritte Todesfall auf Krebs zurückzuführen. Bis zum Jahr 2010 wird sich diese Zahl auf jeden zweiten Todesfall erhöhen. Die Tatsache, dass die Krebserkrankungen geographisch so ungleichmäßig verteilt sind, deutet darauf hin, dass die Ernährung, die Luftverschmutzung und die radioaktive Strahlenbelastung mit verursachende Faktoren für Krebs sein könnten. Es ist wirklich nicht zu verstehen, dass die mächtigen Tabakkonzerne solch gewaltige Anstrengungen unternehmen, um ihre todbringenden Produkte in die unterentwickelten Länder zu exportieren, wo sie gleichzeitig in der westlichen Welt stärker unter Beschuss geraten. In unserer heutigen Welt nehmen die Luftverschmutzung und die Zahl der ökologischen Katastrophen zu und das schlägt sich in der Zahl der Krebserkrankungen und anderen Krankheiten nieder. Anstrengungen, um den Niedergang des Ökosystems zu stoppen werden wohl am wenigsten in den ärmeren Entwicklungsländern unternommen werden; das sind gleichzeitig die Länder, in denen die größten geistlichen Nöte herrschen.

4. **Zukünftige Pandemien:** Im 14. Jahrhundert erlagen vielleicht 40 Millionen Menschen dem ›Schwarzen Tod‹ oder der Beulenpest, das war fast ein Drittel der Bevölkerung Europas und Asiens. Die Cholera kostete im 19. Jahrhundert Millionen von Menschen in Asien das Leben und in den Jahren 1919/1920 starben in 18 Monaten 18 Millionen Menschen an der Grippe. Gibt es neue schreckliche Pandemien, die die Bevölkerung dezimieren könnten? Möglicherweise.[306] Sowohl die Cholera als auch der Grippevirus verändern sich und die neuen Formen könnten noch aggressiver sein als die, die wir bereits kennen.

Der übertriebene Einsatz von Antibiotika hat die Entwicklung von Bakterien beschleunigt, gegen die es mittlerweile keine Medikamente mehr gibt.[307] Die erstaunliche Fähigkeit der Bakterien, resistente Stämme zu bilden und diese Resistenz auch auf nichtverwandte Bakterien zu übertragen, ist sicher als Rückschlag der Natur zu betrachten.[308]

Dass heute neue, exotische tödliche Krankheiten auftauchen, nimmt uns alle Ursache zur Selbstzufriedenheit.

Man muss sich nur den gespenstisch anmutenden Bericht über die durch den Ebola-Virus verursachte Legionärskrankheit ins Gedächtnis rufen, das fleischfressende Bakterium, das seine Wirkung so rasch zeigt, dass es durch kein Medikament bekämpft werden kann.

Die BSE-Krankheit, eine Variante der Creutzfeld-Jakob-Krankheit, die bisher vor allem in Großbritannien aufgetreten ist, wird aller Wahrscheinlichkeit nach von einem Prion verursacht, das noch kleiner ist als ein Virus. Noch immer ist über diese Krankheit sehr wenig bekannt. Ist das eine Warnung, dass uns noch Schlimmeres bevorsteht? AIDS gehört sicher zu diesen schlimmeren Krankheiten.

AIDS: AIDS und HIV, der Virus, der AIDS hervorruft, haben sich mit beängstigender Geschwindigkeit ausgebreitet. Das ist erstaunlich für eine Krankheit, die bis zum Jahr 1980 noch unbekannt war, eine solch lange Inkubationszeit hat und sich vor allem durch sexuelle Promiskuität verbreitet. Mit AIDS sind viele Emotionen verbunden, weil AIDS mit dem Niedrigsten, was die Gesellschaft zu bieten hat, in Zusammenhang steht, mit der Sexindustrie, und weil AIDS für die allgemeine Ablehnung von moralischen Maßstäben in der Gesellschaft eine heimtückische Herausforderung darstellt.

Es ist schwierig, über AIDS wirklich verlässliche Zahlen zu erhalten; erstens, weil viele Länder Gesetze erlassen haben, nach denen aufgrund der emotionalen Reaktionen Zwangstests für möglicherweise Erkrankte verboten sind, zweitens führt das gesellschaftliche Stigma, wenn jemand zugibt, dass er das Virus hat, zu offiziellem Stillschweigen und drittens können sich viele der am stärksten betroffenen Länder weder leisten, die AIDS-Erkrankten zu testen noch sie medizinisch zu betreuen. Eine niedrige Schätzung aus dem Jahr 1996 spricht von 30 Millionen Menschen, die das Virus in sich tragen, von 10 Millionen Menschen, bei denen die Krankheit schon ausgebrochen ist und von 6,5 Millionen Menschen, die bereits daran gestorben sind. Etwa 25 Prozent aller Todesfälle sind Kinder, die bei der Geburt mit dem Virus infiziert wurden. Man schätzt, dass 1,5 Millionen Todesfälle im Jahr 1996 AIDS zuzuschreiben waren und 2,3 Millionen im Jahr 1997 – man kann nur darüber spekulieren, wie viel mehr Menschen daran gestorben sind, bei denen die wahre Todesursache nicht genannt wurde oder nicht bekannt war. Hier noch einige Bemerkungen dazu:

1. **Im Westen, insbesondere in den USA und Brasilien**, sind viele Homosexuelle von der Krankheit betroffen. Die ausführliche öffentliche Diskussion des Themas und enorme Geldsummen zur Erforschung eines Heilmittels haben dazu beigetragen, dass die Zahl der bekannten Fälle der mit HIV Infizierten weniger rasch anstieg und die Zahl der Fälle, in denen AIDS bei den Infizierten ausgebrochen ist, langsamer zunahm. Die medizinische Hilfe konnte nur mit enormen Summen erkauft werden – etwa 10 000 bis 15 000 US-Dollar kosten jedes Jahr die Medikamente pro Patient. Diese Kosten können in den übrigen Teilen der Welt, wo die Krankheit so viel häufiger vorkommt, niemals von den Betroffenen aufgebracht werden. Russland wird von einer massiven Pandemie von AIDS-Fällen fest im Würgegriff gehalten: Eine Million Menschen sollen bis zum Jahr 2000 infiziert sein.

2. *Afrika* ist von AIDS am stärksten betroffen: Von fast 20 Millionen Menschen weiß man, dass sie 1996 mit dem Virus infiziert waren. Nach offiziellen Verlautbarungen

waren im Jahr 1996 in Ländern wie Botswana, Simbabwe, Malawi, Sambia und Uganda zwölf bis 18 Prozent der Bevölkerung HIV-positiv. Die inoffiziellen Zahlen sind wahrscheinlich um einiges höher. Einzig in Uganda geht die Zahl der Erkrankten aufgrund einer Regierungskampagne gegen AIDS und die Propagierung der Enthaltsamkeit außerhalb der Ehe und der absoluten Treue innerhalb der Ehe – der einzige wirksame Weg, um die Krankheit auszurotten – durch die Christen langsam zurück. In Malawi sterben jede Stunde sechs Menschen an AIDS, das sind 50 000 Todesfälle pro Jahr. Die Auswirkungen auf die Wirtschaft sind fatal, denn die Todesfälle treten gehäuft unter dem wirtschaftlich aktiven Teil der Bevölkerung auf, was gleichzeitig bedeutet, dass man für das Jahr 2000 mit zehn Millionen AIDS-Waisen in Afrika rechnen kann.

3. Schon bald wird die HIV-positive Bevölkerung **Asiens** Afrika überrunden. Die allgegenwärtige Prostitution hat die Krankheit wie ein verheerendes Feuer quer durch die Bevölkerung Indiens und Thailands und die umliegenden Nationen verbreitet. Die Schätzungen für die Zahl der Infizierten in Indien für das Jahr 2000 variieren zwischen 15 und 50 Millionen Menschen.

Diese Statistiken lassen einem wirklich den Atem stocken. Wenn man allerdings die Menschen kennen lernt, deren Leben durch die Krankheit oder den Tod eines Angehörigen zerstört wurde, dann ist die ganze Sache noch herzzerreißender. Die schlichte Wahrheit ist, dass der Durchschnittsbürger mit der Realität von AIDS nicht fertig wird und der Krankheit nicht ins Auge schauen kann. Wir Christen haben aber eine Botschaft weiterzusagen, die den Betroffenen Hoffnung für die Ewigkeit vermitteln kann. Zugleich haben wir eine moralische Alternative anzubieten, um diese schreckliche Pandemie zum Stillstand zu bringen. In den kommenden 20 Jahren brauchen wir neue Arbeitszweige und Missionsgesellschaften zur Arbeit unter den von AIDS-Betroffenen und zur Gemeindegründung in den Gesellschaften, die durch AIDS völlig zerstört werden.

Ich habe schon auf S. 200 f von der Arbeit in Bethel in Spanien gesprochen, die mit dem WEC International verbunden ist. Diese Arbeit unter Drogenabhängigen hat sich weiterentwickelt und zu Gemeindegründungen und zu einer Art Missionsarbeit geführt, bei der AIDS der ständige Begleiter aller pastoralen Arbeit ist und viele Schmerzen und Unsicherheiten mit sich bringt. Das ist ein Vorgeschmack auf eine neue Art von christlicher Gemeinde im 21. Jahrhundert. Es wäre zu wünschen, dass es noch viele ähnliche Projekte wie dieses gäbe.

Schlussfolgerungen

Ich konnte hier nur einige Herausforderungen für die christliche Sozialarbeit anführen. Es gibt viele andere wichtige Arbeitszweige, die ebenfalls hier hätten genannt werden können wie z. B. die Arbeit unter Gefangenen,[309] unter Waisen,[310] unter Mittellosen, die christliche Arbeit im ökologischen Bereich, im Erziehungswesen, in Leselernprogrammen und vielen weiteren Bereichen. Ich wollte nur diese Arbeitszweige hier stellvertretend als wichtige Vehikel zur Erfüllung des Missionsbefehls im 21. Jahrhundert anführen.

In welche Richtung werden sich denn die evangelikalen Missionsgesellschaften im 21. Jahrhundert orientieren, wenn man die Bedeutung dieser oben genannten Arbeitszweige berücksichtigt? Ich kann hier wiederum nur einige wenige Punkte nennen:

1. Es wird in der Zukunft viel mehr spezielle Arbeitszweige geben, die von Christen dort ins Leben gerufen werden, wo öffentliche und von der Regierung ins Leben gerufene Programme allein aufgrund ihrer Größe und der Gelder, die sie verschlingen, versagen.

2. Die Zahl der Arbeitszweige im medizinischen Bereich wird sich vervielfachen, allerdings wird sich der Schwerpunkt stärker zugunsten einer Ergänzung der von der Regierung ins Leben gerufenen Programme verschieben; es wird mehr Vorsorgearbeit geleistet werden anstatt der Arbeit in den traditionellen Missionskrankenhäusern, und die liebevolle Versorgung derjenigen wird zunehmen, die aufgrund gefährlicher Krankheiten (wie z. B. AIDS) aus der Gesellschaft ausgestoßen werden.

3. Nur diejenigen Missionsgesellschaften, die auf sozialem Gebiet arbeiten und sich gleichzeitig in der Gründung einheimischer Gemeinden engagieren, werden in der Lage sein, die Finanzen und die Arbeitskräfte aufzubringen, um ihre Arbeit aufrechtzuerhalten und weiter auszubauen. Finanzielle Unterstützung von außerhalb des Landes ist nur begrenzt möglich und wird mit den finanziellen Bedürfnissen dieser Arbeitszweige nicht Schritt halten können.

Kapitel 24

Die ideologische Herausforderung
Die Zukunft der politischen Ideologien

Die 200 Jahre Verblendung mit revolutionären Ideologien als die treibende Kraft in den Belangen der Menschheit sind so gut wie vorbei. Diese Zeit der Verblendung nahm ihren Anfang mit der Französischen Revolution und der Erstürmung der Bastille im Jahr 1789. Der Geist der Revolution ergoss sich wie Lava aus einem Vulkan über die Erde und veränderte die Gesellschaft.[311] Die jeweilige Ideologie wurde zum wichtigsten Faktor bei den politischen Bewegungen der Welt – seien es revolutionäre Ideologien wie der Nationalsozialismus oder der Faschismus, der Kommunismus oder auch evolutionäre Ideologien wie die Demokratie, der Kapitalismus oder der Liberalismus. Die Totenglocke der Ideologien läutete im Jahr 1989 als in Berlin die Mauer fiel, die die Stadt in zwei Hälften geteilt hatte. Diese 200 Jahre waren nicht mehr als ein kurzer Moment, eine Verirrung in der Weltgeschichte. Das wird an den Studenten deutlich: Wofür demonstrieren sie heute? In den 1960er und 1970er Jahren waren es die Ideologien, die Nuklearwaffen, Vietnam oder die Apartheid, aber heute geht es um Zuschüsse, um das tägliche Brot und Prüfungen. Die weit verbreitete Desillusionierung über politische Systeme und Parteien und die zynische Haltung Politikern gegenüber sind ebenfalls Kennzeichen dieser Entwicklung.

Der Zusammenbruch des Kommunismus

Der Kommunismus hat unsere Welt über den größten Teil dieses Jahrhunderts hinweg bedroht. Der Kommunismus hat sich lange mit einer Aura der Dauerhaftigkeit und der Unbesiegbarkeit umgeben, die sein zerrüttetes Innenleben, seine nicht praktikablen Wirtschaftstheorien und seine undurchführbaren, die Gesellschaft manipulierenden Sozialprogramme verschleierten. Wer hätte noch 1986 vorhersagen können, dass innerhalb fünf kurzer Jahre diese Ideologie als ein lebensfähiges politisches System nicht mehr existieren würde und dass jene Länder, in denen der Kommunismus bisher überlebt hat, entweder den grundlegenden Wirtschaftsgrundsätzen des Kommunismus entsagt haben oder einfach primitive Diktaturen mit marxistisch-leninistischem Feigenblatt wurden, das ihre ideologische Nacktheit bedecken sollte? Das Christentum, das in diesen Ländern so lange unterdrückt und sogar verboten worden war, hat überlebt, ist wieder auf der Bildfläche erschienen und zu neuem Leben erwacht.

Wir dürfen das Fortbestehen des militanten Atheismus in den Ländern nicht ignorieren, in denen der Kommunismus – auch wenn es sich um eine modifizierte Form des Kommunismus handelt – noch immer herrscht. Etwa ein Viertel aller Menschen lebt noch immer unter Regierungen, die die bloße Existenz der christlichen Kirche hassen – ein Hass, der irrational und kontraproduktiv anmuten würde, wenn wir nicht wüssten, dass diese Ideologie von Satan stammt. Die anhaltende Verfolgung bzw. die Knebelung der Gemeinde Jesu in China, Vietnam, Laos, Kambodscha, Nord-Korea und Kuba ist noch immer schmerzliche Realität. Diejenigen Arbeitszweige, die die dortigen Gläubigen unterstützen und ermutigen, haben noch immer große Bedeutung. Die verfolgte Gemeinde in solchen Ländern braucht noch immer unser Gebet.

Die Diskreditierung des Kapitalismus

Auf den plötzlichen Zusammenbruch des europäischen Kommunismus reagierten die kapitalistischen Gesellschaften mit ungesunder Schadenfreude. Viele Autoren haben sich über den Sieg des Kapitalismus über den Kommunismus ausgelassen. Die marktbestimmenden Kräfte mögen sich unter gewissen Umständen als stärker erweisen als die Planwirtschaft des Marxismus, aber bei beiden Systemen stehen unerlöste Sünder an der Spitze. Beide Systeme sind anfällig für Manipulationen durch selbstsüchtige, gierige, grausame Menschen, die, koste es, was es wolle, ihre Privilegien verteidigen und ihre Manipulationen des Systems vor der Mehrheit zu verbergen suchen.

Christen haben nur allzu oft die Meinung vertreten, dass der Kapitalismus im Wesentlichen »gut und richtig« ist. Die 90er Jahre haben allerdings große Defizite in einer brüchig gewordenen Ideologie sichtbar werden lassen. Die vorherrschende Ideologie frönt dem Hedonismus und ihr Motto scheint zu lauten: ›Geld ist gut und dient meinem Vergnügen. Ich könnte mir über die weniger Privilegierten, die Umwelt oder irgendwelche moralischen Maßstäbe kaum weniger Gedanken machen (wenn ich damit durchkomme)‹. Die neuen Kapitalisten in Lateinamerika, die der Mafia angehören, und der früheren kommunistischen Welt sowie die schmutzigen Finanzskandale im großen Stil und der prahlerisch zur Schau getragene Wohlstand im Westen haben keine gute Werbeveranstaltung für den Kapitalismus abgegeben.

Die Reformation führte eine gesellschaftliche Revolution herbei. Die Politiker waren auf einmal ihren Wählern gegenüber Rechenschaft schuldig, die Rechte des Einzelnen und die Besitzrechte wurden respektiert, ehrliche Arbeit kam zu Ehren und in Gott, dem Erlöser und liebenden Schöpfer, erkannte man die absolute Wahrheit. Auf dieser Grundlage gedieh der Kapitalismus. Wenn dem Kapitalismus dieser Unterbau entzogen wird, dann ist auch der Kapitalismus nur ein weiterer Weg abwärts, auf dem die Gier und die Selbstsucht der Menschen Blüten treiben. Deshalb ist die Weltanschauung der meisten Menschen in der westlichen Welt in diesem Jahrhundert inzwischen durch und durch säkular und es herrscht Gleichgültigkeit gegenüber geistlichen Dingen.

Die Zukunft der religiösen Ideologien

Die massiven weltweiten Veränderungen beeinflussen nicht nur die politischen, sondern auch die religiösen Ideologien. Der Islam, der Hinduismus, der Buddhismus und sogar das Christentum als sozio-politische Kraft werden so stark bedroht wie noch niemals zuvor. Wir werden von den Zerschlagungen der Systeme und von den Umwälzungen überrascht und erschüttert sein, die alle diese Ideologien im 21. Jahrhundert betreffen werden. Wir verschließen auf eigene Gefahr und zum Schaden des gesamten Missionsunternehmens unsere Augen vor diesen herannahenden Ereignissen. Die Menschen sind verzweifelt, verwundet, führerlos und haben für diese und die kommende Welt keine Hoffnung, weil die Strohhalme der Religion, an denen sie sich festgeklammert haben, ihnen keinen Halt mehr bieten. Sie brauchen noch immer das Evangelium, aber ohne seine unbiblischen Anhängsel. Die Mission wird weitergehen bis Jesus wiederkommt, aber wird die Evangelisation mit Hilfe unserer gegenwärtigen Denkvoraussetzungen und Methoden zur Vollendung gebracht werden können? Wie begegnen wir den Herausforderungen des kommenden Jahrhunderts? Ich möchte hier kurz die vier wichtigsten religiösen Ideologien beleuchten, die für die Mission die größte Herausforderung darstellen:

Das Ende des Christentums

Das Christentum selbst ist morsch geworden und erlebt einen rapiden Niedergang. Die rapide Verdrängung des jüdisch-christlich kulturellen Erbes und das Versagen der Christen bei der Verteidigung ihrer angestammten privilegierten Position treten in der westlichen Welt immer offener zu Tage. Wir werden dazu gezwungen, zu einer biblischeren, radikaleren Position zurückzukehren – dass wir nämlich eine Minderheit in der Welt, aber nicht von der Welt sind. Nur wenige Christen sind sich der Tatsache bewusst, dass die 1700 Jahre, in denen das Christentum als Ideologie der regierenden Elite gemeinsame Sache mit der Politik gemacht hat, nun sehr rasch ihrem Ende zugehen. Ob uns das gefällt oder nicht, so hat doch das Konzept der

Reichskirche³¹² das Denken der römischen Eroberer von Konstantin an durch die Jahrhunderte der Papstherrschaft, der Reformation und des 19. Jahrhunderts als das Missionsjahrhundert beherrscht. Dieses Konzept hat auch in der größtenteils protestantisch geprägten Bewegung Protestant Moral Majority oder Religious Right in den USA und in den Bemühungen der Russisch-Orthodoxen Kirche, jede von ihren Dogmen abweichende religiöse Auffassung auszumerzen, seine Spuren hinterlassen. Die Ära des konstantinischen Christentums geht unweigerlich seinem Ende entgegen. Eine Kirche, die ihrer politischen Macht beraubt ist, ist auch von der Last befreit, versuchen zu müssen, durch menschliche Anstrengungen die Welt zu regieren und zu beeinflussen. Die Zeit für vollmächtigere Missionsarbeit in dieser Welt voller Nöte dämmert herauf. Wir müssen diese Entwicklungen erkennen, uns darauf einstellen und die Gelegenheiten ergreifen, die sich uns bieten. Es geht nicht darum, Boden wettzumachen oder das Gemeindewachstum noch weiter zu steigern, sondern wir sollen das Reich Gottes aufrichten, das nicht von dieser Welt ist, das aber dennoch als eine ganz anders geartete Gemeinschaft die Erde erfüllen wird. Wir müssen wieder zu dem Konzept der **Pilgerkirche**³¹³ zurückkehren, einer Kirche, die gehasst, abgelehnt, verachtet und verfolgt werden wird, aber dennoch eine prägende, ausschlaggebende, siegreiche Minderheit ist, die schon bald, in naher Zukunft, als vollkommene Braut bereit sein wird für ihren himmlischen Bräutigam. Vielleicht erkennt man im 21. Jahrhundert diese anders geartete Kirche wieder als die wirkliche Kirche Jesu Christi.

Das Christentum ist dem Untergang geweiht, aber das biblische Christentum geht einer strahlenden Zukunft entgegen. Es scheint lange zu dauern, bis wir das begreifen. Wir müssen aufhören, den Niedergang des Christentums in Europa und in vielen Teilen der westlichen Welt zu beklagen und erkennen, dass Europa durch das Aufkommen des Christentums nicht bekehrt wurde, sondern lediglich das Heidentum »getauft« wurde, das auch heute noch mit dem Anspruch Christi konfrontiert werden muss. Das heutige Europa ist zu weiten Teilen zu den Weltanschauungen zurückgekehrt, die zu Zeiten der Urgemeinde allgegenwärtig waren. Der Säkularismus in Europa, die unverhüllte Sünde, die Vernarrtheit in das neo-hinduistische New-Age-Denken und der Okkultismus müssen mit dem Anspruch Christi konfrontiert werden, so wie in den ersten Jahrhunderten der Gemeinde Jesu; einer Zeit, in der die Christenheit furchtlos diejenigen zu lieben und zu gewinnen wagte, die sie verfolgten.

Der Zusammenbruch des Islam

Samuel Zwemer, »der große Apostel unter den Muslimen«, verfasste im Jahr 1916 ein Buch mit diesem Titel.[314] Zwar ist dieser Zusammenbruch des Islam 80 Jahre später noch nicht Wirklichkeit geworden und sieht auch derzeit nicht mehr sehr wahrscheinlich aus, wenn wir uns die geographische Ausbreitung und die wirtschaftliche Macht der islamischen Welt vor Augen halten, sowie die grimmige Entschlossenheit einiger muslimischer militanter Fundamentalisten, ihr Leben für die gewaltsame Auslöschung ihrer erklärten Feinde zu opfern. War Samuel Zwemer dennoch ein Prophet? Gibt es vielleicht bereits Anzeichen für diesen Zusammenbruch des Islam?

Ohne Zweifel ist der Islam schon immer der größte Gegner des Christentums gewesen.[315] Dreimal haben die Muslime in der Geschichte versucht, dem Christentum den Todesstreich beizubringen. Allerdings muss hier auch erwähnt werden, dass die islamische Welt dreimal von den ›christlichen‹ Ländern bedroht und angegriffen wurde. Dabei handelte es sich um folgende Ereignisse:

1. **Der muslimische Angriff auf Westeuropa** mit der Einnahme Spaniens im Jahr 714 und der Invasion in Frankreich im Jahr 732, der von Karl Martell bei Tours und Poitiers zurückgeschlagen wurde.

2. **Die »christlichen« Kreuzzüge** von 1096 bis 1291, durch die das Heilige Land für das Christentum zurückgewonnen werden sollte, das im 7. Jahrhundert an den Islam gefallen war. Die Grausamkeiten, Gräuel und die moralischen Verfehlungen, die in der islamischen Welt bis heute mit den Kreuzzügen verbunden werden, sind dort noch immer ein enormer Stein des Anstoßes für das christliche Zeugnis. Es ist von großer Bedeutung, dass der Versöhnungsmarsch (Reconciliation March) der Christen in den Jahren 1996–99 auf der Route der Armeen der Kreuzfahrer gerade zum jetzigen Zeitpunkt stattfand – 900 Jahre nach dem Beginn des Ersten Kreuzzuges.

3. **Die türkisch-osmanische Invasion in Osteuropa** 1396–1683: Im Jahr 1683 wurde die Belagerung Wiens zurückgeschlagen und danach zogen sich die Osmanen bis zum Ersten Weltkrieg im Jahr 1914 langsam aus den europäischen Ländern zurück. Die 1200-jährige islamische Herrschaft über die christianisierten Völker Europas haben die Europäer bis heute in ihrer Haltung gegenüber den Muslimen tiefgreifend negativ beeinflusst und diese Tat-

sache trug viel mit bei zur heute in Bosnien so vehement aufgebrochenen Bitterkeit.

4. Die europäischen Kolonialreiche haben nach und nach die politische Kontrolle über fast alle Länder der Erde übernommen, in denen Muslime die Mehrheit stellen.[316] Diese Entwicklung begann mit den Niederländern in Indonesien im 17. Jahrhundert und fand ihren Gipfelpunkt in der Gründung des Staates Israel im Jahr 1948, die für die islamische Welt einen Affront ohnegleichen darstellte.[317] Der Einfluss des Kolonialismus, insbesondere die Existenz Israels, die nur aufgrund der Protektionen des Westens Wirklichkeit werden konnte, ist eine der wohl schmerzlichsten Realitäten für Muslime – insbesondere für die Muslime des Nahen Ostens – und verleitet sie dazu, alles nur Erdenkliche zu tun, um dieser Schande ein Ende zu machen.

5. Die muslimische Reaktion des Yom-Kippur-Krieges im Jahr 1973 und die erste Ölkrise: Zwar schlug der Versuch, Israel im Jahr 1973 von der Landkarte auszuradieren, fehl, aber dieser Versuch war die muslimische Antwort – die bis heute nicht anders ausfällt – auf die Existenz Israels und an die Adresse des Westens gerichtet. Dieser Krieg wird an fast jeder Front gekämpft – an der Front der Diplomatie, der Finanzen, der Eliminierung der christlichen Minderheiten in den islamischen Ländern, dem Verbot jeglicher christlicher Missionsarbeit, des militärischen Muskelspiels und des Terrorismus. Es wäre überraschend, wenn diese Situation in den nächsten fünf Jahren im Nahen Osten nicht zu einem Krieg apokalyptischen Ausmaßes führen würde.

6. Das Vordringen der westlichen Kultur in die islamische Welt: Viele Muslime sind empört über den schleichenden Einfluss westlicher Werte und westlicher Kultur mittels der Medien und lehnen diesen Einfluss entschieden ab. Dennoch ist dieser Einfluss so übermächtig, dass er als weiterer Angriff auf die islamische Gesellschaft betrachtet wird. Hollywood und das Christentum sind im Denken vieler Muslime unentwirrbar miteinander verbunden.

Das alles ist kein verheißungsvoller Ausblick auf die christliche Missionsarbeit in der islamischen Welt, vom Zusammenbruch des Islam gar nicht zu reden. Aber die Verheißungen der Bibel bleiben dennoch wahr, das Evangelium enthält den einzigen Erlösungsweg für die Sünden der Muslime und wir wissen, dass aus jedem Volk, auch aus den Völkern, die zum überwiegenden Teil muslimische Völker sind, Menschen vor dem Thron Gottes stehen werden und dass jede Festung und alles Hohe, was sich erhebt wider die Erkenntnis Gottes zerstört werden wird.[318] Durch den Glauben können wir zwar erwarten, dass das Wirklichkeit wird, aber wir müssen die Herausforderung für unseren Glauben, die der Islam darstellt, realistisch betrachten. Dabei geht es nicht nur um die gewalttätigen Zusammenstöße und die theologischen Konfrontationen zwischen Islam und Christentum in der Geschichte des Islam, sondern auch um:

1. Die absolut unterschiedlichen Weltanschauungen auf christlicher und islamischer Seite in vielen Bereichen – hinsichtlich der Politik und Regierung, der Rolle der Frau, des Essens und Trinkens, der Frage, was Liebe ist und vieler weiterer Bereiche. Das lässt die Vorurteile und Ängste auf beiden Seiten ins Unermessliche steigen und macht tief gehende Freundschaften sehr schwierig.

2. Den Koran, die Offenbarung Allahs, und die islamische Theologie, die die wichtigsten Aussagen des christlichen Glaubens klar ablehnen – die Vaterschaft

Gottes, die Dreieinigkeit, die Gottheit und Gottessohnschaft Jesu, seinen Erlösertod, seine Auferstehung und seine Herrschaft zum jetzigen Zeitpunkt. Nur durch das vollmächtige Wirken des Heiligen Geistes und den Kontakt zum Evangelium – oftmals über viele Jahre hinweg – können diese Schranken überwunden werden.

3. Den Aufbau der islamischen Gesellschaft und das islamische Gesetz, denn sie machen es für einen Muslim fast unmöglich, Christ zu werden, da eigentlich jeder Abfall vom Islam mit dem Tod bestraft werden muss, was häufig durch Verwandte vollstreckt wird. Dazu kommt noch, dass die lange Geschichte negativer Erfahrungen einheimische Christen von nichtmuslimischem Hintergrund extrem vorsichtig und oft auch misstrauisch gegenüber jedem ehemaligen Muslim gemacht hat. Es ist kein Wunder, dass es unter Muslimen bisher nur so wenige Bekehrungen gegeben hat und dass so viele, die den Schritt zum christlichen Glauben gewagt haben, ihr Leben für ihren neuen Glauben opfern mussten.

4. Eine als bedrohlich empfundene Militanz der islamischen Welt – der zunehmende »fundamentalistische« Terror und die Gewalttaten sind in die Schlagzeilen der Weltpresse geraten. Der Islam strebt die Weltherrschaft an und verfügt über die theologische Rechtfertigung für den Einsatz von Gewalt, um dieses Ziel zu erreichen, obwohl das lediglich von einer sich lautstark zu Wort meldenden, aber sehr einflussreichen Minderheit befürwortet würde.

Wo findet man in der heutigen Welt Anzeichen für den Glauben daran, dass die Kraft des Evangeliums in der Welt des Islam offenbar werden wird, bevor Christus wiederkommt? Ich glaube, es gibt eine ganze Menge Anzeichen dafür. Einige dieser Anzeichen habe ich in Teil 3 dieses

Buches besprochen. Das Gebet für diese Region hat so stark zugenommen,[319] es werden viel mehr Missionare in diese Region berufen, es gibt mehr Bekehrungen als jemals zuvor und in vielen Ländern entstehen Gemeinden, die fast ausschließlich aus Bekehrten von muslimischem Hintergrund bestehen.[320] Sogar der Fundamentalismus wirkt hier mit[321] und führt in der islamischen Welt in so großem Umfang zur Desillusionierung über diese Religion, dass dieser Faktor allein den Weg für den Zusammenbruch des Islam bereiten könnte, bevor sich dann das Evangelium Bahn bricht.

Der Hinduismus

Es ist wohl kaum möglich, sich eine stärker vom Islam unterscheidende Religion als den Hinduismus vorzustellen. Das wichtigste Dogma des Islam ist sein absoluter Monotheismus und seine Exklusivität, während der Hinduismus polytheistisch ist und in seiner Inklusivität wie ein Schwamm wirkt.[322] In vielen hinduistischen Tempeln hängt ein Portrait von Jesus als einem der Tempelgötter, der dort verehrt wird. Der Hinduismus ist für Christen und ihren Glauben eine ebenso große Herausforderung wie der Islam. Der Hinduismus repräsentiert eine weitere religiöse Ideologie, in die das Evangelium noch kaum eine Bresche geschlagen hat und wo noch sehr wenige Menschen für den christlichen Glauben gewonnen wurden. Die große Mehrheit der Christen in Indien hat sich unter Angehörigen der Randbereiche der Gesellschaft bekehrt – von den Dalits,[323] sowie den Stammesminderheiten, die über ganz Indien verstreut sind und als außerhalb des Kastensystems betrachtet werden. Im Vergleich dazu ist die Zahl der Christen aus den mittleren und höheren Kasten, insbesondere aus den Priesterkasten der Brahmanen, bisher sehr gering gewesen.

Weltweit nimmt die Faszination der hinduistischen Religion und der Zivilisation, die sie hervorgebracht hat, zu. Über 15 Millionen Menschen haben den indischen Subkontinent verlassen und sich in jedem Kontinent der Erde angesiedelt und dort Handel getrieben. Die meisten von ihnen waren Hindus, die ihre Religion in die fremden Kulturen hineintrugen. Außerdem hat seit dem Jahr 1893 die Zahl der Hindu-Missionare in der westlichen Welt zugenommen. Seit dieser Zeit sind die hinduistischen Praktiken und die ihr zugrunde liegende Weltanschauung Bestandteil der nichtchristlichen westlichen Kultur geworden und Yoga, transzendentale Meditation, die Lehre von der Reinkarnation und die gesamte New-Age-Bewegung wurden in intellektueller Hinsicht als salonfähig betrachtet. Es ist schon etwas Wahres dran, wenn man behauptet, dass der Hinduismus als missionarische Religion im Westen viel erfolgreicher war als das Christentum in der hinduistischen Welt.

Die geistlichen Nöte von 800 Millionen Hindus auf der Welt sind eine der größten Herausforderungen, denen wir gegenüberstehen, wenn wir die Weltmission zu Ende führen möchten.[324] In Indien versucht eine militante Ausprägung des Hinduismus, alles nur Mögliche zu tun, um im Gesetz zu verankern, dass die Bekehrung zum Christentum künftig unter Strafe gestellt wird. Damit wird die Bekehrung zum christlichen Glauben schwierig, wenn nicht sogar unmöglich und das Bestreben geht dahin, jegliches christliche Zeugnis in Indien zu eliminieren. Auch die Christen, die sich aus den verschiedenen Stämmen heraus bekehrt haben oder Dalits sind, werden bestochen oder gezwungen, zum Hinduismus zurückzukehren. Die Gemeinde Jesu in Indien kämpft einen schweren Kampf, aber es gibt auch ermutigende Dinge zu berichten. Christen beten heute viel mehr für diese Situation und die indischen Christen haben heute viel mehr Missionare hervorgebracht, nämlich etwa 15 000. Außerdem ist seit 1990 viel Forschungsarbeit geleistet und Analysen über die noch vor uns liegende Aufgabe erstellt worden, was zur Folge hat, dass Missionare besser eingesetzt werden, um die wichtigsten Hindukasten und den Hauptstrom der Gesellschaft zu erreichen. Es braucht noch viel Gebet, bis jede Ebene und jedes Segment der Gesellschaft mit dem Evangelium erreicht ist.

Der Buddhismus

Der Hinduismus hat den Buddhismus hervorgebracht, aber in Nepal und Indien, den Ländern der Entstehung des Buddhismus, gibt es fast keine Anhänger dieser Lehre mehr. Dennoch ist der Buddhismus in seinen kulturell unterschiedlichen Formen zur vorherrschenden Religion in Sri Lanka und in Ost- und Südostasien geworden.

Es gibt etwa 700 Millionen Menschen auf der Welt, die sich wohl selbst als Buddhisten bezeichnen würden. Der Buddhismus ist eine Religion, die eine Antithese zu allem darstellt, was wir Christen als wichtig oder erstrebenswert betrachten. Wie können wir ein Lebenskonzept begreifen, in dem kein Gott existiert, wo Gefühle und Empfindungen falsch sind, in dem man sich die Errettung durch Werke verdient und das Leben ein endloser Zyklus von Wiedergeburten ist und wo die Glückseligkeit nicht der Himmel ist, sondern gleichbedeutend mit dem Aufgehen im Nichts? Wie können wir das Evangelium so verkünden, dass es sogar für Buddhisten zu etwas Erstrebenswertem wird?

Der Buddhismus ist im höchsten Maße synkretistisch und in jeder Kultur, in die der Buddhismus Eingang gefunden hat, hat er die einheimischen Religionen gewissermaßen aufgesogen – in Tibet die dämonische Bon-Religion, in Thailand den allgegenwärtigen Spiritismus, nach dessen Lehre jedes Gebäude von Hausgeistern beschützt wird, in China den Taoismus der Götterverehrung und in Japan den nationalistischen Shintoismus. Sogar der Atheismus des Buddhismus wurde durch die Vergöttlichung seines Gründers, des Buddha, ersetzt.

In den vom Buddhismus beherrschten Gebieten hat das Christentum nur in Korea größere Schneisen schlagen können; ebenso dort, wo der Kommunismus den Zugriff der althergebrachten religiösen Systeme auf die Bevölkerung gelockert hatte. Die oben aufgeführten Kulturen bleiben mächtige Festungen, die noch unter den Einfluss des Evangeliums kommen müssen.

Weitere Ideologien

Es könnte noch mehr über anderweitige politische und religiöse Ideologien gesagt werden, so z. B. über die Drusen, die Baha'i und die Ahmadiyya, die sich aus dem Islam, dem Sikkhismus, dem Jainismus, dem Parsismus, dem Animismus und den großen Abspaltungen vom Christentum entwickelt haben. Dafür ist hier aber kein Raum.

Bei jeder Philosophie oder Ideologie, die Menschen oder der Feind ersonnen haben, können wir gewiss sein, dass sie vor Jesus Christus und dem Evangelium, das er uns geschenkt hat, keinen Bestand haben. In Jesaja 54, 17 lesen wir die wunderbare Verheißung:

> »... und jede Zunge, die vor Gericht gegen dich aufsteht, wirst du schuldig sprechen. Das ist das Erbteil der Knechte des Herrn und ihre Gerechtigkeit von mir her, spricht der Herr.«

Es sind diese Verheißungen, die uns im Angesicht all dieser überzeugend klingenden Ideologien Vertrauen in unsere Botschaft schenken. Aber trotzdem befinden wir uns mitten in der geistlichen Auseinandersetzung. Deshalb werden wir uns jetzt kurz dieser geistlichen Ebene der Auseinandersetzung zuwenden.

Kapitel 25

Die geistliche Herausforderung

Jesaja lässt bei uns keine Zweifel über die Herausforderung zurück, die noch vor uns liegt. Wir befinden uns inmitten des geistlichen Kampfes:

> »Siehe, wenn man auch angreift, so geschieht es nicht von mir aus. Wer dich angreift, wird um deinetwillen fallen. Siehe, ich selbst habe den Schmied geschaffen, der das Kohlenfeuer anbläst und die Waffe hervorbringt als sein Werk; und ich selbst habe den Verderber geschaffen, um zugrunde zu richten. Keiner Waffe, die gegen dich geschmiedet wird, soll es gelingen ...«
> *(Jesaja 54, 15 – 17)*

Hier wird uns eine Welt vor Augen geführt, in der der Satan die Kontrolle an sich gerissen hat. Er hatte den Herrn Jesus Christus in der Wüste mit der Behauptung versucht, dass alle Reiche dieser Welt ihm gehören sollten und dass er, der Satan, das Recht habe, sie dem zu geben, dem er sie geben wollte.[325] Jesus stritt das nicht ab. Jesus gewann diese Reiche jedoch nicht zurück, indem er vor dem Teufel niederfiel, sondern indem er durch seinen Tod am Kreuz und seine siegreiche Auferstehung von den Toten über den Teufel triumphierte. Die Reiche dieser Welt können nun die Reiche Christi werden.[326] Jesus muss regieren, bis alle seine Feinde unter seine Füße getan werden.[327] Aller geistlicher Kampf ist nichts anderes, als dass das von Jesus am Kreuz vollbrachte Werk zum Tragen kommt, nicht jedoch die Lautstärke unserer Stimme, die Macht unserer Worte oder etwa unsere Nähe zum Kampfgebiet.

Jesus fragte seine Jünger: »Wie kann jemand in das Haus des Starken eindringen und seinen Hausrat rauben, wenn er nicht zuvor den Starken bindet?« (Matthäus 12, 29) Wir haben die Autorität übertragen bekommen, Dämonen auszutreiben und die Macht des Feindes zu vernichten.[328] Wir sollten uns hinsichtlich der Ernsthaftigkeit der Auseinandersetzung keinen Illusionen hingeben und die Macht und Schlauheit des »Starken« nicht unterschätzen, wenn wir seine Güter nehmen wollen. Er ist kein leicht zu besiegender Gegner. Er hat mit Sicherheit nicht die Absicht, seine Gefangenen von sich aus freizulassen. Nun aber muss er durch unseren Glauben an das vollbrachte Werk am Kreuz den Rückzug antreten. Das ist der geistliche Kampf, in dem wir stehen. Er ist Realität und wir sind daran beteiligt, ob wir wollen oder nicht.

Die ganze Sache der geistlichen Kampfführung ist unter den Evangelikalen in den vergangenen 15 Jahren vermehrt erörtert worden. Geistlicher Kampf ist heute ganz groß »in«. Wir haben mittlerweile ganze Büchereien über dieses Thema. Konferenzen über Zeichen und Wunder und Seminare zur geistlichen Kampfführung werden von eifrigen Christen sehr gut besucht. Wir sind dabei, ein neues Vokabular zu erlernen – Befreiungsdienst, Exorzismus, Power encounter, Kampf mit den Mächten der Finsternis, Einreißen der Festungen des Feindes, stellvertretende Buße, Erfassung von Gebieten, in denen bestimmte Geister von der Geschichte her Anrechte haben oder in denen bestimmte Geister herrschen und die Bekämpfung von Geistern bestimmter Territorien. Steile Behauptungen sind im Zusammenhang mit der Wirksamkeit dieser neuen Werkzeuge und ihrer Bedeutung für die Weltmission aufgestellt worden. Leider haben sie aber auch innerhalb des Leibes Christi erheblich polarisierend gewirkt. Es gibt hier zwei Extreme, die ich beide vermeiden möchte:

1. **Dass man der Tatsache, dass es sich bei dieser Auseinandersetzung um geistlichen Kampf handelt, zu wenig Beachtung schenkt.** Zu lange haben die Christen im Westen genau diesen Fehler gemacht. Viele Missionare sind auf Situationen gestoßen, in denen sie auf den ihnen entgegengesetzten geistlichen Widerstand nicht ausreichend vorbereitet waren.[329] Das war auch bei mir der Fall, als ich noch in Afrika war. Ich arbeitete unter einer Volksgruppe, in der die Menschen tief in Zauberei und Angst vor Geistern verstrickt waren. Ich stehe tief in der Schuld meiner gottesfürchtigen afrikanischen Mitarbeiter, die mich über die Geistermächte und ihre Erscheinungsformen in der dortigen Kultur sowie ihre dämonischen Erscheinungen belehrten, die dort auftraten. Sie zeigten mir auch, wie Jesus Christus durch eine tief gehende Buße und Absage an die Werke der Finsternis und ein festes Vertrauen auf ihn frei macht. Der Exorzismus ist dann nur noch in bestimmten Fällen erforderlich. Allerdings kann es vorkommen, dass die Vertreter dieser Position zu vorsichtig sind und die Befürworter einer aggressiveren Vorgehensweise als Häretiker verurteilen und behaupten, dass sie von denselben Kräften beeinflusst werden, die sie bekämpfen möchten.[330] Ja, das kann wirklich geschehen.

2. **Dass man sich mit dem Feind zu eingehend beschäftigt.** Das Wissen um den okkulten Bereich und die Faszination, die das Böse ausübt, haben enorm zugenommen. Diese Entwicklung, verbunden mit dem Einsickern

hinduistischen Gedankenguts im New-Age-Gewand, hat die Weltsicht vieler Menschen in der westlichen Welt radikal verändert. Ein Ergebnis davon war, dass die Menschen sich über die Existenz der geistlichen Mächte viel bewusster geworden sind. Wir räumen jedoch dem Teufel leicht zu großen Raum in unseren Gedanken ein und verlieren die Tatsache aus dem Auge, dass Jesus Christus Herr ist und im Regiment sitzt. Je mehr wir von Gott, seinem Wort und seiner Vollmacht wissen, um so besser können wir mit dem Feind umgehen. Die Beschäftigung mit dem Okkulten kann aber auf Christen eine krankhafte Faszination ausüben. Diese Beschäftigung kann gefährlich werden, wenn man sich in jede Form satanischer Kriegslist und die Techniken, wie diese Listen unschädlich zu machen seien, vertieft. Wir können uns in zeitaufwendige Lossagedienste verstricken, oder wir leben in der Gefahr, uns unbeabsichtigt dem Wirken der dunklen Mächte zu öffnen. Jessie Penn-Lewis' Buch *War on the Saints* (Kampf nicht mit Fleisch und Blut ...) das im Zuge der Walisischen Erweckung im Jahr 1904 entstand, warnt vor einer zu intensiven Beschäftigung mit dem Bereich Satans. Frank Peretti verfasste seine bekannten Erzählungen über geistliche Kampfführung,[331] um den Christen diesen oft unerkannten Konflikt deutlich vor Augen zu führen. Diese Geschichten trugen mit dazu bei, die Lücke in der westlichen Theologie mit einer überzeugenden Erklärung der realen Welt zu füllen, aber trotz Perettis Aufforderung,[332] auf diese lebendigen Porträts dämonischer Mächte keine Theologie aufzubauen, ist genau das doch vielerorts geschehen. In unseren christlichen Buchläden findet sich eine Überfülle von Titeln über die geistliche Kampfführung – einige von ihnen bieten exotische Techniken und spekulative Lösungen an.

Das Ergebnis ist, dass diese Kontroverse unter den Evangelikalen voll ausgebrochen ist.[333] Wir brauchen keinen Bürgerkrieg unter den Gläubigen über die geistliche Kampfführung, sondern unser Urteil über die geistliche Kampfführung muss ausgewogen sein und in der Schrift gegründet. Das von Edward Rommen herausgegebene Buch *Spiritual Powers and Missions* (Mächte und Mission) beschreibt beide Sichtweisen, um so zur Diskussion anzuregen. Ich wurde gebeten, dazu einen abschließenden Abschnitt beizutragen, aber ich wollte mich nicht in die polemische Debatte einmischen, sondern lieber über die Kontroverse hinausblicken und die eigentliche Waffe erkennen, die Gott uns gegeben hat, um den Kampf zu gewinnen, nämlich die Fürbitte. Es gibt viele Bücher, die das Thema viel grundlegender abhandeln, als ich das hier tun kann.[334] Deshalb werde ich mich hier auch nicht mit den wichtigen, aber noch kontroverser diskutierten Themen wie dem Lossagedienst,[335] der Erfassung von Gebieten, in denen bestimmte Geister von der Geschichte her Anrechte haben[336] oder dort herrschen[337] und mit Segnungen und Flüchen[338] befassen. Die neue Terminologie übt eine ihr eigene Faszination aus, aber bisweilen geht der Sprachgebrauch nicht nur an der Bibel vorbei, sondern auch die mit den Worten verbundene Lehre trifft nicht den Kern der Bibel oder verzerrt sogar die Wahrheit. Diese oben erwähnten Dinge betreffen mehr den Bereich der Terminologie und der Techniken, aber dem zugrunde liegt der biblische Dienst der Fürbitte für andere. Die Fürbitte ist weniger umstritten und wird vom durchschnittlichen Christen leider auch weniger praktiziert.

Unsere Gebete können die Welt verändern, und das geschieht wirklich.[339] Wir müssen nicht alles über die Mächte wissen, die gegen uns aufgeboten werden, aber wir müssen das Wesen der Macht und Autorität verstehen, die uns in Jesus Christus verliehen ist. Manchmal hindert unser technisches Wissen uns daran. Ich freue mich darüber, dass Christen sich mehr und mehr darüber klar werden, dass die Muslime das Evangelium brauchen, allerdings sind die besten Missionare oft diejenigen, die sich nur eben mit den Grundlagen des Islam befasst haben, aber mit ganzem Herzen Zeugnis für Christus ablegen. In ihrem Eifer, für Jesus ein Zeugnis abzulegen, sprechen sie dort frei mit Muslimen, wo ein echter Islamkenner es vielleicht nicht wagen würde. Wenn ich das so vertrete, dann möchte ich damit nicht sagen, dass es falsch wäre, etwas über den Islam zu wissen, aber unser Wissen soll nicht unseren Glauben schmälern, dass der Heilige Geist durch unser Zeugnis die Bekehrung von Muslimen bewirken kann. Dasselbe gilt, wenn wir uns dem Teufel und seinem Reich der Finsternis und den Mächten des Bösen entgegenstellen. Wir sollen über seine Listen nicht in Unkenntnis sein,[340] aber wir müssen auch nicht alles über die Dämonen, über das Okkulte und über die Hierarchien der unsichtbaren Welt wissen, bevor wir es wagen, den Starken zu binden und seine Güter zu rauben.[341] Donald Jacobs, ein mennonitischer Missionar in Ostafrika beschreibt eindrücklich, wie die afrikanischen Christen der Ostafrikanischen Erweckungsbewegung zwischen beidem ein gesundes Gleichgewicht bewahren, wie sie sich danach sehnen, Jesus besser kennen zu lernen und sich um die Einzelheiten der Dämonenlehre, mit denen sich ihre Landsleute als Anhänger der traditionellen Religionen befassen, gar nicht weiter kümmern.[342]

Wir brauchen die Einfalt und das Vertrauen von Kindern in unserem Kampf gegen die Festungen des Satans.

Meine verstorbene Frau Jill hatte lange Zeit vor, ein Buch zu schreiben, um Kinder zum Gebet für die Welt anzuleiten.[343] Auf den Titel des Buches *You Can Change the World* (Kinder beten für die Welt) kam sie auf ganz eigene Weise: Als Jill im Jahr 1990 mit der Abfassung des Buches begann, beschrieb sie Albanien noch als einen kommunistischen Staat, hermetisch abgeriegelt vom Rest der Welt, der stolz behauptete, das einzig wirklich atheistische Land der Erde zu sein, in dem jegliche religiöse Betätigung verboten war. In unserer Missionszentrale in England betete eine Gruppe Kinder für jedes Land und jedes Volk, wenn Jill jeweils ein Kapitel ihres Buches abgeschlossen hatte. Diese Kinder befassten sich besonders mit den Nöten der Kinder in Albanien, wo das Evangelium verboten war und wo keine Gläubigen bekannt waren. Sie beteten für Religionsfreiheit in diesem Land. Einige Monate später brach die kommunistische Regierung zusammen und die Menschen bekamen nun die Freiheit zum Glauben an Gott und zum Zeugnis. Jill musste dieses Kapitel umschreiben. Als die Kinder hörten, wie Gott ihre Gebete beantwortet hatte, freuten sie sich sehr. Eines der Kinder rief: »Wir haben die Zustände in Albanien verändert!« Das stimmte, denn ihre Gebete hatten sich mit anderen vereint, die vor Gott mit Inbrunst dafür eingetreten waren, dass das Evangelium in dieses Land Eingang finden möge, das es so sehr brauchte! Nur vier Jahre später wissen wir, dass es in fast jeder Stadt in diesem Land eine Gruppe von Gläubigen gibt. Gott schenke uns solches Vertrauen und solche Schlichtheit im Gebet. Mögen diese Worte meine Leser ermutigen, sich nicht an Kontroversen zu beteiligen, sondern den Feind im Gebet niederzuringen!

Schon auf den vorausgehenden Seiten dieses Buches habe ich beschrieben, wie Gott das Fürbittegebet von ganzen Gruppen von Gläubigen zur Ausbreitung der Gemeinde Jesu gebraucht hat, wie z. B. bei der Herrnhuter Brüdergemeine im 18. Jahrhundert, bei der Fürbitte für China im 19. Jahrhundert und beim Gebet aller Christen weltweit für die Hebung des Eisernen Vorhangs in den 1980er Jahren. Es hat auch bemerkenswerte Männer Gottes gegeben, die Gott in besonderer Weise in der Fürbitte gebraucht hat – Männer wie Hiob, Elisa und Daniel im Alten Testament und z. B. auch Männer wie David Brainerd[344], Georg Müller[345], Rees Howells[346], Praying Hyde[347] und viele andere. Möge Gott uns in unserer Generation auch solche Männer und Frauen schenken, die ihren Gott kennen, mit ihm wandeln und viel von ihm im Gebet erwarten.

Wird denn gar nichts sichtbar? Während der Vorbereitung der letzten Ausgabe von *Operation World* (Gebet für die Welt) erkannte ich, dass etliche Gebetsanliegen, die in der Ausgabe von 1986 noch als Bitten formuliert worden waren, jetzt Dankanliegen waren, weil die Bitten inzwischen erhört worden waren. Zum ersten Mal in der Geschichte können wir mit Recht davon sprechen, dass das Bestreben in Gang gekommen ist, unter jeder ethno-linguistischen Volksgruppe eine Gemeinde zu gründen. Gleichzeitig ist das Ziel in greifbare Nähe gerückt, noch zu unseren Lebzeiten jedem Menschen Zugang zum Evangelium zu verschaffen. Das ist das Ziel, das die Bewegung AD 2000 ins Rollen gebracht hat. Ich kann nur die Fortschritte, die sich vor unseren Augen abspielen und die ich in Teil 3 dieses Buches beschrieben habe, als unmittelbare Antwort auf gezieltes Gebet von Millionen von Menschen auf der ganzen Erde auffassen.

In den vergangenen 20 Jahren habe ich von einer wachsenden Zahl von Gebetsinitiativen und Netzwerken gehört, wie es sie noch niemals in der Geschichte zuvor gegeben hat. Ein neues Gebetsbewusstsein bricht sich Bahn, dessen Ausmaß uns in Erstaunen versetzen würde, wenn wir den kompletten Überblick hätten. Der Umstand, dass Informationen so leicht erhältlich sind und überall auf der Welt Missionare arbeiten, unterstreicht die Bedeutung des gezielten Gebets für den Fortschritt des Evangeliums in den nicht-evangelisierten Gebieten der Erde noch stärker. Wie sieht dieses neue Gebetsbewusstsein nun aber aus? Ich möchte einige herausragende Punkte anführen:

1. **Die Intensität** – die bei frühmorgendlichen Gebetstreffen in fast jeder protestantischen Gemeinde in Korea deutlich wird oder bei den gut besuchten freitäglichen Gebetsnächten in vielen Gemeinden Brasiliens.

2. **Der Nachdruck** – der betenden Christen, die erwarten, dass Satans Mächte sich im Kampf mit den Mächten zurückziehen müssen und das unter bisher nicht für das Evangelium empfänglichen Völkern zu vielen Hinwendungen zu Christus führt. Ich kann mich noch gut an eine Gebetswoche bei der Dorothea-Mission erinnern, die wir im Jahr 1965 im damals portugiesisch regierten Mosambik abhielten. Bis zu diesem Zeitpunkt war in großen Teilen des Landes nur wenig protestantische Missionsarbeit gestattet worden. Wir forderten im Namen Jesu das Land für Christus ein und dass es sich dem Evangelium öffnen solle. Innerhalb weniger Wochen durften Missionare in das Land einreisen.

3. **Die vielen verschiedenen Ausdrucksformen** – im gemeinsamen Gebet aller, beim Prayer walking, bei den Jesusmärschen, den erhobenen Händen zum Himmel und beim Niederwerfen vor dem Herrn.

4. **Die weltweiten Gebetsnetzwerke** – Peter und Doris Wagner, die Koordinatoren für die Gebetsinitiative der

Bewegung AD2000, stehen mit Dutzenden von Gebetsnetzwerken auf der ganzen Welt in Verbindung. Daran sind Millionen von Christen beteiligt – **The Day to Change the World** (dieser Tag wird nun einmal jährlich im Oktober abgehalten, und Millionen von Menschen beten für die Nationen, die Städte, die ein Tor zu einer Region o. ä. darstellen, die unerreichten Völker, die eine Schlüsselposition innehaben), der **Marsch für Jesus** (16 Millionen Menschen haben sich im Jahr 1995 daran beteiligt und es wurde vorrangig für die Weltmission gebetet), **Intercessors International** (im Jahr 1969 von Dennis Clark ins Leben gerufen), **Concerts of Prayer International** (in dieser Arbeit hat Gott David Bryant gebraucht, um die schottische Erweckung von Cambuslang und die Arbeit des großen Jonathan Edwards vor über 200 Jahren wieder ins Bewusstsein der Menschen zu bringen), The **Lydia Fellowship** (bei dieser Bewegung werden Frauen für die Fürbitte gewonnen), **The Esther Network** (hier werden Kinder für die Fürbitte gewonnen), die weltweite Initiative von **Jugend mit einer Mission**, bei der Christen zum Fasten und Beten für die islamische Welt im Monat Ramadan aufgerufen werden[348] u. v. a. m.

5. Das Wesen des Gebets – vor zehn Jahren befürchteten wir, dass sich der größte Teil der nicht-evangelisierten Welt gegenüber jeglicher christlicher Präsenz abschotten würde. Aber als Antwort auf Gebet hat sich Land für Land dem christlichen Zeugnis geöffnet, entweder der offensichtlichen Missionsarbeit, oder die jeweiligen Länder haben die Einreise von Zeltmachern ermöglicht. Länder wie Nepal, Kambodscha, China, Russland, Usbekistan, Kirgisien, Bulgarien, Äthiopien und viele weitere Länder sind ein Beweis dafür. Viele der sich schließenden oder geschlossenen Türen haben sich als Antwort auf Gebet bloß als Drehtüren erwiesen.

Deshalb befinden wir uns im Frühstadium einer auch durch das Gebet bewirkten Ausbreitung des Reiches Christi – eine Tatsache, die mir in Hinblick auf die Zukunft große Hoffnungen macht, trotz der offenkundigen negativen Dinge auf der Welt und des Versagens der Gemeinde Jesu. Wie weit wäre wohl die Ausbreitung des Reiches Gottes schon vorangeschritten, wenn noch viel mehr Menschen sich am Gebet beteiligen würden? Die überwiegende Zahl der evangelikalen Gemeinden muss sich erst noch mit diesem Gedanken befassen; die weite Welt ist so groß, so komplex und so weit fort und die Missionsarbeit dieser Gemeinden oft nicht sehr erfolgreich. Die Energien und Ressourcen dieser Gemeinden werden durch die Ereignisse vor Ort und die Programme aufgesogen, von denen die versammelten Heiligen mehr profitieren als die Millionen von Sklaven Satans, denen eine Ewigkeit in Verlorenheit bevorsteht.

Ich muss hier noch ein paar Worte über die Praxis des ›Prayer walking‹ sagen: Diese Praxis ist heute ein wichtiger Bestandteil des Fürbittegebets geworden. Die Zahl der Christen, die sich am ›Prayer walking‹ beteiligen oder auch Gebetsreisen durchführen, hat stark zugenommen. Etliche Bücher sind über dieses Thema geschrieben worden.[349] Das ist eine interessante Entwicklung. Dennoch ist es wichtig, sich vor Augen zu halten, dass die physische Anwesenheit des Fürbitteleistenden nicht die Vollmacht des Gebets verstärken kann. Die physische Präsenz des Betenden vor Ort schenkt ihm neue Einsichten, legt ihm die Last noch deutlicher aufs Herz, führt ihn zu weiterem Gebet und kann die im Kampf befindlichen kleinen Gruppen der einheimischen Gläubigen wirklich ermutigen. Wenn sich eine Gruppe von Fürbittern zusammenfindet und sich vor dem Herrn über das einig wird, wofür sie beten möchte, dann hat das große Auswirkungen. Gebet bewegt die Hand, die das Universum lenkt, deshalb werden vor allem durch Gebet in Gottes Gegenwart Festungen eingenommen und nicht so sehr durch die Gegenwart des Betenden an irgendeinem Ort. Und ich muss hier noch weiter zur Vorsicht mahnen. Die Theologie des ›Prayer walking‹ muss klar umrissen werden. Es liegt Gefahr darin, wenn die Voraussetzung akzeptiert wird, dass Dämonen in bestimmten Gebieten herrschen (und das ist ein strittiger Punkt), denn das kann leicht zu der Annahme führen, dass die physische Präsenz der Betenden in dem Gebiet, das angeblich von den dort ansässigen Mächten beherrscht wird, entscheidend ist, um diese Geister zu binden. Das entspricht aber nicht der Wahrheit. Die Praxis des ›Prayer walking‹ muss deshalb genau geprüft werden – ich erkenne negative Punkte, gegen die man sich verwahren muss: die immensen Aufwendungen für ein Unternehmen, das man sonst als bloßen christlichen Tourismus betrachten würde, zum Schaden der Unterstützung der Mitarbeiter an der Front. Auch können die Motive für eine solche Reise durchaus gemischter Natur sein und den Mitarbeitern, die an wirklich zauberhaften Orten der Erde arbeiten, wird viel Zeit und Energie gestohlen. Durch solche Reisen kann sogar die Arbeit in Gebieten gefährdet werden, in denen man sehr vorsichtig operieren muss.

Hier ist nicht der Raum, um sich über die biblische Grundlage für die Fürbitte auszulassen noch über die leidenschaftlichen Aufrufe Jesu an seine Jünger, zu beten oder über seine Belehrungen, wie wir beten sollen. Ich kann mich hier auch nicht in die Wahrheiten der Schrift über die Autorität vertiefen, die wir durch die Erlösung in Jesus und weil wir mit ihm im Himmel regieren, erhalten haben. Jesus hat uns den Schlüssel des Reiches Gottes übergeben, er hat uns größere Werke verheißen, als er getan hat, aber welche Werke sollen das sein, wenn nicht die Fürbitte unter der Leitung und in der Kraft des Heiligen Geistes?[350]

Fürbitte ist immer eine ernste Angelegenheit, denn es muss immer ein Preis dafür bezahlt werden. Jesus musste mit seinem Leben bezahlen, um für uns Fürbitte tun zu können. Wir folgen Jesus nach, der das Kreuz getragen hat. Fürbitte zu leisten bedeutet, das Kreuz zu tragen. Paulus hat das erkannt und die Kolosser darauf hingewiesen, dass seine Leiden dazu dienten, das zu ergänzen, was von dem Leiden Christi für die Gemeinde noch ausstand.[351] Die Gnade wurde uns in Christus frei dargeboten. Die Gnade steht uns frei zur Verfügung, Tag für Tag, aber wenn wir Diener dieser Gnade werden möchten, dann wird das etwas kosten. Nur wenn wir bereit sind, diesen Preis zu bezahlen, wird die Weltmission ein erreichbares Ziel werden. Die Fürbitte ist die wirksamste Waffe, die wir haben. Keine List, keine Sünde, keine Bindung und keine Festung des Satans kann der Fürbitte widerstehen. Lasst uns diese Waffe recht gebrauchen.

Schlussfolgerungen aus Teil 5

Viele Themen sind hier behandelt worden. Wir sehen uns großen Herausforderungen gegenüber, aber Gottes Verheißungen sind noch größer. Die Weltmission muss zu Ende geführt werden, und zwar so schnell wie möglich.

Möge das 21. Jahrhundert auch das Jahrhundert sein, in dem die Braut Christi bereit ist für das Hochzeitsfest mit dem Lamm.[352]

Wenn das geschehen soll, müssen sich für das Evangelium in folgenden Bereichen Durchbrüche ergeben:

1. In jeder geographischen Region, jedem Land, jedem Staat, jeder Provinz und jedem Distrikt dieser Erde.

2. Alle Völker müssen zu Jüngern gemacht werden und jedes Volk muss erkennen, wie wichtig Mission ist, damit die Botschaft des Evangeliums in allen Kulturen ein fest verwurzelter Bestandteil wird.

3. Jede Stadt muss in unserer immer mehr verstädterten Welt vom Evangelium durchdrungen werden und durch die Kraft des Evangeliums einen Aufschwung erleben.

4. Jegliche Sozialarbeit und Gesellschaftsstruktur muss von den absoluten Maßstäben der Bibel geprägt sein.

5. Jede Ideologie, sei sie menschlicher oder dämonischer Natur, muss im Lichte des Herrn Jesus Christus öffentlich entwaffnet und zur Schau gestellt werden.

6. Überall dort, wo der Satan noch Macht hat und Festungen hält, müssen sie durch die Macht des auferständenen Herrn Jesus Christus eingerissen werden.

Teil 6

Wunderbare Verheißungen für die Arbeiter in der Ernte

Jesaja 54, 4–17

Gott ist mehr an uns als einzelnen Personen interessiert als an dem, was er aus uns an Arbeit und Engagement herausholen kann. Wir sind keine Zahnpastatuben, die weggeworfen werden, wenn sie ausgedrückt sind. Gott erlöste uns nicht um des Dienstes willen, sondern damit wir mit ihm für immer und ewig Gemeinschaft haben können. Gottes Anliegen sind nicht so sehr die Strukturen und Strategien, sondern vielmehr unsere Beziehung zu ihm. Seine liebende Fürsorge für uns mag uns manchmal streng vorkommen, der Weg dunkel, der Himmel schweigend und die Frucht scheint nur langsam heranzureifen. Gott verfolgt aber eine Langzeitstrategie, wenn es um Beziehungen geht und aus diesen Beziehungen heraus wird unsere Arbeit auch effektiv. Mose verbrachte 40 Jahre in der Wüste, bevor er den Punkt erreicht hatte, dass Gott von Angesicht zu Angesicht zu ihm sprach – wie viele kleine Jungen hat wohl der Pharao in Ägypten in dieser Zeit umgebracht?

Bis jetzt haben wir uns auf die Betrachtung des Gesamtbildes konzentriert – Gottes Plan, die Weltmission und die Strategien und Strukturen, die dafür erforderlich sind. Als Abschluss wollen wir die wunderbaren Verheißungen betrachten, die Gott uns als einzelnen Menschen gegeben hat. Jeder einzelne Mensch ist etwas ganz Besonderes für ihn. Wir sind die unfruchtbare Witwe in Jesaja 54, 1, als Gesamtheit der Gläubigen sowie als Einzelpersonen. Gott macht uns als Gläubige und als Einzelne zu seiner Braut, auf die er all seine Liebe und Fürsorge verschwendet. Ich habe mich sehr über eine Aussage einer chinesischen Bibelschülerin vor einigen Jahren gefreut, denn sie sagte: »Ich weiß, dass Gott keine Lieblinge hat, aber ich weiß, dass ich dazugehöre!« Das ist wirklich wahr.

Wir sind Gott niemals näher, als wenn wir uns seinen Wunsch zu eigen machen, den unerreichten Menschen das Evangelium zu verkünden. Im letzten Vers des Matthäusevangeliums verhieß uns Jesus, bei uns zu sein, bis an der Welt Ende. Streng genommen ist diese Verheißung nur auf die anwendbar, die auch wirklich die Völker zu Jüngern machen. In den Versen in Jesaja 54, 4 - 17 finden wir das Gegenstück zur Verheißung des Missionsbefehls. Möchten wir doch aus den unvergänglichen Worten, die Jesaja hier niedergeschrieben hat, Ermutigung schöpfen. Hier, am Schluss, finden wir Gottes Verheißungen für diejenigen, die den Raum der Zelte weitmachen und in die ganze Welt ausziehen. Diese sechs wunderbaren Verheißungen gelten uns, die wir dem Missionsbefehl gehorsam sind.

Kapitel 26

Die sechsfache Verheißung Gottes für die Arbeiter der Ernte

1. Von Furcht befreit (54,4)

Furcht vor dem Unbekannten, vor Menschen, vor Versagen, vor Armut, vor Gefahren, vor Insekten, vor Spinnen, vor Krankheiten und jede Menge andere Ängste halten viele Menschen davon ab, dem Herrn mit ganzem Herzen nachzufolgen und ihm gehorsam zu sein, was immer er uns zu tun heißt. Die Anweisung »Fürchte dich nicht« wird in der Schrift immer und immer wieder wiederholt. Jesaja sagt:

> »Fürchte dich nicht, denn du wirst nicht zuschanden, und schäme dich nicht, denn du wirst nicht beschämt dastehen! Sondern du wirst die Schande deiner Jugend vergessen und nicht mehr an die Schmach deiner Witwenschaft denken« (54, 4).

Hierin liegt eine zweifache Verheißung. Zunächst einmal müssen wir uns nicht vor der Zukunft fürchten und zweitens müssen die Dinge der Vergangenheit uns nicht länger lahmlegen, wenn uns die Gefühle des Versagens und der Unzulänglichkeit einholen.

Gott verspricht uns Heilung in der Zukunft, wie immer unsere gegenwärtigen Umstände heute aussehen mögen. Die Zukunft unserer Welt sieht düster aus. Wir haben wirklich Anlass zur Sorge, denn die Bedrohungen um uns herum sind realer Natur, sei es die Bedrohung durch Gewalt, Krieg, Krankheit, wirtschaftliche Instabilität oder fehlende Sicherheit. Das gilt umso mehr für die Boten Christi in anderen Kulturen und Ländern. Missionaren wird heute nicht mehr derselbe Respekt entgegengebracht wie einst. Die geistige Gesundheit des Missionars oder seine Theologie werden möglicherweise von den Christen zu Hause hinterfragt und seine Karriere nimmt während seines Aufenthaltes in Übersee Schaden oder wird durch die Gesetzgebung der dortigen Regierung, die Einschüchterung durch die Polizei, durch Terrorismus oder Geiselnahme rasch beendet. Sogar der Begriff »Missionar« hat heute einen negativen Beigeschmack. Aber trotzdem gibt es keinen Grund, die Konsequenzen zu fürchten, wenn wir wirklich in die Welt hinausgehen. Der Herr Jesus Christus wird bei uns sein, der Heilige Geist wird uns bevollmächtigen, und der Vater hat uns zugesagt, dass wir durch den Feind nicht zuschanden werden, auch nicht durch unsere Gegner oder durch unsere Mitchristen. Alles kann Schaden nehmen, seien es die Finanzen, unsere Gesundheit, die Mitarbeiter oder unsere erprobten Methoden, aber Gott wird uns nicht im Stich lassen. Wir mögen zwar leiden, an Krebs erkranken, gefoltert werden oder für unseren Glauben sterben, aber unsere Beziehung zu Gott, unsere Frucht für die Ewigkeit und unsere Krone kann uns niemand nehmen. Wir glauben an die Worte des Paulus, die er an die Philipper schrieb: »Ich bin in guter Zuversicht, dass der, welcher ein gutes Werk in euch angefangen hat, es vollenden wird bis auf den Tag Jesu Christi.« Deshalb können wir unerschütterlich an der Gewissheit festhalten, denn Gott, der sich für diese Verheißungen verbürgt, ist treu. Er wird tun, was er verheißen hat, auch wenn scheinbar alles ganz anders aussieht. Mit solchen Verheißungen können wir in seinem Namen hinausgehen und Königreiche unterwerfen, Gefangene befreien, Gemeinde Jesu bauen, Satan unter unseren Füßen zertreten und die Weltmission vollenden.[353]

Die Verheißung gilt auch für die Vergangenheit. Jesaja erwähnt zwei tragische Dinge: die Schande der Jugend und die Schmach der Witwenschaft. Unsere törichten Fehler der Vergangenheit, unser sündiges Verhalten, unser falscher Lebensstil und die tragischen Ereignisse in unserem Leben lassen Wunden und Narben zurück. Gott misst ihnen keine Bedeutung mehr bei. Diese Dinge müssen unseren zukünftigen Dienst nicht mehr behindern, sondern können bei unserem Dienst Waffen unserer Rüstung werden. Das Blut Jesu reicht aus, um die zu reinigen, die Buße tun, und sie können dann wiederum anderen helfen. Dass Jesus in uns Wohnung genommen hat, erhebt uns zum Leben in der Auferstehungskraft, wo die Schmerzen und Wunden vergangener Ereignisse und die gegen uns gerichteten Sünden anderer nicht mehr unsere Freiheit, dem Herrn zu dienen, einschränken.

Greg Livingstone, der Direktor und Gründer von Frontiers, einer Missionsgesellschaft, die sich der Aufgabe des Gemeindebaus unter muslimischen Völkern verschrieben hat, hat einmal gesagt: »Die Missionare von heute müssen besser gewartet werden.« Er wollte darauf hinaus, dass so viele Christen heute dem Herrn dienen möchten. Aber der Niedergang der moralischen Maßstäbe, des Familienlebens und die überhand nehmende Sünde der heutigen Gesellschaft haben bei diesen Menschen Narben hinterlassen. Viele sind verwundet worden. Viele werden vom Dienst am Herrn zurückgehalten, weil sie in irgendeiner Form misshandelt worden sind und sich nun aufgrund dessen unzulänglich vorkommen und als Versager fühlen. Wenn diese Menschen wirklich gute Seelsorge erfahren, dann können sie die Freiheit erfahren, die Jesus ihnen schenkt, aber die Seelsorge kann sich auch als Fallstrick oder Nebengleis erweisen, wenn die Seelsorge sich auf die humanistischen Voraussetzungen der modernen Psychologie gründet. Dann kann die Seelsorge bewirken, dass der Betreffende seinen Ärger auf diejenigen rechtfertigt, die ihm als Opfer bewusst oder unbewusst Schaden zugefügt haben. Die Seelsorge kann auch falsche Abhängigkeiten von Menschen und nicht von Gott zur Folge haben. Ich habe einmal einen Kommentar gehört, den ich in diesem Zusammenhang durchaus für zutreffend halte: »Es scheint, dass jeder gute Christ heute sein Herz Jesus schenken muss – und dann 50 Jahre lang beseelsorgt werden muss!« Das Evangelium jedoch, das wir verkündigen, hat auf wunderbare Weise die Kraft, die negativen Erfahrungen der Vergangenheit für den zukünftigen Dienst völlig wirkungslos zu machen.

2. Mit Christus vereint (54,5)

Die Errettung von der Sünde bezeichnet die negative Seite; die positive Seite ist, dass die Erretteten mit dem Herrn vereint werden. Eine Vorschattung dieser durch und durch neutestamentlichen Wahrheit lesen wir in dem folgenden Vers:

> »Denn dein Gemahl ist dein Schöpfer, Herr der Heerscharen ist sein Name, und dein Erlöser ist der Heilige Israels: Gott der ganzen Erde wird er genannt.«

Dass wir mit unserem Schöpfer *verheiratet* werden und mit dem Heiligen Israels *vereint* werden, ist einfach überwältigend. Die Liebe und Fürsorge, die er an uns und an mich, seine Braut, verschwendet, geht über die Liebe des vollkommensten irdischen Ehemannes hinaus, der seine Frau abgöttisch liebt. Aus neutestamentlicher Sicht ist Jesus mein Geliebter, mein Versorger, mein Alles! Der berühmte Vorläufer der Reformatoren in Italien, Savanarola, hat einmal gesagt: »Was muss ein Mensch besitzen, der den Besitzer aller Dinge besitzt?« Alles gehört mir in Christus. Ich kann der Welt mit all ihrem Spott und ihrem Widerstand mutig und voller Vertrauen entgegentreten, denn er, der in mir wohnt, ist größer als der, der in der Welt ist.[354]

Die Apostel in der Apostelgeschichte predigten mehr über die Auferstehung als über die Kreuzigung. Paulus sagt: »Denn wenn wir, als wir Feinde waren, mit Gott versöhnt wurden durch den ***Tod*** seines Sohnes, so werden wir viel mehr, da wir versöhnt sind, durch ***sein Leben*** gerettet werden.« Wir brauchen lange, um das zu begreifen. Es kann fast wie eine zweite Bekehrung sein, wenn wir herausfinden, dass wir nicht mehr länger *versuchen* sollen, *für* den Herrn zu arbeiten, sondern darauf zu vertrauen, dass er in uns lebt und sein Geist *durch* uns sein Werk tut. Für viel zu viele Diener Gottes bedeutet, für Gott zu wirken, sich abzumühen, anstatt sich auszuruhen. Es bleibt noch eine Sabbat-Ruhe für das Volk Gottes, aber nur wenige sind schon zu ihr durchgedrungen. Sie haben nach Matthäus 11, 28 die erste Ruhe *von* ihrer Last schon gefunden, aber sie haben die Ruhe nach Matthäus 11, 30 *mit* der Last des Jochs noch nicht gefunden, die sie mit Jesus teilen können. Das Geheimnis, das viele Zeitalter und Generationen lang verborgen war, wird den Heiligen nun offenbar ...

welches ist Christus in euch, die Hoffnung der Herrlichkeit. Leider ist das vielen ein Geheimnis geblieben.[355] Hudson Taylor musste diese schwierige Lektion bei seinem ersten Heimataufenthalt lernen. Er war im Jahr 1868 dem Zusammenbruch nahe, als er Gott auf völlig neue Weise an einem Strand in Brighton in England begegnete.[356] Damals erkannte er die eigentliche Bedeutung von Galater 2, 19 – 20:

> »Ich bin mit Christus gekreuzigt, und nicht mehr lebe ich, sondern Christus lebt in mir; was ich aber jetzt im Fleisch lebe, lebe ich im Glauben, und zwar im Glauben an den Sohn Gottes, der mich geliebt und sich selbst für mich dahingegeben hat.«

Hudson Taylor hat darauf die China-Inland-Mission gegründet, vielleicht eine der am meisten in seiner Zeit liegenden und innovativsten Missionsgesellschaften im 19. Jahrhundert. Er hatte das Geheimnis entdeckt, in Christus zu bleiben und zu ruhen; und darauf zu vertrauen, dass Christus in ihm wohnte und bei ihm war, was immer er auch tat.

Ich musste diese Wahrheiten in Afrika lernen, als ich dort noch Missionar war. Warum habe ich so lange gerungen, nur um zu erkennen, was eigentlich ganz offensichtlich war – das ist auch ein Geheimnis! Als aber der Herr mir dieses Geheimnis einmal offenbart hatte – sowohl durch die Schriften von Norman Grubb[357] als auch durch das Zeugnis von Jill, die später meine Frau werden sollte, sowie durch das Bibelstudium, da änderte sich mein Dienst. Von da an wusste ich, dass nicht ich dieses Werk tat, sondern erwartete still, dass Gott alles das durch mich tun würde, was er wollte, wenn ich ihn nur ließe. Wenn ich nur immer gemäß dieser wunderbaren Wahrheit gelebt hätte! Es ist diese Wahrheit, die alle Dinge möglich macht – sogar mir. Ich kann erwarten, dass sich Menschen mit verhärteten Herzen bekehren, Gebete etwas bewirken und mein Dienst Frucht trägt. Ich muss es nicht tun, sondern er tut es in mir – es gibt keinen Grund zum Stolz. Wenn etwas funktioniert, dann hat Gott es getan, wenn es nicht funktioniert, dann stand ich Gott im Weg. Das ist der Grund, warum wir darauf vertrauen, dass die Herrschaft Jesu in diesem Zeitalter offenbar werden wird – noch vor der Wiederkunft Jesu – im muslimischen Mekka, im hinduistischen Varanasi, im tibetischen buddhistischen Lhasa, im kommunistischen Beijing und dass die Völker, unter denen es gegenwärtig keine Jünger des Lammes gibt, sie doch bald aufweisen werden – so wie die Qashqai im Iran, die Malediver im Indischen Ozean, die Mzab in der Sahara und die Qatari am Persischen Golf.

3. Gottes Plan und Leitung (54,6)

Die folgenden Worte sind in beinahe beklemmender Weise schön:

> »Denn wie eine entlassene und tiefgekränkte Frau hat dich der Herr gerufen und wie die Frau der Jugend, wenn sie verstoßen ist.«

Es ist eigentlich herzergreifend, wie diese arme entlassene Frau hier beschrieben wird, die von einem Ehemann verstoßen wurde, der sie ganz offensichtlich nicht verdient hat. Diese Verse sind für viele Menschen heute leider ganz aktuell, wenn wir an die hohe Scheidungsrate denken. Aber inmitten des Kummers, des überwältigenden Selbstmitleids und der Hoffnungslosigkeit wird diese Frau gerufen, wird einer vollkommenen Einheit wert geachtet, und sie erhält die Aussicht auf Fruchtbarkeit.

Die verzweifelte Frau sind wir, Sie und ich! Gott ruft uns in unserer verzweifelten Hoffnungslosigkeit und erlöst uns nicht nur von unserem Elend, sondern ruft uns auch zum Vereintsein mit ihm und zu einem Leben, das Sinn macht und nützlich ist. Vielleicht strapaziere ich die Auslegungsmöglichkeiten zu stark, wenn ich diesen an die Frau gerichteten Ruf Gottes auf die Berufung zum Dienst anwende und daraus die Bestätigung ablese, dass Gott seine Diener im Dienst begleitet, aber eigentlich glaube ich das nicht! Es gibt einen Platz im Reich Gottes für SIE, den auch nur SIE ausfüllen können!

Gott hat Pläne für uns für die Ewigkeit, dass wir zu seinem Lobpreis und seiner Herrlichkeit hier auf der Erde und später auch im Himmel leben sollen. Er verfolgt auch ein Ziel mit den Werken, die er auf der Erde für uns geschaffen hat, dass wir in ihnen wandeln sollen. Er offenbart uns das, denn das ist unser Geburtsrecht, denn alle, die durch den Geist Gottes geleitet werden, die sind Söhne Gottes.[358] So ist in dem Ruf zu ihm auch das Versprechen eingebettet, dass er uns niemals im Stich lassen wird, und er wird uns immer daran erinnern, dass wir uns im Zentrum seines Willens befinden.

Wir müssen wissen, wie Gott ganz allgemein führt, so wie es in der Schrift geoffenbart wird, aber wir müssen auch im persönlichen Bereich und in den kleinen Dingen seine Führung erleben. Das wird bei Petrus und Paulus in der Apostelgeschichte ganz deutlich. Das gilt uns heute noch genauso. Allerdings finde ich auf diesem Gebiet sehr viel Verwirrung und Unsicherheit vor. Viele fragen sich: »Wie kann ich den Willen Gottes erkennen, wie kann ich mir absolut sicher sein?« Hierzu nur ein paar kurze Worte, falls Sie sich mit diesem Problem herumschlagen.

Wir werden vom Heiligen Geist geleitet – wir *wissen* das, aber vielleicht können wir gar nicht erklären, woher wir das wissen! Wenn ich höre, wie jemand sagt: »Der Geist (oder Gott) hat mich dazu geführt, dass ich dies oder jenes tue«, dann sehe ich eine gelbe Ampel aufleuchten. Diese Worte können zur Verteidigung verwendet werden, um gar nicht die Frage zuzulassen, ob man etwas Zweifelhaftes tut. Wenn wir das tun, von dem wir bereits wissen, dass es richtig ist, dann haben wir den Frieden Gottes als wunderbare Bestätigung durch den Heiligen Geist in unserem Herzen. Dennoch können wir etwas falsch machen und deshalb immer denen gegenüber demütig und barmherzig sein, die unsere Entscheidung hinterfragen oder von uns eine Erklärung fordern.

Gottes Führung unterliegt Bedingungen. Aus Römer 12, 1–2 wird deutlich, dass man nur davon ausgehen kann, den guten, wohlgefälligen, vollkommenen Willen Gottes zu erfüllen, *wenn* drei schwere Bedingungen erfüllt sind:

1. Wir stellen unsere Leiber als ein lebendiges Opfer dar. Alles muss Gott ausgeliefert werden. Wie kann er uns führen, wenn wir Vorurteile mit uns herumtragen, Sünde in unserem Leben ist oder keine Bereitschaft da ist, alles zu tun, was er möchte?

2. Wir stellen uns nicht dieser Welt gleich. Wie können wir Gottes Willen erkennen, wenn wir anderen oder uns selbst gefallen möchten, oder wenn wir mehr darüber besorgt sind, was andere denken oder sagen?

3. Wir lassen unser Denken erneuern und werden dadurch ständig verändert. Wir müssen unseren Geist ständig mit dem guten Wort Gottes füllen und über das nachdenken, was Gottes ist und was gut und richtig ist. Dann können wir die leise Stimme Gottes in unserem Geist hören.

Gottes Wille wird durch die folgenden vier Punkte bestätigt:

1. Befindet sich der Entschluss in Übereinstimmung mit dem in der Bibel geoffenbarten Willen Gottes? Persönliche Führungen können niemals im Widerspruch zu dem stehen, was in Gottes Wort niedergeschrieben ist.

2. Findet der Entschluss die unter Gebet gesuchte Zustimmung und Billigung der Leiter Ihrer Gemeinde oder Ihrer christlichen Gruppe?

3. Ist der Entschluss mit den übrigen Umständen in Ihrem Leben zu vereinbaren?

4. Gibt es noch bisher unberücksichtigte Äußerungen Gottes, in denen er zu Ihnen vielleicht auf übernatürliche Weise sprechen könnte? Das könnte eine besondere Abfolge von Ereignissen sein, ein Wort der Prophetie oder Weisheit vom Herrn, eine Vision oder während des täglichen Bibelstudiums ein besonderes Wort von Gott.

Jeder dieser Punkte kann zur Bestätigung des Willens Gottes dienen, aber letztendlich müssen die Beweisstücke zusammengetragen werden, um daraus zu schließen, was Gott wirklich von uns möchte, so wie es auch Paulus und seine Mitarbeiter in Phrygien und Galatien in Apostelgeschichte 16, 6 – 10 taten. Es bleibt ein Risiko, aber unser Vater im Himmel hat Möglichkeiten, uns zurückzurufen, wenn wir mit den besten Absichten dennoch irregehen.

Wer im Dienst für den Herrn wirkt, sollte die tief verankerte Gewissheit haben, dass Gott ihn persönlich geführt hat. Das ist letzten Endes das Einzige, das Ihnen helfen kann, Ihrer Berufung treu zu bleiben, wenn sich Schwierigkeiten einstellen. Ich gebe Mitarbeitern immer den Rat, niemals aus Gottes Willen auszuscheren, weil irgendetwas schief läuft. Wer vor einer schwierigen Situation davonläuft, wird in Finsternis geraten und in Situationen enden, die noch viel schlimmer sind, als die, vor der er weggelaufen ist. Der sicherste Platz für uns ist der mitten im Zentrum des Willens Gottes – auch wenn wir als Geiseln gefangen sind und unsere Füße in Ketten liegen, wenn unser Körper von Fieber geschüttelt wird oder wir in einem Keller sitzen und zittern, weil im Haus über uns Bomben einschlagen.

4. Erlösung vom Elend (54,7 –10)

Jesaja hat auch ein Wort für die Elenden:

> »Einen kleinen Augenblick habe ich dich verlassen, aber mit großem Erbarmen werde ich dich sammeln. Im aufwallenden Zorn habe ich einen Augenblick mein Angesicht vor dir verborgen, aber mit ewiger Gnade werde ich mich über dich erbarmen, spricht der Herr, dein Erlöser« (54, 7 – 8).

Gott scheint manchmal weit weg zu sein, der Himmel scheint zu schweigen, das Gebet ist ein Kampf und die Arbeit eine Quälerei. Vielleicht fühlen wir uns sogar von Gott zurückgestoßen. Das können die Angriffe des Feindes sein (widerstehen Sie ihm), oder wir sind durch die Arbeit überlastet (halten Sie das Gleichgewicht zwischen Arbeit und

Entspannung) oder der Grund kann geistliches Versagen sein (dann tun Sie Buße). Über den letzten Punkt möchte ich kurz sprechen:

Keiner von uns kann auf sein Leben zurückschauen und behaupten, dass er niemals irgendetwas gründlich vermasselt hätte. Wir haben alle schon versagt. Dieses Versagen kann groß sein – Versagen im moralischen Bereich, im finanziellen Bereich, im Bereich der Beziehungen oder in der Arbeit selbst. Das schreckliche Gefühl, ein Versager und wertlos zu sein, kann einen Menschen erdrücken und in geistliche Finsternis führen.

Aber diese wunderbare Verheißung versichert uns, dass wir niemals zu weit weg sind vom Herrn, dass er uns nicht wieder sammeln könnte, uns vergeben, wieder herstellen und uns sogar einem neuen fruchtbaren Dienst zuführen könnte, der ohne das vorhergehende Versagen niemals möglich gewesen wäre. Seine Gnade ist nicht zu erklären, aber sie ist wunderbar! Gott kann zornig werden und sich von uns abwenden, aber das gilt nur für einen kurzen Moment. Was wirklich zählt, ist seine immerwährende Liebe, die uns auch in den Jahren der Wüstenwanderung nicht verlässt und uns zu ihm zurückbringt. Vielleicht ergeben sich daraus Folgen, die unseren Dienst einschränken, mit denen wir leben müssen – Scheidung, wir haben anderen Menschen Böses getan, ein uneheliches Kind; aber der Herr sammelt uns ein, wo immer wir auch sind und hält einen Neubeginn für uns bereit. Welche Liebe, welch ein Vater, welch ein Erlöser! Lassen Sie sich durch kein Versagen die Erwartung rauben, dass Gott Sie für die Weltmission noch weiter gebrauchen kann. Gott hat viele Wege und Möglichkeiten – er verfolgt immer einen Plan »A« für Sie und mich, was auch immer in der Vergangenheit geschehen ist.

5. Fest gegründet in Ewigkeit (54,11–13)

Nun folgen drei schöne poetische Verse. Ihre Bedeutung ist nicht ganz einfach zu verstehen. Es handelt sich um köstliche Verheißungen, die an die Diener des Herrn, die sich in der Weltmission engagieren, gerichtet sind. Hier erkenne ich, dass Gott uns Fruchtbarkeit zusichert. Hier ist der Wortlaut:

> »Du Elende, Sturmbewegte, Ungetröstete! Siehe, ich lege deine Steine in Hartmörtel und lege deine Grundmauern mit Saphiren. Ich mache deine Zinnen aus Rubinen und deine Tore aus Karfunkeln und deine ganze Einfassung aus Edelsteinen. Und alle deine Kinder werden von dem Herrn gelehrt, und der Friede deiner Kinder wird groß sein.«

Trotz Kämpfe und Leiden wird die Braut sich zubereiten, und sie wird wunderschön und herrlich sein. Dieses Bild ist schon eine Vorschattung auf das Neue Jerusalem in Offenbarung 21, in dem die Erlösten des Herrn wohnen werden. Die kostbaren Steine werden andernorts in der Schrift mit dem Volk Gottes gleichgesetzt. Die Brusttasche des Hohepriesters war mit zwölf kostbaren Steinen besetzt,[359] die für die Söhne Israels standen. Wäre es wohl möglich, dass diese Steine hier in Jesaja die Frucht meinen, die aus der Verkündigung des Evangeliums erwächst und die das himmlische Jerusalem zieren wird? Vielleicht ist diese Auslegung nicht ganz zutreffend, aber das Prinzip ist bestimmt nicht falsch!

Uns wird Frucht verheißen. Die Gemeinde Jesu wird vollendet und vollkommen sein und wir werden durch unser Mitwirken an der Weltmission daran Anteil haben.

Daher bereiten uns die Leiden dieser Zeit, diese rasch vorbeigehenden Kümmernisse auf die ewige Herrlichkeit vor! Wie klein werden doch alle Opfer, wie gering doch aller Schmerz erscheinen, wenn wir eines Tages des Herrn Jesus ansichtig werden und sein wunderbares Handeln bestaunen, mit dem er uns alle zu dieser herrlichen Vereinigung mit ihm hingeführt hat! Wir wissen, dass unsere Arbeit nicht vergeblich ist in dem Herrn.[360]

Dann folgt eine Verheißung für unsere geistlichen und leiblichen Kinder. Sie werden vom Herrn gelehrt werden und ihr Friede wird groß sein. Wenn wir in die Welt hinausziehen, um die Völker zu Jüngern zu machen, dann können wir erwarten, dass der Heilige Geist unter diesen Völkern wirkt, so wie er es auch bei uns getan hat. Unsere vorrangige Aufgabe ist es nicht, die Menschen von uns als ihren Lehrern abhängig zu machen, sondern sie allein auf Gott hinzuweisen und sie die unmittelbare Leitung durch den Heiligen Geist erfahren zu lassen. Wir müssen das erwarten, wie fehlbar auch immer die daran beteiligten Menschen sind, wie sehr auch immer die uns umgebende Kultur im Niedergang begriffen ist, und zwar auch dann, wenn es den Menschen an Bildung mangelt, wenn es keine christliche Literatur und keine Bibelübersetzung gibt. Wir können Gott in dem Konvertiten vertrauen.[361]

Und schließlich sichert uns dieser Text zu, dass die leiblichen Kinder derjenigen, die zum Dienst und zum Opfer in der Sache Christi gerufen sind, auch vom Herrn gelehrt werden. Manche Christen haben wegen der Folgen, die ihr Einsatz für ihre Kinder haben könnte, Angst davor, Gott gehorsam zu sein. Sie denken: »Wie kann ich meine Kinder leiden lassen, nur weil ich Missionar werde?« Aber der Gott der Liebe vergisst sie nicht! Wenn er die Eltern beruft, dann gilt das auch für die Kinder. Mein Sohn Tim war sechs Jahre alt, als der Herr uns befahl, unsere Arbeit in Simbabwe aufzugeben und ihm ein Jahr lang auf dem Schiff von Operation Mobilisation, der M.V. Logos, zu dienen. Unsere Kinder lebten damals sehr gerne in Simbabwe und wollten nicht von dort weg. Tim betete damals ein ganz wunderbares Gebet: »Herr Jesus, danke, dass du uns Kinder auf das Schiff rufst. Du hast Mama und Papa gerufen, und sie haben nun einmal uns, deshalb wissen wir, dass du uns auch gerufen hast!« Tim hatte die richtige Theologie. Jahre später sprach mein ältester Sohn Peter mit einem Freund und merkte nicht, dass er in Hörweite seiner Mutter stand. Peter sagte: »Ich hatte eine wunderschöne Kindheit!« Wir mussten an die Schwierigkeiten denken, mit denen wir zu kämpfen hatten, als wir während des Krieges im damaligen Rhodesien lebten, an die Armut, die wir erlebten und die Kulturschocks, denen wir unsere Kinder aussetzten. Es war das aber alles wert. Durch Gottes Gnade sind unsere drei Kinder alle aktiv im Dienst für den Herrn Jesus. Gott hat sie gelehrt, so wie er es verheißen hat. Unsere Kinder müssen nichts entbehren, weil wir dem Ruf Gottes Folge leisten, sondern wir bereichern ihr Leben mit einem Erbteil und mit Segnungen, wie es sonst nirgends der Fall wäre.

6. Bewahrung durch Gott (54,15–17)

Wir befinden uns mitten im größten und erbittertsten Krieg, der jemals geführt wurde. Der Feind wird seinen Griff nicht lockern, mit dem er sein schrumpfendes Reich umkrallt hält, bis der König der Könige und der Herr der

Herren am Ende der Tage in Herrlichkeit wiederkommt. Um jede Festung, jeden Bunker und jedes mit Sünde beladene Herz wird gekämpft werden. Die Zahl unserer Verwundungen und Opfer wird hoch sein. Leiden und Märtyrertum sind das, was wir zu erwarten haben. Aber wir haben auch die Verheißung der Bewahrung Gottes in alledem! Jesajas Worte sichern uns das zu:

> »Siehe, wenn man auch angreift, so geschieht es nicht von mir aus. Wer dich angreift, wird um deinetwillen fallen ... Keiner Waffe, die gegen dich geschmiedet wird, soll es gelingen; und jede Zunge, die vor Gericht gegen dich aufsteht, wirst du schuldig sprechen. Das ist das Erbteil der Knechte des Herrn und ihre Gerechtigkeit von mir her, spricht der Herr.«

Die Worte Jesu enthalten dieselbe Botschaft. Er hat uns angekündigt, dass wir in der Welt Angst haben werden, aber er versichert uns auch, dass er die Welt überwunden hat. Er hat uns die Autorität gegeben, auf Schlangen und Skorpione zu treten und die Macht des Feindes zunichte zu machen. Paulus versichert uns, dass in allen Anfechtungen und Drangsalen und allem, was die Welt und der Teufel uns antun können, wir mehr als Überwinder sind.[362]

Schlussfolgerungen aus Teil 6

Was für wunderbare Verheißungen und Zusagen für den Sieg Gottes in der Weltmission haben wir hier! Wir genießen das Vorrecht, am letzten Triumph des gekreuzigten Lammes teilhaben zu dürfen, der ganz gewiss kommen wird. Wir genießen sogar auch das Vorrecht, heute zu leben und die Vollendung aller Dinge mitzuerleben, die sich vor unseren Augen ereignet. Es ist mein Gebet, dass dieses Buch einen kleinen Beitrag dazu leistet, dass Gottes Volk auferbaut wird, weil es erkennt, dass das alles geschieht, und es ist mein Wunsch, dass das Volk Gottes besser zugerüstet wird, Teilhaber am Werk Gottes zu sein, durch das alles geschieht.

Bibliographie

AARGAARD, Anna Marie. 1974. *Missio Dei in Katholischer Sicht*, Evangelische Theologie, Bd. 34, S. 420-433

ADDISON, James Thayer. 1936. *The Medieval Missionary; A Study of the Conversion of Northern Europe A.D. 500-1300.* New York, USA: International Missionary Council

ALLEN, Roland. 1956 (Erstauflage 1912). *Missionary Methods: St Paul's or Ours?* London, GB: World Dominion Press

– 1962. The Spontaneous Expansion of the Church. Grand Rapids, MI 49516, USA: Baker Books

ALLE WELT SOLL SEIN WORT HÖREN. 1974. *Lausanner Kongress für Weltevangelisation. Lausanne-Dokumente*, Bd. 1. Neuhausen-Stuttgart: Hänssler

BAKKE, Ray. 1997. *A Theology as Big as the City.* Downers Grove, Ill 60515, USA: InterVarsity Press

BANKS, Robert. 1995. Paul's Idea of Community. Peaboy, Mass. 01961, USA: Hendrickson Publishers

BARLOW, Sanna Morrison. 1952. *Mountains Singing; The story of Gospel Recordings in the Philippines.* Chicago, Ill. USA: Moody Press

BARNES, Lemuel Call. 1902. *Two Thousand Years of Missions Before Carey.* Chicago, Ill., USA: The Christian Culture Press

BARRETT, David B. Ed. 1982. *World Christian Encyclopedia; A comparative study of churches and religions in the modern world, AD 1900-2000.* Oxford, GB: Oxford University Press

– 1984. The Five Statistical Eras of the Christian Church. *International Bulletin of Missionary Research,* April Bd. 8 No. 4, New Haven, Conn. 06511, USA: Overseas Mission Study Center

– 1986. *World-Class Cities and World Evangelization.* Birmingham, Alabama, USA: New Hope

– 1987a. *Cosmos, Chaos and the Gospel.* Birmingham AL, USA: New Hope

– 1987b. *Evangelize! A historical survey of the concept.* Birmingham AL, USA: New Hope

– & REAPSOME, James W. 1988. *Seven Hundred Plans to evangelize the world: the rise of a Global Evangelization Movement.* Birmingham AL, USA: New Hope

– & JOHNSON, Todd M. 1990. *Our Globe and How to Reach It.* Birmingham AL, USA: New Hope

- JOHNSON, Todd M. & JAFFARIAN, Michael. 1998. *World Christian Encyclopedia*. Oxford, GB: Oxford University Press

BEACH, Harlan P. & FAHS, Charles H. 1924. *World Mission Atlas*. London, GB: Edinburgh House Press

BEALS, Paul A. 1995. *A People for His Name*. Pasadena, CA 91114, USA: William Carey Library

BILLHEIMER, Paul. 1975. *Destined for the Throne*. London, GB: Christian Literature Crusade

BORTHWICK, Paul. July 1985. *Evangelical Missions Quarterly;* Article: The Crucial Roles of the Church Missions Committee

BOSCH, David J. 1991. *Transforming Mission: Paradigm shifts in Theology of Mission*. Maryknoll: Orbis Books

BRIERLEY, Peter und WRAIGHT, Heather. 1996. *The UK Christian Handbook*. London, GB: Christian Research Association

BROW, Robert. 1968. *The Twenty Century Church*. Grand Rapids, MI, USA: Eerdmans

BROADBENT, E. H. 1931. *The Pilgrim Church*. London, GB: Pickering and Inglis

BRUCE, F. F. 1958. *The Spreading Flame*. London, GB: Paternoster Press

BRYANT, David. 1979. *What it means to be a world Christian*. Madison, Wisconsin, USA: Intervarsity Press

- 1984a. *In The Gap. What it means to be a world Christian*. Ventura, CA 93006, USA: Ventura Books

- 1984b. *With Concerts of Prayer: Christians joined for Spiritual Awakening and World Evangelization*. Ventura: Regal Books

BURKE, Tidd & DeAnn. 1989. *Anointed for Burial*. Seattle, WA 98155, USA: Frontline Communications, YWAM

BURNETT, David. 1986. *God's Mission: Healing the Nations*. Bromley, Kent BR2 9EX, GB: MARC Europe, World Vision

- 1992. The Spirit of Hinduism; A Christian Perspective on Hindu Thought. *Tunbridge Wells, Kent TN30NP, GB: Monarch Publications*

CALVIN, Johannes. 1536 & 1957. *Institutes of the Christian Religion*. Beveridge Edition. London, GB: James Clarke & Co

- 1955/1988. *Unterricht in der christlichen Religion*. Neukirchen-Vluyn. Neukirchener Verlag

- 1994. *Calvin-Studienausgabe. Reformatorische Anfänge 1533–1541*. Hg. von Eberhard Busch u. a. Bd. 1.1. Neukirchen-Vluyn: Neukirchener Verlag

CAREY, S. Pearce. 1923. *William Carey*. London: Hodder & Stoughton

CAREY, William. 1792. *An Enquiry into the obligations of Christians to use*

means for the conversion of the heathens. Leicester, GB: Anne Ireland und 1988. Dallas, TX, USA: Criswell Publications
– 1998. Eine Untersuchung über die Verpflichtung der Christen, Mittel einzusetzen für die Bekehrung der Heiden. VKW: Bonn
CARRÉ, E. G. Etwa 1920. *Praying Hyde. A Challenge to Prayer.* London, GB: Pickering and Inglis
DAVIES, Ronald E. April 1997. *Jonathan Edwards: Missionary Biographer, Theologian, Strategist, Administrator, Advocate – and Missionary.* Newhaven, Conn 06511, USA: International Bulletin of Missionary Research April 1997
DAYTON, E. & WILSON, Sam u. a. (Hg.). 1974–1984. *Unreached Peoples Annuals.* Monrovia CA, USA: MARC Publications
DINNEN, Stewart. 1995. *A Rescue Shop Within a Yard of Hell.* Fearn, Scotland: Christian Focus Publications
– 1997. *Faith on Fire; Norman Grubb and the Building of WEC.* Fearn, Ross-shire, IV20 1TW, GB: Christian Focus Publications
DOUGLAS, J.D. ed. 1962. *The New Bible Dictionary.* London: Inter-Varsity Press
– (Hg.) 1975. *Let the Earth Hear His Voice: International Congress on World Evangelization, Lausanne, Switzerland.* Minneapolis, Minnesota 55403, USA: World Wide Publications
EDWARDS, Jonathan. 1748. *A Humble Attempt to Promote an Explicit Agreement and Visible Union of God's People through the World, in Extraordinary Prayer, for the Revival of Religion and the Advancement of Christ's Kingdom on Earth, Pursuant to Scripture Promises and Prophecies, Concerning the Last Time.* Eine veröffentlichte Predigt
ESHLEMAN, Paul. 1995. *The Touch of Jesus.* (Die Geschichte des Jesus-Films). Orlando, FL 32809, USA: NewLife Publications
FETTNER, Ann Giudici. 1990. *The Science of Viruses: What they are, why they make us sick, how they will change the future.* New York: Quill
FISCHER, 1997. *Intercessor's Prayer Guide to the Jewish World.* Richmond, Virginia, USA: YWAM Jewish-World Office
FOMUM, Zacharias Tanee. 1988. *The Way of Victorious Praying.* New York: Vantage Press.
FORSTER, Roger & RICHARDS, John. 1995. *Churches that Obey; Taking the Great Commission seriously.* Carlisle, Cumbria CA30QS, GB: OM Publishing
FULLER, Andrew. 1791. *The Pernicious Influence of Delay.* Eine veröffentlichte Predigt. London: Matthews
GARRETT, Laurie. 1994. *The Coming Plague: Newly Emerging Diseases in a World Out of Balance.* New York: Farrar, Straus and Giroux

GAUKROGER, Stephen. 1995. *Why Bother with Mission?* Leicester LE17GP, GB: Inter-Varsity Press

GEORGE, Timothy. 1991. *Faithful Witness.* Birmingham, AL35202, USA: New Hope

GREENWAY, Roger S. (Hg.). *Discipling the City.* Grand Rapids, MI, USA: Baker Book House

GRIGG, Viv. 1984. *Companion to the Poor.* Monrovia, CA 91016 USA: MARC Publications

– 1992. *The Cry of the Urban Poor; Reaching the slums of today's Megacities.* Monrovia, CA 91016 USA: MARC Publications

GRIMES, Barbara. 1951–1996. *The Ethnologue. Languages of the World.* Dallas, TX, USA: Summer Institute of Linguistics

GRUBB, Kenneth. 1948, 1952, 1957, 1962. *The World Christian Handbook.* London, GB: World Dominion Press

– 1968. *The World Christian Handbook.* London, GB: Lutterworth Press

GRUBB, Norman G. 1933. *C.T. Studd, Cricketer and Pioneer.*

– 1952. *Rees Howells, Intercessor.* London, GB: Lutterworth Press

– 1955. *The Liberating Secret.* London, GB: Lutterworth Press

– 1962. *God Unlimited.* London, GB: Lutterworth Press

HALL, Douglas John. 1997. *The End of Christendom and the Future of Christianity.* Valley Forge, PA, USA: Trinity Press International

HAMMOND, Peter. 1995. *Faith Under Fire in Sudan.* Newlands, South Africa: Frontline Fellowship (Box 74, Newlands 7725)

HANNA, John (Hg.), SMITH, Marti & JOHNSTONE, Patrick. 1997. *Praying Through the Window,* Bd. III. P.O. Box 55787, Seattle, WA 98155, USA: YWAM Publishing

HAWTHORNE, Steve & KENDRICK, Graham. 1993. *A Guide to Prayer Walking; Awaking our Cities for God.* Milton Keynes, GB: Nelson Word, Ltd.

HAY, A.R. 1947. *The New Testament Order for Church and Missionary.* Temperley FNGR, Argentina: New Testament Missionary Union

HEFLEY, James und Marti. 1974. *Uncle Cam: The Story of William Cameron Townsend.* Waco, TX, USA: Word

HENGSTENBERG, E.W. ca. 1850. *Christology of the Old Testament* in 2 Bden. Englische Übersetzung 1854, Neuauflage ca. 1960. Florida 33608, USA: MacDonald Publishing Company

– 1829–1832. *Christologie des Alten Testamentes und Kommentar über die Messianischen Weissagungen der Propheten.* 3 Teile in 4 Bden. L. Oelmigke: Berlin; bes.: Zweiten Theiles erste und zweite Abtheilung enthaltend Sacharjah und Daniel. L. Oelmigke: 1832

HESSION, Roy. 1950. *The Calvary Road*. London, GB: Christian Literature Crusade
HUTTON, Samuel K. 1935. *By Patience and the Word, The story of Moravian Missions*. London, GB: Hodder & Stoughton
JANSEN, G.H. 1979. *Militant Islam*. London, GB: Pan Books
JOHNSON, Todd. M. 1988. *Countdown to 1900; World Evangelization at the end of the Nineteenth Century*. Birmingham, AL, USA: New Hope
JOHNSTONE, Patrick J. St. G. 1993. Operation World. Carlisle, Cumbria, GB: OM Publishing and WEC International
– 6. Auflage 1994. *Gebet für die Welt*. Neuhausen-Stuttgart: Hänssler
KANE, J. Herbert. 1971. *A Global View of Christian Missions*. Grand Rapids, MI, USA: Baker Book House
KENNEDY, John. 1965. *The Torch of the Testimony*. Bombay, India: Gospel Literature Service
KEYES, Lawrence E. 1983. *The Last Age Of Missions*. Pasadena, CA, USA: William Carey Library
KILBOURN, Phyllis. 1995. *Children in Crisis*. Monrovia, CA, USA: MARC-World Vision International
– 1996. *Healing the Children of War*. Monrovia, CA, USA: MARC-World Vision International
– 1997. *Street Children:* A Guide to Effective Ministry. Monrovia, CA, USA: MARC-World Vision International
KOCH, Kurt. 1970. *The Revival in Indonesia*. Berghausen: Evangelization Publishers
KUHL, Dietrich 1996. *Internationalization of an Interdenominational Faith Mission: How acceptable and effective are multi-cultural teams in* WEC International? Magisterarbeit der Columbia International University, Columbia, SC, USA
LANGTON, Edward. 1956. *History of the Moravian Church*. London, GB: George Allen and Unwin
LATOURETTE, Kenneth Scott. 1975. *A History of Christianity*. New York: Harper & Row
– 1965. deutsche Zusammenfassung: *Geschichte der Ausbreitung des Christentums*. Göttingen: Vandenhoeck & Ruprecht
LEWIS, David C. *The Unseen Face of Japan*. Tunbridge Wells, Kent TN3 0NP, GB: Monarch Publications
LEWIS, Peter. 1992. *The Glory of Christ*. London: Hodder & Stoughton
LOWE, Chuck. 1998. *Territorial Spirits and World Evangelization? A biblical, historical and missiological critique of Strategic-Level Spiritual Warfare*. Fearn, Ross-shire, IV20 1TW, GB: Christian Focus Publications & Sevenoaks, Kent TN15 8BG, GB: OMF International

LYALL, Leslie. 1963. *Missionary Opportunity Today; a brief world survey*. London, GB: Inter-Varsity Fellowship

McEVEDY, Colin & JONES, Richard. 1978. *Atlas of World Population History*. Harmondsworth, Middlesex, GB: Penguin Books Ltd.

McGAVRAN, Donald A. 1955. *Bridges of God – A Study in the Strategy of Missions*. London, GB: World Dominion Press

– 1966. *How Churches Grow – The New Frontiers of Mission*. New York, USA: Friendship Press

– 1970. *Understanding Church Growth*. Grand Rapids: William B. Eerdmans Publishing Co.

– 1987. *Zaire, Midday in Missions*. Valley Forge, PA, USA: Judson Press

McQUILKIN, Robertson. 1984. *The Great Omission: A Biblical Basis for World Evangelism*. Grand Rapids MI, USA: Baker

MAYS, David. 1996. *Building Global Vision*. Wheaton, Ill., 60189, USA: ACMC

McGRATH, Alister. 1995. *Evangelicalism and the Future of Christianity*. Downers Grove, IL 60515, USA: Intervarsity Press

McLEISH, Alexander. 1952. *Christ's Hope of the Kingdom*. London, UK: World Dominion Press

MOHADDESSIN, Mohammed. 1993. *Islamic Fundamentalism; The New Global Threat*. Washington DC, USA: Seven Locks Press

MOLTMANN, Jürgen. 1977. *The Church in the Power of the Spirit: A Contribution to Messianic Ecclesiology*. London, GB: SCM Press

MONTGOMERY, John W. Summer. 1967. Wheaton, Ill. USA: *Evangelical Missions Quarterly*, S. 193–202. Ein Artikel über Luther und die Mission

MONTGOMERY, James & McGAVRAN, Donald A. 1980. *Discipling a Whole Nation*. Santa Clara, CA, USA: Global Church Growth Bulletin

– 1989. *DAWN 2000: 7 million churches to go*. Pasadena, CA: William Carey Library

– 1997. *Then the End Will Come*. Pasadena, CA: William Carey Library

MURRAY, Andrew. 1900, Nachdruck 1979. *The Key to the Missionary Problem*. Fort Washington: Christian Literature Crusade

MURRAY, Iain H. 1971. *The Puritan Hope*. London, GB: The Banner of Truth Trust

NEELY, Lois. 1980. *Come Up to This Mountain: The Miracle of Clarence W. Jones and HCJB*. Wheaton: Tyndale

NEILL, Stephen. 1964. *A History of Christian Missions*. Harmondsworth, Middx.: Penguin Books Ltd.

– 1974. *Geschichte der christlichen Mission*. Verlag der Ev.-Luth. Mission: Erlangen

NEIL, Arthur. 1989. *Aid Us in Our Strife*. Bd. 1. GB: Heath Christian Trust

NELSON, Marlin L. 1976. *The How and Why of Third World Missions*. Pasadena, CA, USA: William Carey Library

OLSON, C. Gordon. *What in the World is God Doing?; The Essentials of Global Missions*. Cedar Knolls, NJ 07927, USA: Global Gospel Publishers

ORR, J. Edwin. 1973. *The Flaming Tongue*. Chicago, IL, USA: Moody Press

– 1975. *The eager feet: Evangelical Awakenings 1790–1830*. Chicago: Moody Press

OTIS, George, Jr. 1991. *The Last of the Giants*. Tarrytown, New York, USA: Chosen Books

– 1995. *Strongholds of the 10/40 Window*. Seattle WA 98155, USA: YWAM Publishing

PATE, Lawrence. 1989. From Every People, a handbook of Two-Thirds World Missions. Monrovia, CA, USA: MARC

PENN-LEWIS, Jessie. 1912. *War on the Saints*. GB: Overcomer Literature Trust

– 1966. *Kampf nicht mit Fleisch und Blut . . .* Widdelswehr: I. E. Stukenbrock

PERETTI, Frank. 1986. *This Present Darkness*. Westchester, IL, USA: Good News Publishers

– 1989. *Piercing the Darkness*. Westchester, IL, USA: Crossway Books

PETERS, George W. 1972. *A Biblical Theology of Missions*. Chicago: Moody Press

– 1981. *A Theology of Church Growth*. Grand Rapids, Michigan 49506, USA: Zondervan Publishing House

– 1989 2. Auflage. *Missionarisches Handeln und biblischer Auftrag*. Verlag der Liebenzeller Mission: Lahr

– 1982. *Gemeindewachstum. Ein theologischer Grundriß*. Bad Liebenzell: VLM

PIERSON, Arthur T. 1899. *George Müller of Bristol*. Westwood, NJ, USA: Fleming H. Revell Co.

PIPER, John. 1993. *Let the Nations Be Glad; The Supremacy of God in Missions*. Grand Rapids, MI 49516, USA: Baker Books

PIROLO, Neal. 1991. *Serving as Senders*. Waynesboro, GA 30830, USA. Operation Mobilization Literature Ministry; 1995. Berufen zum Senden. Hänssler-Verlag, Neuhausen

ROMMEN, Edward, Ed. 1995. *Spiritual Powers and Missions; Raising the issues*. Pasadena, CA, USA: William Carey Library

ROOY, Sydney H. 1965. *The Theology of Missions in the Puritan Tradition*. Grand Rapids, MI, USA: William B. Eerdmans Publishing Co.

SANGSTER, Thelma. 1984. *The Torn Veil, The Story of Sister Gulshan Esther*. Basingstoke, Hants RG23 7LP, GB: Marshalls

SAUER, Erich. 1914 & 1978. *From Eternity to Eternity*. GB: Paternoster Press

– 1976. *Morgenrot der Welterlösung*. Brockhaus: Wuppertal, 1976

SCHERER, James A. 1996. *My pilgrimage in Mission*. International Bulletin of Missionary Research, April 1996, New Haven, Conn 06511, USA: Overseas Mission Study Center

SHENK, Wilbert R. (Hg.). 1984. *Anabaptism and Mission*. Scottdale PA, USA: Herald Press

SILVOSO, Edgardo. 1991. *Prayer Power in Argentina. In Engaging the Enemy: How to Fight and Defeat Territorial Spirits* (Hg. von Wagner, C. Peter., s. u.).

– 1994. *That None Should Perish: How to reach entire cities for Christ through prayer evangelism*. Ventura, CA, USA: Regal Books

SKEVINGTON WOOD, A. 1960. *The Inextinguishable Blaze: Spiritual Renewal and Advance in the 18th Century*. GB: Paternoster Press

STEARNS, Bill & Amy. 1991. *Catch the Vision 2000*. Minneapolis, Minnesota 55438, USA: Bethany House Publishers

STOTT, John. 1975. *Christian Mission in the Modern World*. London: Falcon Press.

STUDD, Charles T. 1900–1932. Zitate aus Briefen und Predigten. Einige wurden veröffentlicht in *Fool and Fanatic* (Hg. von Jean Walker, WEC International)

TATFORD, Frederick A. 1982. *That the World May Know, Bd. 1–10*. Bath, GB: Echoes of Service

TAYLOR, Dr. and Mrs. H. 1932. *Hudson Taylor's Spiritual Secret*. Chicago, IL, USA: Moody Press

TAYLOR, William. 1991. *Internationalizing Missionary Training*. Exeter, GB: Paternoster Press

TIPPETT, Alan R. 1977. *The Deep Sea Canoe*. Pasadena, CA, USA: William Carey Library

THOMPSON, Phyllis. 1978. *Count It All Joy: The Story of Joy Ridderhof & Gospel Recordings*. Wheaton: Shaw

– 1965. Hört ihn, aller Welt Enden! Ein Missionsabenteuer aus unseren Tagen. Christliches Verlagshaus: Stuttgart

TUCKER, Ruth A. 1983. *From Jerusalem to Irian Jaya, A Biographical History of Christian Missions*. Grand Rapids, MI, USA: Zondervan

VAN DEN BERG, Johannes. 1956. *Constrained by Jesus' Love; an enquiry into the motives of the missionary awakening in Great Britain in the period between 1698 and 1815*. Kampen, Netherlands: J.H. Kok

WAGNER, C. Peter. 1991. *Engaging the Enemy: How to fight and defeat Territorial Spirits*. Venture, CA: Regal Books

– Hg. 1993. *Breaking Strongholds in your City: How to Use Spiritual Mapping to Make Your Prayers More Strategic, Effective and Targeted*. Ventura, CA, USA: Regal Books

WINTER, Ralph D. 1971. Churches need missions because modalities need sodalities. Artikel in *Evangelical Missions Quarterly*, Sommer 1971

– *Mission Frontiers Magazine;* verschiedene Verweise, U.S. Center for World Mission, Pasadena CA, USA

– & HAWTHORNE, Steven C. 1981 & 1992. *Perspectives on the World Christian Movement*. Pasadena CA, USA: William Carey Library

WOODFORD, David B. 1997. *One Church, Many Churches: A Five Model Approach to Church Planting and Evaluation*. Ann Arbor, MI, USA: UMI

YOUNG, Edward J. 1972. *The Book of Isaiah, Bd. III*. New International Commentary. Grand Rapids, MI, USA: William B. Eerdmans Publishing Co

ZAKARIA, Rafiq. 1988. *The Struggle Within Islam: the Conflict between religion and politics*. Harmondsworth, Middx., GB: Penguin Books Ltd.

Anmerkungen

1. Johnstone 1993
2. Matthäus 16, 18-20; Epheser 2, 11-22; Offenbarung 21, 1-26; 22, 17
3. Hebräer 12, 22-24; Offenbarung 20, 12
4. Matthäus 13, 1-23; 13, 24-30; 13, 47-50
5. Bosch 1991: 391. Vgl. dort die ausführlicheren Definitionen der Begriffe »**Mission**« und »**Missionsarbeit**«.
6. Sauer 1914 und 1978. Erich Sauer entwirft in seinem Buch »Von Ewigkeit zu Ewigkeit« ein herrliches Bild der Ewigkeit, in der die Zeit nur ein kleiner Teil des Ganzen sein wird.
7. Billheimer 1975, S. 19-27. Billheimers Buch »Destined for the throne« ist ein Meisterwerk der Beschreibung des Planes Gottes mit dem Universum – der Gemeinde.
8. Johannes 1, 1-18; Epheser 1, 3-10; Offenbarung 5
9. Jesaja 66, 22-23; Offenbarung 21, 1-2, 5-7
10. Billheimer 1975, S. 15
11. Galater 4, 4
12. Burnett 1986. Burnetts *Buch God's Mission:* Healing the Nations erläutert von der Bibel her Gottes Sehnsucht nach der ganzen verlorenen Welt und ist in dieser Hinsicht eines der ausgewogensten und klarsten Bücher, die ich kenne. Es ist gut verständlich geschrieben und zeugt doch von fundierten missiologischen Kenntnissen.
13. Johannes 20, 21
14. Lukas 24, 27
15. Hutton 1935, S. 55-58
16. Matthäus 28, 18-20; Markus 16, 15-20; Lukas 24, 44-49; Johannes 20, 19-23, Apostelgeschichte 1, 1-11
17. Hengstenberg, 1854. Das Buch ist eine meisterhafte 1400-seitige Entfaltung der Christologie des Alten Testamentes in zwei Bänden.
18. Markus 2, 1-12
19. Apostelgeschichte 1, 4-5, 8
20. Markus 16, 15-18
21. 2. Petrus 3, 9
22. Bosch 1991, S. 390
23. Argaard 1974, S. 423
24. Matthäus 28, 18-20
25. McGrath 1995, S. 17 ff. In diesem Buch findet sich eine ausgezeichnete Darstellung der Entstehung und der Geschichte des Evangelikalismus im 20. Jahrhundert. An der Schwelle zum 21. Jahrhundert, so zeigt

McGrath, wird der Evangelikalismus das Modell der Zukunft des Christentums sein.

[26] Murray 1971
[27] So Davies in: International Bulletin of Missionary Research April 1997
[28] Van den Berg 1956, S. 93
[29] Davies 1997, S. 60–67. Davies nennt den außergewöhlichen Jonathan Edwards den »Großvater« der modernen Missionsbewegung.
[30] Latourette 1975
[31] Die Geschichte der Herrnhuter Mission wird in Kapitel 16 ausführlicher dargestellt.
[32] George 1991, S. 32
[33] George 1991, S. 20
[34] Fiedler/Schirrmacher 1998
[35] George 1991, S. 53. Es wird auch berichtet, dass Ryland einen weiteren bissigen Kommentar abgegeben und Carey »einen erbärmlichen Enthusiasten« genannt hatte, weil dieser auch nur das Thema aufgebracht hatte!
[36] Kane 1971
[37] Carey, S. Pierce, 1923
[38] Ebd.
[39] Carey 1792
[40] Skevington Wood 1960, S. 32 + 166–241
[41] Skevington Wood 1960, S. 32 + 166–241
[42] Johnstone 1993
[43] **Mission und Missionsarbeit:** Bevor wir fortfahren, müssen wir beide Begriffe definieren. Leider wird der Begriff »Mission« für so vieles benutzt, dass er in vielen christlichen Kreisen ganz entstellt und seiner ursprünglichen Bedeutung beraubt wird. Indem unter »Mission« alles zusammengefasst wird, was eigentlich getan werden müsste, hat der Begriff seine Stoßkraft verloren. Seine eigentliche Bedeutung büßte der Begriff »Mission« jedoch dadurch ein, dass der geistliche Aspekt heruntergespielt, der politische und praktische, gesellschaftliche Aspekt jedoch hochgespielt wurden. **Mission** ist Gottes Plan für die Erlösung der Menschheit und für die ganze Kreatur (Römer 8, 18–25). **Missionsarbeit** sind die vielen verschiedenen Arbeitszweige, mit deren Hilfe Menschen die Mission Gottes vorangetrieben haben.
[44] Stott 1975, S. 15–20; Burnett 1986, S. 12
[45] 1. Mose 18, 18–22; 26, 4; 28, 14. Das kommt auch in der Tatsache zum Ausdruck, dass Laban durch die Anwesenheit Jakobs gesegnet wurde sowie der Pharao durch Josephs Anwesenheit.

[46] Psalm 2,8; 22,27; 72,8–11; 86,9; Jesaja 45,22–23, um nur einige wenige Beispiele zu nennen.
[47] Galater 3,8; 14,29
[48] Offenbarung 5,9; 7,9–10
[49] Ich werde auf dieses Thema in Kapitel 22 weiter eingehen.
[50] Das ist eine Erfüllung der Worte Jesu aus Matthäus 24,6, als er der Welt Kriege für die Zeit nach seiner Himmelfahrt ankündigt.
[51] Vgl. auch Kapitel 25, in dem ich auf die Herausforderungen für die Zukunft eingehe, die die Ideologien für die Verkündigung des Evangeliums im 21. Jahrhundert darstellen.
[52] Epheser 2,11–22
[53] Es ist schon bemerkenswert, wie viel Fragen und Suchen nach Gerechtigkeit es unter den Heiden der Zeit Jesu gab. Manche Forscher nehmen an, dass es damals 500 000 Heiden gab, die zur Zeit Christi zum Judentum übergetreten waren. Das war eine große Zahl, denn nach einer kürzlich durchgeführten Untersuchung der Hebräischen Universität Jerusalem hatte das Römische Reich zum Zeitpunkt der Geburt Christi nur 45 Millionen Einwohner. Davon waren sechs bis sieben Millionen Juden. Bei einem normalen Bevölkerungswachstum wäre die Zahl der Juden auf 350 Millionen Menschen im Jahr 1995 angewachsen anstelle der gegenwärtig 14 Millionen Juden.
[54] Bosch 1991, S. 56–122
[55] Lukas 4,16–30
[56] Bosch 1991, S. 108–112 und Lewis 1992, S. 22–25 widmen sich ausführlicher der Logik und der Exegese dieses Abschnittes.
[57] Lukas 9,51–56
[58] Johannes 4; Lukas 9,52–56; Apostelgeschichte 1,8; 8,4–24
[59] Apostelgeschichte 11,18
[60] Lukas 24,21; Apostelgeschichte 1,6
[61] Apostelgeschichte 2,29; 3,25; 4,29
[62] Winter & Hawthorne 1981, A110. Don Richardson behandelt diesen Punkt in seinem Artikel *The Hidden Message of Acts*.
[63] Olson 1993. Olsons Buch *What in the World is God Doing* ist eine sehr gute, kurze Abhandlung der Missionsgeschichte und eine Erläuterung der Gründe, die dazu geführt haben, dass der ursprüngliche Plan Gottes nicht befolgt wurde.
[64] Barrett & Johnson 1990, S. 13
[65] Barrett & Johnson 1990, S. 12–17
[66] Hier sind alle Variationen des Verbs und alle Ableitungen (vom Verb abgeleitete Adjektive und Nomen) im Neuen Testament erfasst.
[67] Lukas 6,13

68 Offenbarung 21,14
69 Galater 1,19; Apostelgeschichte 14,4+14; 1. Thessalonicher 2,6; Römer 16,7
70 Douglas 1962, S. 48-50 führt die Bedeutung und Funktion der Apostel noch weiter aus.
71 Vielleicht könnte man die Formel noch theologisch korrekter formulieren und sie wie eine mathematische Gleichung niederschreiben: **Der König – (Gemeinde + Mission) Heiliger Geist** oder in Worten: Der König multipliziert sein Reich durch die Gemeinde in der Weltmission durch die Kraft des Heiligen Geistes!
72 Apostelgeschichte 1,2-3,8
73 Die Frage der Jünger und die mehrdeutige Entgegnung Jesu legt zwischen den Zeilen die Wiederherstellung des Reiches Israel zu einem späteren Zeitpunkt nahe. Viele Kommentatoren wie David Pawson, Lance Lambert und andere würden daran auch nachdrücklich festhalten. Ich möchte hier keine eschatologische Diskussion über die Umstände und die Art und Weise der Wiederherstellung des Reiches Israel anfügen. Es geht hier eigentlich darum, dass diese Wiederherstellung für das bevorstehende Wirken der Apostel nicht an erster Stelle stand, ebenso wenig für die Gemeinde, sondern dass sie sich auf die Weltmission konzentrieren sollte.
74 Carey 1792, S. 4-8
75 Shenk 1984, S. 13-22
76 Rooy 1965, S. 319-321
77 Rooy 1962, S. 15-64, s. bes. S. 42. Sibbes stellt fest: »Jeder Christ ist von Gott dazu berufen, sich für die Ausbreitung des Evangeliums einzusetzen.« Richard Sibbes (1577-1635) war einer der größten puritanischen Prediger.
78 Rooy 1962, S. 66-155 beschreibt ausführlich Richard Baxters Theologie und Lehre. Baxter sagt explizit (Rooy 98): »Dieser (Missions)befehl war aus folgenden Gründen nicht auf die Apostel beschränkt ...« und führt sechs triftige Gründe dafür an.
79 Isaac Watts wurde durch die Predigt Baxters zur Abfassung des berühmten Liedes *»Jesus shall reign where'er the sun«* angeregt.
80 Montgomery 1967, S. 193-202. Vgl. auch Evangelical Missions Quarterly, Summer 1967, Vols. 3-4, S. 193-202
81 Der anglikanische Priester Hadrian Saravia vertrat in einem Traktat von 1690, dass Matthäus 28,19 für die Apostel und alle zukünftigen Zeiten gültig sei. Barrett 1987 (2), S. 35
82 Latourette 1975, S. 134-6
83 Rooy 1962, S. 98

[84] Bosch 1991, S. 243–246
[85] Viele dieser Pietisten waren eigentlich Lutheraner.
[86] Zu dieser Zeit spielten die Hugenotten noch immer eine politisch bedeutsame Rolle in Frankreich.
[87] Broadbent 1931. S. 144–149
[88] Shenk 1994
[89] Calvin-Studienausgabe 1994, S. 67
[90] Strong 1907
[91] Strong erwähnt die Predigt des Evangeliums in aller Welt und zitiert auf S. 1008 Matthäus 24,14, erwähnt aber diese Stelle nur beiläufig im Zuge seines eigentlichen Themas, das zweite Kommen Christi.
[92] Bosch 1991, S. 477. Bosch zitiert Cracknell und Lamb aus einer Zusammenschau des Britischen Weltkirchenrates.
[93] Scherer 1996, S. 72
[94] Bosch 1991, S. 489
[95] Dissenter wehrten sich dagegen, dass der Staat die Angelegenheiten der Kirche kontrollierte. Aus den Dissentern entwickelten sich die Baptisten, die Independenten, die Quäker und andere Gruppen.
[96] Broadbent 1931, Kennedy 1965. Diese beiden Bücher behandeln die Geschichte dieser Gemeinde des Überrestes durch die Zeitalter hindurch, die die biblische Wahrheit besser erfasst hatten als die offizielle Kirche der nominellen Christenheit. Mit der Gemeinde des Überrestes sind etwa die Montanisten, die Donatisten, die Albigenser, die Waldenser, die Hussiten, die Lollarden, die Wiedertäufer, die Herrnhuter Brüder, die Brüdergemeinden und andere gemeint. Weitaus mehr Historiker stimmen in die heftige Kritik des sich bedroht fühlenden Establishments ein, das diese Gemeinschaften oft sehr negativ darstellt. Sie standen jedoch im Normalfall den heutigen Evangelikalen theologisch näher als die offizielle Kirche.
[97] McQuilkin 1984
[98] Ich gehe hier davon aus, dass Jesus von 29–33 n. Chr. lehrte und Petrus die Familie des römischen Zenturios Cornelius im Jahr 38 n. Chr. taufte (Barrett 1987, S. 21). Allerdings gibt es auch gute Gründe, davon auszugehen, dass dieser Zeitraum, in dem die Apostel in Jerusalem blieben, acht bis neun Jahre umfasste. Dann wäre Jesu Wirken mit Berücksichtigung der etwa 30 Jahre vor seinem Auftreten (Lukas 3, 23) etwa für die Zeit von 26–30 n. Chr. anzusetzen.
[99] Ausgenommen dessen, worauf ich im letzten Kapitel Bezug genommen habe.
[100] Apostelgeschichte 8, 1–8

[101] Apostelgeschichte 15, etwa 48/50 n. Chr. (Conybeare & Howson 1957, S. 832; Douglas 1962, S. 227)
[102] Mc Leish 1952
[103] Für diese Definitionen und Statistiken bin ich David Barrett zu Dank verpflichtet (Barrett 1990, S. 25 ff.).
[104] Barrett 1987 (2) unterscheidet zwischen Evangelisation und Bekehrung, da nach biblischer Auffassung beides nicht dasselbe ist. Allerdings werden in vielen Büchern heute beide Dinge gleichgesetzt.
[105] Ich möchte damit nicht sagen, dass Missionsarbeit nur im Bereich A geschieht, denn das trifft nicht zu. Es gibt viele Millionen Menschen in Bereich B und C, die das Evangelium erst noch hören und in seiner ganzen Tiefe begreifen müssen, aber dazu noch nie Gelegenheit hatten. Allerdings ist es für die Menschen in Bereich B und C wahrscheinlich, dass sie das Evangelium hören, weil in ihrem Umfeld evangelisiert wird.
[106] Barnes 1902, Kapitel 25
[107] Addison 1936
[108] Bruce 1958, S. 371–383
[109] Für weitere Erläuterungen vgl. auch Winter 1971, S. 193
[110] Addison 1938, S. 77
[111] Tucker 1983, S. 45
[112] Barrett 1987a, S. 29+96
[113] Latourette 1975, S. 322–325
[114] Latourette 1975, Barrett 1987a, S. 33–40
[115] Die Bevölkerungszahlen der entsprechenden Länder zu dieser Zeit finden sich in McEvedy & Jones, 1978 und wurden zur Berechnung des prozentualen Anteils herangezogen.
[116] Neill 1964, S. 227–240; Tucker 1983, S. 67–82
[117] Über ein Jahrhundert vor Luthers Bekehrung gingen die Herrnhuter Brüder auf das Wirken des Reformators Jan Hus (1375–1415) von Herrnhut (heute Tschechische Republik) zurück, wo es im Jahr 1500 schon 200 protestantische Gemeinden gab. Vgl. Langton 1956
[118] Ich kenne einige Gemeinden, bei denen zehn Prozent ihrer Mitglieder Missionare im vollzeitlichen Dienst sind, teilweise im Heimatland, teilweise im Ausland. Eine dieser Gemeinden ist die Gold Hill Baptist Church in Buckinghamshire in England, eine andere die Tulsa Christian Fellowship in Tulsa, OK, in den USA.
[119] Der Pietist A. H. Francke veröffentlichte etwa im Jahr 1707 das erste bekannte Missionsmagazin in Deutschland.
[120] Denney 1972, S. 360
[121] Lukas 18, 8

[122] Matthäus 16, 18–19
[123] Orr 1973. Orr analysiert auch, wie Gott William Carey und andere gebraucht hat, um die Union of Prayer zu begründen, durch die die Zweite Große Erweckung in Großbritannien und dann auch in den USA eingeleitet wurde und schließlich den Boden für die neue Missionsbewegung bereitete.
[124] Roy Hession hat in seinem Buch The Calvary Road den Bericht von dieser Erweckung auf der ganzen Welt verbreitet. Die Erweckung begann in den 1930er Jahren in Ruanda und dehnte sich auf den größten Teil Ost- und Zentralafrikas aus. Leider kam es in dem Land, in dem diese Erweckungen vor nur zwei Generationen stattfanden, in den 1990er Jahren zu Rassenhass und Völkermord.
[125] Campbell 1957. The Christ of the Korean Heart: London, England: Christian Literature Crusade
[126] Burke *Anointed for Burial*
[127] Koch, Kurt 1970
[128] Matthäus 24
[129] 2. Samuel 24
[130] Tatford 1982
[131] 4. Mose 1, 1–3; 3, 40; 13, 1+17–24; 1. Könige 19, 18; Offenbarung 7, 4–8 u. a. m.
[132] Apostelgeschichte 2, 41; 4, 4
[133] Barrett 1983, S. 160–169
[134] Barrett 1982. In der Einleitung zu der Enzyklopädie beschreibt Barrett in aller Kürze die etwa 40 bekannten zahlenmäßigen Schätzungen der weltweiten Christenheit bis zum Jahr 1980.
[135] Johnson 1988
[136] Kenneth Grubb war eine Zeitlang Missionar des WEC in Amazonien. Er war der Bruder von Norman Grubb, der später internationaler Direktor des WEC wurde.
[137] Johnstone 1993, S. 25. Diese Graphik zeigt die Wachstumsrate der Pfingstler zwischen 1960 und 1990. Die Kurve weist eine Spitze auf. Das kommt daher, dass die Daten für Operation World (Gebet für die Welt) vor 1970 stark auf den Daten des World Christian Handbook basierten, die Daten der World Christian Encyclopedia von 1970 vermitteln jedoch ein vollständigeres Bild.
[138] Lyall 1963
[139] McGavran 1955, 1966, 1970, 1987
[140] Länder wie Mexiko (1963), Korea (1966), Lateinamerika (1967), Liberia (1968), Sierra Leone (1969), Finnland und Italien (1970), die Philippinen (1971), Taiwan und Thailand (1980) und einige andere Länder

wurden von Forschern besucht, die gründliche Missionsstatistiken erstellten.
141 Es ist hier nicht der Ort, um die vielen Forschungsinitiativen aufzuführen, die das Wachstum der Gemeinde Jesu in den vergangenen 20 Jahren erfasst haben. Die außergewöhnliche Forschungsarbeit von Peter Brierley von MARC-Europe und die Christian Research Association in Großbritannien müssen jedoch erwähnt werden. Durch Brierleys Werk und den Anstoß, den er vermittelt hat, ist seit 1973 eine ganze Reihe von christlichen Handbüchern für viele Länder Europas und darüberhinaus veröffentlicht worden.
142 Careys geschätzte Angaben können mit den Zahlen des *Atlas of World Population* von 1978 für das Jahr 1790 verglichen werden. Die erste Zahl stammt jeweils von Carey, die zweite aus dem *Atlas of World Population*: Weltbevölkerung: 171 Mio/170 Mio, China 60 Mio/330 Mio, Anatolien in der Türkei 20 Mio/9 Mio, Arabien 18 Mio/5 Mio, Brasilien 14 Mio/2,5 Mio. Carey unterschätzte die Bevölkerungszahlen Ostasiens und überschätzte die Einwohnerzahl des Nahen Ostens und Südamerikas.
143 Diese Karten enthalten natürlich nicht viele Details, machen aber die Reichweite der christlichen Mission in den verschiedenen Zeitabschnitten deutlich.
144 Johnson 1988, S. 6+7
145 *Missionary Review* Nov 1881, S. 437
146 Das gilt insbesondere für Europa. Dieser Pessimismus ist zwar etwas hart, aber zutreffend »Euro-Pessimismus« genannt worden. Dieser Pessimismus hat leider den Glauben und die Hoffnung von Millionen Christen auf dem europäischen Kontinent stark beschädigt.
147 Hefley 1974
148 Der Begriff »unerreicht« wurde von MARC-World Vision in den frühen 70er Jahren mit den ersten Listen, die alle Volksgruppen aufführten, unter denen kein Christ bekannt ist, allgemein verbreitet. Winters Begriff »verborgen« drückte das Anliegen zwar in einem Wort aus, war aber missverständlich. Winter ging später gerne dazu über, den Begriff »unerreicht« zu verwenden, obwohl auch dieser wiederum seine Schwächen hat, aber so konnten wenigstens alle denselben Begriff verwenden.
149 Gilbert 1995
150 Grimes 1966
151 Dayton 1972–1980
152 Barrett 1998

[153] Das Josua-Projekt wurde 1990 in Angriff genommen, um damit die Gemeinde Jesu aufzurufen, sich im verbleibenden Jahrzehnt des Jahrtausends auf die am wenigsten erreichten Völker auf der Welt zu konzentrieren. Das Josua-Projekt wird auf S. 170 ausführlicher erläutert.

[154] Nach aller Wahrscheinlichkeit nimmt die Zahl der gesprochenen Sprachen im nächsten Jahrhundert rasch ab, da etliche kleinere Sprachen im Aussterben begriffen sind. Manche Forscher sind der Auffassung, dass möglicherweise 3000 Sprachen und die mit den Sprachen verbundenen Kulturen verschwinden werden. Die rasch voranschreitende Verstädterung und die Massenmedien tragen wesentlich zu dieser Entwicklung bei.

[155] Barrett 1998, Johnstone 1993. Die Januar-Ausgabe des International Bulletin of *Missionary Research* von 1985 an

[156] Brierley 1996. Peter Brierley von der Christian Research Association hat den Begriff **nominelle Christen** in den verschiedenen Handbüchern verwendet, um eine Bezeichnung für die großen Zahlen der Menschen zur Verfügung zu haben, die in vor langer Zeit christianisierten Ländern leben, zwar keine große Verbindung mit den christlichen Kirchen und auch den Inhalt des Evangeliums kaum begriffen haben, aber sich selbst immer noch als »Christen« bezeichnen würden.

[157] So Winter in zahlreichen Ausgaben des *Mission Frontiers Magazine* USCWM

[158] Die Liste des Josua-Projektes wurde unter Verwendung mehrerer verschiedener Aufstellungen von Volksgruppen der Erde ab 1994 konzipiert. Die 1700 ethno-linguistischen Volksgruppen, die dort aufgeführt werden, sollen die Gemeinde Jesu weltweit zum Gebet und zur Mission ermutigen. Die kleineren Volksgruppen, sowie diejenigen mit geringfügig mehr Christen, unter denen schon gearbeitet wird, werden nicht hintangestellt, aber sie fallen eher in den Zuständigkeitsbereich der landesweit oder regional wirkenden, manchmal auf einen Arbeitszweig spezialisierten Missionsgesellschaften oder Gemeindeverbände, die unter verwandten Volksgruppen arbeiten.

[159] Johnstone 1993, S. 16–17, S. 652–653. Auf diesen Seiten werden die Definitionen, die Terminologie und die Methodik des Buches erläutert. Das gesamte Datenmaterial für *Operation World* ist von Global Mapping International sowohl auf Diskette als auch auf CD-ROM veröffentlicht worden, und jede Zahl, die die Grundlage für die Errechnung der Zahl der Evangelikalen innerhalb jeder Denomination der Erde bildet, kann zurückverfolgt und überprüft werden.

[160] McGrath 1995

[161] Vergleich die Fußnote zu Sir Kenneth Grubb auf S. 143.
[162] Diese Zahl liegt niedriger als die, die ich in *Operation World* in der Ausgabe von 1993 verwendet habe. Wir haben seitdem herausgefunden, dass die überschwängliche Berichterstattung vom Wachstum einiger Gemeinden auf wackeligen Füßen stand und zu großen Teilen auf Schätzungen beruhte. Dies gilt insbesondere für die brasilianischen Assemblies of God, deren Mitgliederzahl im Jahr 1991 angeblich bei 16 Millionen gelegen haben soll, spätere Untersuchungen werden jedoch wohl zu Tage fördern, dass die richtige Zahl ungefähr bei acht Millionen gelegen haben muss.
[163] Römer 11, 25–28
[164] 1. Mose 18, 25
[165] Es ist immer schwierig, statistische Angaben für die argentinischen Denominationen zu bekommen oder zu überprüfen. Eine der erst nach 1992 entstandenen Denominationen ist eine Pfingstkirche mit dem Namen **Visión do Futuro**. Sie führen keine Mitgliederlisten, deshalb schwanken die Zahlen dieser Gemeinde für 1992 zwischen 150 000 und 500 000 Mitgliedern.
[166] Hammond 1996
[167] Christianity Today, 3. März 1997. Charles Colson war zur Zeit des Vietnamkrieges einer seiner Entscheidungsträger.
[168] Die Revolution wurde in vielen Bereichen durch den Vertrieb von einfachen, aber leicht zu vervielfältigenden Kassetten geschürt. Die iranische Revolution war die erste größere Revolution, die mit Hilfe dieses Mediums in Gang gesetzt wurde. Auch wir Christen sollten Kassetten vermehrt für die Weltmission einsetzen.
[169] Bereits zweimal waren Missionsbemühungen in China begonnen worden, einmal von den Nestorianern im 9. Jahrhundert, das zweite Mal von römisch-katholischen Missionaren im 16. Jahrhundert. Keinem der beiden Unternehmungen war jedoch dauerhafter Erfolg beschieden.
[170] Patterson 1989, Chao 1989
[171] Jonathan Chao geht in seinem Buch *The China Mission Handbook* von der höheren Zahl von 60–75 Millionen aus, während Tony Lambert in seinen mit viel Sorgfalt erstellten Übersichten für News Network International und auch andere Experten eher von einer niedrigeren Zahl, von 25–30 Millionen Christen ausgehen. In *Operation World* (Gebet für die Welt) habe ich für die Zahl der Christen immer zwei Zahlen verwendet – erstens die erwachsenen Gläubigen und das Umfeld der Gemeinde, also Christen, die mit der Gemeinde verbunden sind und zweitens Konfirmanden, Kinder, Gemeindebesucher,

die aber keine Mitglieder sind u. a. Baptisten, Pfingstler und Evangelikale würden im Allgemeinen die erste Zahl bevorzugen; Katholiken, Anglikaner und Kindertäufer die zweite. Die von Lambert und Chao verwendeten Zahlen sind sehr gut mit meinen beiden Kategorien übereinzubringen. Ich habe mit Lambert darüber gesprochen und ihn gefragt, ob die größere Zahl nicht einfach beide Arten von Kirchgängern zusammenfasst und ob man nicht davon ausgehen sollte, dass Chao alle Kirchgänger zusammenzählt, während sich Lambert für die engere Definition von erwachsenen Gemeindemitgliedern entschieden hat. Er stimmt mir zu, dass dies eine gute Erklärung für die abweichenden Zahlen sein könnte.

172 Matthäus 24,7
173 Dinnen 1995
174 Damit zitierte Dinnen aus einem Gedicht des Gründers des WEC, C.T. Studd: »Manch einer lebt nur gerne dort, wo er die Kirchenglocken hört. Ich möchte eine Rettungsstation im Vorhof der Hölle betreiben.«
175 Orr 1973, 1975
176 Wagner, Global Harvest Ministries, P.O. Box 63060, Colorado Springs, CO 80962-3060, USA
177 David Bryant griff damit einen von Jonathan Edwards vor über zwei Jahrhunderten in Neuengland geprägten Begriff auf. Edwards hatte sich damals für die Abhaltung von Gebetskonzerten für die Bekehrung der Heiden ausgesprochen.
178 Bryant 1984
179 Die geistliche Kampfführung ist in den 1990er Jahren in christlichen Kreisen viel diskutiert worden und etliche Bücher wurden zu diesem Thema veröffentlicht. Das ist ein ganz eigenes Thema, mit dem ich mich nur kurz in Kapitel 33 dieses Buches beschäftigen kann. Zwei verschiedene Standpunkte dazu werden in Rommen, 1995 erläutert.
180 Hawthorne 1993
181 Chao 1989
182 Fomum 1988
183 Sangster 1984
184 Wir müssen äußerst vorsichtig sein, mit welchen Begriffen wir die einheimischen Volksgruppen auf dem Missionsfeld belegen. Fast jeder Begriff, der gebraucht wurde, klingt rasch großväterlich oder sogar abwertend. Die Menschen, die in Afrika leben oder afrikanischer Herkunft sind, haben lange verzweifelt nach einer Bezeichnung für sich gesucht, mit der sie sich identifizieren können. Man denke dabei nur, welche Gefühle in Südafrika durch Begriffe wie *Schwarzer, Eingebore-*

ner, Bantu, Nicht-Weißer oder sogar *Kaffer* ausgelöst werden. Auch in den USA gibt es das mehr als ein Jahrhundert währende Bemühen, neutrale Ausdrücke zu finden. Auch die heute verwendeten Ausdrücke wie z. B. Afro-Amerikaner oder Farbiger werden sich möglicherweise nicht länger als ein Jahrzehnt halten! Sogar der häufig verwendete Ausdruck *Einheimischer* (im Sinne von Staatsangehöriger des betreffenden Landes) hat seine ursprüngliche Bedeutung verloren und meint heute »die vom Missionsfeld«. Es wurde einmal in meinem Umfeld von einem *Einheimischen* gesprochen, der in einer New Yorker Gemeinde gepredigt hatte; ich dachte, dass damit ein Amerikaner gemeint gewesen sei, aber nein, es war ein Afrikaner!

[185] Tippett 1977

[186] Nelson 1983; Keyes 1983; Pate 1989

[187] Kuhl 1996. Dietrich Kuhl war der bisherige Internationale Direktor des WEC International und musste sich intensiv mit den strategischen, pastoralen und strukturellen Folgen der Internationalisierung einer großen gemeindegründenden Missionsgesellschaft vertraut machen. Dies wurde dann auch das Thema seiner Magisterarbeit, mit dem er sein Studium an der Columbia International University abschloss.

[188] Johnstone 1993, S. 643–9. Dort werden für jedes Land der Erde die Zahlen der Missionare genannt.

[189] Taylor 1991. Bill Taylor von der Weltweiten Evangelischen Allianz hat unermüdlich die Welt bereist, damit dieses Ziel verwirklicht werden kann.

[190] Matthäus 24, 44; Lukas 12, 40

[191] Der wirkliche Beginn des dritten Jahrtausends war möglicherweise schon das Jahr 1996. Historiker sind allgemein der Auffassung, dass die Festlegung des Jahres 0 als das Geburtsjahr des Herrn Jesus nicht wirklich exakt war, und dass Jesus nach der heutigen Zeitrechnung eher im Jahr 7–4 v. Chr. geboren wurde.

[192] Eshleman 1995. Dieses Buch erzählt lebendig die Geschichte und den Einfluss des Films.

[193] Montgomery 1975

[194] Montgomery 1997, S. vii

[195] Montgomery 1989

[196] Thomas Wang erkannte, dass viele verschiedene Organisationen sich für das Jahr 2000 Ziele gesetzt hatten, die in der Öffentlichkeit durch Barrett und Reapsomes Forschung für das Buch Seven Hundred Plans to evangelize the world: the rise of a Global Evangelization Movement bekannt wurden.

[197] Zu der Bewegung AD2000 and Beyond gehörten im Januar 1998 die folgenden Netzwerke: Unerreichte Völker (Unreached Peoples), Städte (Cities), Frauenarbeit (Mobilization of Women), Gottes Wort und christliche Literatur (God's Word and Christian Literature), Gottesdienst und Kunst (Worship & the Arts), Medien (Media), Gemeinsame Gebetsaktionen (Mobilization of United Prayer), Völlige Durchdringung mit dem Evangelium und Kleingruppenleitung (Saturation Evangelism and Small Group Leadership Development), Die Gewinnung neuer Missionare (Mobilization of New Missionaries), Leiter der Denominationen (Denominational Leaders) und Studentenarbeit (Mobilization of Students).

[198] Mission Frontiers ist die Zeitschrift des US Center for World Mission. Im September 1997 erschienen dort einige wertvolle Kommentare, dass ein radikales Umdenken einsetzen muss, wenn wir in diese Blöcke unerreichter Volksgruppen größere Schneisen schlagen wollen.

[199] Studd etwa 1930. Studd schrieb diese Zeilen in einem Brief aus den Wäldern des Kongo. Diese Worte Studds wurden in einem Prospekt des WEC in Großbritannien etwa im Jahr 1982 zitiert.

[200] Carey 1972/1988, S. 59–65, deutsche Ausgabe 1993/1998, S. 77–88

[201] Wir können heute die Macht und den Reichtum der niederländischen East India Company im heutigen Indonesien und der britischen East India Company in Indien kaum noch nachvollziehen. Jahrhundertelang kontrollierten diese Handelsgesellschaften riesige Reiche, unterhielten Armeen und waren für die einheimische Bevölkerung, die viel größer war als die Bevölkerung der Heimatländer der jeweiligen Beherrscher, die Herren über Leben und Tod. Die Niederlande hatten im Jahr 1800 eine Bevölkerung von zwei Millionen Menschen und die Niederländer warfen sich zu Herren über die zehn Millionen Indonesier auf. In gleicher Weise herrschten die 16 Millionen Briten über den größten Teil Indiens mit seinen 185 Millionen Einwohnern.

[202] Carey 1998, S. 77+79

[203] Carey ebd. S. 83+84

[204] Addison 1936

[205] McGavran 1970

[206] Broadbent 1931, Kennedy 1965

[207] Matthäus 16,18

[208] Matthäus 18,17

[209] Matthäus 20,27

[210] Peters 1981, S. 168–170

[211] Winter 1993b, S. 45–57. Winter weist auf die grundlegende Bedeutung der Verbreitung der jüdischen Synagogen im ganzen Heiligen

Land und auf der ganzen Erde hin und zwar in strategischer Hinsicht ebenso wie als Vorbildfunktion.

[212] 1. Samuel 16,5 et. al.
[213] Apostelgeschichte 22,3
[214] Apostelgeschichte 13,1–3
[215] Apostelgeschichte 15,37
[216] 2. Timotheus 2,2
[217] Epheser 4,11–13
[218] Brow 1969, S. 85–91
[219] Calvin 1536, Bd. 2, S. 319
[220] Peters 1981, S. 163–183
[221] Bosch 1991, S. 201
[222] Die erste Universität war Bologna, die am Ende des 11. Jahrhunderts gegründet wurde. Weitere folgten: Oxford 1167/68, Cambridge 1209, Sorbonne 1257, Montpellier 1289, Rom 1303.
[223] Die Zisterzienser (und ihre Missionsarbeit in Ost-Europa) wurden 1098 gegründet, die Franziskaner 1209 und die Dominikaner 1215.
[224] Die Inquisition wurde ursprünglich einmal eingeführt, um die »häretischen« französischen Albigenser und die italienischen Waldenser, sowie später auch die Juden und Muslime aufzuspüren, die sich nach außen hin zum Christentum bekannten, um nicht aus dem Reich verbannt zu werden, aber insgeheim ihren eigenen Glaubensüberzeugungen treu blieben. Später wurde die Inquisition jedoch ein Instrument des Terrors gegen alle, die nicht mit Rom konform gingen. Das zeigt anschaulich die schreckliche Macht, die durch die Inquisition ausgeübt wurde. Wer einmal angeklagt war, konnte keinerlei Hoffnung auf Gnade oder Entkommen hegen, gar nicht zu reden von einer fairen Anhörung bei einem Gerichtsverfahren.
[225] Carey 1993/1998, S. 82
[226] Ebd. S. 85
[227] Die London Missionary Society begann als interdenominationelle Denomination, wurde aber Schritt für Schritt mehr der denominationelle Arm der Kongregationalistischen Kirche. Im Jahr 1977 entstand daraus der Council of World Mission (Weltmissionsrat).
[228] Brierley 1996
[229] Wen man dazu rechnet, entscheidet sich an der theologischen Position des Betrachters – soll man Römisch-Katholische Christen, die Mormonen, die 7-Tage-Adventisten, Pfingstler und Charismatiker hinzunehmen? Was ist mit den pluralistisch ausgerichteten Denominationen? Ich möchte diese Frage hier nicht weiter vertiefen. Ich bin von einigen Lesern von Operation World (Gebet für die Welt) kritisiert

worden, weil ich bestimmte Gruppen zu den Evangelikalen, den Protestanten oder auch nur zu den Christen gerechnet habe.

230 Bosch 1991, S. 496
231 Winter, *Evangelical Missions Quarterly*, Juni 1971, S. 193. Dieser Artikel war einer der ersten fundierten Verteidigungen der Tatsache, dass die Gemeinde Jesu größer ist als alle örtlichen Gemeinden zusammengenommen und dass die Gemeinde Jesu der apostolischen Strukturen als einer wesentlichen, beständigen Komponente für geistliches Überleben und Wachstum bedarf.
232 Olsen 1988, S. 255–256
233 George Verwer hat seit 1996 seine Sicht zu Apostelgeschichte 13 als denkbares Modell zur Teilung der Verantwortlichkeit unter den protestantischen Gemeinden auf der ganzen Erde überall bekannt gemacht. Mehr Informationen dazu sind bei OM erhältlich.
234 Forster & Richard 1995
235 Beals 1995; Pirolo 1991; Steams 1991, S. 160–194
236 Barnes 1902, S. 436
237 Apostelgeschichte 15, 40
238 Apostelgeschichte 13, 5
239 Apostelgeschichte 15, 40
240 2. Korinther 12, 17; 2. Timotheus 4, 12
241 Apostelgeschichte 13, 2
242 Römer 1, 1; 1. Korinther 1, 2; 2. Korinther 1, 1; Galater 1, 1; Epheser 1, 1; Kolosser 1, 1; 1. Timotheus 1, 1; 2. Timotheus 1, 1, 11; Titus 1, 1
243 Woodford 1997. Brian Woodford, ein Leiter des WEC International schrieb seine Doktorarbeit über die grundlegenden Prinzipien für die Gemeindegründung durch nicht-denominationelle Missionsgesellschaften.
244 Borthwick 1985, S. 272
245 Beals 1995. *A People for His Name – A Church based Missions Strategy* ist eines der besten Bücher, das ich kenne, wenn es darum geht, einen umfassenden, leicht lesbaren Überblick über die notwendigen Schritte zu bekommen, wie die Mission wieder ins Zentrum des örtlichen Gemeindelebens gerückt werden kann.
246 Graukroger 1996. Sein Buch *Why Bother with Mission?* ist eines der einfachsten und besten Bücher, die ich kenne, um die Mission einer örtlichen Gemeinde nahe zu bringen. Es ist in einfacher, zeitgemäßer Sprache geschrieben und enthält nach jedem Kapitel hilfreiche Fragen für die Diskussion in Gruppen. Es eignet sich auch sehr gut für junge Leute.
247 Forster & Richard 1995, bes. S. 172 ff.

248 Stearns 1991, S. 169 ff.
249 Beals 1995, S. 71–78
250 Beals 1995, S. 115–122
251 ACMC, P.O. Box ACMS, Wheaton, IL 60 189-8000, USA
252 Matthäus 9, 37–38
253 Mays 1996; Beals 1995
254 Pirolo 1991
255 Taylor 1991
256 Palmer äußert in der Zeitschrift EMQ vom Juni 1984, S. 24, die dringende Bitte, zwischen den örtlichen Gemeinden und den Missionsgesellschaften eine echte Partnerschaft aufzubauen. Der Titel des Aufsatzes sagt eigentlich schon alles: *The homeland church – partner or pawn.*
257 Taylor 1997. Die Weltweite Evangelische Allianz veröffentlichte die Ergebnisse einer Konferenz, die sich mit den Gründen für den Verschleiß von Missionaren beschäftigte. Sie trug den Titel: *Too Valuable to Loose.*
258 Peters 1972, S. 218
259 Beals 1995, S. 133–154. Das Werk von Beals enthält zwei ausgezeichnete Kapitel über Missionsgesellschaften und ihre Verantwortungsbereiche gegenüber der sendenden Gemeinde.
260 Peters 1981, S. 206–239
261 In etlichen deutschen Übersetzungen finden wir hier das Wort »Nation«. Das ist heute ein missverständlicher Begriff, denn wir denken dabei an einen modernen politischen Staat. Jesaja spricht aber weniger über politische Einheiten, als vielmehr über ethnische Einheiten oder Volksgruppen.
262 Vgl. die Veröffentlichungen der Bewegung AD 2000 and Beyond.
263 Indonesien, die Mongolei, die muslimischen Republiken Zentralasiens, Sri Lanka, die Malediven und Somalia befinden sich zwar außerhalb des 10/40-Fensters, sollten aber eigentlich dazu gezählt werden. Länder innerhalb des 10/40-Fensters mit größeren Zahlen allerdings oft nur nomineller Christen wie Südkorea, die Philippinen, Eritrea und viele der europäischen Mittelmeer-Anrainerstaaten sollten dagegen hinausfallen bzw. werden nicht hinzugerechnet.
264 Johnstone 1993, S. 27 (geschätzt: 20 Prozent nicht-evangelisiert, 47 Prozent Nichtchristen in christlichem Umfeld, in dem sie wahrscheinlich die Frohe Botschaft hören und 33 Prozent bekennende Christen), Barrett, 1987a; S. 185 (geschätzt: 17 Prozent nicht-evangelisiert)
265 2. Korinther 5, 14–15
266 Warum habe ich diese in ihrem Kern republikanische und friedliebende Nation hier mit aufgeführt? Das wird verständlich, wenn man

bedenkt, wie sich Amerika Territorien wie Puerto Rico, die Philippinen und Guam in Folge eines Krieges mit Spanien im Jahr 1899 und den vergeblichen philippinischen Versuchen zur Erlangung der Unabhängigkeit in den Jahren 1899–1902 angeeignet hat. In diesem Krieg starben 4200 Amerikaner und 220 000 Philippinos.

267 In ganz Afrika existierte nicht ein wirklich unabhängiger Staat mit Ausnahme von Äthiopien, das das Recht hatte, sich ein Reich zu nennen. In Asien gab es nur wenige Reiche wie Thailand, die Malediven, den Iran, Afghanistan und die Mongolei; manche sind heute von ihrer offiziellen Bezeichnung her noch immer Reiche. Vielleicht sollte man noch Liberia hinzufügen, allerdings behielt dort die USA trotz der formalen Unabhängigkeit ihre paternalistische Kontrolle bei.

268 1. Timotheus 2, 1–4

269 So z. B. zerfiel die frühere UdSSR in 15 Staaten, Jugoslawien in fünf, die Tschechoslowakei und Äthiopien in je zwei, während Deutschland und der Jemen sich wiedervereinigten.

270 Nach einem Medienbericht im September 1997 sind bisher zwischen 500 000 bis zwei Millionen Menschen in Nordkorea verhungert.

271 Weitere Forschungsarbeiten und die Rückmeldungen aus den verschiedenen Ländern weisen darauf hin, dass einige der 1500 Völker sich nicht vom ethno-linguistischen, sondern eher vom ethno-kulturellen Standpunkt her als eigene Völker verstehen. Das wurde etwa zur selben Zeit klar, als die indischen christlichen Leiter äußerten, dass die ethno-linguistische Kategorie für die Gemeindegründung unter den verschiedenen Kasten in Indien nicht mit der ethno-kulturellen Realität zu vereinbaren ist. Es musste daher eine parallele Liste entworfen werden, die diese Kategorien für diejenigen Gebiete enthielt, in denen die kulturelle Komponente für die Gemeindegründung von größerer Bedeutung ist als die ethno-linguistische Komponente.

272 Bis zum Jahr 2000 soll eine vollständige Liste mit allen Volksgruppen vorliegen, die mit dem Evangelium so gut wie noch gar nicht erreicht sind, darunter auch diejenigen Gruppen, die weniger als 10 000 Volkszugehörige zählen.

273 Die komplette Liste kann in Buchform bei der Bewegung AD2000 and Beyond bezogen werden: 2860 S. Circle Dr., Suite 2112, Colorado Springs, CO 80906, USA.

274 Eine gute, farbige Karte mit diesen zwölf Kategorien ist veröffentlicht worden bei: Global Mapping International, 7899 Lexington Drive, Suite 200A, Colorado Springs, CO 80920, USA

275 Fischer, 1997. *Intercessor's Prayer Guide to the Jewish World.* 1997: USA; YWAM Publishing

[276] Diese Zahlen müssen als Schätzwerte betrachtet werden, denn die weiter reichende Forschung zeigt, dass einige Volksgruppen doch stärker erreicht waren, als man angenommen hatte und deshalb fortgelassen wurden, während andere Volksgruppen hinzukamen – normalerweise dann, wenn Gruppen größerer Volksgruppen in ein anderes Land umgesiedelt waren und ihre Existenz dort entdeckt wurde.

[277] Die Bewegung AD2000 stellt seit 1982 jedes Jahr eine Gruppe dieser Völker der Erde vor und ruft weltweit zum Gebet für sie auf.

[278] Hanna 1997, *Praying Through the Window III*

[279] Montgomery 1975, 1989, 1997. Montgomery erläutert, wie notwendig es ist, dass sich die Zahl der Gemeinden vervielfacht und zwar sowohl in den Gebieten, die noch nicht evangelisiert sind, als auch in den Gebieten, die zwar evangelisiert wurden, aber wo der Zugang zu den bestehenden Gemeinden für die Bevölkerung zu schwierig ist.

[280] Neil 1964, S. 269–70

[281] Barlow 1952; Thompson 1978

[282] Die Adresse der Internationalen Schallplattenmission in Deutschland: ISM e.V. Postfach 1211, 58542 Halver

[283] Die letzte Auflage des WBÜ Ethnologue nennt als Gesamtzahl aller bekannten Sprachen der Erde die Zahl von 6700. Allerdings zählt der Ethnologue auch die bekannten Dialekte dieser Sprachen auf. Damit kommen fast 10 000 Dialekte zu der Sprachenliste hinzu. Allerdings ist die Grenze zwischen einem Dialekt und einer neuen Sprache nur sehr schwer zu ziehen. Diese Entscheidung wird nicht nur nach linguistischen, sondern auch nach historischen, kulturellen und gesellschaftlichen Gesichtspunkten getroffen. Wenn eine Volksgruppe eine andere benachbarte Volksgruppe ablehnt, die aber im Wesentlichen dieselbe Sprache spricht und nur wenige Worte anders sind oder die Aussprache nur gewisse Schattierungen aufweist, dann liegt hier schon ein neuer Dialekt vor, der eine eigene Übersetzung des Neuen Testamentes erforderlich machen würde!

[284] Eshleman 1995. Dieses Buch erzählt die Geschichte des Jesusfilms. Es berichtet von den aufgetretenen Schwierigkeiten und wie sie überwunden wurden und welche Frucht mit Hilfe dieses Mediums zur Evangeliumsverkündigung eingebracht werden konnte.

[285] Mehr Informationen über die Sprachen, in denen bereits Sendungen ausgestrahlt werden und über die, die noch fehlen, findet man auf der Website des The World By 2000 Network unter »http://www.wb2000.org/«.

[286] Klagelieder Kapitel 1–5

[287] Barrett 1995. Barrett definiert eine Megastadt als eine Stadt mit einer Million Einwohner, Superstädte haben vier Millionen Einwohner und Super-Gigantenstädte zehn Millionen.
[288] Barrett 1987, S. 16
[289] Diese Slums werden in den verschiedenen Teilen der Welt mit unterschiedlichen Namen belegt; *Shanty Towns* heißen sie in Südafrika, *Bustees* in Indien, *Squatter Areas* auf den Philippinen, *Bidonvilles* in den frankophonen Ländern, *Favelas* in Brasilien und *Barriades* in Mexiko.
[290] Grigg 1992, S. 14
[291] 1. Korinther 1, 26–29. Paulus deutet hier an, dass die Gemeinde von Korinth zu großen Teilen aus ungebildeten Menschen der Unterschicht bestand, aus »Törichten« und Verachteten.
[292] Grigg 1984, 1992. Sein Buch *Companion to the Poor* erzählt seine Geschichte.
[293] Grigg 1992, S. 16–19
[294] Greenway 1979; Bakke 1997. *Urban Mission* ist für alle, die sich für die Gemeindegründung in den Städten interessieren, ein sehr empfehlenswertes Buch. Es wurde von Harvie Conn herausgegeben.
[295] Silvoso 1994
[296] Das Prinzip der homogenen Einheit wird von Donald MacGavran in seinem Buch *Understanding Church Growth*, S. 198–215 beschrieben. Vgl. auch Winter, 1993; B41
[297] Ich möchte hier besonders auf Jesaja Kapitel 1 bis 5 hinweisen.
[298] Hier könnten noch viele weitere Beispiele angeführt werden – Evangelikale wie Wilberforce und sein Kampf für die Abschaffung der Sklaverei, Georg Müller und die Gründung seiner Waisenhäuser usw.
[299] Bosch 1991, S. 381–389; 400–408. Der Autor schildert ausgezeichnet die Geschichte dieser Entwicklung im gesamten christlichen Spektrum vom Katholizismus bis hin zu den Evangelikalen.
[300] Lausanner Dokumente, S. 11–12
[301] Diese Fakten wurden am 3. Februar 1997 als ein Ergebnis einer Konsultation in Oxford, GB im Januar 1997 als Oxford Statement über Kinder in Not veröffentlicht.
[302] Viva Network, P.O. Box 633, Oxford OX1 4YP, GB
[303] Kilbourn 1995, 1996, 1997
[304] Rainbows of Hope, PO Box 1707, Fort Washington, PA 19034–8707, USA
[305] Journal of the American Medical Association, 7. Januar 1996, Vol. 275, No 3

306 Erst kürzlich erschien ein Buch von Laurie Garrett, das rasch ein Bestseller wurde, mit dem vielsagenden Titel: *The Coming Plague. Newly emerging diseases in a world out of balance.*
307 Über das Bakterium staphylococcus aureus hat man erst kürzlich herausgefunden, dass es gegen das letzte bekannte Antibiotikum resistent ist.
308 Vgl. Geoffrey Cannons Buch Suberbug. *Nature's Revenge*
309 Dass die christliche Missionsarbeit unter Gefangenen so bekannt ist und ein solch hohes Ansehen genießt, ist u. a. der Arbeit von Chuck Colson und der Prison Fellowship zu verdanken, die Colson gegründet hat.
310 World Vision muss hier unbedingt erwähnt werden; allerdings existieren heute viele weitere Arbeitszweige, die unter Waisen arbeiten.
311 Ein faszinierendes Nebenprodukt der Französischen Revolution war Napoleons Einsatz für die Einführung des metrischen Systems und sein Betreiben, dass der Verkehr in allen Ländern, die er eroberte oder in denen er seinen Einfluss geltend machen konnte, auf die rechte Straßenseite verlegt wurde. Bis dahin ritten Reiter auf der linken Straßenseite, um sich mit dem Schwert in der rechten Hand besser verteidigen zu können.
312 Hall 1997. Hall warnt die westliche Christenheit nachdrücklich davor – da sie ihre für lange Zeit verankerten Privilegien nicht mehr länger halten können – zu versuchen, die Zügel der Macht weiter in der Hand zu behalten. Hall fordert dazu auf, erneut über das Wesen der Gemeinde und ihre Rolle in der Gesellschaft nachzudenken. Er stellt die These auf, dass die Gemeinde Jesu ihre prophetische Rolle wieder einnehmen muss, indem sie sich von der Welt absondert und dennoch in der Welt als Salz, Sauerteig und Licht wirkt.
313 Broadbent 1931, Broadbent beschreibt diese andere Kirche Jesu Christi durch die Geschichte der vergangenen 2000 Jahre hindurch und zeigt ihre Leiden und ihre Triumphe auf.
314 Chapman 1995, S. 9
315 Colin Chapmans ausgezeichnetes Buch *Cross and Crescent* ist geschrieben worden, um Christen zum Verständnis des Islams und der Muslime zu helfen und ihnen Anleitungen zu geben, wie sie Muslimen in geeigneter Weise von ihrem Glauben Zeugnis geben können. Das Buch ist umfassend, spricht die heutige Situation an und enthält eine gute, umfassende Bibliographie, die ich hier gar nicht erst aufzuführen versuche.
316 Jansen 1979, S. 63–65
317 Chapman 1995, S. 144

318 2. Korinther 10, 4–5
319 »30 Tage Gebet für die islamische Welt« ist eine jährlich im islamischen Fastenmonat Ramadan stattfindende weltweite Gebetsinitiative für die islamische Welt und die unerreichten muslimischen Völker. Das Gebetsheft ist in einer Erwachsenen- und einer Kinderausgabe kostenlos zu bestellen bei: Deutsche Evangelische Allianz, Stitzenburgstr. 7, 70182 Stuttgart.
320 In zunehmendem Maße bürgert sich der Begriff »Gemeinde mit Gläubigen von muslimischem Hintergrund« ein (**Muslim Background Believer** – MBB). Der bisherige Begriff für Gläubige von muslimischem Hintergrund lautete »muslimischer Konvertit« – ein unglücklicher, mehrdeutiger, herablassend klingender Begriff, der aus unserem Vokabular gestrichen werden sollte.
321 Mohaddessin 1993; Zakaria 1988. Diese beiden Bücher drücken die Bestürzung der muslimischen Autoren über die Auswüchse des heutigen islamischen Fundamentalismus aus, der ihrer Ansicht nach eine Verwerfung des »wahren« Islam darstellt.
322 Burnett 1992, S. 18. David Burnetts klare Analyse des Hinduismus ist ein unbedingtes »Muss« für alle, die den Hinduismus verstehen und erfahren möchten, warum es so wichtig ist, sich mit dem Hinduismus zu beschäftigen, da die hinduistische Weltsicht sich anschickt, ein Hauptfaktor in der nicht-christlichen westlichen Kultur zu werden.
323 Dalit ist der heutige, politisch korrekte Ausdruck für die Menschen, die früher als »Kastenlose« oder »Unberührbare« bezeichnet wurden.
324 »30 Tage Gebet für die hinduistische Welt« ist eine Gebetsinitiative für die hinduistische Welt und die unerreichten hinduistischen Völker. Das Gebetsheft ist zum Selbstkostenpreis zu bestellen bei: Jugend mit einer Mission, Schlossgasse 1, 86857 Hurlach
325 Lukas 4, 5–8
326 Offenbarung 11, 15
327 1. Korinther 15, 25
328 Lukas 9, 1–2; 10, 17–20
329 Neill 1989, S. 13. Arthur Neill verfügt als Pastor wohl über die größten Erfahrungen über das ganze Gebiet der Dämonenaustreibung und geistlichen Kampfführung in Großbritannien. Sein Buch gehört zu den besten, die mir bekannt sind, denn Neill vermittelt sowohl ein ausgewogenes Bild von der Bibel her und schreibt gleichzeitig über die praktische Anwendung des Gesagten für Pastoren – auch wenn das Buch nicht gerade leicht zu lesen ist!

330 Rommen 1995, S. 9–87. In einem Abschnitt ihres Buches *Spiritual Powers and Missions Priest* erläutern Campbell und Mullen diesen missiologischen Synkretismus.
331 Peretti 1986, 1989
332 Peretti 1989. Das wird ebenfalls von Mike Wakeley in seinem Artikel »A Critical Look at a new ›Key‹ to Evangelization« in der Zeitschrift *Evangelical Missions Quarterly* 1995, 31(2), S. 152–162 nachdrücklich unterstrichen.
333 Rommen 1995
334 Wagner 1991; Silvoso 1991; Otis 1991
335 Viele Christen haben sich so sehr mit »Befreiungsdiensten« befasst und so stark die Einflussnahme der Dämonen betont, dass ihnen jegliche falsche Haltung oder Handlung als dämonisch verursacht vorkommt. Manche Christen haben einen großen Teil ihres Dienstes mit der Austreibung der Dämonen verbracht, die für Trunkenheit, Ehebruch, Rauchen, Lügen u. a. m. verantwortlich sein sollen. Das führt dazu, dass der Betreffende nicht mehr selbst die volle Verantwortung für die begangene Sünde übernimmt und damit im Grunde die grundlegenden Aussagen der Bibel über Buße und Glauben verwirft.
336 Das ist ein Begriff, den George Otis Jr. in seinem Buch *The Last of the Giants* aufbringt. Er ist der Auffassung, dass die Beschäftigung mit der kulturellen und geistlichen Geschichte eines Gebietes oder eines Volkes seine geistlichen Gebundenheiten oder die Festungen aufdeckt, gegen die sich die Fürbitte und die geistliche Kampfführung richten müssen. Wenn diese geistlichen Festungen einmal eingenommen sind, dann kann sich das betreffende Volk oder Gebiet für das Evangelium öffnen. Otis führt aus seinen Schriften und der Missionsgeschichte viele Beispiele an, um seine These zu untermauern. Allerdings vertreten andere die Auffassung, dass dieser Gedanke zu weit ausgezogen werden könnte.
337 Die Auffassung, dass Geister ein bestimmtes Gebiet bewohnen können, wird, wie alle Seiten zugeben, kontrovers diskutiert und beruht zu großen Teilen, nicht jedoch ausschließlich, auf dem rätselhaften Vers in Daniel 10,13 [vgl. Rommen 1995]. Ich persönlich habe für diesen speziellen Begriff nichts übrig; allerdings hat das Konzept von satanischen Einflussbereichen viel für sich und in unserer Kampfführung gegen den Feind mit der Fürbitte durchaus seine Berechtigung.
338 Prince 1986, 1990. Derek Prince ist einer der führenden Verfechter der Auffassung, dass Bannflüche, die über Vorfahren in vorausgegangenen Generationen ergangen sind, aufgehoben werden müssen, um so heute lebende Menschen von Bindungen zu befreien. Auch das wird

kontrovers diskutiert. Ich glaube bestimmt, dass an diesen Auffassungen über die Auswirkungen uralter Flüche auf die folgenden Generationen etwas Wahres dran ist, aber die Auswirkungen solcher Flüche werden durch eine klare, entschiedene Abkehrung von der Sünde zunichte gemacht, denn dazu gehört auch eine Absage an alle Werke der Finsternis. Wenn Christen glauben, dass die Flüche der Gefolgsleute des Feindes, seien es Dämonen oder Menschen, Einfluss auf sie nehmen können, dann unterliegen sie damit auch einer Bindung (vgl. 1. Johannes 5, 13).

[339] Piper 1993, S. 41–70; Billheimer 1975, S. 43–56
[340] 2. Korinther 2, 11
[341] Matthäus 12, 29
[342] Wagner 1990, S. 319
[343] Johnstone, Jill 1993, S. 8–9
[344] Tucker 1983, S. 90
[345] Pierson 1899
[346] Grubb 1952
[347] Carré, etwa 1920
[348] Das jährlich für den islamischen Fastenmonat Ramadan neu erscheinende Gebetsheft »30 Tage Gebet für die islamische Welt« ist in Deutschland in einer Erwachsenen- und einer Kinderausgabe kostenfrei zu beziehen bei: Deutsche Evangelische Allianz, Stitzenburgstr. 7, 70182 Stuttgart
[349] Hawthorne 1993
[350] Johannes 15, 1–14; Lukas 18, 1–8; Epheser 2, 6; Matthäus 16, 19; Johannes 14, 12–14; Römer 9, 26–27
[351] Kolosser 1, 24
[352] Offenbarung 21, 1–2+9–14
[353] Matthäus 24, 1–13; 1. Korinther 4, 13; Römer 8, 31–39; 2. Timotheus 4, 6–8; Philipper 1, 6 und einige weitere neutestamentliche Verse, die diesem Abschnitt zugrunde liegen.
[354] 2. Korinther 9, 8; Epheser 3, 19; 1. Johannes 4, 4
[355] Römer 5, 10; Philipper 4, 13; Hebräer 3, 12–4, 10; Matthäus 11, 28–30; Kolosser 1, 25–29
[356] Taylor 1932. *Hudson Taylor's Spiritual Secret*
[357] Grubb 1955, 1962. Norman Grubb war viele Jahre lang Direktor des WEC International und nahm durch seine Schriften über die Einheit mit Christus auf mein frühes Leben als Christ und meinen Dienst tiefen Einfluss.
[358] Epheser 1, 3–14; 2, 10; Römer 8, 14
[359] 2. Mose 28, 15–21

360 2. Korinther 4,17; 1. Korinther 15,58
361 Allen 1912. Roland Allen hat sich nachdrücklich dafür ausgesprochen, dem Heiligen Geist zu vertrauen, der auch in den einheimischen Konvertiten wohnt, und zwar zu einer Zeit, als die aus dem Westen kommenden Missionare für ihre gönnerhafte Bevormundung bekannt waren. Leider ist es auch für die heutigen Missionare gar nicht so einfach, diese aus dem Fleisch kommende Bevormundung abzuschütteln!
362 Johannes 16,33; Lukas 10,19; Römer 8,35

hänssler

Patrick Johnstone
Gebet für die Welt
Informationen über alle Länder der Erde

Paperbackausgabe: 816 S.,
Nr. 58.107, ISBN 3-7751-2088-2
Gebundene Ausgabe: 816 S.,
Nr. 58.110, ISBN 3-7751-2106-4

Das unerlässliche Werkzeug für das große Ziel der Weltmission: mit aktuellen Informationen über Wirtschaft, Politik und Kultur von mehr als 200 Ländern.

Bitte fragen Sie in Ihrer Buchhandlung nach diesem Buch!
Oder schreiben Sie an den Hänssler-Verlag,
D-71087 Holzgerlingen.

hänssler

Winrich Scheffbuch
Jenseits der endlosen Meere
Abenteuer Weltmission

Pb., 340 S., zahlr. Illustrationen
Nr. 392.639, ISBN 3-7751-2639-2

Endlose Wüsten, Malaria und Ruhr, schwindelnde Hängebrücken ... Und das »nur«, um den im Dschungel versteckten Völkern das Evangelium von Jesus zu sagen!

In spannenden und beeindruckenden Berichten erfahren Sie von dem, was Gott aus dem Leben von durchschnittlichen Menschen machen kann. Erleben mit, was Gott in der Mission weltweit getan hat und tut ...

Bitte fragen Sie in Ihrer Buchhandlung nach diesem Buch!
Oder schreiben Sie an den Hänssler-Verlag,
D-71087 Holzgerlingen.